上海市重点图书

重庆理工大学优秀学术著作

重庆理工大学重点资助教材

2014 年荣获重庆市第八次社会科学优秀成果壹等奖

会计理论探索丛书

Comparative Research On Accounting Theories

# 会计理论比较研究

孙芳城　孔庆林
李孝林　杨兴龙　著

立信会计出版社
LIXIN ACCOUNTING PUBLISHING HOUSE

**图书在版编目(CIP)数据**

会计理论比较研究 / 孙芳城等著. —2 版. —上海：
立信会计出版社,2017.2
ISBN 978 - 7 - 5429 - 5353 - 7

Ⅰ. ①会… Ⅱ. ①孙… Ⅲ. ①会计学—对比研究
Ⅳ. ①F230

中国版本图书馆 CIP 数据核字(2017)第 020933 号

策划编辑　　黄成艮
责任编辑　　方士华
封面设计　　南房间

会计理论比较研究(第二版)

**Kuaiji Lilun Bijiao Yanjiu**

| | | | |
|---|---|---|---|
| 出版发行 | 立信会计出版社 | | |
| 地　　址 | 上海市中山西路 2230 号 | 邮政编码 | 200235 |
| 电　　话 | (021)64411389 | 传　　真 | (021)64411325 |
| 网　　址 | www. lixinaph. com | 电子邮箱 | lxaph@sh163. net |
| 网上书店 | www. shlx. net | 电　　话 | (021)64411071 |
| 经　　销 | 各地新华书店 | | |
| 印　　刷 | 上海肖华印务有限公司 | | |
| 开　　本 | 787 毫米×1 092 毫米 | 1/16 | |
| 印　　张 | 23 | 插　　页 | 1 |
| 字　　数 | 405 千字 | | |
| 版　　次 | 2017 年 2 月第 2 版 | | |
| 印　　次 | 2017 年 2 月第 1 次 | | |
| 印　　数 | 1—2 100 | | |
| 书　　号 | ISBN 978 - 7 - 5429 - 5353 - 7/F | | |
| 定　　价 | 39.00 元 | | |

如有印订差错　请与本社联系调换

# 会计理论探索丛书编委会

# 《会计理论探索丛书》序

会计与经济总是紧密地联系在一起的。经济离不了会计,会计离不开经济。经济越发展,越需要管理,会计越重要。

"发展—改革—发展"是会计实践、会计理论不断前进、不断深化、不断完善的客观规律。没有发展的客观要求,就不会产生发展的愿望,也就不会形成发展的意识;改革既受发展要求、发展愿望、发展意识的驱使,又是实现发展目标的永恒动力,没有会计的改革,就根本不会有会计的发展。

中共十一届三中全会的召开,吹响了改革、开放的进军号角,全国人民、全国会计工作者按照党指引的方向,为调整、改革与生产力发展要求不相适应的某些社会生产关系,为调整、改革与经济基础不相适应的某些社会主义上层建筑,奋战在改革的前沿,真是意气风发,斗志昂扬。在党的领导下,全国各条战线都充满了无穷的生机,释放出无限的活力。在整个改革大潮中,会计领域也与全国其他领域一样,不断地取得改革开放的累累成果。这些成就,有待于我们去总结、去反映。随着改革开放的迅猛发展,新情况、新事物、新问题层出不穷,也亟待我们去探索、研究,去作出科学回答,这也是摆在我们面前光荣而艰巨的任务。

"会计理论探索丛书"的出版,正是通过对现实问题的研究,通过对会计基本理论、业务理论的探索,通过对"双百"方针的着力贯彻,为会计学术的活跃与繁荣,为贯彻、实现中国会计学会的科研规划,为建立具有中国特色的以提高经济效益为中心的会计理论、方法体系,起到一点添砖加瓦的作用。

"会计理论探索丛书"是融会计学术、会计知识、会计经验为一体,汇集不同学派、不同观点、不同主张的会计理论系列专著。只要是确有见地、言之成理,有助于繁荣社会主义会计学术、强化社会主义会计管理并符合"会计理论探索丛书"宗旨和条件的,经过编委会审查认可,均可纳入"会计理论探索丛书"。

这块会计学术园地,是属于我们会计界的广大作者和读者的,是属于我国会计实际工作者、会计理论工作者、会计教育工作者和不同层次的会计后备军的。我们殷切地希望我国会计界的同志们、朋友们,都来认真地关心她!用我们集体的智慧和力量,通过辛勤耕耘和科学管理,让她孕育出许许多多群众喜爱、社会欢迎、经得起实践检验的优秀成果。

祝愿这套丛书能够为我国的社会主义现代化建设服务!祝愿这套丛书能够给会计学术宝库不断地增添佳品!祝愿这套丛书经久不衰,与世长存,永葆青春!

"会计理论探索丛书"编委会

# 序

2002 年年初,我拜读了李孝林、孙芳城等教授的力作——《会计基本理论比较》一书的初稿,有幸成为该书的第一个读者,并为该书写了序。在出版后的近 10 年的时间里,该书经受了实践的不断检验,深受有关部门和读者欢迎。也因此,今年出版社决定再版,书名改为《会计理论比较研究》,并把其列为永久保留书目。作为一名老财会工作者的我,对作者再次表示祝贺。

一本好的著作,不仅仅会给人们新的会计理论知识,还会开拓人们新的视野,引发人们的思考,使人们得到新的启迪。在我看来,《会计理论比较研究》就是这样的一本好书。

改革开放 30 多年来,我国从高度集中的计划经济体制逐渐地向社会主义市场经济体制转变,相应地要求对会计模式进行改革。我以为,会计理论是对会计实践的一种理性认识,它反过来又指导会计实践。因此,我国丰富多彩的会计改革在为我国会计理论的研究与发展方面开辟了广阔道路的同时,又急切地呼唤着新的会计理论给予指导。我们欣喜地看到,在全国会计工作者的共同耕耘下,目前的会计理论园地已是一个百花争奇斗艳的春天。

但是,我们也不能不看到,会计理论的研究,尤其是会计基本理论的研究,还远远地不能满足会计改革的需要,存在着许多不尽如人意的地方。

例如,社会主义市场经济体制的建立与完善,使我们的社会经济环境发生了急剧的变化,这就给会计提出了许多新的要求与课题。而我们的会计理论尚未能对日趋复杂的会计实践起到应有的指导作用,出现了所谓的会计工作难做、会计难学、会计课程难讲的“三难”问题。

又如,世界难题会计信息失真问题在我国尤为突出,它正在影响和破坏我国社会主义市场经济运行的秩序,制约着我国社会主义市场经济的完善与发展。对此,我们在会计理论和会计实践的结合上尚未找到切实有效的治理办法。

再如,举世公认,会计同环境存在着紧密的联系,会计总是一定环境之下的会计。因此,可以这样认为,中国特色社会主义理论是一个完整的理论体系,在这一理论指导下从事的会计实践和创建的会计理论也自然应有中国特色。然而,当前我们的会计理论在较多方面还比较幼稚,甚至可以说还处于东施效颦、邯郸学步的阶段,有中国特色的会计理论体系还未真正地建立起来。

21世纪是知识经济的时代,知识创新是知识经济的灵魂。这就意味着社会经济环境日新月异,并向会计理论提出新的挑战。对此,我们的思想准备还很不足。

产生上述问题的原因是什么?应当说,其原因是错综复杂的。如果从学者的角度来看,我以为下列三个方面是主要的原因:第一个方面,我们已经明确,我国经济体制改革的目标模式是建立社会主义市场经济体制,它是一种前无古人的经济体制,是一项艰巨而复杂的系统工程,必须"摸着石头过河",在实践中探索前进。当前,有许许多多的问题需要通过不断实践后才能定位。因此,建立有中国特色的会计理论体系有着相当的难度。第二个方面,同我们有些同志对会计的认识有关。在相当长时间里,会计被认为是一种"技艺"或"工具",只要通过手把手那种师徒式的传授方法就可以学到手,会计无理论。直到今天,这种认识误区还远远没有消除,会计理论被认为是一种"空洞无物"的东西。按此说法,开展会计理论研究又有何益?第三个方面,会计理论研究工作,特别是对会计基础理论的研究的庄严性在于"刻苦与成功往往不成比例",有耕耘未必有收获。这样,对某些急功近利者来说,也就望而生畏了。所有这些,都在不同程度上影响和动摇着我国会计理论研究的向前发展。

我国会计理论的现存问题及产生问题的原因告诉我们,我国必须有一批好的会计学家从事会计理论的研究工作。目前,我国这支队伍正在形成,他们中既有"老凤",又有"新凤",都怀有时代所赋予的以天下为己任的使命感和责任感。孙芳城、孔庆林、李孝林、杨兴龙等同志就是会计理论研究队伍中的出色战士。他们不被目前某种浮躁的社会环境和强大的商业因素所干扰,不为物欲所惑,长期坚持会计理论的研究,发表了许多有突破、有见地的论著,为建立有中国特色的会计理论体系添砖加瓦。《会计理论比较研究》一书,是他们在以往研究成果的基础上,进一步开拓、补充、深化、系统化的一部再版的专著。他们的精神给了我们许多鼓舞和新的启迪,值得我们好好学习与思考。

也正是作者怀着以天下为己任的使命感和责任感,使该书体现了如下的特色及优点,又使我们得到许多新的知识。

(1) 内容全面,见解新颖。该书资料相当丰富,并把建立前后一贯、有中国特色的会计理论与方法体系作为己任,且取得新的进展。前面说过,由于种种原因,建立有中国特色的会计理论与方法体系自有难度,但本书作者通过对现代会计的演变、会计新领域形成和发展因素,以及对会计理论含义和作用等问题的深入研究,初步提出了有中国特色的会计理论与方法体系,包括会计基础理论体系、财务会计理论框架、会计规范与核算方法理论体系等观点。该书这种结构的安排自成一家,比较全面地体现了当代会计的实践,使会计理论的内容达到全面、丰富的境地。难能可贵的是,作者在各部分的研究中,提出了不少新颖的见解,如在会计环境理论、会计职能理论、会计动因理论、会计基础理论体系起点理论、会计属性理论、会计目标理论等论述中,作者运用辩证唯物论及系统论等方法,提出了许许多多新论,从而引起了人们的兴趣与思考。

(2) 既注意对会计理论本身的研究,又注重会计理论的研究方法。早在20世纪90年代初,我在给研究生开会计理论研究学位课时就提出:会计理论的研究方法比起该门科学的原理和所得出的科学结论,在空间上更为广阔,在时间上更为久远。因此,会计理论研究方法是一种更为本质的会计理论,应列在会计理论体系中的最高层次。该书的作者基本上认同了这些观点,并设专章进行论述,还提出了许多会计理论研究的具体方法。我认为,会计理论研究的突破,在相当的程度上取决于方法上的突破。作者所提出的许多会计理论的具体研究方法对许多人都具有启迪的作用。

(3) 科学地处理基础理论与应用理论的关系。按照我的理解,一门学科的基础理论构成了该门学科的基本框架。会计学中的会计本质、会计与环境理论、会计对象理论、会计职能理论、会计动因理论、会计学起点理论、会计属性理论、会计目标理论等,均属于会计学的基础理论。这些理论相对比较稳定,对实践的指导作用比较间接。财务会计理论框架,如会计的基本前提,对象要素,会计信息质量特征,会计的确认、计量、记录和报告等,是基础理论通往会计应用理论的桥梁,是两者之间的"中介"。而该书作者提出的会计规范与核算方法理论体系,包括会计的规范理论、复式记账理论、账户理论、财务报告理论等,可视为会计的应用理论。会计基础理论、财务会计理论框架、会计应用理论三者之间存在着内在联系,共同构成会计理论体系。我同作者都是这样认为的。但是,以往有些同志并不是这样认为,往往把基础理论当成会计理论的全部,或是否定基础理论作用,只注重应用理论的研究。这两种认识均不全面。该书的作者却能注意处理好基础理论与应用理论之间的关系,注意前后一贯,表明作者具有开阔的视野。

总之,该书是一部具有较高价值的学术专著。当然,任何学术观点的提出,均必须接受实践的检验。"敢于坚持真理,勇于修正错误",这是我治学的座右铭,愿以此与作者共勉。我们党十分重视理论指导实践,可以预见,我国会计理论必将会有新的飞跃,也只有这样,我们才能算得上对世界会计科学的贡献。我祝愿作者今后有更多的学术专著问世。

吴水澎

# 目　　录

## 第一单元　总　　论

## 第二单元　财务会计基础理论

## 第三单元　财务会计概念结构

# 第四单元 会计规范与核算方法理论

# 第一单元

## 总　论

# 导　论
# 建立前后一贯、有中国特色的会计理论与方法体系

## 第一节　会计基本理论必须前后一贯①

中国会计学会曾发出号召：建立具有中国特色的会计理论与方法体系。

我国会计界对会计理论进行了大量研究，百花齐放、百家争鸣，取得了丰硕的成果。在会计基本理论方面，形成了经济信息系统论与经济管理活动论两大学派。在许多基本理论问题方面，如会计职能、动因、本质、对象、目标、概念框架、起点理论、账户与复式记账原理、会计报告理论等，都是论争迭起、发人深思。各派观点针锋相对，各有其独到之处，各有其优缺点。通过比较分析，取长补短，常可推陈出新。本书运用系统科学和比较法，对会计基本理论进行研究，并贯穿始终。

查《辞海》可知：理论是"系统化了的理性认识"。系统化的特点是前后一贯。《韦氏新国际辞典》对理论的解释为："某一探究领域的通用观点所构成的一套前后一贯的假设性、概念性和实用性的原理的整体，构成了所要探索领域的可供探索的一般框架。"美国会计学会发表的《基本会计理论》一文和E·S·亨德里克森撰写的《会计理论》一书的第一页都引用了韦氏辞典，对会计理论进行了类似的解释。会计理论如果不能前后一贯，自相矛盾，必将严重影响其科学性，甚至难以成立。

流行的美国会计理论十分重视前后一贯。它们把会计本质、职能、目标等范畴前后一贯地联系起来：

会计本质：经济信息系统。

会计职能：提供经济主体的信息②。

会计目标：为决策者提供有用信息。

---

① 本节是本书第二至第四单元(第四至第十四章)的概括，初学者可大概了解，待读完全书后再细品，以收融会贯通之效。

② 美国会计原则委员会第4号报告，第40段。

三者在信息系统论指导下贯穿始终,其关系如图导-1所示。

（会计本质）会计职能 ⎯⎯⎯→ 会计目标

**图导-1　会计信息系统论中三者关系**

在图导-1中,本质是深藏于内的,故置于圆圈内。职能是外在的,是本质的体现。

美国会计信息系统论前后一贯,但不够全面,只说明了会计基本职能、本质、目标的反映方面,未能说明其控制方面,此其一。其二,会计目标强调决策有用观或考核受托责任,部分体现控制职能,既与会计本质经济信息系统相矛盾,又不够全面。我国会计界流行经济信息系统论和经济管理活动论两大学派。长期相持的信息系统论和管理活动论,各自突出一种基本职能,不能前后一贯。信息系统论借鉴美国流行的会计学说,认识会计本质和会计目标。但是,我国流行的两种基本职能论①不能前后一贯。第一,既然会计有两种基本职能,为什么控制职能在会计本质和会计目标的表述中不予体现? 第二,如果说会计只有反映职能以及相应的本质和目标,那么全盘否定控制职能以及管理活动论的观点,显然背离会计实际,有伤其全面性,有伤其对会计实践的指导作用,更违背“公认的”两种基本职能论;反之,按照同样的逻辑,管理活动论也有类似缺点。而且关于管理活动论的会计目标理论,认识尚欠一致。笔者认为,理论是前后一贯的理性认识。美国流行的会计信息系统论前后一贯而不全面。我国流行的两种基本职能论,是具有原创性的重大突破。运用系统科学关于结构、本质、职能、目标对应性的原理,分析会计实践,“两论”各有其优缺点。取长补短,“两论”结合,即可形成会计是以处理价值信息为基础的控制系统论②,体现两种基本职能论,从而建立前后一贯的有中国特色的会计基础理论体系③。在此基础上,以会计目标为起点,建立会计准则概念框架;以会计对象为基础,建立前后一贯的会计规范与核算④方法理论体系。会计理论体系是个大系统。本书仅就其重要部分——会计基础理论、会计准则概念框架、会计规范与核算方法理论进行探索。三者自成体系,前后一贯,在相互关系方面,还应以

---

① 葛家澍、唐予华在《关于会计定义的探讨》(《会计研究》1983 年第 5 期)一文中明确指出:两种基本职能是“公认的”。阎达五也有这种提法。

② 李孝林、孙芳城:《运用系统理论研究会计对象、结构和性质》,《北京商学院学报》1989 年第 4 期;中国人民大学报刊复印资料:《财务与会计》1990 年第 2 期;中国会计学会:《1988—1989 年会计学论文选》,中国财政经济出版社 1992 年版。

③ 李孝林:《会计理论系统论——兼议建立前后一贯的理论体系》,《北京商学院学报》1997 年第 6 期。

④ 核算属于“反映”,是其基础部分。

前者为基础,前后一贯。

对众多的会计理论范畴,纵深研究多,把有关范畴联系起来的研究少,从而影响会计基本理论的前后一贯性,甚至在一定程度上前后矛盾,难以自圆其说。用系统的观点、联系的观点进行辩证分析,即可有所发现,有所前进。

## 一、"两论"结合,建立前后一贯的会计基础理论体系

会计基础理论体系包括动因、对象、本质(结构)、职能、目标等范畴,社会环境对这些范畴都有重大影响。

会计职能是会计系统的外在行为,联系会计系统与环境。体现会计环境包括会计主体及有关方面对会计的根本要求以及会计系统满足这些要求的可能性,是需要与可能的统一。

通过职能尤其是基本职能研究结构和本质,不仅是系统理论的一般原理,也为会计理论研究所证明。葛家澍、余绪缨指出:"会计的职能是会计固有的功能,是会计本质的体现。"[1]通过反映职能,发现会计的信息处理结构和经济信息系统本质;通过控制职能,发现会计控制结构和控制系统本质。会计基础理论研究进一步说明了会计职能的对应性[2]。诚如贝塔郎菲所说:"归根结底,结构(即部分的秩序)和功能(过程的秩序)完全是一回事。"[3]

万物皆系统。会计理论是个概念系统,包括一些相互联系的范畴。我国会计理论界对会计基础理论体系诸范畴进行了大量的纵深研究,但对诸范畴相互关系的研究不足,从而影响会计基础理论体系的前后一贯性。整体性是系统方法的基本观点之一。会计基础理论是一个整体,要把其组成部分的诸范畴联系起来进行横向研究,弄清其相互关系,从联系中发现矛盾。系统科学和会计基础理论研究都证明系统的结构、本质、职能、目标具有对应性,不仅联系密切,依次制约,而且是前后一贯的。鉴于会计系统有两种结构、两种本质、两种基本职能、两种基本目标,将会计信息系统论与管理活动论结合,不仅能更全面地反映会计系统的本质和面貌,强化对实践的指导作用,而且有利于建立科学的、前后一贯的会计基础理论体系。

范畴是各个知识领域中的基本概念,反映客观事物的本质联系。各门学科都有自己的基本范畴。传统的会计理论,往往偏重于研究各范畴的内涵,甚至孤立地进行研究,忽视其相互关系,从而影响整个理论系统的一贯性。

---

① 葛家澍、余绪缨:《会计学》,四川人民出版社1998年版,第16页。
② 李孝林:《试论会计职能的对应性》,《四川会计》1998年第3期;中国人民大学报刊复印资料:《财务与会计》1998年第5期。
③ 贝塔郎菲:《一般系统基础、发展和应用》,清华大学出版社1987年版,第25页。

（一）会计与会计学

会计理论中的许多分歧,往往导源于对"会计"的理解不一致。多数人认为,会计是一种实践活动,是指会计工作。以会计为中心词或附加词的复合词,过去和现在都是这样。这里的会计包括管理会计等各种会计。

元素是系统的组成部分,它对系统的性质、功能、发展有重大影响。会计(工作)的元素可概括为会计人员、会计方法、会计设施等,三者密切联系,形成统一的会计整体①,如图导-2所示。

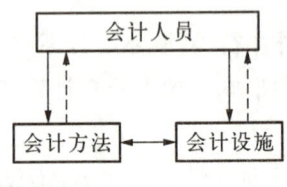

**图导-2  会计(工作)的元素**

注:实箭头向下,表明会计人员在会计工作中的主导地位;虚箭头向上,表示反作用,↔表示两者相互作用。

会计工作反映和控制会计对象,会计科学研究会计工作的现实和历史,会计人员、方法和设施,会计对象及其运动规律。会计科学与会计是理论和实践的关系,如图导-3所示。

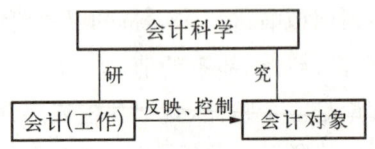

**图导-3  会计科学与会计**

由一系列科学范畴所组成的会计基础理论系统是会计科学的基础部分,对其他部分具有奠基和指导作用。

（二）社会环境与会计系统

会计是适应环境的需要、经济管理的需要而产生和发展的。在长期的经济活动中,环境的需要,尤其是经济管理的需要,结合会计系统的实际,形成会计职能。会计职能是会计系统的外在行为,说明会计系统能够干什么。它既反映社会经济环境对会计系统的要求,又反映会计系统满足这些需求的可能性,是需求与可能的统一。会计职能联结会计系统与环境。

---

① 李孝林:《会计是否是生产力的探讨》,《会计研究》1981年第2期。

"会计环境对会计的目标及根据逻辑导出的各种会计原则和规则有着直接的影响"①。基本前提被称作"环境性假设",是对会计环境的概括。会计主体规定了资产和权益的范围,持续经营和会计分期是对会计主体经营活动的说明,货币计量则是对会计对象的描述。

社会环境对会计的产生和发展具有重大影响,但是,单讲环境,外延太宽。社会环境千差万别,并不是都与会计相关;即使是与会计相关的,其作用和影响也不一样。在节约劳动时间规律的作用下,环境的需要与会计系统的本质相结合,形成会计系统的职能。有学者认为,环境决定一切,否定外因通过内因而起作用,否定客观经济规律的作用,似乎走向另一极端。会计、统计、审计、财务的社会环境相同,其本质和职能却大不相同,是为明证。所以,应当充分重视社会环境的重大影响,深入研究会计系统的内部矛盾。

(三)会计基本职能与动因

会计为什么会形成两种结构、两种本质、两种基本职能、两种基本目标?归根结底,在于建立会计系统的客观需求或称客观必然性。这里,首推节约劳动时间规律,它是会计产生和发展的基本动因②。根据这一规律的要求,既要反映劳动时间的消耗量和劳动成果,又要强化控制,促进劳动时间的节约,促进经济效益和社会效益的提高,各种社会,概莫能外,从而形成会计的结构、本质、基本职能和基本目标。

综上所述,动因反映社会环境对会计的需求,是环境需求与会计本质、职能结合的统一与概括。基本动因是制约会计本质、职能、目标等"一切矛盾的胚芽"。以基本动因为逻辑起点,以基本职能为研究起点③,建立前后一贯的会计基础理论体系。

(四)会计对象与会计对象要素

会计对象是价值运动,因而需要货币计量作为统一的计量尺度,保证会计信息的统一性、全面性。会计对象要素是会计对象的具体化,是会计对象的初步分类。会计对象要素是会计科目的分类概括。

会计反映是对会计对象与会计对象要素具体内容的确认、记录、报告与分析。会计控制是对会计对象与会计对象要素具体内容的规划、调节、监督与考评。

(五)会计结构与本质

我国会计学界对会计本质进行过长期、大量的讨论,众说纷纭,但对什么决定

---

① E·S·亨德里克森:《会计理论》,立信会计图书用品社 1987 年版,第 75 页。
② 李孝林:《会计产生和发展动因探析》,《四川会计》1999 年第 1 期。
③ 李孝林:《会计基础理论体系起点理论探索》,《北京商学院学报》1999 年第 6 期。

本质、什么表现本质却缺乏研究,从而影响人们对会计本质取得共识。

哲学方法论指出:"本质是指事物本身固有的、相对稳定的、决定事物性质的必然联系,即事物的内部联系。本质决定于事物的内在矛盾,是事物比较深刻、比较稳定的方面。"①按照系统理论,本质是"结构的描述","系统的特性首先取决于它的结构。结构的不同可以使同一类系统具有不同的功能"。"结构是指系统内部各类要素统一组合的秩序和方式"②。木炭、石墨和金刚石的元素相同,都是碳,只是由于结构不同,以致面貌、功能、性质完全不同。决定事物本质和职能的是事物的结构,是事物的内在矛盾。事物的本质和结构即事物的内在矛盾,是看不见、摸不着的。其外部表现是功能,会计界称之为职能。系统理论的创始人贝塔郎菲曾指出,结构是"部分的秩序","本质是结构的描述",功能是"过程的秩序","外部描述是功能描述"。"功能表现结构","结构决定功能",基本功能是结构和本质的外部表现③。

通过基本职能研究结构和本质,不仅是系统理论的一般原理,也为会计理论研究所证明:通过反映职能,发现会计的信息处理结构和经济信息系统本质;通过控制职能,发现会计的经济管理结构和管理活动本质,如图导-4所示。

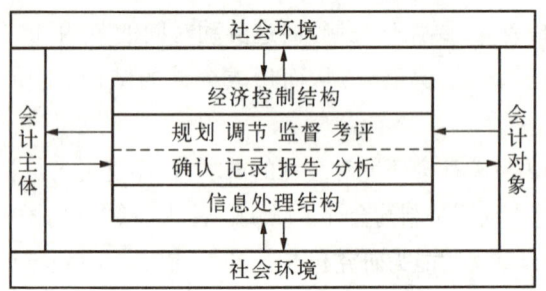

**图导-4 会计结构**

通过图导-4可见,经济信息系统论和经济管理活动论都反映了会计的本质,不应各执一词,而应将"两论"科学地结合起来,从而全面地反映会计本质。因此,笔者提出,"会计是以处理价值信息为基础的控制系统"。既克服了"两论"分立,不能全面反映会计本质的缺点,又体现了两种基本职能基础与主导的相互关系,还可以提高会计理论对实际工作的指导作用。

职能内显结构和本质,外联环境和对象。结构和本质决定职能,职能表现本质

---

① 王培智:《软科学知识词典》,中国展望出版社1988年版,第231页。
② 王培智:《软科学知识词典》,中国展望出版社1988年版,第307页。
③ 贝塔郎菲:《一般系统基础、发展和应用》,清华大学出版社1987年版,第25页。

和结构。

本质和职能受环境影响,适应环境需要,但其决定因素不是环境而是结构——事物的内部矛盾。外因通过内因而起作用。

我国理论界对会计本质进行了近半个世纪的讨论。以20世纪80年代初期为界线,在那之前主要是上层建筑论与生产力论之争。由于两者均不能充分反映和指导会计实践,违反结构、本质决定功能以及功能体现结构、本质的系统观,因此已被基本否定。20世纪80年代以来,主要是经济信息系统论与经济管理活动论之争。"两论"根据会计工作的实践,都把会计基本职能概括为反映和控制,虽然提法略有差异。两种基本职能论有充分根据,较之美国流行的一种基本职能论不仅有相同的一面(反映),而且由于把控制也视为基本职能,更是一种突破。克服了美国流行的信息系统论的片面性,有利于全面地指导实践,指导会计人员当好领导的参谋和助手,建立核算管理型会计。

我国的经济信息系统论,借鉴美国流行的会计基础理论,从会计反映职能出发,认识会计本质和目标,无可非议。问题在于另一基本职能(控制)在会计本质和目标中未能体现。不仅违反功能体现本质、制约目标的系统科学原理,而且两种基本职能,一种本质、一种目标,显然破坏了整个会计基础理论的前后一贯性,更不利于全面地指导会计实践,贯彻《会计改革与发展纲要》。1995年,我国颁布的该纲要在"一、新时期会计改革与发展的总体目标和基本原则"内容中提出,"以提高经济效益为目标,以强化经济管理为中心","'坚持强化会计管理职能'……的指导思想"。随着知识经济和会计信息化、网络化的发展,控制职能更显重要。

从会计的控制职能出发,提出会计本质是经济管理活动论,体现职能表现本质的系统观,有利于发挥会计的控制职能,建立核算管理型会计。其较之传统会计理论,有巨大进步。问题在于另一基本职能(反映)在会计本质和目标的表述中未能体现。既影响会计基本理论的前后一贯性,也违反系统科学原理,不利于全面指导会计实践。

"两论"各有其优缺点,应当互补。正如系统科学明确指出的"信息与控制是不可分割的,信息论是控制论的基础"[①]。

(六)会计目标与作用

系统论指出:"系统功能表达系统结构的目的性。"[②]

会计目标是指导会计工作、评价会计准则的指南针,是会计系统应当达到的境地。职能是会计系统能够做到的。在社会环境的影响下,职能是固有的、潜在的、

① 魏宏森:《系统方法导论》,人民出版社1983年版,第55页。
② 王培智:《软科学知识词典》,中国展望出版社1988年版,第307页。

相对稳定的。目标随环境的发展按有关方面的需求而变化。没有该项职能,不可能提出相应的目标。因而,直接决定会计基本目标的是会计基本职能。葛家澍、余绪缨指出:"职能是体现会计本质的功能,而目标则是……会计职能的具体化。"[①]

在会计目标研究中,一些论著引进美国的决策有用论,或者引进受托责任论,部分体现了会计反映职能和信息处理结构,符合经济信息系统论。不足之处在于会计活动应当达到的境地不只是提供决策信息,考核受托责任。两者不能充分体现会计基本职能。单讲提供信息显然不够全面。难道可以认为包括管理会计在内的会计工作只要编出了会计报告、进行了会计分析就实现了会计目标,万事大吉了? 根据会计的基础职能——反映,产生如实提供信息的目标;根据会计的主导职能——控制,还应提出加强经济管理的目标,建立科学的会计目标体系[②]。如实提供信息和加强经济管理是由会计本质和基本职能所决定的会计基本目标。基本目标为总目标服务,受总目标指导。根据我国《会计法》第 1 条的规定,会计的总目标应当是:提高经济效益和社会效益,维护社会主义市场经济秩序。

目标是应当达到的,作用是已经达到的。从整体而言,会计目标达到了,会计作用也就发挥了。两者只是角度不同。

综上所述,会计基础理论体系,如图导-5 所示。

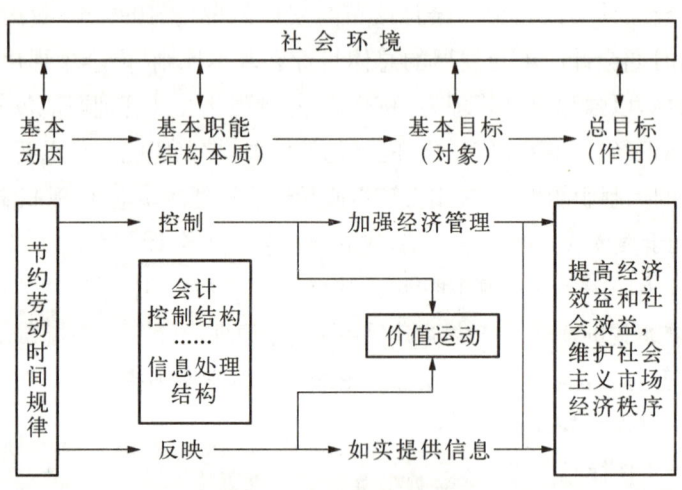

**图导-5 会计基础理论体系**

社会环境是会计工作和会计理论产生的客观条件,会计对象是会计反映和控制的客体与基础,会计动因即节约劳动时间规律是会计理论的逻辑起点,会计基本

---

① 葛家澍、余绪缨:《会计学》,四川人民出版社 1998 年版,第 16 页。

② 李孝林、孙芳城:《会计目标探索》,《四川会计》1996 年第 4 期。

职能即反映和控制是会计理论的研究起点,具体化为会计基本目标。会计基本目标是会计准则概念框架的起点。

在社会环境的影响下,在会计产生和发展的动因推动下,两种结构、两种本质,两种基本职能、两种基本目标,相互联系,前后一贯;同时按照质量要求,作用于会计对象,实现会计总目标。如此看来,"两论"结合是会计基础理论体系实现前后一贯的关键。

## 二、以会计目标为起点,建立和完善会计准则概念框架

会计准则概念框架,或称财务会计概念结构,是财务会计理论中最实用的部分,是用以指导和评价包括会计准则、会计制度在内的具有应用性的理论体系。在社会环境的影响下,会计准则概念框架包括会计目标、基本前提、质量特征以及会计对象要素的确认、计量、记录、报告等。

会计准则概念框架以会计目标为起点,将提供真实信息与加强经济管理并举,包括对会计规范、会计方法、会计工作的丰富的指导思想和原则。

基本前提,或称会计假设、公设,我国会计基本准则将其归纳为会计主体、持续经营、会计分期和货币计量四项。它是适应会计环境,尤其是市场经济的要求,在长期实践中形成的、为会计界普遍接受的命题。美国会计学家 E·S·亨德里克森在其名著《会计理论》中说:"假设是指那些基本的假定,即那些与会计有关的经济、政治和社会环境的各种基本建议,而且是对会计环境时间和空间特征的概括。"亨德里克森直接把它们称作"环境性假设"。它与环境紧密相联,并且是概念框架的基础层次。

会计准则概念框架上承会计基础理论体系,下启会计规范与核算方法理论和会计工作,是两者的中介,构成前后一贯、逻辑严密的理论体系。

## 三、以会计对象为基础,建立会计规范与核算方法理论体系

会计对象是会计反映和控制的客体,是会计准则、会计方法规范、会计反映和控制的内容,也是会计科学赖以建立的客观基础之一。辩证唯物主义强调主观反映客观、理论反映实践。控制论讲的同构象是指两个系统在格局上(组织结构上)有一一对应关系,即"模型$\xrightarrow{\text{等价}}$原型",同态象对等价性的要求比同构象要弱得多。同态模型是一种简化模型,是"更重要和更常用的"模型[①]。会计理论和会计方法

---

① 王雨田:《控制论 信息论 系统科学与哲学》,中国人民大学出版社 1986 年版,第 97 页。

与其对象存在着同态关系,或称相似关系。所以,我们研究会计规范与方法理论都必须从其原型——会计对象出发,把会计规范与核算方法理论建立在会计对象的基础上,这也是辩证唯物主义认识论的基本观点。

(一)会计规范

我国会计准则和国际会计准则都分为基本准则和具体准则两个层次。前者对会计准则的总体结构和基本要求作出规定,大体分为两部分:一是会计核算的基本前提和一般原则,包括信息质量要求和确认、计量、记录的原则。二是会计对象要素准则,分别就会计对象要素的确认、计量、记录和报告作出原则性规定。具体准则根据会计对象要素的业务特征分别制定。它们都以会计基础理论为指导,从价值运动的实际出发,对价值运动核算和控制的一般原则和具体规范分别作出规定。

(二)复式记账原理①

复式记账为什么必须记录对应双方?为什么有借必有贷、借贷必相等?流行的平衡理论不能说明其所以然。

复式记账是用以反映和控制价值运动的,价值运动有运动(动态)和平衡(静态)两种状态。恩格斯说,一切运动都是和某种位置移动相联系的。价值运动总是由一种价值转化为另一种价值,前者表现为来历,后者表现为去处,来历和去处是矛盾的统一。对每一次价值运动(经济业务)的来历、去处在对应账户的贷方、借方等额记录,就是借贷记账法。它既反映来历向去处转化的动态,又反映来历等于去处的静态,从而全面反映会计对象矛盾运动的两种状态。这正是复式记账科学性的真谛,具有深入浅出的特点。来历和去处是我国复式记账的传统语言,蔡锡勇(1850—1897 年)在《连环帐谱》(出版于 1906 年)"凡例"中用其概括复式记账原理,开运动理论的先河。其提出时间,较德国巴比(Pape)约早 20 年②。

复式记账原理是价值运动的同态象。从价值运动出发解释复式记账的理论称为运动理论,它是动态学说与平衡理论的辩证统一与发展。

(三)账户设置和记录原理

账户设置在什么地方?为什么账户发生额都设置对立双方?为什么借方记录资产增加、权益减少?为什么贷方记录则反之?传统的借贷原理说这是"习惯","习惯"怎能称为理论?只用平衡理论也难以作科学的、深入浅出的说明。

---

① 李孝林、孙芳城:《会计学中的资金运动理论新议》,《北京商学院学报》1990 年第 3 期;中国人民大学报刊复印资料:《财务与会计》1990 年第 7 期。

② 李孝林,等:《中外会计史比较研究》,科学技术文献出版社 1996 年版,第 48 页。

为了全面地核算和控制价值运动,账户设置在两类互相联系的、方向相反的价值运动的联结处,如 A、B,试依马克思的价值运动公式以图导-6 说明之。

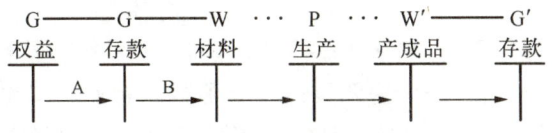

**图导-6　价值运动演示**

价值运动有来历、去处,价值变化有增加、减少,两种方式是辩证的统一。所以,账户发生额必须设置对立双方,既反映价值运动的动态,又反映价值量变的增减,余额则反映每种价值变化的结果。借贷记账法按去处(借)、来历(贷)设置账户,也反映增加、减少。从价值运动出发,试以图导-7 说明借方、贷方与增加、减少的必然联系。

| 借方 | 资 产 类 账 户 | 贷方 |
|---|---|---|
| 记录价值运动的去处,到哪里去? 进入本单位,使资产增加 | | 记录价值运动的来历,从哪里来? 来自本单位,使资产减少 |
| 余额在借方,表明资产增加多于减少,故该账户属于资产类账户,反映价值总体矛盾运动的去处 | | |

| 借方 | 负 债 类 账 户 | 贷方 |
|---|---|---|
| 记录价值运动的去处,到哪里去? 用以还账,使负债减少 | | 记录价值运动的来历,从哪里来? 从外单位来,使负债增加 |
| | | 余额在贷方,表明负债增加多于减少,故该账户属负债类账户,反映价值总体矛盾运动的来历 |

**图导-7　借方、贷方与增加、减少的必然联系**

资产类账户和费用成本类账户,余额在借方,发生额借方记增加、贷方记减少,习称借方账户。负债、所有者权益类账户和收入、利润类账户,余额在贷方,发生额贷方记增加,借方记减少,习称贷方账户。总之,借方、贷方是对立的记账符号,各有三种科学含义:① 表示价值运动方向,借方反映价值运动到哪里去,贷方反映从哪里来。② 表示价值的量变,借方记录资产和费用增加,负债、所有者权益、利润和收入减少,贷方记录则反之。上述①、②均指发生额。③ 余额方向反映账户性质,余额在借方是资产或费用类账户,余额在贷方是负债、所有者权益、利润或收入类账户。从价值总体看,各账户贷方余额和借方余额分别表示价值总体矛盾运动的来历和去处。

借、贷方记录价值的增、减变化,反映价值运动的必然。各种会计原理教材讲借贷记账原理时把经济业务分为四类:① 价值投入企业。② 价值退出企业。③ 价值在企业内周转。④ 价值来源调整。其价值运动方向,如图导-8所示。

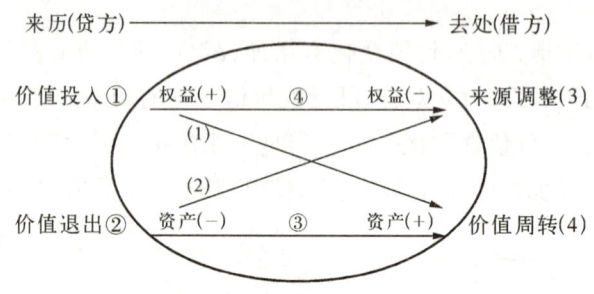

**图导-8 价值运动方向**

教学实践证明,这样说明借贷原理不仅把借贷的三种含义(价值运动方向、增减变化、余额性质)科学地结合起来,易学易懂,而且说明了借贷规则的必然性,克服了死记硬背,并把它说成"习惯"的不科学论断。

(四) 会计报表原理①

毛泽东指出:"世界上就是这样的一个辩证法:又动又不动。"②价值运动就是这样"又动又不动"地存在着,反映价值运动的会计报表也是这样。会计学术界一般把会计报表按价值运动的动态、静态分成两类,这是"最重要的一种分类"。前者如利润表、所有者权益变动表、现金流量表,后者如资产负债表。

会计报表对价值运动的反映是丰富而又全面的。就资产负债表而言,"资产＝负债＋所有者权益",从某一时点来说,诚然反映价值运动的静态,不同时期的资产负债表联系起来,又能以动态数列反映价值运动的动态。就流动资金周转率计算表而言,资金占用额是静态指标,周转额则是动态指标,周转率以及该表显然是静态与动态的结合,它们都反映"又动又不动"的状态。

本书内容分为四个单元,相互间既具有前后一贯的特色,又有依次指导的关系,如图导-9所示。

---

① 葛家澍:《会计学导论》,立信会计图书用品社1988年版,第380-383页;李孝林:《会计学中的资金运动理论试议》,《安徽财贸学院学报》1981年第1期。

② 毛泽东:《毛泽东选集》第5卷,人民出版社1977年版,第313页。

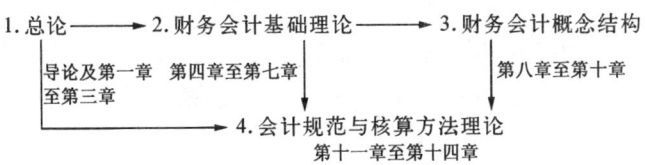

**图导- 9　本书四个单元内容**

第一、第二单元即总论和财务会计基础理论,既指导财务会计理论,又指导管理会计理论;第三、第四单元即财务会计概念结构和会计规范与核算方法理论,属于财务会计理论。

# 第二节　我国会计基本理论必有中国特色

中国会计学会一成立,就提出:创立中国特色的会计理论与方法体系。多年来,会计界进行了大量讨论和实践,取得了丰硕成果。有的学者认为会计要国际化,要与国际惯例协调,不应强调"中国特色",有的学者认为会计理论与方法的某一方面可以具有中国特色,不应提"体系",否则,将不符合与国际惯例协调的原则。笔者不敢苟同。

## 一、主要国家的会计各有特色[①]

各国会计是在各个国家不同的社会环境中,经过长期社会实践,由本国会计界发展起来的,所以各主要国家的会计各有其特色。英国的真实与公允原则以及增值表,是其特色。美国的会计信息系统论前后一贯,公认会计原则经过 70 年的发展,已经形成体系。法国不搞会计准则而搞统一会计方案。德国过去一直不搞会计准则,也不搞会计方案,所谓正规的簿记原则散见于有关法规中,直接以法律规范会计工作。1998 年,德国成立会计准则委员会,所推荐的准则须经司法部批准并由司法部公布。这些都是各个国家会计的特色。这些国家都是市场经济高度发达的国家,并不与会计国际化相冲突。上述种种还说明特色不仅存在于社会制度不同的国家,还存在于社会制度相同的国家。因为会计国际化或会计的国际惯例,主要是讲确认、计量、记录和报告的内容,至于其形式,可因各个国家而异,不一定强求统一。所谓国家会计特色,是在本国特殊环境中,经过刻苦努力,不断提高、创新,主要由本国会计界开发的、比较科学的、适合本国实际情况的会计理论与

---

① 李孝林:《法德、美英会计模式特色比较观》,《四川会计》2000 年第 6 期。

方法。有的专家说,特色应当具有先进性。本书认为不一定。因为特色是相比较而言的,只要人无我有,适合国情,就能构成特色,如会计规范,美国、法国、德国各有其特色,很难说哪个先进、哪个落后。当然,落后的,不能称为特色。特色是中性词。

特色是指个性,体现矛盾的特殊性。特色是本国的创举。经过长期实践、探索、比较,逐步发展,扩大适用范围,增强共性,形成惯例,为多数国家所公认、共有,那时,这种特色就不能称为特色了。所以,特色可以发展成共性。

查《现代汉语词典》可知,体系是指"若干有关事物或某些意识互相联系而构成的一个整体",即系统。根据系统理论,"万物皆系统"。会计准则、会计科目、会计制度、会计目标、会计基础理论、会计方法等,都可称为体系。中国特色的会计理论与方法体系,理应成立,责任会计体系就是一例。上述第一部分更以事实说明中国特色的会计理论与方法体系的现实性。

讲特色并不否认共性。作为"商业语言"的会计,共性是普遍的,不然,就不便于国际交流,不便于进行国际贸易和相互投资。要求中国企业会计准则与国际财务报告准则持续全面趋同,其故正在于此。

## 二、会计特色的必然性

各国的会计特色产生于各自的社会环境和历史传统。由于各国的社会环境和历史传统既有共性,又有个性,在各国社会环境和历史传统中,经过长期实践和研究并不断改善、前进的各国会计,必然是共性与特色并存。共性,表现为各国会计的基本动因、本质、主要对象、基本职能、基本目标、基本前提,确认、计量、记录、报告的主要原则、方法,有共同的方面;特色,表现为从本国的实际出发,经过长期实践形成的、有别于其他国家会计的方面。共性,不仅表现为技术性,还表现为一般社会属性。比如,会计法规,体现社会意志,其共同性就是一般社会属性。共性是基本的,特色是重要的。因为特色是从本国的实际出发,适应本国实际的理论和方法。

关于社会环境,本书第四章,将深入研究。在讨论国家会计特色的论文中,对于社会环境,写得淋漓尽致,很有必要,但历史传统,却很少论及。

各国的会计工作和会计科学,虽然受到国际交流与协调的影响,受到先进国家会计发展的影响,但都是为了适应本国经济管理的需要,适应节约劳动时间规律的需要,在本国社会环境里,经过本国会计理论界和实际工作者共同努力,刻苦钻研,长期研究和实践,不断成长、发展的,必然打上本国的烙印,形成本国的特色。60多年来,我国的先进会计工作者一直有参与企业管理,为领导当参谋、当助手的经验和传统。在这样的基础上,在马克思主义的指导下,理论界形成两种基本职能论,并逐渐成为统一的认识。两种基本职能论显然有别于美国的一种基本职能论。它是具有原创性的巨大突破,有鲜明的特色和重大作用。其作用在于:① 有利于全面地指导会计实践。② 有利于制定会计基本目标和总目标。③ 有利于科学地认识会计本质。④ 有利于研究会计产生和发展的基本动因。⑤ 有利于建立前后一贯的有中国特色的科学的会计基础理论体系。这些,在前述"会计基础理论体系"部分已经概括说明,后面有关章节将深入探讨。

创立具有中国特色的会计理论与方法体系,既是理论建设,又是指导方针。它指导我国会计界理论与实践结合,在国际协调的基础上,努力提高会计工作水平,总结经验,提升成系统的理论,进一步指导会计实践,提高经营管理水平,提高经济效益和社会效益,进入世界先进行列。

# 第一章
# 现代会计的演变

## 第一节　现代会计早期的演变

### 一、复式簿记的产生与发展

（一）复式簿记的产生

意大利复式簿记的诞生被誉为现代会计的开端。复式簿记是否只诞生于意大利？会计史学界一直有争议，主要观点有：

雅典说。两位法兰西作者涅罗和吉利亚在研究了古埃及的海关账并看见了账中商品支出和现金收入的记录后得出结论，现代核算的故乡是雅典。但全部问题在于我们并不知道，复式记录是否已扩展到了自有资金账户和成果账户，甚至在核算中是否有这些账户也不清楚①。

古罗马说。德国历史学家尼布尔在齐采龙那里找到一句话："朋友不应看作是相互借钱，就像账簿一样，在账簿中所给予的应该等于所得的。""公元191—192年古罗马纸莎草纸中，我们看见了双面记录，而且每一经济事项都明确按以下图式：从那儿，到那里。"批评者认为："从字面的完整意义来讲，这是会计过账……过账反映的仅仅是与现金支付和同债权人、债务人的结算业务。"②

古印度说。海渥在其《会计史》中介绍，英国东方研究专家亚历山大·哈密尔顿在1798年指出："我们应当注意到，印度商人从远古时代起，就已经拥有双重记录的簿记方法。"③

阿拉伯说。19世纪中期的克林格认为，11世纪的阿拉伯人发明了复式记账法并以50 000塔列尔的价格卖给威尼斯人。

---

① 索科洛夫，陈亚民译：《会计发展史》，中国商业出版社1990年版，第29页。
② 索科洛夫，陈亚民译：《会计发展史》，中国商业出版社1990年版，第19页。
③ 海渥：《会计史》，中国商业出版社1991年版，第15页。

朝鲜开城说。尹根镐撰写的《韩国会计史研究》(1984年)一书着重研究"四介松都治簿法"(Sagae Songdo Ch'ibu-bop),首先介绍它"起源于高丽全盛时代(1010—1274年)的首都"松都(今开城),流行于"王室、贵族、富商","存续至1920年代"。1916年,玄丙周在其发表的《实用自修　四介松都治簿法》一文中提出,作为复式簿记的"独创",早意大利200多年。尹根镐和澳大利亚会计师协会都认为,12世纪开城的"四介松都治簿法"是复式簿记。

13世纪意大利说。日本学者黑泽清认为:"近代复式簿记,固一科学上之伟大建筑。但自奠基以至完成,正不知试演若干种类之记账方法,转换若干不同记账对象,而后蜕化。其中对于复式簿记之完成贡献最早者,为13世纪佛罗伦萨所用银行账簿之转账记录。""按佛罗伦萨式簿记法之特征计有三点:① 记账方法……转账。② 记账对象……人名。③ 记账方式……上下分列。"[1]

中国汉简说。李孝林通过对我国汉朝简牍的研究提出,复式簿记在中国的西汉初期就产生了[2]。例证之一是公元前68年的第111.7号居延汉简:

都内赋钱五千一百册(40,笔者注)

入　　给甲渠候史利上里高何齐

地节二年正月尽九月积九月奉

复式记账产生的标志与复式记账产生的条件息息相关,对于复式记账产生的条件,会计史学界大多将"资本"作为其条件之一。事实上,早在封建社会初期,中国工商业和信用都已相当发达,城市兴起,家资巨万的商人,千人以上的手工工场,合股经营的工商业,庞大的船队,前期形态的商业资本和高利贷资本的发展,都为复式簿记的产生奠定了经济基础。因此,在近代资本产生以前,复式簿记是能够产生的。A·C·利特尔顿在其《会计发展到1990年》一书中,列举了复式簿记出现的七项先决条件:① 书写艺术,因为簿记首先要登记。② 计算技术,因为簿记的实质方面包含着计数的结果。③ 私有财产,因为簿记只登记有关财产与财产权利的事实。④ 货币(即货币经济),因为只有将财产及财产权利的交易转变成一个共同量度,对簿记才有需要。⑤ 信用往来(即未完成的交易),如果所有交易都在现场完成,作记录的需要就不大。⑥ 商业,如果只是本地贸易,就不会形成一种压力,刺激人们用一种方法来协调分歧意见。⑦ 资本,如果没有资本,商业就谈不上,信用往来将是不可思议的。这里的第⑦项"资本"显然不是近代资本,而是前资本主义社会的资本,或称原始资本。

---

① 黑泽清:《复式簿记源流考》,《会计杂志》1934年第1期。
② 李孝林等:《比较会计史学》,中国财政经济出版社2007年版,第41-51页。

可见,复式记账法是随着经济管理的需要而产生和发展的。在全世界,它的发源地不会只有一个。

(二)复式簿记的发展

尽管对复式簿记的产生有争议,但如果把 13 世纪佛罗伦萨钱庄所作成的账簿记录作为意大利复式簿记产生的标志,那么 14 世纪热那亚市政厅账簿则是复式簿记改进阶段的代表,而 15 世纪威尼斯式簿记则是复式簿记完备阶段的开始。

热那亚市政厅账簿(理论界称为"热那亚式")的记账方式已由转账发展到上借下贷,并且有了损益类账户。日本学者黑泽清认为:"记账方式之所以能由佛罗伦萨式进化为热那亚式,记账对象之所以能由对人的扩充转化为对物者,其故安在? 余则以为不难由资本之发展途径中求之。资本由现金贷放渐次成为商品买卖者,为资本发展途径中必然之趋势。但自 14 世纪以后,意大利商业对于海外贸易之发展,渐趋繁盛。故出现商品账户者,殆为必然之结果。然有一点应注意者,即热那亚式之簿记对于人名账户,虽已能运用余额试算,而使借贷平衡,但对于商品账户,犹未能平衡也。盖欲使商品账户平衡,更非加入损益账户不可。但欲加入损益账户,则非先有资本账户之设立。此种趋向,正与中世纪之社会经济渐次向资本主义经济建设之途径而迈进者,如出一辙。"①

作为复式簿记完备阶段的威尼斯簿记,其主要特征是:① 记账符号的出现。② 总账已有按字母顺序的索引,账户不仅有人名、物名和利润账户,还有相应的费用账户,余额账户也已出现。③ 商品账户借贷方已能平衡。

被会计史学家认为是现代会计之父的意大利数学家卢卡·帕乔利(Luca Pacioli),其重要著作《算术、几何、比及比例概要》正是在意大利复式簿记完备阶段出版的。该书由五个论题组成②:① 代数和算术。② 它们在商业中的应用。③ 簿记。④ 货币的兑换。⑤ 纯粹几何学与应用几何学。

其中簿记部分题为《计算与记录详论》,共 37 章,涉及记账主体的概念,以"借"、"贷"为记账符号,记账规则和平衡公式,会计科目和账簿的设置,试算表的编制和财产盘查的方法等。

对于记账主体,卢卡·帕乔利在其著作中提到:"在三本账簿(指备忘簿、日记账和分类账)的每一本中,这些合伙经营的资本账户必须同你自己的资本账户分开登记。"他又提到:"如果你将合伙经营的现金同你自己的现金分开设账,你就能更有条理地管理合伙经营业务。当你本人是合伙经营的主要负责人时,尤其如此。

---

① 黑泽清:《复式簿记源流考》,《会计杂志》1934 年第 1 期。
② 迈克尔·查特菲尔德:《会计思想史》,中国商业出版社 1989 年版,第 65 页。

在这种情况下,你就应该设置一套独立的账簿。"①

卢卡·帕乔利在他的"簿记"部分首先介绍了如何进行财产盘存和编制财产目录的方法。商人在开始营业之前,应编制包括企业和私人全部资产与负债的财产目录,而且应最先反映价值昂贵又易丢失的现金和贵重金属。这种财产目录应在同一天编制完毕,并按时价对资产进行估价②。

当时虽没有统一的货币单位,但人们已意识到复式簿记中货币的重要地位,卢卡·帕乔利在其著作中写道:"在计算价值总数时,只能采用同一种货币单位,因为不同种类的货币不适用于汇总会计。"③卢卡·帕乔利著作的问世,标志着会计从实务基础开始向理论研究的方向发展,从此会计开始成为一门科学。余绪缨在其著作《管理会计》中写道:"因为科学的现代会计是以复式簿记为其基本特征,它正确运用账户设置、记账符号、记账规则和账户关系,将借与贷、来源与运用、存量(余额)与流量(发生额)、实账户与虚账户、资产负债表与损益表巧妙地结合在一起,形成一个严密的核算体系,双重性方法原理——平衡原理贯穿始终。因此,卢卡·帕乔利提出'复式簿记平衡原理'被认为是现代会计的基石。"④

这里需要说明的是,意大利的复式簿记因卢卡·帕乔利而闻名于世,但不能排除其他国家自有的复式簿记的产生与发展,因为经济的发展与复式簿记不可分割。我国学者李孝林通过对我国汉简及其以后的记账方法的研究,证明了我国复式记账产生于汉代,并把我国复式记账的产生和发展划分成四个阶段,即孕育阶段、产生阶段、成长阶段和成熟阶段⑤。我国的复式簿记影响小是由于历史发展造成的。从12世纪开始,中国帝王统治下的封建社会抑制了中国经济的发展,由于中国工商业与银行业发展落后于西方国家,与经济发展不可分割的会计也就无法上升到理论高度,中国的复式簿记也就无法传播到世界各地,但我们不能因此否定中国会计在世界经济发展中应有的地位。

## 二、折旧会计

英国的产业革命对18世纪的英国和19世纪以及以后的美国、德国的影响是巨大的。由于工业革命的成功,工商业活动发展迅速,对英国、美国的会计思想发展产生了重大影响,在这些国家里产生了一系列新的会计思想和技术方法,折旧

---

① 布朗、约翰斯顿,林志军等,译:《巴其阿勒会计论》,立信会计图书用品社1988年版,第80-81页。
② 迈克尔·查特菲尔德:《会计思想史》,中国商业出版社1989年版,第66页。
③ 布朗、约翰斯顿,林志军等,译:《巴其阿勒会计论》,立信会计图书用品社1988年版,第80-81页。
④ 余绪缨:《管理会计》,辽宁人民出版社1996年版,第11页。
⑤ 李孝林,等:《中外会计史比较研究》,科学技术文献出版社1996年版,第54页。

会计就是这一时期的产物之一。19 世纪以前,折旧不是一个重要的概念,随着工厂制度的建立,企业逐渐采用持续经营原则,而且机器设备等长期资产日渐增多,长期资产支出在生产经营中成为一项数额巨大的成本。为合理转化这一成本,折旧思想便由此形成。早期人们认为"资产只要处于良好工作状态下,便无需计提折旧"。折旧完全是一个计价的概念①。典型的做法是:新价值记入资产账户的借方,原有价值记入账户的贷方。这样,"盘存"部分被结转到下期,任何价值的损耗都带来了利润的减少。而真正把折旧作为联合成本分配的一般问题的组成部分来考察,即作为成本分配制度而不是作为资产计价制度加以考察,才有了"折旧"概念,折旧会计便应运而生,成本基础折旧法得到了应用。路易斯·戈得堡(Louis Goldberg)叙述了会计中应用折旧的四种概念:① 作为资产价格的下落。② 作为资产价值的降低。③ 作为资产的物质损耗。④ 作为一次成本的分配,这些概念在产业革命前就已出现,但把它们全部应用于实际工作中却是在 19 世纪的工业企业时代②。到了 20 世纪初期其他折旧方法才逐步出现。美国会计学家厄尔·塞利尔斯(E. A. Saliers)于 1915 年在其专著《折旧原理》(Principles of Depreciation)中比较系统地介绍了直线法、递减余额法、偿债基金法、年金法及单位成本法等各种折旧方法③。

## 三、成本会计

成本会计产生于何时、何地? 有争议。

荷兰学者海渥认为成本会计产生于荷兰,其专著《会计史》④指出:16 世纪世界闻名的荷兰出版商克里斯托菲尔·普拉廷在他的账簿中设立了"用纸"账户,该账户类似于现在的原材料账。至于工资和其他直接成本,则记入生产成本账。例如,为印刷《维吉尔》一书,他设立了"维吉尔"账户。这种生产账户,借方反映印刷所需的纸张、直接工资和经费,待印完后,该账户应结账,并将余额转入最终产品"存货"账户,这就是成本会计的产生。

一般认为,成本会计萌芽于 15 世纪的意大利。当时由于地方工业迅速发展,使意大利北部城邦成为全欧洲的经济贸易中心。在意大利的一家著名银行——梅迪尔所采用的羊毛纺织企业中的工业簿记,代表着当时工业簿记的最高水平。这个银行在佛罗伦萨市开设两个羊毛纺织作坊和一个丝绸作坊,其中羊毛作坊已设

① 迈克尔·查特菲尔德:《会计思想史》,中国商业出版社 1989 年版,第 139 页。
② 迈克尔·查特菲尔德:《会计思想史》,中国商业出版社 1989 年版,第 142 页。
③ E·S·亨德里克森:《会计理论》,立信会计图书用品社 1988 年版,第 33 页。
④ 海渥:《会计史》,中国商业出版社 1991 年版,第 15 页。

有材料、工薪等分类账,并定期向总账结转,然后将总账账户上的数字相加,以求得产品的成本。可以认为,这是成本会计的萌芽。我国台湾学者陈振铣在其主编的《成本与管理会计手册》一书中对此进行过较详细的分析。

成本会计自 15 世纪产生后 200 年的时间里,一直未能引起人们的重视。在此期间,成本会计未取得突破性进展,有所进步的是对原有方法的完善。1750年,英国人 James Dodoson 为其制鞋厂设计了一套制鞋业的会计制度。他按每种规格鞋子的不同的材料价格,使鞋子的材料成本等于耗用兽皮及皮革的总成本。这是分批成本计算法的雏形。1777 年,英国人 Wardhaugh Thompson 以亚麻织机为例,列示自亚麻材料存货账户开始,经纺麻、漂白、染色、织麻和修整等程序的记录,最后计算出每双长筒袜的成本,形成了分步成本计算法的模式。

19 世纪的工业革命给成本会计注入了活力,促使成本计算与复式簿记结合。成本会计进入复式簿记组织以后,必须按照复式记账原理和一定的计算程序进行经常和连续的计算,用货币量度反映产品的总成本和单位成本,并有分析地反映各种产品在生产和销售过程中的具体耗费,为加强企业管理提供更好的可靠的成本资料。机械化生产的崛起使企业管理当局认识到,只有改善征税过程的组织状况才能降低生产成本。于是,荷、英、美、法、德等国的会计学者几乎都致力于发展包括成本会计在内的工业会计,使成本计算方法由单一的订单法向分批法、分步法扩展。但这个时期的工作重点主要在于事后的核算和控制,成本会计仍属于簿记系统的附属物。在这一时期为成本会计的成熟树立里程碑的是瑞典学者舍尔。他曾在其著作中阐述了成本核算的几项著名规则[1]:① 严格划分生产费用和销售费用。② 所有成本核算分为事前、事中和事后。③ 直接费用的价额越大,则成本核算越准确。④ 非直接(间接)费用应根据预先选定的基数按比例分摊。它还把分析法引入成本会计,将费用分为固定费用和变动费用,提出了可以确定日期的"盈亏点"概念。从舍尔的论述中可以得出,成本会计已从单纯的成本计算扩展到成本预测、成本控制和成本分析。舍尔理论的出现,标志着成本会计走向成熟。

20 世纪初叶,由于世界经济日益发展,资本主义市场竞争更趋激烈。企业为了在竞争中立于不败之地,感到成本会计所提供的事后数据已不能满足管理上的要求,从而促使成本会计的进一步发展。1911 年,美籍英国会计师卡特·哈理逊(Carter Harrison)第一次设计出完整的标准成本体系。1920 年,他又提出了成本变动分析的第一套公式,从此标准成本分析开始运用于实践。它不仅用于控制支出和杜绝浪费,而且也用于编制预算和预测新产品成本方面,使成本会计除提供事

---

① 邓腾江:《关于成本会计的起源与发展》,《财会月刊》1995 年第 11 期。

后的核算数据外,还开展了事前控制,以成本的最优方案来指导生产活动。以成本干预生产,这是成本会计的一个重大变化。现代成本会计从此诞生了。

# 第二节　20世纪30年代以来的会计发展

进入20世纪,资本主义经济长足发展,美、英、澳、加等英语国家成为发展会计思想的开拓者。尤其是美国作为新兴资本主义国家的兴起,促使会计理论与实务取得了惊人进步,标志着现代会计进入成熟期。

## 一、财务会计的形成

由卢卡·帕乔利奠基的复式簿记一开始就具有财务会计的性质。因为当时所涉及的主要是企业在采取合伙经营这种组织形式下基于商业活动所形成的财务关系。财务会计理论与实践的发展,同股份有限公司这一企业组织形式有直接的联系。我们知道,独资及合伙企业是由一个或几个业主合资而形成的,企业的所有者同时又是企业的经营者,只有在资本周转不过来时才从金融机构借入资本。而股份公司与独资、合伙企业的最大差别就在于资本所有权与经营权的分离。由于股份公司资本的主要来源是股东投资和发行债券,企业投资者数量不断增加,企业债权债务关系日趋复杂,银行等金融机构对企业的影响逐步升级,这样在公司外部形成了比独资或合伙企业远为庞大的利害关系集团。这些集团的成员虽然不直接参与企业的经营管理活动,但都因直接或间接的利害关系在不同程度上需要关注企业的财务状况和经营成果,需要从企业对外发布的财务报告中取得其有用的决策信息。因此,会计不再只限于为企业业主服务,而应考虑企业的所有外部利益集团的信息需求。传统的会计逐步演变成也向企业外部有关利益集团提供财务信息和其他经济信息的财务会计(financial accounting)。财务会计的特点在于定期提供一套通用的报表,以便外界使用者作出合理的经济决策。为了使管理当局提供真实、公正的会计信息,确保投资者和债权人等各方面的经济利益不至于因会计报表的失真而蒙受其害,客观上要求各个企业遵循符合国家法令和社会公益要求的规范化的会计程序和规则,此即公认会计原则(generally accepted accounting principles,简称GAAP)制定和实施的由来。

GAAP的出现是财务会计理论和实务显著发展的标志。政府机构同具有较大权威性的会计专业团体相结合,就企业会计的基本方面,制定、发布一系列公认会计原则,以规范企业会计行为,对提升会计信息的质量和可信度具有十分重要的现实意义。公认会计原则来源于实践,是理论与实践相结合的产物。公认会计原则的形成和发展,标志着财务会计进入一个新的发展阶段——现代财务会计阶段。公认会计原则具有两个特点:公认性和权威性。其任务就是尽可能缩小会计处理程序、方法的差异,确保会计报表的"真实与公正",提高会计信息的可比性和有用性。不同国家的公认会计原则的名称及内容是有区别的。例如,美国称其为公认会计原则(GAAP),包括由一系列权威机构制定的会计研究公报(ARB)、会计原则委员会意见书(APB opinions)、财务会计准则公告(statement of financial accounting standards)以及财务会计准则委员会解释(FASB interpretations);英国称其为标准会计实务公告(SSAPs);加拿大称其为特许会计师协会推荐书(CICA recommendations);德国称其为体系化簿记的原则;日本称其为企业会计原则;法国则称其为统一的会计方案等。公认会计原则是社会生产力发展到一定阶段,为适应商品经济发展需要,规范或统一财务会计而产生。它是会计核算工作的规范。各国的财务会计都应严格遵循本国的公认会计原则,才能实现财务会计的最终目的。

## 二、管理会计

管理会计是为企业内部使用者提供管理信息的会计。它在传统会计内部经历了一个孕育、成长和分离的过程。1922年,在美国学者魁因斯坦所著的《管理会计、财务管理入门》一书中首次提到了"管理会计"一词,此后管理会计的内容不断丰富,许多专著相继问世,直至20世纪50年代前后,传统会计分裂为既相互依赖又相互独立的财务会计和管理会计这两个部分,并开始得到会计界比较一致的承认。管理会计之所以从传统会计中独立出来是有其社会经济背景的,它是社会化大生产高度发展的必然结果。

管理会计既是会计的一个分支,也是企业管理的一个分支。管理理论的迅速发展,促进了管理会计的产生和发展。被西方誉为"科学管理之父"的泰勒,主张企业管理中要"用精确的调查研究和科学知识来代替个人的判断",也就是要对产品的制造过程进行缜密的观察、计量、分析和评价,为生产劳动制定各种"标准",要求每个工人使用"标准"工具,通过"标准"的动作,耗用不超过"标准"的时间和原材料来制造质量符合"标准"的产品。他以提高生产效率为目的,研究生产部门、生产组织的科学化,生产程序和生产消耗标准化。另一位管理大师H·法约尔则以大企业的整体作为研究对象,认为管理应包括计划、组织、指挥、协调和控制等五种因素。卢瑟·古利达认为管理有计划、组织、用人、指挥、协调、报告、预算等七个职能。古典学派的这些理论,促使人们致力于把企业引向计划和控制的途径,提出了标准成本法,将标准成本作为争取达到的目标和衡量、对比实际成本的依据,从对比中寻找降低成本、增加利润的途径。同时，预算对企业经济活动的控制和评价作用也逐渐受到重视，很多企业开始编制各种预算，甚至包括弹性预算。到了20世纪30年代，标准成本法的运用和预算的编制已日臻完善，并相当普及。

第二次世界大战以后，资本主义市场竞争更加激烈，企业为了生存与发展，谋求最大限度的利润，就必须依靠生产技术和管理水平，于是管理理论的研究兴旺起来。在科学管理学派和行为管理学派出现之后，又涌现了决策管理学派、系统学派、数学或管理科学学派、权宜或应变学派、经营管理学派等许多新的管理学派。由于这些理论的影响，会计的重点由对经济活动过程的核算和事后分析，逐渐过渡到对经济活动过程的控制和预测、决策。与此同时，各种数学方法和计算机的应用也逐步被引入会计领域，使会计学越来越多地利用自然科学的方法和成果，从而增进了会计在管理决策中的作用，最终促使管理会计的成熟和发展。20世纪50年代以来，管理会计发展极为迅速，成为一门跨学科和多技术的会计新分支，使管理会计从"执行会计"转入"决策与计划会计"阶段，意味着会计重点从服务于管理的控制职能向服务于管理的决策职能转变，标志着管理会计已进入一个崭新的发展阶段，并开辟了极为广阔的发展前景。

## 三、电算化会计①

世界上第一台计算机于1946年问世。随着电子技术和信息技术的发展，计算机开始逐步应用于管理领域。自20世纪50年代起，一些工业发达的国家将计算机应用于会计领域，出现了电算化会计（EDP accounting）。在当时，由于计算机价格高昂，程序设计难度大，只有少数专业技术人员才能掌握和使用计算机，因此，计算机化过程十分缓慢，仅限于一些单项核算业务的处理，如工资计算与处理、存货管理、应收与应付账款的管理、总账的处理等一些数据量大、计算简单且多次重复的经济业务，处理方式以模拟手工核算方式为主，其主要目的是提高会计核算的处理效率。进入20世纪60年代，特别是70年代，由于计算机技术的飞跃发展，硬件方面出现了计算机网络，软件方面出现了数据库管理系统，各种经济管理信息实现了综合化、系统化，计算机管理信息系统开始形成，而计算机会计信息系统成为整个管理信息系统的一个子系统。在管理信息系统中，各个功能子系统可以共享以数据库形式存储在计算机中的整个企业经营管理信息，许多管理信息系统都是以

---

① 1999年4月，在深圳召开的"会计信息化理论专家座谈会"上，为了与信息化发展的浪潮相适应，在王景新教授的倡导下，理论界开始推崇将"会计电算化"改为"会计信息化"。参见毛华扬、李帅：《我国会计电算化发展阶段划分探讨》，《财会月刊》2008年第8期。

会计信息系统为基础而建立的。企业的管理和决策借助计算机系统所提供的信息,极大地提高了办事效率和管理水平。20 世纪 80 年代后,新技术革命的浪潮遍及全球,微电子技术的进步使微型计算机大量涌现,并得到广泛的应用。信息革命成为新技术革命的主要标志和核心内容,人类社会进入"信息化时代"。微型计算机及其网络技术的广泛应用,给电算化会计开辟了广阔的天地。代表这种发展状况的主要标志之一,就是会计人员不再把电算化会计看成是技术人员的工作,而是当成自己分内的事,并积极主动地参与电算化会计系统的研制、开发和应用工作。1987 年 10 月,国际会计师联合会(IFAC)在日本东京召开以"计算机在会计中的应用"为中心议题的第十三届世界会计师大会,成为电算化会计信息系统在国外广泛普及的重要标志。电算化会计的普及同样促进了会计理论与方法的相应发展。如新的电算化会计核算和报告程序的开发应用,要求制定相应的会计规范,并且产生了电算化会计在信息处理过程和内部控制等方面的新的会计问题及其解决措施,从而促使人们探索新的会计理论与方法。

我国大多数会计专家和学者都赞同将 1979 年作为中国会计电算化产生的时间,其标志是财政部和第一机械工业部拨款 500 万元,用于长春第一汽车制造厂,从原东德进口 1 台 Ec－1040 计算机,进行计算机辅助会计核算的试点工作。

我国会计电算化的发展进程可以分为以下几个阶段:1983 年以前的试验阶段,1983 年至 1986 年的自发发展阶段,1986 年至 1992 年逐步走上有组织、有计划发展的阶段,以及 1992 年至今以宏观调控为主、财务软件开发以市场导向为主、企业会计电算化从单纯的软件应用到强调组织管理作用的阶段。在《中国会计电算化》杂志 2003 年第 3 期至第 7 期上,我国学者毛华扬等连续发表了《中国会计电算化发展过程回顾与展望》等论文,从多角度对我国会计电算化的发展进程进行了梳理和总结。

可扩展商业报告语言(extensible business reporting language,简称 XBRL)是一种基于可扩展置标语言(extensible markup language,简称 XML)的业务报告技术标准。它通过给财务会计报告等业务报告中的数据增加特定标记,使计算机能够"读懂"这些报告并进行符合业务逻辑的处理。为推进 XBRL 在我国的应用、促进对财务会计报告等业务报告信息的深度分析利用、提高监管效能,国家标准化管理委员会于 2010 年 10 月发布了 XBRL 技术规范国家标准。这是我国会计电算化发展的又一标志性进展。

现代会计的发展产生了许多新兴的会计分支学科,这些新兴的会计学科将在第二章作专门介绍。

### 四、中国会计的发展

从原始计量记录时代到封建社会中叶,中国会计的发展一直位于世界先进行列,它的悠久历史及其地位为会计史学家所肯定。只是到了近代社会,由于中国仍停留在自给自足的自然经济发展阶段,而西方诸国则已进入资本主义经济发展阶段,因此中国的会计落后于世界上经济发达的国家。鸦片战争后资本主义经济强行进入中国,也给中国会计的发展带来了新动力。从清代末年开始,在中国掀起了将近半个世纪的中式会计改良、改革运动,从而揭开了中国近代会计发展的新篇章。

中国会计发展史上这一改良、改革运动始于 1906 年,以清代蔡锡勇所著《连环帐谱》一书出版发行为开端。《连环帐谱》意在把借贷复式簿记与中国传统的"收、付、存、该"的记账原理结合起来,设计簿记记录实例,并根据"有借必有贷,借贷必相等"的记账规则,形象地把借贷复式簿记称为"连环账法"。随后谢霖、孟森于1907 年在日本出版了《银行簿记学》,并于当年在中国发行,从而推进了中国中式簿记改良、改革的进程。

20 世纪二三十年代,围绕中国会计的改良与改革,形成了两大派别:一是以中国著名会计学家徐永祚为代表的改良中式簿记学派;二是以中国著名会计学家、教育家潘序伦为首的改革中式簿记学派。改良中式簿记学派认为,中国簿记的革新须先通过改良阶段,应立足于保留中式簿记中的科学部分,改良中式簿记,以为中国工商企业所用。改革中式簿记学派则批评改良方案的不彻底性,主张对中式簿记进行彻底改革,全面体现"帕乔利时代"的簿记革新成就,吸收欧美国家在近代会计发展方面的最新成果,以实现我国工商企业及政府会计革新之目标。可以讲,中国近代会计的发展,既闪烁着卢卡·帕乔利会计思想、会计理论的灿烂光辉,也体现了中国近代会计学者改良、改革中国会计,把中国会计推进到"帕乔利时代"的伟大精神及光辉业绩[①]。至此,中西会计朝着同一的方向迈进。

20 世纪 50 年代,中国开始学习、照搬苏联会计模式,使得中国会计向西方国家靠近的进程停止,并朝着行业化、所有制化以及财政、财务、税收、金融、会计"五位一体"方向发展。70 年代末,中国重新确立了以发展经济为主的战略方针,并于20 世纪初确立了社会主义市场经济体制。经过几十年的实践,人们体会到原有的适用于计划经济的会计模式已成为发展经济的阻力。为了发展社会主义市场经济,建立现代企业制度,实现城乡市场紧密结合并与国际市场接轨,促进资源的优化配置,改革原有的中国会计发展模式,建立尊重市场经济规律,明确产权关系,打

---

① 郭道扬等:《帕乔利对中国近代会计发展的影响》,《财会通讯》1994 年增刊。

破行业、部门及所有制界限,充分借鉴国际惯例的新型会计核算体系已迫在眉睫。为此,财政部于1992年11月正式颁布了《企业会计准则》,接着又陆续颁布了根据《企业会计准则》精神制定的新的行业会计制度。以《企业会计准则》为轴心的中国企业会计改革正在中华大地生根、开花。随着"准则型"制度的深入人心,财政部于1996年基本完成了30个具体准则的制定和意见征求。1997年5月21日,财政部颁布了第一个具体准则,即《企业会计准则——关联方关系及其交易的披露》,并于1997年1月1日起在股份公司实施,同时,为了与新修订的《会计法》(1999年10月31日发布)和《企业财务会计报告条例》(国务院于2000年6月21日发布)相配套,财政部于2000年12月29日颁布了《企业会计制度》(2001),并规定在股份有限公司范围内执行。2006年2月15日,我国财政部正式发布了企业会计准则体系。2007年1月1日,我国开始全面执行修订后的企业会计准则体系。截至2009年年底,除我国所有上市公司2007年开始执行会计准则外,已有35个省、自治区、直辖市、计划单列市(含新疆生产建设兵团)的非上市企业执行了《企业会计准则》,实施范围从上市公司大幅度扩大到非上市企业。财政部会计司的目标是:力争2010年除小企业外,所有大中型企业全面执行《企业会计准则》,2011年扫尾。届时,将全面废止行业会计制度、企业会计制度等原有规定,从而实现在全社会范围内统一会计标准和指标口径,促进企业可持续发展并完善资本市场。2010年左右,基本实现我国所有大中型企业实施《企业会计准则》的目标,除小企业执行单独的小企业会计制度外,力争在全国范围内统一企业会计标准,切实解决大中型企业之间会计核算各异和财务报告信息口径不一致等问题。

中国内地与中国香港在经过为期1年的两地会计准则(香港《财务报告准则》等同于《国际财务报告准则》)比较研究后,于2007年12月6日签署了两地会计准则等效联合声明,确认两地会计准则实现了等效。此举有助于内地企业赴港上市、降低筹资成本,实现了两地资本市场的共同发展。

2008年12月12日,欧盟委员会就第三国会计准则等效问题发布规则,决定自2009年起至2011年年底的过渡期内,允许中国企业进入欧盟境内市场时采用中国《企业会计准则》编制财务报告。2010年7月2日,中国与欧盟发表《中国—欧盟会计和审计合作联合声明》,达成"双方将基于已经建立的等效机制继续加强合作,共同努力,最迟在2011年之前完成两套会计准则的最终等效评估"的共识。

国际会计准则委员会(IASB)于2009年8月4日正式批准对《国际会计准则第24号——关联方披露》(IAS24)的修改。修改后的IAS24考虑了中国的实际情况,消除了在这一问题上中国《企业会计准则》与《国际财务报告准则》之间的差异。有关的其他差异问题也正在积极消除或努力消除中。

2010 年 4 月 2 日,财政部发布了《中国企业会计准则与国际财务报告准则持续趋同路线图》(简称路线图)。路线图的发布是我国响应二十国集团建立全球统一的高质量会计准则倡议要求,向全世界表明中国作为负责任大国的原则立场的一大举措。这是在总结我国多年会计改革成就与经验的基础上,结合国际国内形势发展的需要,推动我国《企业会计准则》建设及其持续国际趋同而作出的重要规划和部署。

根据路线图和 IASB 修订国际财务报告准则(IFRS)和 IAS 的时间进程安排,财政部于 2010 年启动准则体系的修订工作,力争 2011 年完成,2012 年起在所有大中型企业实施。修订后的中国企业会计准则体系仍由基本准则、具体准则和指南三部分构成。基本准则保持不变,具体准则将作调整补充,现行的准则应用指南属于具体准则的组成部分,将与相关具体准则融为一体。《企业会计准则讲解》将更名为指南,并调整和补充相应的内容和释例,以便企业更好地理解和执行持续全面趋同后的企业会计准则体系。2011 年之后,中国《企业会计准则》和《国际财务报告准则》都进入相对稳定时期。实务中如果出现新的交易或事项,将通过持续全面趋同机制加以解决。

2014 年 7 月 23 日,根据《财政部关于修改〈企业会计准则——基本准则〉的决定》,财政部修改了《企业会计准则——基本准则》(财政部令第 76 号),对我国 2006 年颁布执行的会计准则进行了较大规模的修改和增加,修改了《企业会计准则第 30 号——财务报表列报》《企业会计准则第 9 号——职工薪酬》,《企业会计准则第 33 号——合并财务报表》,《企业会计准则第 2 号——长期股权投资》,《企业会计准则第 37 号——金融工具列报》;新增了《企业会计准则第 39 号——公允价值》,《企业会计准则第 40 号——合营安排》,《企业会计准则第 41 号——在其他主体中权益的披露》。2015 年 12 月底,财政部发布了 8 号《企业会计准则解释》,较好地保持了与国际财务报告准则的趋同。

为进一步保持国际趋同,财政部在 2015 年至 2016 年 11 月发布了《企业会计准则第 14 号——收入(修订)(征求意见稿)》,《企业会计准则第 22 号——金融工具确认和计量(修订)(征求意见稿)》,《企业会计准则第 16 号——政府补助(修订)(征求意见稿)》,《企业会计准则第×号——持有待售的非流动资产、处置组和终止经营(征求意见稿)》,《企业会计准则第 37 号——金融工具列报(修订)(征求意见稿)》,拟对企业会计准则进行进一步的修改和增加。

2015 年 10 月 23 日,中华人民共和国财政部令第 78 号公布《政府会计准则——基本准则》,拉开了我国政府会计改革的大幕。《政府会计准则——基本准则》分为总则、政府会计信息质量要求、政府预算会计要素、政府财务会计要素、政府决算报告和财务报告、附则 6 章 62 条,自 2017 年 1 月 1 日起施行。2016 年 7 月 6 日,财政部印发了《政府会计准则第 1 号——存货》,《政府会计准则第 2 号——投资》《政府会计准则第 3 号——固定资产》和《政府会计准则第 4 号——无形资产》,标志着我国政府会计准则体系建设进入实质性阶段。

# 第二章
# 会计新领域

　　会计学科的发展是受一定时期经济、政治、文化、法律、社会等会计环境的影响和制约的,会计学科的发展对会计环境又产生反作用和影响。会计新领域就是这种作用和影响的产物。

　　会计新领域是指人们将会计学科的理念和思维方式横向用于诠释某些社会问题或某些社会现象,试图用会计特有的思想诠释理性经济人的某种行为。有学者将会计新领域称为会计新学科,不太贴切。查《现代汉语词典》解释:学科是指"按照学问的性质而划分的门类";领域是指"学术思想或社会活动的范围"。会计思想应用范畴突破传统范畴,向新范畴渗透和交融,当属新领域。

## 第一节　会计新领域形成和发展因素概要

### 一、会计新领域形成和发展因素

（一）经济因素

　　会计基本职能反映和控制的基本对象源于经济业务或会计事项。会计发展史记录和反映的就是经济发展史。经济因素不仅对会计发展具有决定性影响,还通过其他因素(如政治、法律、文化教育、科技等)的影响来间接对会计产生作用。会计的产生及发展深刻地说明经济因素对会计的重要决定性影响,我国经济体制由传统计划经济向社会主义市场经济体制转轨,促使我国会计标准逐步由会计制度向国际通行的会计准则过渡也深刻地证明了这一点。"办经济离不开会计。经济越发展,会计越重要"[①]。经济周期也会促使已有会计理论的修订与调整,如美国次贷危机导致的

---

　　① 项怀诚:《新中国会计 50 年》,中国财政经济出版社 1999 年版,第 3 页。

最近一次经济危机,就引发了各国政府与国际组织对公允价值计量属性的争论①,并将促使已有的诸多会计准则的修订与调整,其中首当其冲的就是金融工具等使用公允价值计量的会计准则。

（二）科学技术因素

科学技术是第一生产力,对推动人类文明发展一直发挥着重要作用。首先,科学技术因素对会计影响最重要的外在形式体现在会计工作手段的不断进步,从算盘到计算器、计算机的应用,会计工作正越来越多地吸收现代科技成果,会计工作由手工操作步入电算化时代即为明证。其次,现代科学技术理论发展对会计理论产生深刻影响,"老三论"（信息论、控制论、系统论）、"新三论"（耗散结构论、协同论、突变论）被大量应用于会计理论研究和解释会计问题。最后,一国科学技术水平的高低及科技成果转化应用程度一般会决定会计水平的高低,科技水平高的国家或地区,其会计水平也较高。

如果说上述影响是外在形式,那么已影响或改变人类生活、学习、工作、思维等方式的网络也许将改变很多传统会计理念,甚至动摇建立在农业经济、工业经济（包括后工业经济）平台上的传统会计基础。网络对会计的影响已初显端倪,由此将形成我们研究的一个新领域——网络会计。

（三）对自然环境与人类关系的反思

在过去的 100 年里,人类创造了无数的文明,也享受着文明带来的利益。但已迈入 21 世纪的人类却发现现代文明带给自然环境的巨大伤害,人类与自然环境的关系已变得不协调了。现在全球荒漠化每年以 5 万至 7 万平方千米的速度扩大,相当于每年吞噬一个爱尔兰或一个比利时加丹麦;21 世纪世界水资源委员会曾发表报告指出:"目前世界上只有两条大河被归入健康河流之列（亚马逊河和刚果河）。"严重的土地沙漠化和饮用水污染问题使 2 500 万人口沦为生态难民。这个数字已超过战争难民的数字。2009 年,联合国教科文组织发布了第三版《世界水资源开发报告》（该报告每 3 年发表一次）,报告题为《变化世界中的水资源》,对地球的淡水资源进行全面评估。报告指出:水资源需求仍在增加,但一些国家的水资源利用已经达到了极限。气候变化的影响很可能使这种情形恶化。无论是在国家之间、城市与乡村之间,或是在不同活动领域之间,水资源的竞争正在加剧。这有可能使水成为一个日益政治化的问题。日益严重的环境污染给人类生存敲响了警钟,也引起了人们对自然环境与人类关系的深刻反思,并成为国际趋势。会计也深

---

① 争论之一就是公允价值会计是否具有经济顺周期性。详细讨论之一可参见黄世忠:《公允价值会计的顺周期效应及其应对策略》,《会计研究》2009 第 11 期。

受其影响,人们开始应用会计的计量技术计量企业的社会成本与社会效益,由此产生了新研究领域——社会责任会计。同时,日益严重的自然环境污染,自然环境资本如何在会计计量中得到体现,实现人类社会、国家或地区经济可持续发展战略,推动社会文明可持续发展,会计学自然地被用来计量自然环境成本及效益,由此产生了又一新的研究领域——自然环境会计。

(四)对人类自身行为与价值的反思

自 20 世纪六七十年代以来,因人类活动加剧,人类赖以生存的大自然正在迅速而悄然地变得紊乱起来,如日益频发的自然灾害、全球气体温室效应等。同时,人类面对日益复杂的社会竞争、就业与生存压力等人类自身问题,不断反省自身的种种行为。受此影响,人们开始应用会计学、心理学、行为学等诸学科并进行交叉,思索会计工作和会计行为能为此贡献什么。经过不懈的探索与创新,产生了会计研究新领域——行为会计;同时,基于衡量人自身价值的需要,人们将会计的计量技术和理念应用于衡量人(个体与群体)的价值,产生了又一新的研究领域——人力资源会计。

(五)管理学的发展

会计学科是管理学的子学科,管理学的发展对会计学的影响是显著而深刻的。仅以管理会计的发展为例,以泰勒的科学管理学说为基础形成了执行性管理会计(20 世纪初到 20 世纪 50 年代),以运筹学和行为科学等为基础的现代管理学说为基础逐步形成了决策性管理会计即为明证。换言之,管理会计与财务会计的分离是建立在管理学不断发展基础上的。

(六)对会计信息的修正(调整)

传统财务会计是建立在一系列会计公设(会计假设、会计前提)和会计处理方法及程序基础上的。因此,财务会计系统提供的信息受会计公设、公认会计原则、会计程序和会计方法等的制约。而某些会计公设、公认会计原则、会计程序和会计方法并不是一成不变的,当变化处于信息使用者的容忍限度(不影响决策的正确性)时,无需对提供的会计信息进行修订(调整)。但当这种变化使信息使用者无法容忍时,即影响信息使用者进行决策的正确性时,会计信息使用者就要求信息提供者进行局部(或全面)的修正(调整)。一个典型的例子就是货币计量公设中隐含的币值稳定公设。一般认为,币值变动的幅度在 10% 以内时,是可以容忍的;超过10%时,就必须进行调整(修订),由此形成了物价变动会计。物价变动会计的理论研究和实务操作已较为成熟,本书不再专门讨论。与币值稳定公设相关的是货币实际购买力问题,即汇率变动引发不同币种计量的折算问题。这属于传统会计范畴。我国《企业会计准则第 19 号——外币折算》对此问题进行了专门规范。

（七）法律因素

人类生存的环境之一就是社会环境。人类在社会环境中面临各种错综复杂的关系，处理这种错综复杂的社会关系就需要法律。法律是指由国家制定或认可的、由国家强制实施的、以规定当事人权利和义务为内容的、具有普遍约束力的社会规范。随着各国法制化进程的发展，产生了融合会计学、法学、审计学等学科知识与技术，旨在通过对会计资料进行调查获取有关证据资料，并以法庭能接受的形式在法庭上展示或陈述，以解决有关法律问题的一门融法学、会计学、审计学、调查学、证据学、犯罪学等学科为一体的边缘科学——法务会计。

（八）国际贸易纠纷因素

随着国际资本流动，世界贸易得到了很大发展，我国进出口贸易总额已由1978年的第29位跃升世界前列。为占领或垄断一国或地区的贸易，将竞争对手排挤出某个特定市场，贸易战争必然出现。贸易战的手段之一就是价格战，即倾销。倾销（dumping）是一种价格歧视，是指将一国产品以低于正常价格的办法挤入另一国市场竞销。即出口厂商在国际市场上以低于正常价格的价格销售商品，对进口国的某些工业造成重大损害或重大威胁，是一种不正当的贸易行为。国际倾销有商品倾销、外汇倾销等形式。与国际倾销相对的是反倾销（anti-dumping）。它是指对外国商品在本国市场上的倾销所采取的抵制措施。倾销与反倾销都将涉及产品成本问题，将成本会计等会计理念与国际贸易、国际贸易纠纷裁决、世界贸易组织规则等相结合，便产生了新的边缘科学——倾销与反倾销会计。

（九）其他因素

会计诸多新领域的形成和发展受多种因素复合作用的影响，除上述因素外，还包括政治因素、社会文化因素、教育因素、历史传统因素、自然环境因素、会计主体因素等。

目前比较流行的实证会计属于一种研究会计学科的方法，相关内容将在本书第三章中论述。

## 二、会计新领域发展方向

一个令人感兴趣并值得研究的问题是未来会计将向什么方向发展？Ａ·Ｃ·利特尔顿在《会计的再发现》一书中提出会计学的三个发现：第一个发现是在会计原型（资本利益会计）基础上发现了财务会计；第二个发现就是管理会计；第三个发现就是社会会计。Ａ·Ｃ·利特尔顿认为，会计会朝两个方向发展，一是科学会计，二是技术会计。科学会计是指人们试图寻求会计学科基本理论，用于指导会计实务发展。技术会计应有两层含义：第一是指会计学科的发展应注重借鉴相关科学技术的成果并为相关科学技术的发展服务,一个典型的例子就是目前借助计算机、网络技术等产生的网络会计;第二是指不断修正、完善目前会计实务中的会计基础、会计程序和会计方法等,使会计学科更科学、更好地为科学技术的发展服务。

　　会计学科未来的发展方向,即在未来社会的"方位"问题。根据会计学科已有的发展史,可以大胆地假设如下:从宏观上看,会计将向所有宏观领域渗透,包括海洋、空间和外层未知空间。概言之,会计将随人类认识宇宙空间、地球空间和国家空间的更加深入而发展。从微观上讲,但凡人类社会关注的领域,都会有会计的身影,从企业、社会组织团体到家庭、个人,概莫能外。其理由是简单而充足的,即计量人类行为结果的需要。可以预见,未来会计的发展将与自然学科、社会学科相互渗透、纵横交叉。汉弗莱·H·纳什在其撰写的《未来会计——一种规范的增值会计方法》一书中,对未来会计模式进行了详实的筹划,值得研究。

# 第二节　网络会计

　　"网络",一个充满诱惑而又魅力无穷的崭新词语。中国工业和信息化部发布的统计数据显示,我国网民数位居全球首位。网络技术对人类社会的影响是不可估量的,任何企业都无法回避互联网。互联网推动企业生产经营从传统时代进入电子商务模式时代,电子商务模式将成为网络时代企业生产经营的主要模式。企业在电子商务模式下,成为全球网络供应链中的一个节点。企业的生产经营和管理(管理对象、管理流程和管理指令等)均以数字化形式存在和传递,其目的就是要实现管理的自动化、信息化和数字化。

　　网络化环境下企业的生存环境将发生重大变化。所谓网络化经济环境,简单地说,就是以数字化技术为基础,以国际互联网为纽带,知识创新和新技术推广应用呈乘方速度繁衍,信息的产生、披露和应用呈立体平台交互交流模式,使知识、技术、信息、资源、交易、决策等适时完成的一种全球一体化经济环境。"虚拟企业"从产品概念、产品创新到产品的生产、制造、销售、服务和最终消费已发生深刻的变化。"网络资源"对传统会计对象要素进行了全新诠释。"顾客数据化"、"网络化劳动力"的盛行、"网络经济"巨大的发展潜力和诱人的经济利益,必将使其成为未来经济发展的主流方向①。在网络化经济环境中,现行会计系统将面临一个全新变化了的客观经济环境。此处仅以"网络资源"对传统会计对象要素的全新诠释为

---

　　①　查克·马丁:《数字化经济》,中国建材工业出版社;〔中国香港〕科文出版有限公司1999年版,第4－205页。

例,加以说明。

在传统工业经济时代,会计学将会计对象分为资产、负债、所有者权益、收入、费用、利润等要素,最终将它们分别纳入资产负债表和利润表,并依此建立了一系列严格的会计政策和会计程序以及与之相适应的会计理论和方法体系。但在网络化经济条件下,我们毫无疑问地发现,所有这一切都在发生深刻的变化,已脱离现行会计体系框架所界定的范畴而变得不可思议。工业经济时代建立的会计理论和方法体系已与网络化经济格格不入。就以资产为例,资产在会计对象要素中处于中心地位,其他要素都与之相联系;负债是债权人对资产的要求权;所有者权益是所有者(投资者)对净资产的要求权等。企业持有资产的根本目的是获得未来经济利益的流入。传统会计侧重"土地资本、厂房、设备"等有形物质资产,不注重"知识、技术、信息和人力资本"等无形资产。而"知识、技术、信息和人力资本"等无形资产,是网络化经济环境中企业生存和发展的动力源泉。可见,传统会计没有(即使有也很不全面)把这些无形资产纳入视野,没有作出相应的程序、方法、理论安排,从而导致现行会计信息不完整、不真实,必然影响投资者和财务会计报告使用者的决策和分析。例如,微软公司账面价值和市场价值的巨大背离就是最明显的例证;全球最大的网上书店 Amazon 属于无形资产,它的总市值与它的账面价值也存在严重的背离。所以,适应工业经济时代的传统会计理论和会计实务将很大一部分经济学中的经济资源(企业未来经济利益的流入)排斥在会计系统之外。

网络会计不同于目前流行的会计电算化。目前流行的会计电算化仅仅是实现了会计信息处理的自动化,但它的本质仍然是传统会计理念、方法和程序。"综观过去 20 年的发展,企业使用计算机的目的通常只在于去解决个别特殊的会计、财务或其他商业问题,而很少从网络的角度去进行总体规划"[①]。网络会计改变的不仅仅是会计处理的手段,它将从根本上改变传统会计的理念、方法和程序。就 21 世纪企业财务与会计面对网络技术的严峻挑战,薛云奎提出了自己的看法:① 网络时代的企业会计系统不再是企业的一个信息孤岛。② 建立会计频道是会计在信息集成化环境中实现自我的重要途径。③ 网络时代的内部控制是企业最重要的制度变革。关于会计频道思想,薛云奎指出,是用多元化的会计频道来满足信息使用者不同的品味和要求,"多频道会计的未来发展一定是犹如电视技术的发展一样,发生从模拟技术到数字技术的飞跃"[②]。

---

① 薛云奎:《网络时代的财务与会计:管理集成与会计频道》,《会计研究》1999 年第 11 期。

② 薛云奎:《会计大趋势——一种系统分析方法》,中国财政经济出版社 1999 年版,第 13 页。

网络时代演绎着会计活动新的理念、理论与方法，并引发一场会计发展史上的革命。关于如何从网络经济角度重新认识会计建立的一系列基本假设，崔也光认为，网络经济对会计主体假设的影响是会计主体的外延具有"模糊性和整合性"；在对持续经营否定的基础上形成"即时性"，会计分期将在突破速度的问题上形成"实时性"。崔也光提出了网络时空观下的系列变化：集成化、简捷化、多元化、电子化、开放化和智能化①。关于网络时代基本会计假设的重塑，详见本书后文论述。网络经济将带来哪些变化呢？李端生、李征指出："会计观念日益更新；会计目标重新定位；会计对象范围拓宽；会计管理职能强化；会计核算程序和方法相应改变；会计操作手段更加先进；会计教育立体式发展；会计监督进一步加强。"②

正如传统财务会计体系的最终产品是以财务会计报告为载体一样，网络经济时代对会计系统最深刻的影响也将通过财务会计报告模式的改变而得到最终体现。肖泽忠提出了"大规模按需报告的公司财务会计报告模式"。一份关于中国上市公司财务信息网上披露情况的调查报告显示，目前许多中国上市公司已经积极、大胆地在自己的网站中自愿披露财务会计信息③。1999年，中国证券监督管理委员会规定，上市公司在刊登年度报告摘要的同时，应将年度报告登载于中国证券监督管理委员会指定的国际互联网网站上。上海证券交易所上市公司指定披露的网址为：http//www.sse.com.cn；深圳证券交易所上市公司指定披露的网址为：http//www.cninfo.com.cn。网上披露具体事宜应遵照交易所的有关规定执行。薛云奎指出，未来财务会计报告存在以下十大发展趋势：① 从单一报表体系向多元化报表体系转变。② 从重可靠性到可靠性与相关性并重。③ 从历史成本到历史成本与公允价值并重。④ 从主体信息到主体信息与关联方信息并重。⑤ 从有形资源到有形资源与技术资源并重。⑥ 从表式信息到表式与图像化信息并重。⑦ 从货币计量到货币与非货币计量并重。⑧ 从绝对值信息揭示到绝对值与相对值信息揭示并重。⑨ 从事后信息揭示到事后与事前信息揭示并重。⑩ 从年度信息揭示到年度与日常信息揭示并重④。

公司进行网上信息披露将涉及与传统媒介不同的问题：首先，网上财务信息的完整与安全问题。前者与信息提供者相关，后者与网络安全相关。其次，如何评价互联网上的年度财务会计报告。英国伦敦证券交易所和投资者事务协会发布的

---

① 崔也光：《网络时代，会计的时空观》，《会计研究》2000 年第 3 期。

② 李端生、李征：《网络经济下会计发展趋势》，《会计研究》2001 年第 11 期。

③ 潘琰：《互联网上的公司财务会计报告——中国上市公司财务信息网上披露情况调查》，《会计研究》2000 年第 9 期。

④ 薛云奎：《会计大趋势——一种系统分析方法》，中国财政经济出版社 1999 年版，第 219－240 页。

《"最佳互联网年度报告"指南及简要说明》一文中列示了最佳实务要点,包括以下十三个方面:① 年度报告要能独立且巧妙地集成于公司网站。② 提供及时的信息。③ 能发挥电子媒体的杠杆作用,而不仅仅是复制报告的印刷版本。④ 应考虑电脑的屏面效果,而非页面效果。⑤ 灵活地使用 PDF 文件,使报告易于下载。⑥ 规定醒目的标志(路标)和网站图。⑦ 适当的提示能有效地导航。⑧ 保存历史记录,增加透明度,便于使用者对财务数据进行纵向对比。⑨ 具有反馈机制。⑩ 与其他相关领域相结合,如投资者协会。⑪ 使用多币种和多语言,增加财务信息的使用价值。⑫ 提供价格信息,反映当前和过去的趋势。⑬ 灵活地链接到相关站点。再次,关于网上信息的监管问题。网络会计使会计信息跨越时空传递成为现实,提高了信息披露的及时性,降低了信息传递的社会成本,但网络也会成为虚假信息满天飞的空间,影响信息使用者的信心和决策。因此,进行网络信息监管是网络会计发展需要解决的重要问题之一。

关于网络经济环境下会计报告模式,李端生等指出,包括"事项报告模式、交互式按需报告模式、可扩展的企业报告语言(XBRL)和需求决定模式"四种模式①。在网络经济环境中,技术标准已变得十分重要。各国及国际组织与机构目前讨论的技术标准热点是可扩展企业报告语言。我国目前的情况是,"中国证监会于2005 年 3 月 25 日公布了中国定期报告部分 XBRL 标准征求意见稿,经过修改和完善以后,该标准上报 XBRL 国际组织后于 2005 年 10 月 20 日获得批准,成为中国上市公司年报的正式标准"②。为贯彻《财政部关于全面推进我国会计信息化工作的指导意见》,建立健全会计信息化标准体系,财政部会计司正在开展基于企业会计准则的 XBRL 分类标准制定工作。2010 年 5 月 23 日,国家标准化管理委员会下达了《可扩展商业报告(XBRL)技术规范》国家标准。2010 年 10 月 19 日,财政部以"财会〔2010〕20 号"文,下发了《企业会计准则通用分类标准指南》和《企业会计准则通用分类标准元素清单》。

财政部在 2015 年 3 月 24 日,发布了《关于发布 2015 版企业会计准则通用分类标准的通知》(财会〔2015〕6 号);在 2016 年 9 月 29 日,发布了《企业会计准则通用分类标准保险业和证券业扩展部分及公式链接库》(财会〔2016〕18 号),标志着我国企业会计准则分类标准稳步推进。

网络会计正在成为会计新领域研究的热点和难点,已成为发展最迅速的领域之一。

---

① 李端生、续慧私:《论网络环境下的会计报告模式》,《会计研究》2004 年第 1 期。
② 张天西:《网络财务报告:XBRL 理论基础研究》,《会计研究》2006 年第 9 期,第 56 页。

# 第三节　社会责任会计

　　埃斯特斯在《企业社会会计》中指出:"社会告诉企业,你们的任务是要提供给社会品质优良、安全可靠的产品,同时要作为一个好的企业员工——不污染环境、不歧视;消除危险的工作环境。再者以你们雄厚经济力量的一部分去从事社会工作。如果也能赚大钱,那最好,不过要先把以上这些要求做好。"

　　现代文明带给人类利益时,也使人类面临环境严重污染、资源被巨大浪费等问题。地球资源是有限的,协调好企业与自然环境、自然资源的关系已成为人们关注的焦点之一,将会计学的理念、程序和方法应用于衡量企业对环境保护、就业、雇员培训、反种族歧视、医疗劳保和社会发展等承担的社会责任,便出现了社会责任会计(social responsibility accounting)。

　　社会责任会计起源于美国,美国会计学家戴维·F·林诺维斯(Davis F. Linowes)在《会计杂志》1968年第11期发表《社会经济会计》(Social Economic Accounting)一文,首创"社会经济会计"(或"社会责任会计")一词。1973年,戴维·F·林诺维斯发表《会计职业与社会进步》(The Accounting Profession and Social Progress)一文,认为,"社会责任会计是衡量和分析政府及企业行为对公共部门所产生的经济和社会结果"。为推动社会责任会计的研究,美国会计学会先后成立了社会方案绩效衡量委员会、组织行为环境影响委员会、社会成本计量委员会、社会成本委员会、社会业绩会计委员会等组织,其研究成果发表在1972—1976年的《会计评论》第47卷至第51卷副刊上。美国注册会计师协会在1970年成立了"生态环境委员会"和"社会计量委员会",对社会责任会计进行了研究。1981年,阿米德·贝奥尔科依在其专著《会计理论》中,以"会计的未来"为题,认为社会责任会计是未来会计的发展趋势之一。

　　社会责任会计包括两个层面的内容。一个层面是宏观层面。政府要求企业披露其社会责任。早在1975年,法国在《关于公司法改革的报告》中建议公司每年公布"社会报告";1977年,法国又先后颁布正式法令,要求拥有250人以上的企业必须编制"社会资产负债表"(1982年对职工人数要求改为300人),披露诸如职工雇佣情况、工薪待遇及相关的劳动力再生产成本、健康和安全条件、职工培训、行业关系以及企业内部的其他生活条件等信息。除此之外,还要求企业注意改善生态环境,减少稀有资源的耗用及社会环境治理等。英国也在1976年发表《公司报告》,建议企业披露有关社会责任信息,包括增值表、职工报告等。加拿大的管理会计协会(SMA)创造了一种更能全面报告社会责任信息的综合方法。它运用目标定位计量法,描述企业经营的每个目标,记录每个目标的具体业绩,尽可能将所有的数字信息包含其中,以增强披露力度。此外,联合国的国际会计与报告准则专家小组(1982)、欧洲财经会计联合会(1987)等也分别建议企业或跨国公司披露社会责任方面的信息。针对在社会责任信息报告方面的相对落后状况,美国的一些关心社会和环境的投资者与其他有关人士,在1989年也联合起来成立了环境责任经济联合会,并发表了《VALDZ准则》,要求企业对与环境保护相关的问题进行承诺,该准则得到了许多美国公司的认可①。另一个层面就是企业核算与提供这类信息。我国对社会责任会计的研究起步较晚,代表著作有宋献中的《企业社会责任会计》(1992)、刘明辉的《走向21世纪的现代会计》(1996)、阳秋林的《中国社会责任会计研究》(2005)等。目前,我国上市公司也披露社会责任会计方面的信息。学者卡哈日曼·艾买提指出:"我国社会责任信息披露处于初级阶段,表现为披露的方式以补充性的文字说明为主,披露的内容不全面且有随意性。同时也发现,社会责任信息披露受时间和上市地点等环境因素的影响。"②我国《企业会计准则》中对弃置费用的会计处理,体现了企业社会责任会计的基本核算要求。

社会责任会计的理论源于西方福利经济学派的企业社会责任观念。福利经济学派提出的企业社会责任观念认为,履行社会责任是企业义不容辞的一项义务,而且只有在实现诸如环境保护、增进人们福利等社会目标的同时,还能获得令人满意的利润,才说明企业履行了社会责任。"会计并非是贪婪的金钱追逐者的工具,它与社会福利有着明确的关系。企业……具有两项使命:为人们谋生创造机会及提供物品和服务满足人们的生活需要。……作为有助于把某些不良实务排除的经营活动,会计帮助那些'社会工作班子'按照公平处理和道义义务的良好方式运转。因此,直接或间接的会计对公共福利作出了明确的贡献"③。

所以,社会责任会计是社会责任与会计学的有机结合,是把企业与社会之间的相互关系当作社会责任并以此为中心而展开的会计。其目的在于提高企业的整体效益,形成一种"宏观—微观"共振型的会计模式。它的任务在于测定企业的经营活动对社会各方面所带来的效益和损益,并提供经济、社会指标,以利于企业决定经营方针、评价经营成果和揭示社会责任④。学者胡承德认为,企业社

---

① 陈玉清、马丽丽:《我国上市公司社会责任会计信息市场反应实证分析》,《会计研究》2005年第11期。

② 卡哈日曼·艾买提:《我国社会责任会计信息披露的现状及对策分析》,《生产力研究》2009年第15期。

③ A·C·利特尔顿,林志军、黄世忠等,译:《会计理论结构》,中国商业出版社1989年版,第20-21页。

④ 吴俊:《关于社会责任会计的几点思考》,《会计研究》1994年第6期。

会责任会计的最终目标是提高社会效益、实现社会净贡献最大化。企业社会责任会计的基本目标是为有效实现企业效益和社会效益的共同提高而提供充分、有效的信息①。

社会责任会计的内容,从收益角度看,是指社会绩效,从支出角度看,是指社会支出。但世界各国研究社会责任会计的侧重点并不相同:美国会计学家贝尔科里认为,社会成本包括人力资源耗用的社会成本、环境污染成本、生态资源破坏成本、技术变革成本、失业和资源闲置成本等五个方面;社会绩效包括企业对社会的贡献(诸如税收、从事社会福利项目、捐赠等)、对人力资源开发的贡献、对有形资源和环境的贡献、对产品和劳务的贡献等四大类。法国强调职工福利,诸如职工福利费、劳动保护费、专业技术培训费、职工就业情况、改善劳动条件支出、医疗保健等。学者吴俊认为,社会责任会计应包括"企业对员工履行的责任、企业对生态环境维护的责任、企业对社会及本地区的责任、企业对消费者应履行的社会责任、企业应履行的其他社会责任"(1994)。宋献中认为,社会效益主要包括"产品质量效益、环境效益、充分就业效益、社会保险和教育效益和其他效益"五个方面;社会成本包括"社会物耗成本、社会人工成本、土地使用成本、资源耗损成本、资金使用成本、环境污染成本、社会管理费、其他社会成本"等八个方面(1996)。前一种观点仅仅考虑企业的社会责任,没有考虑企业的社会绩效,并不是企业社会责任会计内容的全部;后一种观点扩大了社会责任会计的主体,如资金使用成本、社会管理费(指国家或地方政府管理所有企业而发生的费用)等,并非企业的社会责任。

中国社科院发布的《中国企业社会责任研究报告(2009)》指出,从2008年分析结果看,我国100强企业的社会责任整体水平仍然较低,94家企业的社会责任平均分为31.7分,整体处于"起步"阶段。社会责任会计在国内外的研究尚处于实践探索阶段,尚未形成一套完整的理论体系。社会责任会计研究的最大难点之一当属计量问题,国外创立了一些新的计量方法,诸如调查分析法(分为投标博弈法、比较博弈法、无费用选择法、优先性评价法等)、替代品评价法、历史成本法、复原或避免成本法、法院裁决法、影子价格法等。但在实际应用过程中,还存在诸多实际问题:一是计量问题;二是社会责任会计体系概念框架问题;三是政府的角色定位问题;四是培植企业社会责任观念问题;五是相关法律体系建立问题等。社会责任会计的发展还有赖于相关学科进一步的发展。

---

① 胡承德:《论企业社会责任会计目标》,《财会月刊》2009年第5期。

# 第四节　社　会　会　计

## 一、社会会计的形成和发展

社会会计又称国民经济会计。它将会计基本理念用于核算一个国家（或地区）国民经济状况。1930 年，美国经济学家 J·米德和 R·斯通等将会计学中的复式记账原理、账户体系、平衡原理等引入国民经济核算，为宏观经济决策服务。1941 年，荷兰经济学家范·克里夫在荷兰《经济学家》杂志 7 月号和 11 月号上明确提出"社会会计"（national accounting，或译为国民会计）一词。1947 年，联合国公布了《国民收入的计量和社会账户的编制》，1953 年，公布了《国民账户和补充表体系》，1968 年，公布了《国民账户体系》（简称 SNA）等文件，推动了社会会计在各国的发展。美国会计学会为研究社会会计曾成立国民收入委员会，1958 年发表《经济会计概念》。1955 年，美国 J·P·波尔森博士在《经济会计》一书中将社会会计账户分为企业账户和社会账户两大部分，对社会会计进行了论述。1964 年，美国理查德·默特斯切在《会计学和分析方法——微观和宏观经济中收入和财富的计量和预测》著作中，探讨了企业会计与社会的关系及一致性。新中国成立后，我国国民经济核算采用前苏联的"物质产品平衡表体系"（The System of Material Product Balances，简称 MPS）。1991 年，国务院成立了"全国国民经济核算协调委员会"，提出将国民经济的整个核算体系转移到新核算制度中来。

## 二、社会会计的特点

社会会计并非单纯意义上的会计，而是会计学与统计学交叉形成的一个新领域。简单地说，社会会计是以货币为计量单位，以一个国家或地区为空间范畴（会计主体），以会计学、统计学等学科为支撑，对整个国民经济所涉及的资金及其运动进行反映和控制。与企业会计相比，社会会计的特点可以概括为以下几点：

（1）从反映和控制的空间看，社会会计以整个国家（或地区）为反映和控制的空间，属于宏观会计范畴。

（2）从反映和控制的对象看，社会会计是以国民经济涉及的资金及其运动为对象，是企业会计反映和控制对象的总和。

（3）从提供信息服务的对象看，企业会计侧重于服务微观经济管理决策活动，社会会计侧重于服务宏观经济管理决策活动。

### 三、社会会计内容

李孝林认为,社会会计包括以下五个方面的内容[1]:

(1) 计算国民收入。

(2) 进行投入产出计算。

(3) 编制资金流量表。

(4) 编制国民资产负债表。

(5) 编制国际收支表。

韩传模认为,社会会计由两部分构成:一是社会再生产会计;二是经济循环过程会计。

刘明辉认为,社会再生产会计包括[2]:

(1) 国民收入会计。

(2) 投入产出会计。

(3) 资金流量会计。

(4) 国际收支会计。

(5) 国民资产负债表。

前四部分是对一定时期内的经济流量的核算,第五部分是对某一时点经济存量的核算。经济循环过程会计是对国民经济循环过程进行的核算,以反映国民经济运行的全貌。

于玉林认为:"宏观会计,亦称社会会计,国民经济会计、国民收入会计、总量会计,是以整个国家的资金总运动为对象,对整个国民经济进行的核算和管理。"[3]这种提法与韩传模的观点不尽相同,韩传模认为,国民收入会计仅仅是社会会计的一部分。笔者认同韩传模的观点,认为宏观会计包括社会会计,社会会计包括国民收入会计,而非等同关系。

# 第五节  人力资源会计

## 一、人力资源会计的产生和发展

人力资源会计(human resource accounting)是社会责任会计的重要分支,它计

---

① 李孝林:《会计基本理论比较研究》,科学技术文献出版社 1997 年版,第 411 页。

② 刘明辉:《走向 21 世纪的现代会计》(中),东北财经大学出版社 1996 年版,第 54—57 页。

③ 于玉林:《21 世纪会计之光》,科学技术文献出版社 1998 年版,第 9 页。

量、记录和报告企业对社会人力资源的贡献。

人力资源作为联结劳动资料和劳动工具的纽带,在社会再生产过程中具有非常重要的作用。但受传统会计计量技术等方面的制约,企业一般无法提供完整的人力资源信息资料,这种状况与经济、科技发展大趋势极不协调。最先关注人力资源作用的是经济学家,在亚当·斯密的《国富论》、马克思的《资本论》、泰勒的《科学管理原理》等论著中,均将人力资源作为一项重要的研究内容,并提出了富有创造性的见解。美国经济学家西奥多·W·舒尔茨在 20 世纪 50 年代发表了诸如《人力资本投资》、《人力资本:一位经济学家的看法》等一系列论文,提出资本概念应包括人力资本概念、人力资本的收益率要高于物质资本的收益率等许多重要观点。经济学家对人力资源、人力资本的关注及其研究成果,为人力资源会计的产生奠定了理论基础。

美国对人力资源会计研究最早的是密歇根大学的 Roger H. Hermanson。1964 年,他以题为《人力资产会计》(Accounting for Human Assets)一文,首次提出了"人力资源会计"概念,讨论了人力资源作为一项资产所涉及的计量及其他会计问题。1974 年,弗兰霍尔茨(Eric G. Flamholtz)出版了《人力资源会计》专著。美国会计学会为推动人力资源会计的研究,成立了人力资源会计委员会(The Committee on Accounting for Human Resources),于 1973 年和 1974 年发表了研究报告(Report of the Committee on Accounting for Human Resources)①。美国的巴雷公司(R. G. Barry Company)最早试行人力资源会计,它在 1966—1973 年都对外同时编制两套报表,其中一套为人力资源会计报表(1974 年改为内部报表)②。

我国对人力资源会计的研究始于 20 世纪 80 年代,先是翻译介绍国外研究成果,在此基础上结合我国国情进行研究。以权威杂志《会计研究》为例,最早刊登张俊瑞的《关于人力资源会计的几个问题》(1987)一文,对"人力资源会计属于管理会计还是属于财务会计? 人力资源是否是资产? 其成本能否资本化?"等五个问题进行了探讨。进入 20 世纪 90 年代,我国出版了研究我国人力资源会计的专著,如陈仁栋的《人力资源会计》(1991)、徐国君的《劳动者权益会计——人力资源会计的新模式研究》(1997)、张文贤的《人力资源会计》(2002)。我国部分高校也将人力资源会计纳入教学课程体系,出版了相应的教材,如徐爱萍、程明娥主编的《人力资源会计》(2007)被纳入了"21 世纪高等学校会计学专业规划教材"。需要指出的是,虽

---

① 阎达五、徐国君:《关于人力资源会计的框架——以劳动者权益会计为中心》,《会计研究》1996 年第 11 期。

② 葛家澍、林志军:《现代西方财务会计理论》,厦门大学出版社 1990 年版,第 13 页。

然对人力资源会计的探讨是卓有成效的,但将其真正应用于会计实务中尚待时日。在我国会计准则体系中,体现人力资源会计内容的准则或相关条文逐步增加,如《职工薪酬》、《企业年金基金》、《股份支付》等准则。

## 二、人力资源会计的定义

关于人力资源会计的主要观点有[①]:

(1) 美国学者弗兰霍尔茨认为,人力资源会计是把人的成本和价值作为组织的资源而进行的计量和报告。

(2) 美国会计学会认为,人力资源会计是辨别和衡量人力资源的信息,并将这种信息传递给有利害关系的当事人的程序。

(3) 日本学者若杉明认为,人力资源会计是这样一种会计,它通过会计方法和跨学科领域的方法,测定和报告有关人力资源的会计信息,以提供给企业经营者及其利害关系者利用。也就是说,人力资源会计是通过上述方法测定和报告企业人力资源变动和现状等,以帮助所有利用者决定行为方针的会计。它使企业经营者正确认识人力资源,即一般职工和管理干部以及组织人力的重要性,引导企业合理地组织起来,适当安排人力资源,并加以有效利用和妥善管理,进一步激发全体职工的干劲,使他们感到在自己岗位上工作非常光荣。其结果表现为企业经营效率的提高。

(4) 我国学者阎达五、徐国君认为[②],人力资源会计是对人力资源进行价值核算和管理的一种活动。它包括人力资源财务会计与人力资源管理会计两部分。前者是以会计原则为准绳,主要鉴别、计量与提供有关人力资源的货币性信息,以使信息使用者作出正确的判断和决策的有组织的系统;后者是利用人力资源的货币性信息及其他相关信息,对人力资源的选择、开发、配置、保护、评价等的会计管理活动。

前两个概念比较简单,后两个概念比较复杂。财务会计与管理会计是现代会计的两大分支,将人力资源会计分为人力资源财务会计与人力资源管理会计是顺理成章的事。但问题的关键是如何衡量人力资源的成本和价值,应采用何种计量模式。

---

① 文善恩:《人力资源会计》。参见刘明辉:《走向 21 世纪的现代会计》(中),东北财经大学出版社1996 年版,第 192－193 页。

② 阎达五、徐国君:《关于人力资源会计的框架——以劳动者权益会计为中心》,《会计研究》1996 年第11 期。

### 三、人力资源成本会计模式

人力资源成本会计包括以下两种计量模式。

#### （一）人力资源历史成本会计

人力资源历史成本会计是对"为取得、开发和开发作为组织的资源的人所引起的成本的计量和报告"，主要包括企业取得、维持和开发人力资源所发生的全部支出。

取得人力资源的支出是指企业为取得生产经营所需人力资源所发生的全部支出，包括招募支出、选拔支出和安置支出等支出；维持支出是指企业使用人力资源所发生的各种支出，包括各种薪酬、劳保、医疗、社保及人力资源管理部门等支出；开发人力资源支出是指企业为使人力资源达到工作所需要的技能和能力，或更新其技能和能力所发生的支出，包括岗前培训、在岗培训、离岗培训等支出。

首先，人力资源历史成本会计将企业用于人力资源的全部支出，资本化于"人力资产"账户。其优点是发生的有关支出比较客观，容易计量，比较简单，易于实务操作；缺点是无法满足人力资源重置的需要，比如对高级管理人才的招募，支出年薪可能高达十几万元、上百万元。其次，将社会生产过程中最活跃、具有思维能力的"人"的计量与几乎一成不变的诸如固定资产等的计量采用同样的模式实属不妥，难为社会所接受。一个充足的理由是如果投资相同，可能取得相同的固定资产，获得大致相同的生产能力；但同样的成本投资于不同的"人"，能够获得相同的"人力资本"吗？同样学历的人所提供的社会生产能力是相同的吗？享受相同薪酬的"人"所提供的社会服务是相同的吗？同一个"人"在不同的工作环境和心情条件下所提供的社会服务是相同的吗？答案是否定的。关键是忽视了"人"的主观能动性，忽视了人的创造性，忽视了人是一个"社会的人"。因此，人力资源历史成本会计与经济学的人力资源社会成本尚有较大差距，还有待于继续创新与研究。

#### （二）人力资源重置成本会计

针对人力资源历史成本会计无法满足人力资本重置的需要的情况，学术界提出了人力资源重置成本会计计量模式。即：在现有情况下，将重置企业人力资源所发生的全部支出资本化后，就是"人力资产"。

人力资源重置成本会计比人力资源历史成本会计有所进步，但它充其量只是对人力资源历史成本会计的修订和调整，无法根本弥补传统会计计量模式的缺陷。笔者认为，对人力资源成本进行计量需要对会计计量属性进行创新，"会计计量单位应该以系统的形式，即采用一组或若干计量单位，来处理各种不同的计量指标，在会计处理的经济业务或事项以一个以上的价值形式进行计量时,可采用'范围'或'期间'估计数进行计量"。"会计领域逐渐向社会非经济领域渗透,拓宽了会计的研究空间,如人力资源会计、环境会计等,会计计量单位也相应要求进行拓宽。笔者认为,可以采用以行为产生的经济效益和社会效益为定量基础的抽象虚拟货币作为计量单位,如'观念货币'或'概念货币'"①。

## 四、人力资源价值会计模式

著名会计学家 A·C·利特尔顿认为,"正确的收益决定是它(会计,笔者注)的中心问题"(center of gravity)②。人力资源价值计量模式,按不同的分类标准,可以分为"货币性计量模型和非货币性计量模型"和"个人价值模型与群体价值模型"等③。

(1) 货币性计量模型(monetary measure model)是以货币作为计量单位对人力资源的价值进行计量,目的是想将人力资源价值纳入财务会计核算体系范畴。目前主要有经济价值法(economic value method)、商誉评价法(goodwill method)、报酬折现法(capitalization of salary method)和拍卖价格法(competitive bidding method)等方法。

(2) 非货币性计量模型(non-monetary measure model)是以非货币作为计量单位对人力资源价值进行计量,目的是反映人力资源的真实价值。目前主要有评价法和技能一览表法等。

在上述两种方法中,货币性计量模型对企业会计系统具有可操作性,符合会计系统货币计量的特征。其最大的缺陷是忽视了人的创造能力和思维能力,对信息使用者而言,他们可能需要的是非货币化的人力资源信息,以便作出自己的决策判断。但非货币性计量模型,一般可以由人力资源部门提供。两者的结合理应是最优计量模式,除非受信息成本与效益条件制约。

(3) 个人价值计量模型。主要有未来工资贴现调整模型、人力资本模型、随机报酬模型和内部竞标模型四种模型。

(4) 群体价值计量模型。主要有非购入商誉法和经济价值法(或称未来盈余折现法)两种模型。

---

① 孔庆林、汪启龙:《试论会计信息质量标准》,《财务与会计》1994 年第 3 期。

② A·C·利特尔顿,林志军、黄世忠等译:《会计理论结构》,中国商业出版社 1989 年版,第 21 页。

③ 文善恩:《人力资源会计》。参见刘明辉:《走向 21 世纪的现代会计》(中),东北财经大学出版社 1996 年版,第 211-212 页。

## 五、人力资源会计报告

人力资源会计报告主要解决需要报告哪些人力资源信息以及如何报告的问题。

人力资源报告应报告人力资源现状及流动信息资料,主要包括人力资源的投资情况(人力资源成本会计)、人力资源绩效情况(人力资源价值会计)、人力资源结构情况、人力资源流动情况、人力资源自然情况(性别、年龄、学历、职称、职务等)以及关键管理人员的社会简历情况等内容。显然,上述资料并非会计系统所能够完全提供的,需要诸如人力资源部门、劳资部门、组织部门等配合提供。

报告人力资源有两种模式:一是修改传统的会计报表,增加报告人力资源信息的内容,将人力资源视为企业的一项资产进行报告;二是单独增加一张人力资源报表,用于报告企业上述信息资料。笔者认为,由于人力资源的特殊性,采用第二种模式有利于完整反映企业人力资源信息,至少对企业管理当局是必要的,而且某些人力资源信息并非是会计系统所能够提供的。

## 六、中国人力资源会计最新发展研究

### (一)劳动者权益会计

针对上述人力资源成本会计与人力资源价值会计的不足,有学者提出了彻底改良模式——劳动者权益会计①。它通过对人力资源成本的继承,对人力资源价值会计的改进,试图明确人力资源的权益,确定劳动者在企业中的地位。它包括两部分的内容:与传统财务会计融合的创新核算模式和与传统管理会计融合增加的管理内容。劳动者权益是劳动者作为人力资源的所有者而享有的相应权益,包括人力资本和新产出价值中属于劳动者的部分。会计恒等式为:物力财产+人力资源投资+人力资产=负债+劳动者权益+所有者权益(或物质资产+人力资产=负债+所有者权益+劳动者权益②)。这种创新,反映了人力资源与传统有形物力资源具有较大差别,并试图描述这种差别。但一个明显的问题是劳动者拥有的权益并不等于人力资产与人力资源投资的和,而且企业拥有的仅仅是人力资源使用权的一部分,而非全部,即工作时间内的劳动,并不拥有工作时间以外的劳动。进一步解释,即使在员工的法定劳动时间内,企业也并不拥有员工的思想。即人是

---

① 阎达五、徐国君:《关于人力资源会计的框架——以劳动者权益会计为中心》,《会计研究》1996年第11期。

② 周婧:《人力资源会计——21世纪的会计主流》,《长沙电力学院学报》(社科版)2000年第2期。

"活"的,而并非与有形的物质资源一样,是"死"的。此外,上述理念混淆了会计主体问题。企业人力资产仅指能够给企业带来未来经济利益的人力资产,但"人力资源投资+人力资产与劳动者权益"并不存在单纯的线性关系。更深层次的理由是,劳动者权益会计混淆了企业产权与劳动者产权,劳动者权益并不属于企业产权范畴。

（二）股份合作制与中国人力资源会计

我国是社会主义国家,具有特殊的国情。其中,关键一点是人力资源产权的归属和收益分配问题。在传统体制下,职工是企业的主人,具有主人翁地位,人力资源产权并不明确。在改革过程中,我国对此进行了积极探索,最典型的就是股份合作制。

根据《中国统计年鉴.2015》,截至 2014 年年末,全国股份合作企业 69 767 家,固定资产投资为 1 992.5 亿元。在股份合作制企业中,实现了劳动合作和资本合作的有机结合,劳动合作是基础,职工共同参与劳动。资本合作采取股份形式,职工既是劳动者,又是企业出资人,共同占有和使用生产资料,利益共享,风险共担。

股份合作制实现了职工劳动联合与资本联合,按劳分配与按股份分红的结合。企业人力资源的产权界定清楚——归个人所有;投入企业的人力资源的收益由两部分构成:向企业提供劳动力获得的按劳分配部分的薪酬;向企业提供资本（包括人力资本）获得的按资分红。企业在股权设置上增加职工个人股,以将职工人力资源产权量化到职工个人。我国国企改革中还提出了一种解决职工双重身份的"两个置换"模式①。

股票期权制度（executive stock options,简称 ESO）也是人力资源会计发展的方向之一。通过股票期权制度,它能够将企业长期发展需要的人力资源支持与人力资源产权收益结合,弥补传统薪酬制度的缺陷。我国《股份支付》与《企业年金基金》准则等体现的就是该思想。

（三）职位资本与人力资源会计②

所谓职位资本,即以每一职位为单位确定的人力资本组合。该组合投入企业,形成综合生产力,即有产出价值的"人力资本"。根据团队生产理论,单个要素的边际生产率难以准确测量,易带来"偷懒"和"内耗"。职位资本在职位目标约束下,可减少人力资本个体"偷懒"和"内耗"行为。职位资本来源于人力资本专用性投资。企业职位资本体现为金字塔结构。

---

① 孔庆林:《两个置换与中国特色人力资源会计创新》,《广西会计》2002 年第 7 期。

② 耿建新、朱友干:《职位资本——人力资本会计研究的新视野》,《会计研究》2009 年第 11 期。

# 第六节　自然环境会计

面对日益严重的自然环境污染,企业在提供社会产品的同时,也在破坏和污染着我们原本清洁美丽的家园——地球。美国康奈尔大学的一个研究小组认为,世界上 40%的死亡人数是由污染和其他环境因素造成的。世界卫生组织和美国疾病控制中心的研究表明,每年空气污染对 40 亿至 50 亿人的健康产生不良影响,并有恶化的趋势。现代工业对自然资源掠夺性的开发利用,使全球自然资源供应能力萎缩、存量锐减,生态平衡被严重破坏。严重污染的自然环境威胁着各国经济发展和人类生存,为解决世界环境变化所带来的气候问题,2009 年 12 月,《联合国气候变化框架公约》缔约方第 15 次会议在丹麦的哥本哈根召开,这是人类继《京都议定书》一期承诺到期后寻找新的方案的文件,被喻为"拯救人类的最后一次机会"的哥本哈根世界气候大会因分歧未达成满意协议。我国经济在持续增长的同时,也付出了昂贵的环境代价。环境可持续指数(ESI)是美国耶鲁大学、哥伦比亚大学和世界经济论坛按照 21 个环境可持续发展指标对国家和地区进行评估排序的结果。2002 年第一次发布 ESI 时,在全球 142 个国家和地区中,中国位居第 129 位,全球倒数第 14 位;2005 年第二次发布 ESI 时,在全球 146 个国家和地区中,中国位居第 133 位,也是全球倒数第 14 位。自然环境污染问题已成为全人类最为关注的焦点之一,自然环境会计也由此在国外产生并得到发展。

## 一、"自然环境会计"术语[①]

准确的术语界定是研究工作的开端,目前核算和监督企业对自然环境的贡献时经常用到的术语包括"环保会计"、"绿色会计"、"环境会计"。这些术语是否恰当呢?

（一）环保会计

环保是环境保护的简称,《现代汉语词典》的解释是:"有关防止自然环境恶化,改善环境使之适于人类劳动和生活的工作。"(2008)企业对自然资源的贡献分为有益贡献和有害污染,环保一般仅指防止有害污染方面,抹杀了企业对环境的有益贡献,故环保会计(环境保护会计)并不确切。

（二）绿色会计

绿色是人们对生存在自然环境中的渴望和向往。绿色会计是一种浪漫文学手

---

① 于玉林:《21 世纪会计之光》,科学技术文献出版社 1998 年版,第 292－294 页。

法的形容方式,作为会计研究新领域的专业术语并不恰当。Lowe(1972)和 Laughling Gray(1988)所描述的会计所有可能的领域中(见图 2-1),热量、信息、基金等用绿色描述也并不恰当;同样,前文介绍的人力资源也并非绿色所能形容的。

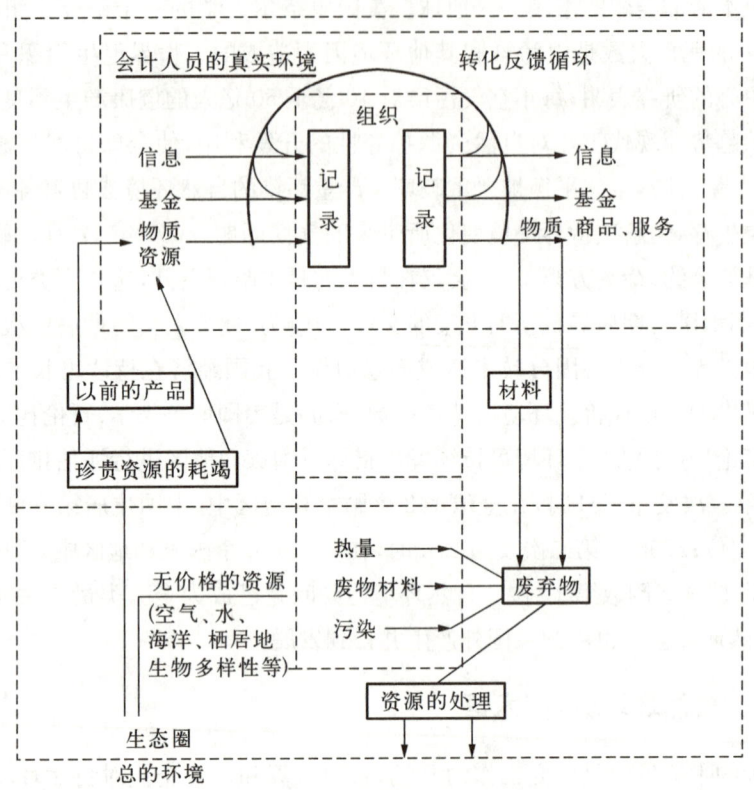

图 2-1  会计所有可能的领域

资料来源:摘自 Lowe(1972)和 Laughing Gray(1988)。

(三)环境会计

支持此术语的学者认为,该词能够全面和完整地包括此领域的全部对象,比前两个术语更科学。但笔者认为,"环境"一词外延太宽,包括自然环境、社会环境、人文环境等。显然,此处仅指核算和监督企业对自然环境(尤其是自然资源)进行开发利用所带来的影响。因此,我们采用"自然环境会计"术语。

## 二、自然环境会计研究现状

环境会计的研究始于 20 世纪 70 年代,以 1971 年比蒙斯(F. A. Beams)撰写的《控制污染的社会成本转换研究》和 1973 年马林(J. T. Marlin)的文章《污染的会计问题》为代表,揭开了环境会计研究的序幕①。1983 年以来,世界银行就积极鼓励在现行会计体系中增加环境项目。1989 年 1 月,联合国国民会计体系专家小组接受了此方案。1991 年,联合国"国际会计和报告标准政府间专家工作组"第 9 届会议,着重讨论了自然环境会计问题。1995 年,联合国"国际会计和报告标准政府间专家工作组"第 13 届会议的主要议题也是自然环境会计。1998 年,联合国"国际会计和报告标准政府间专家工作组"第 15 届会议上通过了《环境会计和报告的立场公告》。但自然环境会计仍存在如下问题,需要深入研究:① 自然环境会计的研究目标。② 自然环境会计模式。③ 自然环境会计对象要素。④ 自然环境会计的计量。⑤ 自然环境会计报告。⑥ 微观环境会计研究中存在概念、方法、指标上的口径不统一以及与宏观环境核算脱节②等。

### 三、自然环境会计目标

自然环境会计的目标:一是提供有用的环境会计信息;二是有助于企业在提高经济效益的同时提高环境效益③。

自然环境会计的目标分为基本目标和具体目标两个层次(蔡凤泉,2000),或者总体目标和具体目标(宋胜菊,2000)。

笔者认为,从微观层面上讲,自然环境会计的目标分为两个层次是妥当的,总体目标(根本目标)可以概括为"提高经济效益和社会效益,维护社会主义市场经济秩序";具体目标应包括确认和计量企业在自然环境保护方面的支出和取得的自然环境效益,为企业合理开发和利用自然资源、遵循自然规律和物质循环规律等提供自然环境方面的信息资料。从宏观层面上讲,自然环境会计的目标是提供企业在自然环境方面的信息资料,为国家和政府部门实施可持续发展、优化配置国家(或地区)自然资源提供环保决策的有用信息。

### 四、自然环境会计模式

目前主要有三种自然环境会计模式④:

(1)纳入国民会计核算体系。

(2)纳入企业会计核算体系。

(3)原企业会计核算模式的修订。

---

① 朱学义:《我国环境会计初探》,《会计研究》1999 年第 4 期。
② 张百玲:《当前环境会计研究中的两个问题》,《会计研究》2002 年第 4 期。
③ 于玉林:《21 世纪会计之光》,科学技术文献出版社 1998 年版,第 296 页。
④ 宋胜菊:《我国环境会计若干问题探讨》,《河北经贸大学学报》1999 年第 5 期。

从宏观层面上讲,自然环境会计应纳入国民会计核算体系,在国民会计账户体系中设置辅助账户,用于扣除环保费用等方面的支出。从微观层面上讲,在现行财务会计体系下,是另起炉灶,设置一套独立的自然环境会计体系,还是对财务会计体系进行修订,笔者认为,从成本与效益原则、有利于实务操作角度看,修订模式下的"双轨"运行模式是可行的。

## 五、自然环境会计对象要素

自然环境会计对象的要素包括两个层次:第一个层次是环境活动;第二个层次分为"环境支出、环境收入(益)、环境资产、环境负债、环境产权(净资产)"等要素[①]。有学者将其划分为"环境资产、环境费用和环境效益"要素(徐泓、朱小平,1999)。

将自然环境会计对象划分为几种要素,取决于这种分类是否必要和采用何种会计模式,宏观层次与微观层次应存在差别。

## 六、自然环境会计计量

现代会计提供了多种可供选择的计量模式,但由于自然环境会计对象的复杂性和个体差异性(如煤、铁、石油等稀缺性矿产资源与水、空气等自然资源等),其计量存在一些特殊要求:计量尺度的运用具有多元性;计量属性的运用具有交叉性;计量精度的把握具有相对性;计量成本的考虑注重效益性[②]。

自然环境会计计量方法主要有"成本效益法、实际支出法、文字描述法"等,或"直接市场法、替代性市场法、意愿调查评估法和专家调查法"等(秦永和、王翔,1997)。自然环境会计的非货币计量方法主要包括"边际效用法(基数效用法、经济成本—生态效益法、环保防护治污成本法)、价值法(价值回归还原法、市场价值法)、影子价格和影子工程法(影子价格法、影子工程法)、数学模型法(效益数学模型、成本数学模型)"[③]等。

## 七、自然环境会计的最新分支领域

### (一) 碳会计

碳会计(Carbon Accounting)最早由美国学者 Stewart Jones 等人于 2008 年提

---

① 于玉林:《21世纪会计之光》,科学技术文献出版社 1998 年版,第 297 页。

② 许家林:《资源会计的基础初探》,《山东矿业学院学报》(社科版)1994 年第 4 期。

③ 于敏:《环境会计非货币计量方法分析》,《财会通讯》2009 年第 2 期。

出,是对碳汇(碳固化)、碳排放、碳排放权交易进行确认、计量、记录和报告的新兴会计系统。我国财政部于 2016 年 9 月 23 日发布了"关于征求《碳排放权交易试点有关会计处理暂行规定(征求意见稿)》意见的函"(财办会〔2016〕41 号)(以下简称"征求意见稿")标志着该会计新领域进入实质性应用阶段。

关于碳排放权归属于何种资产,有"存货观、无形资产观和金融工具观"。计量属性有"历史成本、公允价值或现行市价、动态估价"。信息披露有两种国际标准:一是碳披露项目,二是温室气体协议。碳会计延伸至了碳成本会计、碳管理会计、碳审计甚至碳战略管理会计等。[①] 我国"征求意见稿"关于资产归属中采用的是"存货观",计量属性采用的是"历史成本",碳排放权的披露采用"碳排放权变动表"模式。

(二)水会计

澳大利亚的 AWAS1 是世界上第一个水会计(Water Accounting)标准,AWAS1 规定了通用水会计报告的组成和编报的最低要求,同时还规定了不同报告类型来指导不同的水报告主体编制相应的水会计报告。[②] 澳大利亚水会计准则的框架图如图 2-2 所示。[③]

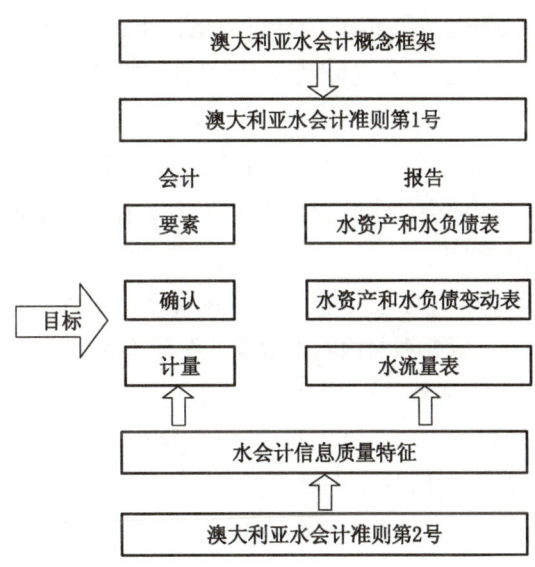

① 王爱国:《我的碳会计观》,《会计研究》,2012 年第 5 期。

② 陈英新、刘金芹、赵艳:《〈澳大利亚水会计第 1 号〉的主要内容及对我国的启示》,《会计之友》2014 年第 29 期。

③ 陈波、杨世忠:《会计理论和制度在自然资源管理中的系统应用》,《会计研究》,2015 年第 2 期。

# 第七节 行 为 会 计

## 一、行为会计与会计行为辨析

"会计行为"与"行为会计"概念经常出现在我国的会计专业杂志和学术专著中,两者是否一致呢？会计学者的认识并不相同。

"会计行为"术语使用者主要有：

毛伯林认为,会计行为"指以总会计师为首的企业会计组织在会计目标的驱动下,由外部环境结构、内部机制结构交互制约和作用所产生的具有内在规律性、体现国家和企业行为特征的现实和能动的反映活动"①。

刘恩禄、向泽生认为,会计行为是"会计人员根据一定的目的,运用一定的会计手段,生产和分配会计信息,以及利用会计信息和其他相关信息参与经营管理的活动,是会计行为主体作用于客体的一种有意识的、有规律的、合乎理性的、现实的和能动的管理活动或实践活动"②。

于玉林认为,"从历史的角度看,会计行为是会计处于萌芽状态时,人类社会活动中所表现出的会计倾向。……从现实的角度看,会计行为是会计人员在会计工作中所进行的有目的的活动"③。

王开田、吴明礼认为,"会计行为是会计人(是指会计行为者或行为主体,应包括会计人员或由其构成的会计组织和企业管理当局,在此专指前者。作者原文注)有目的的会计实践活动"④。

刘开端认为,会计行为是"会计行为主体在目标的驱动下,应用现代科学管理理论和方法作用于会计对象和对内在因素及外在环境的影响作出反映的一种有目的、有意识的能动的会计实践活动"⑤。

唐云波认为,会计行为是"会计人员或会计组织为实现一定的会计目标,应用现代科学的管理理论与方法,加工会计对象,取得会计信息,参与企业经营决策与管理并对会计行为的环境影响作出反映的会计实践活动"。

---

① 毛伯林：《中国会计行为研究的兴起与〈会计行为学〉的建设》,《会计研究》1992 年第 1 期。
② 刘恩禄、向泽生：《财会知识更新手册》,辽宁人民出版社 1989 年版。
③ 于玉林：《21 世纪会计之光》,科学技术文献出版社 1998 年版,第 338 页。
④ 王开田、吴明礼：《跨世纪会计与财务理论暨实务战略研究——'98 中国会计与财务发展高级论坛论文集》,企业管理出版社 1998 年版,第 72 页。
⑤ 刘开端：《会计文化初探》,《财经理论与实践》1990 年第 2 期。

　　显然,在会计行为的主体上,第一种观点认为是企业会计组织;第二、第四、第五种观点认为是会计人员;第三、第六种观点认为是会计人员或会计组织。基本认可会计行为是会计人员(或会计组织)的一种会计实践活动。

　　"行为会计"术语使用者主要有:

　　徐国君认为,行为会计是"将生产经营中动态的行为过程和价值运动过程与静态的行为对象和行为结果结合起来,对其进行记录审核、计量计算、反馈报告、考核分析、鉴定评价、结算分配、预测规划、控制指导、监督规范、参谋决策、围绕行为——价值这个中心广泛提供各种相关信息,并利用信息进行管理的一种活动"[①]。

　　刘明辉认为,"行为会计是会计和社会科学交叉的边缘学科。它是关于人类行为如何影响会计资料的经营决策,以及会计信息又是如何影响经营决策和人类行为的科学"。"它是会计涉及人类行为以及它同一个有效的会计信息系统的设计、建立和运用之间关系的一个方面。行为会计通过考虑人类行为同会计系统之间的关系,反映某一组织社会性的一面,从而作为目前会计师报告的财务信息的一个必要补充"[②]。

　　王世定认为,行为会计是行为科学与会计结合的产物。"一般说来,包括① 人类行为对设计、构建和使用会计系统的影响;② 会计系统对人类行为的影响;③ 关于改变不协调行为的会计方法研究"[③]。

　　一个显著的事实是行为会计比会计行为内容更丰富,其对象是"生产经营中动态的行为过程和价值运动过程与静态的行为对象和行为结果的统一"[④]。可见,行为包括会计行为。从语法逻辑看,行为会计落脚点在"会计",会计行为落脚点在"行为"。因此,会计行为仅仅是行为会计研究的分支。行为会计和会计行为两者建立的基础都是行为科学,为规范会计学术语,笔者认为,采用"行为会计"术语更符合学术发展趋势。

## 二、行为会计的产生和发展

　　行为会计产生的前提是行为科学的发展。行为科学最早产生在美国,它是运

---

　　① 徐国君:《行为会计核算与管理模式设计——企业建立责任会计的新模式探索》。参见中国会计学会:《中国会计学会重点科研课题论文集》第 1 集,中国财政经济出版社 1998 年版,第 427 页。

　　② 刘明辉:《走向 21 世纪的现代会计》(上),东北财经大学出版社 1996 年版,第 204－206 页。

　　③ 王世定等:《行为会计研究——对会计工作秩序和邯钢经验的行为分析》,《会计研究》1997 年第 4 期。

　　④ 徐国君:《行为会计核算与管理模式设计——企业建立责任会计的新模式探索》。参见中国会计学会:《中国会计学会重点科研课题论文集》第 1 集,中国财政经济出版社 1998 年版,第 427 页。

用心理学、社会学、社会心理学、人类学及其他研究人类行为有关学科的理论,是研究人类行为一般规律的综合性学科。行为科学的发展基本过程如下:

(1) 早期研究以美国哈佛大学梅奥(G. E. Mayo)从事的霍桑实验为代表,提出了著名的"人际关系学说"。其基本观点有:

● 打破过去把工人单纯看成为钱工作的"经济人"思想,建立了"社会人"的理念。

● 生产率的高低与士气、人际关系、业余团体社交活动、上级管理人员对工人的关注程度等相关。

● 企业中存在工人自己的"非正式组织"(informal group)。管理者应协调好与非正式组织的关系。

(2) 1949 年"行为科学"(behavioral sciences)一词正式产生。

(3) 马斯洛(A. B. Maslow)需求五层次论。

(4) 赫茨伯格(F. Herzberg)"激励、健康"双因素论。

(5) 麦格雷戈(Douglas M. McGregor)X 理论—Y 理论。

(6) 利克特(Rensis Likert)支持关系理论。

1985 年 1 月 20～23 日,中国行为科学学会在北京成立。

行为会计研究最早可以追溯到 Argyris(1952)的预算研究[①]。行为科学在会计领域中进行研究和运用,产生了行为会计。行为会计在国外大致已经历了酝酿萌芽时期(20 世纪 50 年代)、觉醒时期(20 世纪 60 年代)、拓展时期(20 世纪 70 年代)和成熟时期(20 世纪 80 年代至今)。1981 年,美国会计学会成立了"会计、行为与组织分部"。该分部于 1989 年创办了《行为会计研究》刊物。这些举措无疑为行为会计研究提供了较为有利的交流平台,促进了行为会计的发展。国内学者对行为会计的研究仍处于起步阶段。

### 三、行为会计目标和范围

行为会计目标与会计系统目标存在差异,在不同的环境中也有所差异。在不考虑环境因素影响下,行为会计目标由行为目标与行为动机两要素组成。其基本函数表达式为:

$$行为会计目标=f(行为目标,行为动机)$$

行为会计的范围包括以下三方面的内容:

---

① 简建辉、黄毅勤:《国外行为会计研究概要》,《财会月刊》2009 年第 7 期。

（1）人类行为对会计系统设计、建立和应用的影响。

（2）会计系统对人类行为的影响。

（3）预测人类行为的方法和改变人类行为的策略。

目前，行为会计研究在我国处于起步阶段，研究卓有成效的是会计行为。我国行为会计有如下问题亟待研究：行为会计基本概念框架、行为会计的研究对象、行为会计目标、行为会计职能、行为会计的分类、行为会计的应用（尤其是如何优化会计行为）、会计行为与环境关系等。

# 第八节 法 务 会 计

法务会计最早可以追溯到 20 世纪 40 年代的美国。在第二次世界大战期间，美国曾聘用了 500 多名会计师作为特工人员，检查与监控了大约总额为 5.38 亿美元的财务交易。这应该是会计师从事的最早的法务会计业务。究竟是使用"法务会计"称谓还是"司法会计"的称谓，哪种更科学？是界定该新兴会计领域的前提。

## 一、"法务会计"与"司法会计"辨析[①]

"司法会计"（judicial accounting）是外来词，系大陆法系的称谓，在英美法系中，它被称为法庭会计。其中"会计"两字则是指会计检查和会计鉴定。它界定了司法会计活动的内容，使司法会计能够与讯问、询问、搜查等其他法律诉讼活动相区别。司法会计活动中特别强调"司法"两字，以区别于其他的专门会计学科，是司法与会计学科相结合的产物，只能存在于诉讼中。在涉及财务会计问题的诉讼中，司法会计活动贯穿始终。可见，司法会计强调的是"司法"活动中的会计。

法务会计就是运用相关的会计知识，对财务事项中有关法律问题的关系进行解释与处理，并给法庭提供相关的证据，不管这些法庭是刑事方面的，还是民事方面的。1988 年，毕马威会计师事务所在"舞弊与国际法务会计"的全球研讨会中提出，法务会计是"通过对财务技能的运用及对未解决问题的调查方法，将证据与之相结合的一种会计学科。作为一种学科，它主要处理财务事实与企业问题的联系，并运用法律上的鉴定"。李若山指出："法务会计是特定主体运用会计知识、财务知识、审计技术和调查技术，针对经济纠纷中的法律问题，提出自己的专家性意见，并作为法律鉴定或者在法庭上作证的一门新兴行业。"可见，法务会计是以会计为侧重点的一门新兴学科。因此，笔者认为，采用"法务会计"一词更符合该会计新兴学

---

① 赵睿：《司法会计与法务会计比较探析》，《商业文化》2009 年第 4 期。

科发展的要求。

## 二、法务会计研究现状

美国学者默瑞克·派勒博特于 1946 年首次使用"forensic accounting"(法务会计)一词。1982 年,Francis C. Dykeman 发表了著名论文《法务会计:作为专家证人的会计师》。1986 年,美国注册会计师协会发布实务指南第 7 号,列出了会计师提供诉讼服务的六个方面。1988 年,美国注册欺诈检查师协会(ACFE)成立。1992 年,美国法务会计师理事会成立。《法务会计》是全球目前唯一的法务会计专业刊物,创刊于 2000 年,为半年刊①。加拿大、澳大利亚、英国等国家主要的注册会计师协会纷纷成立特别小组,以加强法务会计的研究,并为法务会计业务提供指导和帮助。加拿大注册会计师协会(CGA)自 1998 年成立优秀法务会计联盟(the IFA Alliance)以来,在国际仲裁、法务会计师应有的知识及角色、国内法律的变更、知识产权诉讼支持以及建立法务会计实务指南和准则等方面取得了显著的成绩。澳大利亚在 2002 年成立了 CPA 法务会计讨论组,现有会员 30 名。他们主要对怀疑的欺诈行为进行调查及对部分控制和防止欺诈行为的方法进行评价②。英格兰及威尔士特许会计师协会成立的诉讼支持小组(LSG),为法务会计提供诉讼服务的指导和帮助。1998 年成立的欺诈顾问组(FAP),专门为中小企业防止欺诈活动,公布了一系列的研究成果,如《与欺诈斗争——中小企业指南》、《计算机犯罪——每一个中小企业都应清禁》、《中小企业中的欺诈迹象》等。在我国,法务会计还是个新生事物。近年来,关于法务会计的理论研究和实务研究逐渐被人们所重视。一些高等院校也逐渐设立了法务会计方向的研究,出版了《法务会计基础教程》(王卫国,2004)、《法务会计研究》(陈矜,2006)、《法务会计:理论与实务》(孟祥东,2007)等著作,部分院校也开始招生,并建立了相应的网站。但与西方国家相比,我国在法务会计内容、服务领域等方面的理论认识和实践积累还有很大的差距。

## 三、法务会计的目标

盖地(2000)认为,不同领域的法务会计有其不同的目标。企事业单位的法务会计的目标应是在尽可能与财务会计目标一致的前提下,做到符合或不违反国家的有关法律、法规;社会中介机构法务会计的目标是对受托单位的合法性、合规性

---

① 张苏彤:《美国法务会计简介及其启示》,《会计研究》2004 年第 9 期。

② 姜伟:《我国法务会计发展初探》,《会计之友》2008 年第 12 期(下)。

作出正确的职业判断;公检法等机关的法务会计应是对受理案件从法律的角度进行会计鉴定,准确判定法律责任。

赵如兰(2001)将法务会计的目标概括为:对经济活动(或者经济纠纷)中的法律问题提供专家意见,以供法律鉴定或者在法庭上作证。

戴德明、周华(2001)认为,法务会计的目的表现为两个方面:其一,约束会计职业行为使之符合恰当的法律规范;其二,保护会计职业界使之免受不公正的制裁。

不论法务会计目标,还是法务会计目的,其实都是要说明法务会计特有的作用,这是法务会计的立身之本。"法务会计应当担当起协调法律界的法律权威性与会计界的专业权威性的重任"[1]。

法务会计的目的主要在于研究和解决法律中的会计问题而不是会计中的法律问题,或者既处理会计中的法律问题又处理法律中的会计问题[2]。

法务会计的"基本目标都是向委托人或授权人提供法律事项中所涉及的经济问题的会计学解释和专家意见,从而为委托人或授权人提供决策信息"[3]。

法务会计目标在上述研究中存在如下分歧:一是以研究法务会计的应用范围为视角;二是提供信息还是履行受托责任;三是会计中的法律问题还是法律中的会计问题;四是法务会计目标层次体系问题等。前述问题产生的根源在于对法务会计的基本定义,尚待进一步研究。

法务会计作为会计学科新领域,在基本概念、目标、基本假设、原则、职能、工作程序与法务会计报告、计量属性等诸方面需要进一步研究,这种研究显然是要结合我国法律环境体系进行的,同时需要培养会计学、法律学等复合型人才。

# 第九节　反倾销会计[4]

## 一、反倾销会计产生的背景

前文已述,国际贸易纠纷因素推动和促进了会计新领域的形成和发展。

当今对外贸易与全球化经济相辅相成,国际贸易已成为各国激烈竞争的领域,从

---

①　盖地、张敬峰:《法务会计研究评述》,《会计研究》2003 年第 5 期。

②　何芹:《法务会计若干理论问题初探》,《财会月刊》2009 年第 8 期(下旬)。

③　张玲:《法务会计的目标和特征研究》,《经济研究导刊》2009 年第 28 期。

④　该节主要参考孙芳城:《基于反倾销应对的企业内部控制研究》,东北财经大学出版社 2009 年版,第 1 页、第 28 - 33 页、第 40 - 42 页、第 66 - 68 页。

一定意义上说,更是决定各国经济发展水平的关键。各国、各地区、经济一体化组织以及各主要贸易伙伴之间出于自身利益采取各种贸易保护措施,逐渐形成各种无形的贸易壁垒,这对国际贸易环境以及各国经济贸易的发展产生了深刻的影响。

反倾销作为一种贸易保护手段,由于得到了关税及贸易总协定/世界贸易组织(GATT/WTO)的认可而成为贸易保护和贸易救济的"常规武器"。全球经济的发展,带动了经济的融合和各国关税税率的降低。从理论上讲,反倾销措施可用来维护"公平贸易",以保障国际贸易的顺利发展。但由于各国经济发展的不平衡、经济结构的差异以及少数国家的政治动机等诸多因素的影响,许多国家致力于将反倾销措施视为世界贸易组织(WTO)框架内的"保护伞",动辄对他国进行反倾销调查,直接损害被调查国的经济利益,不利于国际贸易的正常发展。正是从此点出发,对各国反倾销规则进行研究,有可能很好地保障本国出口企业的正当权益,同时也可以最大限度地降低由于他国倾销而对本国工业所造成的损害。

随着改革开放的不断深入,我国出口贸易的迅猛发展对很多国家的市场形成冲击,由此引发并不断加剧了贸易摩擦。金融危机爆发后,全球经济衰退引发国际贸易量骤减,贸易保护主义更加盛行。作为世界第一大贸易实体和第一大出口国,中国已成为贸易保护主义的最大受害者和国际贸易摩擦的"重灾区"。仅 2009 年,中国共遭受贸易救济调查 115 起,总案值正 127 亿美元[①]。在当前"危机时代"和"后危机时代",中国都会成为贸易摩擦多发的国家[②]。

尤以反倾销最为突出。从某种意义上来讲,改革开放以来我国对外贸易的发展历史,便是一部屡遭反倾销调查侵害的历史,同时也是一部我国出口企业在同国际对华反倾销的斗争中不断学习和成长的历史。自 1995 年世界贸易组织成立以来,我国出口产品一直是世界贸易组织成员反倾销调查的重点,中国已经连续 15 年成为全球遭遇反倾销最多的国家。据世界贸易组织统计,1995—2007年,共有 42 个世界贸易组织成员国发起 3 210 起反倾销调查,其中针对中国产品发起的反倾销案件就有 608 起,涉及五矿、化工、轻纺、机电、医疗器械等 4 600多种商品,占全球反倾销立案总数的 18.94%。反倾销已经成为制约我国出口企业的顽疾。

对华反倾销的严峻形势催生并不断推动着相关理论研究的发展。加入 WTO以来,我国对外贸易进入了一个新的阶段,对反倾销的研究范围也得以扩展,不仅

---

① 翁阳:《中国商务部发言人指责美国对华贸易保护》,2010 - 01 - 28,http://www.chinanews.com.cn/cj/cj-gncj/news/2010/01 - 15/2075299.shtml。

② 卢欣:《前三季度十大重点产业情况及问题》,《中国贸易救济》2009 年第 12 期。

从法律和经济学方面进行剖析,对反倾销所涉及的会计问题的研究也更加深入,尤其是《会计研究》、《国际贸易问题》等权威期刊对反倾销会计问题予以高度关注,有力地推动了该领域研究的持续深入。

## 二、倾销和反倾销的会计学解读——兼议建立反倾销会计的必要性

"倾销"一词起源于英文单词"dumping",在《英汉大词典》里解释为倾倒(垃圾等)、抛弃倾卸大宗货物等意。在《新华大字典》里,"倾销"一词解释为:在市场上用低于市场价格的价格,大量抛售商品,目的在于击败竞争对手,夺取市场。根据WTO《1994 年关税和贸易总协定》和欧盟反倾销基本法,倾销的认定有两类标准:价格倾销(以价格为基数来判定倾销)和成本倾销(以生产成本加合理费用和利润为基数来判定倾销)。在实践中,进口国反倾销机构大多以价格倾销标准为基础。

经济学上的倾销可概述为:当大量的廉价商品从一国或地区进入他国或其他地区时,由于价格竞争优势而造成进口国或地区的同类商品市场价格产生波动,影响到该国市场上其他当地竞争者的经济利益,从而使该国同行业市场的整体效益受到破坏。从法学的角度来讲,则可参考《关税和贸易总协定》中第 6 条对倾销的定义:将一国产品以低于正常价值的方法进入另一国市场,如因此对某一缔约国领土内已建立的某项工业造成实质性损害或产生实质性威胁,或者对某一国内产业的兴建产生实质性损害,这种倾销应该受到谴责。

实际上,由于倾销和反倾销的方方面面与会计相关,尤其是数据的择取和测算基本取决于会计信息,因而从会计的角度看倾销和反倾销,往往更直接、更能说明实质。《WTO 反倾销协定》(WTO anti-dumping protocol interpretation)第2.1条规定:"如果产品从一国出口到另一国的出口价格(export price,简称 EP)低于在正常贸易过程中出口国供消费的同类产品的可比价格,也就是以低于其正常价值的价格在另一国市场销售,则该产品被视为倾销。"根据国际协议,所谓正常价值(normal value,简称 NV),是指在正常贸易过程中出口国供消费的同类产品的可比价格,一般指出口国同类产品的市场价格(home market price,简称HMP)。

以上定义可以进一步从会计学的视角加以解读。

(一)正常价值与公允价值

总体而言,"公允价值作为独立的一个计量属性,它所反映的是一种模拟市场的价格,在尚未交易和非清算的情况下,采用各种估价技术对缺乏有效市场的资产或负债项目的价值进行近似市场定价方式的评估,从而试图得到相对公允、合理的

价格,以反映报表截止日各项资产或负债项目的静态价值"①。美国 FASB157 号准则《公允价值计量》将公允价值定义为:"公允价值是指在计量日,在市场参与者之间进行的有序交易中,出售一项资产所能获得或转移一项负债所需支付的价格。"②而国际会计准则委员会则认为,公允价值是"在公平贸易中,熟悉情况的当事人自愿据以进行资产交换或债务清偿的金额"③。从中可以看出,公允价值的定义实际上是一个很广的概念范畴,而不仅仅是与其他计量属性相并列的一个概念,可以说它是其他属性成立的一个基础,即需要反映交易或事项内含的公平、允当的价格,并同时兼具可靠、相关的信息质量特征。

反倾销法中的正常价值有着更为丰富的内涵。它反映的是一种公开市场的概念,其本质是"一种基于活跃市场的信息评价,是市场而不是其他主体对商品价值的认定"④。在存在"正常贸易过程"的情况下,即一般意义上的市场经济环境中,交易价格即为用来计算被调查产品的正常价值的公允价值;而当市场存在垄断、政府管制等情况,亦即出口国为非市场经济国家时,则须采取其他方法计算产品的正常价值,这时,正常价值所包含的"公平性"才得以凸显。就其本质来看,"反倾销法之所以提供救济的原因在于交易本身的不公平。在反倾销法的拥护者看来,不公平的根源在于外国政府能够授予外国厂商以'人为的'和'不公平的'竞争优势,使它们能够在出口市场上推出低于出口国国内市场价格,或者以低于它们生产成本的价格进行销售。反倾销法救济就是要消除这种人为的优势"⑤。

可见,倾销认定中的正常价值与会计上的公允价值概念的内涵是一致的,即都体现"市场正义的公开交易价格"。事实上,在反倾销调查中,被调查企业的业务处理过程是否"正常",往往是依据会计学中公允价值的标准来进行判断的。足见两者之异曲同工之处。

值得注意的是,无论是正常价值的确定还是公允价值的认定,本质上都要依赖特定的经济环境以及交易主体对产品价值的主观认知。所处市场环境的差异往往会造成特定产品公允价值的不同;同样,在反倾销诉讼中,判断标准的不同也会造成对涉案产品正常价值认知的争论,这种争论的存在,也使涉案企业本已艰辛的应诉过程平添了几分难度。

① 黄学敏:《公允价值:理论内涵与准则运用》,《会计研究》2004 年第 6 期。
② 引自 FASB:SFAS No. 157:Fair Value Measurement,http. www. fasb. org,2006。
③ 财务部会计司译:《国际财务报告准则》(2004),中国财政经济出版社 2005 年版,第 73 页。
④ 颜延:《反倾销司法会计》,中信出版社 2003 年版,第 54 页。
⑤ 王仲兵:《应诉反倾销会计——概念框架与运作实务》,经济科学出版社 2006 年版,第 115 页。

（二）可比性

可比性是会计信息的重要质量特征。它是指能够使信息使用者可以对比的不同经济情况下确认的会计信息所反映出来的差异。很明显，NV 与 EP 的比较应基于正常贸易过程(ordinary course of trade)。《WTO 反倾销协定》第 2.4 条规定："该比较应在相同贸易水平上进行，通常在出厂前的水平上进行，并尽可能针对在相同时间进行的销售。应根据每一案件的具体情况，适当考虑影响价格可比性的差异，包括销售条件和条款、税收、贸易水平、数量、物理特征等方面的差异，以及其他能够证明影响价格可比性的差异。"对正常贸易过程的测试，美国商务部使用了所谓"99.5％"测试或称"独立交易测试"，以确定交易是否在正常贸易过程中。具体为：如果出口商与关联客户交易的价格平均至少占与非关联客户价格的 99.5％，则美国商务部认为出口商与关联方客户进行的国内市场交易是独立交易。否则，将采用第三国交易价格(third country sales price，简称 TCP)，即出口国向满足条件的第三国出口的最高价格；或采用推算结构价格(constructed value，简称 CV)，即由"产品成本＋合理销售管理费用＋合理利润"推定；或采用替代国价格(surrogate country price，简称 SCP)；或采用同类商品在进口国的市场价格。

（三）产品成本

可以说，反倾销与会计结合最为紧密的是产品成本核算问题。成本核算既是会计核算的重点，也是反倾销会计的核心。但会计学视野的"成本"概念与反倾销视野的"成本"概念却不尽相同，主要差异在于销售、管理和一般费用(selling and general and administrative costs，简称 SG & A)。《WTO 反倾销协定》第 2.2.2 条和欧盟"384/96 号规则"规定，反倾销中所认可的产品成本除包括生产成本外，还包括 SG & A；在会计学中，SG & A 更多地计入当期损益。《WTO 反倾销协定》和欧盟"384/96 号规则"都规定了界定 SG&A 的方法：① 依据被调查的出口商或生产商的相似产品在正常贸易过程中以生产和销售的实际数据为基础。② 接受调查的有关原产地国国内市场上的相似产品的生产和销售的其他出口商或生产商确定的实际数额的加权平均。③ 原产地国国内市场上的有关出口商或生产商在正常贸易过程中的相同种类产品的生产和销售的实际数额。④ 任何其他合理的方法，据此确定的利润数不超过在原产地国国内市场上销售一般相同种类的产品的其他出口商或生产商通常实现的利润。

判定倾销可简单化为一个基本的公式：$EP-NV \geqslant 0$，为正常；$EP-NV < 0$，则为倾销。具体情况使倾销的判定趋于复杂，需要考虑：① 是否是市场经济国家。

按照欧盟"384/96 号规则"的规定,确定中国企业的市场经济地位应符合 5 个条件[①];否则,只有被动接受调查国选取推算结构价格或第三国价格。② 国内销售价格是否具有代表性,即有关商品在国内市场中的销售是否占该产品出口的 5% 以上。③ 如前所述,看贸易过程是否正常。这不仅影响正常价值的确定,而且影响出口价格的确定。如果出口商和进口商存在"不正常贸易关系",那么出口价格将是被控产品首次出售给独立商人的转售价格减去进口商转卖成本与利润来推算出口价格(constructed export price,简称 CEP)。在一般情况下,正常价值确定的优先顺序如图 2-3 所示。

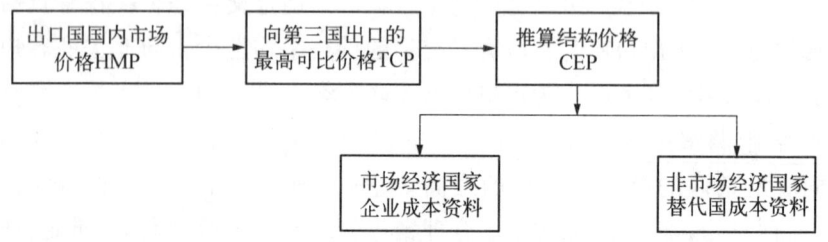

**图 2-3　正常价值确定顺序**

这些条件使判定倾销的基本公式复杂化,具体为六种比较:① 出口价格与正常价值的比较(EP:NV)。② 推算出口价格与正常价值的比较(CEP:NV)。③ 推算出口价格与推算正常价值的比较(CEP:CV)。④ 出口价格与推算正常价值的比较(EP:CV)。⑤ 出口价格与第三国价格的比较(EP:TCP)。⑥ 推算出口价格与第三国价格的比较(CEP:TCP)。无论哪种比较,会计所提供的信息都起到关键作用。

确定了倾销的存在并不等于可以采取反倾销措施,实际上,这只是得到了 1/3 的理由。要采取反倾销措施,必须满足 3 个条件:① 确定了倾销的存在。② 对进口国国内产业损害的确定,包括实质损害、实质性损害威胁、产业的新建受到阻碍等。③ 倾销与损害之间存在因果关系。孙铮、刘浩认为,"只要我们能够证明不符合 3 个要件中的任何一条,都可以使进口国主管部门最终裁定不采取反倾销措施"。② 目前,反倾销会计的研究主要集中于第一个方面,即通过会计信息、会计数

---

①　a. 企业的商品原料的价格、成本等是反映正常市场供求的市场价格,不存在国家的实质性干预;b. 企业必须建立一套而且是唯一的符合国际会计准则的、账目清楚的会计账簿,该账簿需按国际通用会计准则进行过独立审计并有通用性;c. 企业生产成本和财务状况不再因为过去的非市场经济制度而受到严重扭曲;d. 企业应受所有权法和破产法的管辖,由此保障企业管理的法律安全和生产的稳定;e. 货币兑换按照市场汇率进行。

②　孙铮、刘浩:《反倾销会计研究中的若干问题辨析》,《会计研究》2005 年第 1 期。

据以及会计核算的职能来证明或确认有没有构成"倾销"的存在。其他两个方面虽然同等重要，但更多依靠的是经济学和行业产业研究人员的核算和推理。

综上所述，倾销与反倾销的问题因其对成本及价格信息的依赖而注定与会计产生千丝万缕的联系，使反倾销会计的产生和不断发展成为必然。

### 三、反倾销会计的初步界定

（一）反倾销会计的定义——学者的观点

孙凤英认为，反倾销会计是以《中华人民共和国反倾销条例》和《中华人民共和国会计法》为法律依据，应用《WTO反倾销协定》中的有关规则，以充足的、符合国际会计准则的会计证据对其他国家对华出口商品反倾销的指控进行答卷、陈述、反驳、抗辩为己任，维护我国出口企业利益的一种新型会计[①]。

该定义旨在明确提出"反倾销会计"这一新的研究分支，重在论证建立反倾销会计的必要性，对于反倾销会计的具体内容，尚无明确界定。

周友梅认为[②]，所谓反倾销会计，是指运用会计知识、反倾销法知识和国际贸易知识，就反倾销中的会计问题提供会计支持，进行会计规避、会计举证、会计调查和会计鉴定活动；并进一步将其分为反倾销应诉会计、反倾销规避会计和反倾销调查会计等三个方面。其中，反倾销应诉会计是指会计人员为协助律师准备应诉会计资料和进行会计举证。主要解决会计应该准备哪些会计资料、怎样提供这些资料、如何来进行会计举证、如何通过会计数据予以抗辩等问题。基本任务包括：① 建立一个应诉反倾销的会计信息平台。② 提供应诉反倾销的会计资料。③ 陈述抗辩的会计依据和理由。

李建航认为[③]，反倾销会计是特定的会计主体综合运用会计、法律、贸易、营销、管理等方面的知识，对其面临的反倾销问题提供反倾销预警、诉讼、举证、抗辩、价格承诺、诉讼结果反馈、监控等各方面的会计及其相关信息，以帮助企业经营者制定决策、加强管理，促使企业提高经济效益的一种管理活动。

该定义将会计视为一项管理活动，着眼于反倾销从预警到诉讼结果反馈、监控的整个过程，提出了更系统和全面的看法。

（二）把握反倾销会计内涵

一般而言，要准确、全面定义反倾销会计，需从两个方面着手：一是反倾销法

---

① 芝兰：《反倾销诉讼会计研究评述》，《财经理论与实践》2006年第4期。

② 周友梅：《启动反倾销会计：迎战倾销与反倾销的重要战略》，《国际贸易问题》2003年第6期。

③ 李建航：《反倾销会计研究》，天津财经大学硕士学位论文，2004年，第8-9页。

律以及反倾销问卷和实地调查中对会计有哪些要求,可以称为反倾销当中的会计问题;二是会计在企业应对反倾销当中能够起到什么作用,发挥什么功能,作出什么贡献,即会计能够为反倾销应对做些什么的问题。实际上,我国学者也正是从这两个角度入手进行研究的,对反倾销会计的含义、内容、范围等基本问题进行了不遗余力的探索。笔者认为,上述界定尽管全面而详尽,但距离反倾销会计的实质内涵尚有差距,要真正把握其本质,必须从反倾销的"骨髓"和会计的"灵魂"处进行深入挖掘。

从企业行为来看,倾销与反倾销都是一种典型的旨在损害其竞争对手的非合作策略性行为①。经济学视角的非合作策略性行为主要包括四种,即掠夺性定价、阻止进入定价、降低成本的投资与提高对手的成本。显然,反倾销诉讼是一种借助政府机器而试图阻止对手进入的策略。该策略因其实施门槛低且对竞争对手的杀伤力强而被轻易和频繁地使用,在众多的贸易保护工具中独领风骚。

从经济学和法学的视角来看,反倾销作为政府的一种经济管制行为,是政治力量和受管制行业经济利益相互作用的结果,同时能为某些企业或群体带来报酬②。而从供给与需求理论来看,反倾销不过是贸易保护思想主导下供给方(政府权力部门)和需求方(一些已经受政府保护的企业希望得到政府保护并借此限制或排挤其他竞争者的企业)共同作用的结果。无论供给方还是需求方,买卖这一"特殊商品"的真正动机不是为了消费者利益,而是为了各自政治上和经济上的利益。因此,要借助"公共利益最大化"的口号来最终实现他们的利益。这一口号的具体化正是通过各种严密的和复杂的法规体系来体现的。

反倾销调查是通过种种复杂的识别和转换机制,试图"精确"地再现并还原出口企业的生产过程。鉴于欧美等国反倾销法律存在的宗旨和使命,这套法规注定无法摆脱"歧视性"和"不公正性"的泥潭而实现所谓的"贸易公平"。尽管如此,出于对"自由贸易"倡导和姿态上的尊重,反倾销调查必须披上合法化的外衣,诉求一套精确的操作程序和调查机制。遵守公认会计原则所提供的会计信息作为一种公共物品是能令各方信服的最重要的信息源,也是最主要的信息传递方式。因而,借助于会计信息实现对经济活动"还原",便成为反倾销调查最佳的诉求方式。会计在反倾销应诉中为倾销的确定和倾销幅度的裁定提供信息,决定了其在反倾销调查中的重要性,因而也就确立了会计在反倾销中特殊的重要地位,从而使反倾销会计作为一门科学逐渐浮出水面、发展壮大。

① 王仲兵:《论应诉反倾销会计的概念框架》,《中国注册会计师》2007年第5期。
② 袁磊:《反倾销会计》,中国财政经济出版社2004年版,第68-71页。

　　会计发展的历史告诉我们：会计是应一定时期的社会经济发展和企业经营管理的需要而产生的，同时也随其发展而发展。纵观漫漫数千年之社会发展史，每一次社会经济的巨大变革背后必然会伴随着一次会计理论和方法的变革。这是因为，会计从根本上要为其信息使用者服务，特定的信息使用者和特定的经济事项使会计的理论结构或概念体系呈现出特定的内涵。反倾销会计有明确的信息使用者——起诉国的调查机构，其特殊性在于，信息的提供者和使用者之间是一种非合作博弈，信息的供给方试图以此证明企业不存在倾销行为，而信息使用者则想否定该信息以认定应诉企业存在倾销行为为目标。这样，会计信息的标准问题便成为双方论争的焦点，标准的不统一也成为反倾销会计的特殊语境。而反倾销会计的最终目标，则是按照反倾销规则的特殊要求将企业经济事项如实地反映出来，同时能够说明中央及地方政府行为对企业行为的综合影响状况以及对企业真实信息的影响程度等反倾销调查中所关注的事项。总之，就是以能够为起诉国调查机关所认可的标准，尽量真实地反映企业的经营活动的真实信息，最大限度地维护企业利益。

## 四、反倾销会计的拓展——建立应对反倾销企业内部控制①

　　反倾销工作表面上体现着较强的技术性特征，但实质上还是贸易问题，基最高层面则是政治问题。由于存在着广泛的信息不对称：申诉方对自己是否受到损害有着完全信息，应诉方对自己是否存在倾销行为有着完全信息，而损害与倾销之间是否存在因果关系要在信息不对称的状况下达成，因此反倾销核查的根本目的是最大限度地实现信息对称。其要旨在于能够通过一整套程序以精确地复制出被诉国出口商的生产过程，以确保反倾销调查数据的真实性。对非市场经济国家来说，由于其市场经济地位未被认可，需要部分或全部地以重新设定的标准来"还原"企业的经济行为。因此，会计信息的质量以及生成会计信息的标准便成为问题的焦点，这就决定了会计信息资料在应诉反倾销中的基础地位和重要作用。

　　从应诉反倾销全过程来看，每个环节都需要会计信息的参与。传统意义上的会计信息因其能够较大程度地解决反倾销诉讼过程中申诉方与应诉方的信息不对称问题而上升至法律的层面，成为反倾销司法诉讼中的主要证据。由此，反倾销会计被赋予双重使命：在需求方看来②，要利用会计学的话语来真实地反映涉案产品

---

　　①　本节旨在论述反倾销会计拓展的一个可能的方向，阐述建立应对反倾销企业内部控制体系的必要性。详细内容可参见孙芳城：《基于反倾销应对的企业内部控制研究》，东北财经大学出版社 2009 年版。

　　②　主要是反倾销调查当局及相关审判机构，如美国的反倾销审判机构为美国商务部（DOC）和美国贸易委员会（ITC）。

的正常价值与出口价格,以利于反倾销调查方准确地判断倾销存在与否及倾销幅度的计算情况;就供给方来看,要求会计信息能够恰当反映企业经营活动的规范性及其出口产品竞争优势的真正源泉,为其提供有力的辩护。

会计信息在反倾销中担当了"维护正义"的重任,然而信息理论①与会计实践都表明,会计信息本身具有不可避免的缺陷,即不能实现对企业经济活动的完备反映,会计行为与企业活动并非完全对称。这是因为会计系统已经形成一套固化的既定规则②,难以准确地表达企业经营的全貌:传统的会计系统通过严密的规则和科学的程序把企业的财务状况和经营成果进行转换后以"会计信息"的形式加以呈现,这种转换过程必然会在一定程度上导致信息缺失。由此,对于"反倾销会计"的研究走入了逻辑的"死胡同"。

实际上,上述悖论存在的根源在于"单纯地把会计限定在技术、方法、工具范围之内"③。会计有其独特的技术和方法,但也含有控制、监督等社会性职能;会计应当而且必须提供利益相关方所需的信息,但会计并不仅仅局限于提供信息,更重要的是信息生成前的预测、利用信息所进行的决策和信息反馈过程中的控制;会计应当服务于会计主体之外的相关利益集团,但不能因此而否认会计的内部管理作用,提供信息是手段,而控制、管理才是真正的目的④。

基于此,笔者推论认为,"反倾销会计"的根本在于满足反倾销需要的"控制、监督",而不仅仅是"技术、方法、工具"。显然,若不规范的经济业务以规范性的财务会计信息反映出来,或是规范的经济业务以特定质量要求的形式反映出来,都是不正常的,反而会成为反倾销败诉的导火线。财务会计的核心就是如实地反映业务活动,而应对反倾销对企业则有着更为严格的要求:一方面,通过制定恰当的销售策略和专门的反倾销风险管理机制,有效地规避倾销行为的发生,这是企业应对反倾销的根本。另一方面,通过对会计流程的适当改造,提供能够满足反倾销诉讼需要的会计信息。具体地说,主要是按照法学视角下证据学的相关要求⑤改造成本会计核算流程,以增强企业在反倾销举证和抗辩中的有效性和效益性。同时,由于我国企业所面临的"非市场经济地位"的特殊背景,应对反倾销还内含着更多的意义:企业不但要保证其经营活动符合市场经济的相关要求,更要"刻意"保留证据,

---

① 申农创建的通信系统模型认为,信息传递过程中需要经过编码和译码的操作手续,经济活动转化为会计信息的过程可以认为是编码过程,该过程必然造成一定程度的信息缺失。有关信息论可参见苗东升:《系统科学精要》,中国人民大学出版社 2006 年版,第 242 - 247 页。

② 王仲兵:《应诉反倾销会计——概念框架与运作实务》,经济科学出版社 2006 年版,第 150 页。

③、④ 王世定、夏冬林:《杨纪琬会计理论思想综述》,《会计研究》1999 年第 3 期。

⑤ 袁磊:《反倾销会计》,中国财政经济出版社 2004 年版,第 219 - 222 页。

做到一切有据可查。显然,上述要求超越了一般意义上的会计核算而暗合了企业内部控制的要旨,意味着建立具备应对反倾销职能的企业内部控制系统的必要性。

对照国际反倾销的相关法律规定以及美国、欧盟等调查机构的调查程序,我国企业当前的内部控制尚存在很大的差距,远不能满足应对反倾销的需要,主要表现在以下几个方面:① 内控环境不够完善,如企业管理层对反倾销风险缺乏足够的认识,企业没有树立良好的风险管理意识以及企业治理结构或组织结构设置存在缺陷等。② 企业没有建立专门的反倾销风险评估机制对反倾销风险进行预测、识别、分析和处理。③ 没有针对应对反倾销的要求对相关流程进行控制。④ 缺少专门的反倾销信息收集平台,没有针对反倾销风险建立沟通机制。

上述控制中的缺陷集中表现为企业应诉反倾销行为存在严重的会计障碍——企业的会计基础工作和遵循会计准则及制度等方面不尽如人意,难以及时、准确提供反倾销调查所需的会计、财务及相关方面的信息资料;在宏观层面上则成为我国出口产品被频繁提起反倾销诉讼的重要诱因之一。这些缺陷,进一步强化了发展和完善企业内控系统、增强其反倾销应对职能之必要性。

# 第三章
# 会计理论及其研究方法

## 第一节　会计理论的性质

### 一、会计理论的定义

《韦氏新国际词典》认为，"理论"的含义是"一套紧密相连的、假定性的、概念性的和实用性的原理的整体，构成了所要探索领域的可供参考的一般框架"。《现代汉语词典》认为，"理论"是"人们由实践概括出来的关于自然界和社会的知识的有系统的结论"。虽然角度有所差异，但均认为理论应具备以下特征：① 理论必须前后一贯，自成体系。② 理论必须是概括性结论，存于逻辑认识中并符合特定事物产生、发展及其运动的基本规律。③ 理论来自于实践，又高于实践，是对实践系统化的理性认识。④ 理论的意义在于它是行动的指南针，能够解释现存客观现象，预测客观事物的未来发展方向。

在会计文献中，不同学者从不同研究角度揭示会计理论的含义。以下是几种关于会计理论较为流行的定义与解释：

美国会计学会（AAA）1966 年发表的《基础会计理论说明书》中对会计理论的解释基本上是按《韦氏新国际词典》定义来进行的，同时还指出，会计理论研究是为了达到以下目的：① 确定会计的范围，以便对会计提出概念，并有可能进一步发展会计理论。② 建立会计准则来判断、评价会计信息。③ 指明会计实务中有可能改进的一些方面。④ 为会计研究人员寻求扩大会计应用范围以及由于社会发展的需要扩展会计学科的范围时提供一个有用的框架。

美国著名会计学家 E·S·亨德里克森在《会计理论》一书中，将会计理论定义为，"一套逻辑严密的原则，(1) 使实务工作者、投资人、经理和学生更好地了解当前的会计实务；(2) 提供评估当前会计实务的概念框架；(3) 指导新的实务和程序的建立"。

贝克奥伊（Belkaoui）认为，"会计理论的基本目标是为了预测和解释会计行为和事项提供一个基础。理论可定义为'一套相互联系的结构（概念）定义和前提，是各种现象的系统化观点的表现'。理论'用来指明在各种变量中的相互关系，其目的在于解释和预测各种现象'"。

罗斯·L·瓦茨和杰罗尔德·L·齐默尔曼在《实证会计理论》一书中认为，"会计理论的目标是解释和预测会计实务"。"解释是指为观察到的实务提供理由；预测则是指会计理论应能够预计未观察到的会计现象"[①]。

我国会计学者汤云为、钱逢胜在《会计理论》一书中认为，会计理论是"对会计目标、会计假设、会计概念、会计原则以及它们对会计实务的指导关系所作的系统说明"，并指出会计理论的主要目标是"解释和预测会计实务"。

我国著名会计学者阎达五在《会计理论专题》一书中认为，会计理论是"人类积累起来的关于会计实践的知识体系"。

我国会计学者葛家澍在《市场经济下会计基本理论与方法》一书中指出，财务会计理论是"来自会计实务，高于会计实务，反过来又可指导会计实务的规范性的概念框架"。"在会计理论中还包括一系列会计思想、学说和不同见解，但侧重点是研究：第一，用来评估和发展企业会计准则的那些有用的理论，主要是指财务会计的概念框架；第二，将上述理论用来解释和回答在社会主义市场经济条件下如何建立中国的会计准则、中国股份制会计的特点、国有企业在建立现代企业即改组为股份制（公司制）的过程中有关资产评估的理论和方法问题，以及作为财务会计概念结构集中体现的企业财务报告及其分析"。2000年，葛家澍又指出："会计理论同一切其他理论一样，来自实践，又应再回到实践。来自实践意味着我们在观察大量会计现象之后，从中发现某些带有共性的特征，研究工作中通过理性认识，把它上升为'概念'。概念就属于理论范畴。"[②]

什么是会计理论？简单地说，会计理论是对会计实践活动所作的系统化理性认识，是由系列概念和特定方法程序构成的知识体系，其主要作用是解释和预测会计实务。会计理论产生于会计实践，又对会计实践具有解释和预测作用。

## 二、会计理论分类

对会计理论分类的目的是为了系统阐述、理解会计理论。会计理论的分类方法比较多，以下几种分类方法比较典型。

---

① 罗斯·L·瓦茨、杰罗尔德·L·齐默尔曼，陈少华、黄世忠等译：《实证会计理论》，东北财经大学出版社1999年版，第2页。

② 葛家澍：《什么是会计理论———规范会计理论的一种观点》，《会计研究》2000年第10期。

（一）按学科分类①

会计理论按学科划分，可以分为财务会计理论、管理会计理论和审计理论等。本书主要研究的是财务会计理论。

（二）按研究方法分类②

会计理论按研究方法划分，可以分为规范会计理论、实证会计理论和行为会计理论等。

规范会计理论是指以演绎方法为重心建立起来的会计理论体系。这种理论体系重说明"会计应当是什么"，主张不受会计实务的影响去发展会计理论。即规范会计理论不满足现有会计实务中的会计惯例，从逻辑推理的角度研究良好会计实务的标准。规范会计理论一般是运用规范性方法形成的；传统会计理论一般都是规范会计理论。如：FASB 发表的 SFACs 可能与现行的会计实务不一致，但它们是评估现行会计实务和指导未来准则的基础。

批评者认为，规范会计理论的会计程序和方法存在较大差异，导致会计信息不可比；有效性受会计目标单一制约而受到怀疑。支持者认为，"近年来，随着人们对会计本质理解程度的加深，规范性会计理论愈来愈被广大会计理论研究者所接受，并且广泛应用于会计活动实践中"③，但没有指出理由。

实证会计理论研究的目的是为所观察到的会计现象提供解释性理由，并预测未观察到的会计现象。实证会计理论主要阐述会计现在和未来"是什么"和"为什么"，认为会计理论不应存在价值判断类主观因素。会计理论重点是会计政策选择，否定规范学派的侧重点。罗斯·L·瓦茨在《实证会计理论十年回顾》一文中指出："决定什么是最好的理论，在于它能够胜任满足研究人员和实务操作人员对解释和预测会计选择的理论需求。"实证会计理论主要是运用实证方法形成的。早期的实证会计研究侧重于研究会计信息与资本市场的关系。20 世纪 80 年代，实证会计研究已成为美国会计界的主流派研究方法④。

批评者认为，从方法论和统计角度看，实证会计理论对会计选择的解释是苍白无力的，具体包括以下几个方面⑤：① 一些研究成果中，所解释的变量并不重要或没有预测价值。② 所假设的模型，预测能力较低。③ 契约中的变量都是线性的。④ 一些代表性的模型都未作严格限定。⑤ 使用了一些粗略的替代变量。

行为会计理论的研究核心，是各种社会要素对会计行为的影响、会计行为对社

---

①、② 汤云为、钱逢胜：《会计理论》，上海财经大学出版社 1997 年版，第 11－19 页。

③ 陈国辉：《会计理论体系研究》，东北财经大学出版社 1997 年版，第 7 页。

④ 葛家澍、刘峰：《会计理论》，中国财政经济出版社 1998 年版，第 68 页。

⑤ 汤云为、钱逢胜：《会计理论》，上海财经大学出版社 1997 年版，第 582 页。

会行为的影响和两者内部及其之间的变动影响规律。

有学者将会计理论划分为"描述性会计理论、解释性会计理论和规范性会计理论"①，笔者认为这样划分并不恰当，三者并不存在明显的学术理论差异。

于玉林提出了"系统会计研究"。"系统会计研究是指对研究对象采用系统方法进行的研究"②。

（三）按会计理论的作用（层次）分类

刘恩禄、向泽生把会计理论分为会计基础理论和会计应用理论两类。所谓会计基础理论，是指关于会计实践的本质和一般规律的认识。会计基础理论所研究的主要内容有会计实践的目标、会计人员及机构、会计实践的对象、会计实践的方法、会计实践的方式等。所谓会计应用理论，亦称会计业务理论，是指"关于具体的会计实践或特殊的过程的理性认识。即研究会计基础理论在具体的会计实践中运用的知识体系。其研究对象是具体的会计实践或特殊过程"③。会计基础理论与会计应用理论之间是否存在联结的"中间理论"，作者没有指出。

王志孝、牛秀敏把会计理论分为会计基本理论、会计规范性理论和会计行为性理论。所谓会计基本理论，"是由一组互相联系又相互独立的会计概念群按照其内在的逻辑性排列而成的一个有机整体。在这个整体中主要有会计环境、会计本质、会计对象、会计职能、会计假设与会计发展史等内容"。所谓会计规范性理论，"是指为了实现会计目标，由一组相互联系的约束性理论元素构成的有机整体。它包括会计法、会计政策和会计准则等内容"。所谓会计行为性理论，"是指会计行为的相互联系的各个理论的有机整体。它包括会计程序理论（或循环理论）和方法理论，方法理论又包括会计确认、记录、计量、报告与分析等理论内容"（1995）。劳秦汉把会计理论分为会计定性理论、会计主体理论和会计实务理论（1992）。赵文先把会计理论分为会计理论基础、会计基础理论（即会计主体理论）和会计实务理论（1993）。贺茂清在《会计大趋势：中国会计现代化》一文中将会计理论分为会计目标理论、会计基础理论、会计应用理论。游相华将会计理论分为会计理论研究方法（第一层次）；会计基本理论、发展会计理论、比较会计理论（第二层次）；会计应用理论（第三层次）。

"传统的会计理论体系一般可划分为两个层次：会计规范和会计基本理论"④。本书不把会计规范看成会计理论体系的第一层次（即会计基本理论体系）。

---

① 刘恩禄、向泽生：《财会知识更新手册》，辽宁人民出版社 1989 年版，第 1 页。

② 于玉林：《实证会计研究与系统会计研究》，《会计研究》2009 年第 9 期。

③ 刘恩禄、向泽生：《财会知识更新手册》，辽宁人民出版社 1989 年版，第 1 页。

④ 魏明海、龚凯颂：《会计理论》，东北财经大学出版社 2009 年版，第 7 页。

**（四）按推理方式分类**

会计理论按推理方式划分，可分为演绎推理和归纳推理两类。吴水澎构建了会计理论体系，如图 3-1 所示①。

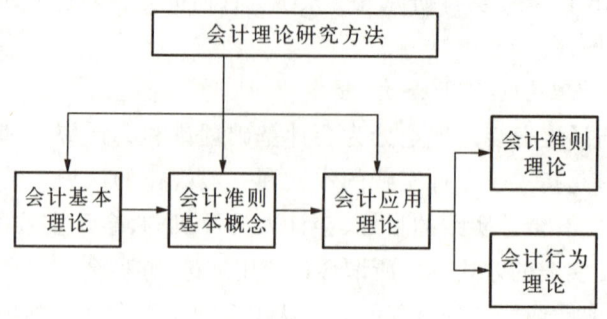

**图 3-1　会计理论体系**

**（五）笔者的分类**

会计理论必须前后一贯、协调一致和浑然一体。本书共分为四个基本单元：第一单元为总论；第二单元为财务会计基础理论；第三单元为财务会计概念结构；第四单元为会计规范与核算方法理论。第三、第四单元限于财务会计范畴，如图 3-2 所示。

图中箭头所指表示指导关系。统一会计制度概念框架是联系会计基础理论、会计规范、核算方法理论与会计实务的纽带。

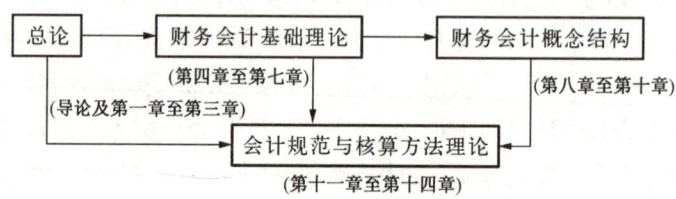

**图 3-2　会计理论的分类**

# 第二节　会计研究方法论——规范研究流派

吴水澎在本书序言中指出："会计理论的研究方法比起该门科学的原理和所得出的科学结论，在空间上更为广阔，在时间上更为久远。因此，会计理论研究方法是一种更为本质的会计理论，应列在会计理论体系中的最高层次。""会计理论研

---

① 吴水澎：《会计准则理论、会计准则基本概念、会计基本理论——对我国会计理论研究的一些看法》，《上海会计》1999 年第 7 期。

究的突破,在相当的程度上取决于方法上的突破。"笔者完全赞同上述认识,将会计研究方法纳入本书总论中。

"会计研究方法论是以作为认识活动的会计研究活动为其研究对象,旨在探索会计研究活动的模式和规律,引导人们有效地、正确地认识和把握会计的本质和职能,并将这种认识转化为具体实践,使会计在不断变化的经济环境中获得适应和发展动力"①。如果说会计实践是矿山资源,会计理论是金库,那么会计研究方法就是开启金库的钥匙。

关于会计研究方法的层次体系,主要有以下几种流行观点:

吴水澎将会计研究方法体系归纳为"方法论、基本方法和具体方法"三个层次,如图3-3所示。

苏武俊也将会计研究方法体系分为"方法论、基本方法和具体方法"三个层次(2001)。

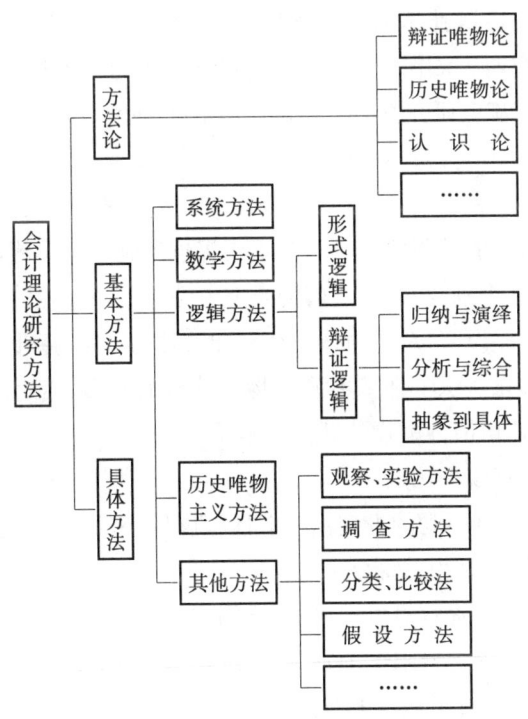

**图3-3 吴水澎提出的会计理论研究方法层次**

陈国辉认为,会计研究方法体系应划分为"马克思主义原理、一般研究方法和

---

① 周忠惠:《会计研究方法论》,西南财经大学出版社1994年版,第1页。

具体研究程序"三个层次①。

卢永华认为,会计研究方法体系应划分为"马克思主义哲学的认识论和一般科学研究方法"两个层次,并按认识过程将一般科学研究方法分为"感性认识方法、理性认识方法和理论检验方法"②。

笔者认为,把会计研究方法体系分为三个层次是恰当的,即分为方法论、基本方法和具体方法三个层次。第一层次的方法论是指关于方法的理论,是方法的基本学说。考虑到方法论的普遍适用性和世界观与方法论的统一,虽然在我国进行会计理论研究要坚持马克思主义原理(或马克思主义哲学的认识论),但马克思主义原理并不是方法论的全部,西方会计学者并不一定坚持马克思主义原理。故第一层次为方法论也许更恰当。

同样,研究方法是一个完整的认识过程,即研究方法应包括感性认识、理性认识和理论检验基本过程,因此,按认识过程划分研究方法可能并不具有科学性。

会计研究方法根据其学术理论渊源、基本思想、研究方式等大致可以分为规范研究和实证研究两大流派,尽管将传统研究方法均归入规范研究流派,可能有些武断。规范研究流派研究方法主要包括以下几种。

## 一、归纳法

归纳法是指从一般性程度较小的知识前提过渡到一般性程度较大的新知识结论的推理方法,即从个别、特殊到一般的研究方法。毛泽东在《矛盾论》中指出:"就人类认识运动的秩序说来,总是由认识个别和特殊的事物,逐步地扩大到认识一般事物。人们总是首先认识了许多不同事物的特殊的本质,然后才有可能更进一步地进行概括工作,认识诸种事物的共同的本质。"

归纳法的特征有以下几点:

(1)归纳推理思维运动的方向由一般性程度较小的知识前提过渡到一般性程度较大的新知识结论,即由特殊到一般。

(2)归纳推理的前提数目可多可少,不固定。

(3)归纳法的前提一般限于个别场合,结论则可推广至一般场合,是对前提的概括,因此结论一般超过了前提的范围。

(4)归纳推理的结论对于它的前提而言,是带有不同程度或然性的知识。列宁在《哲学笔记》中指出:"从最简单的归纳方法所得到最简单的真理,总是不完全

---

① 陈国辉:《会计理论体系研究》,东北财经大学出版社 1997 年版,第 166 页。
② 卢永华:《会计理论研究方法的哲学思考》,《会计研究》2000 年第 6 期。

的,因此,经验总是未完成的。"

归纳法根据归纳前提的样本容量是否包括了某类事物的全部对象,分为完全归纳法和不完全归纳法。不完全归纳法又分为简单枚举法和科学归纳法。科学归纳法是指根据某类事物的部分对象的必然属性或必然联系的分析,从而作出关于某类事物一般性结论的归纳推理。科学归纳法的公式如下:

$T_1$(具有或不具有属性特征)$P$

$T_2$(具有或不具有属性特征)$P$

$T_3$(具有或不具有属性特征)$P$

$$\vdots$$

$T_n$(具有或不具有属性特征)$P$

($T_1$,…,$T_n$ 是 A 类事物的部分对象,它们与 $P$ 之间存在着必然的属性制约关系)

所以,A 类对象(具有或不具有属性特征)为 $P$。

科学归纳法是以认识事物的因果联系为基础,是归纳法中最重要、最基本的形式。在日常生活中常采用的"种试验田"、"典型调查"、"解剖麻雀"等方法,均属归纳法的范畴。

归纳法的程序为:① 观察并记录研究样本现象及结果。② 对被观察的现象及结果进行整理分析。③ 推导出一般结论。④ 验证结论。归纳法程序如图 3 - 4 所示。

小前提——→归纳分析——→一般结论——→验证结论

**图 3 - 4　归纳法程序**

归纳法应用在会计领域的典型是关于借贷记账规则,即"有借必有贷,借贷必相等"的归纳。归纳法研究问题得到的一般结论是否具有科学性,还有待于实践检验。

## 二、演绎法

演绎法与归纳法相反,是从一般的原理推出关于特殊事物的结论。由两个前提和一个结论组成的演绎推理称为间接推理;由一个前提和一个结论组成的推理称为直接推理。间接推理又包括三段论、假言推理、选言推理和假言选言推理等。演绎法主要是三段论。三段论是由两个性质判断作为前提,从而推出结论的间接推理。

会计理论中的演绎法是从会计假设或会计目标出发,推导出指导会计实务的原则、程序和方法。一般来说,演绎法的程序如图 3-5 所示。

前提命题──→演绎推导──→具体结论──→验证结论

**图 3-5　演绎法程序**

演绎法的优点是应用准确的公理或数学方法来建立会计理论中的逻辑关系,保持相关概念的内在联系,使会计理论构建具有逻辑严密性。它的缺点是:如果假设或会计目标错误,则结论必然错误。批评者还认为,演绎法从超现实中推导出指导现实会计实务的原则和程序是不太可能的。

演绎法构建会计理论体系的基本步骤为[①]:

(1) 确定财务会计的基本假设或目标。

(2) 说明基本假设或目标对财务会计的指导作用。

(3) 根据既定假设或目标,推导相关的基本原则或程序。

(4) 进一步规定具体的会计处理方法和程序。

美国构建财务会计概念框架先后采用过会计假设和会计目标为起点的演绎法。1961 年和 1962 年,由美国注册会计师协会所属会计研究部发表的第 1 号会计研究文集《会计的基本假设》(ARS No. 1)和第 3 号会计研究文集《试论广泛适用的企业会计原则》(ARS No. 3)采取的研究方法,是以基本假设为起点,逐步推导出会计原则和会计准则或程序。20 世纪七八十年代,美国财务会计准则委员会对财务会计概念框架研究则是以财务会计(财务报告)目标为前提,进而推导出一系列财务会计的基本概念。两者的区别是:前者以会计假设为研究起点,强调客观环境对财务会计或会计准则的制约作用;后者把会计目标作为发展和制定会计原则或准则的最高层次概念,强调会计信息对企业经营决策的有用性。

归纳法与演绎法一般被研究者同时应用,形成归纳演绎法。一般不存在只有归纳而无演绎,或只有演绎没有归纳的绝对情况。

## 三、历史法

任何社会科学的对象,都是在一定社会历史领域中形成的,都是在历史进程中产生和发展的,只有将它们置于一定的历史范畴中进行研究,进行客观的分析与考察,才有可能作出正确的理解和得出科学的结论。历史方法论认为,社会领域中的客观事物在发展过程中,总体上具有不可逆性和历史继承性。因此在研究问题时,应将其置于特定的历史条件中,进行具体的历史分析。历史方法论还认为,社会科

---

① 李孝林:《会计基本理论比较研究》,科学技术文献出版社 1997 年版,第 30 页。

学研究的结论,必须基本符合历史的真实性。

历史法在会计理论研究中具有以下重要意义:第一,它排除了主观先验性的思维方法。因为历史法要求研究会计领域的各种现象,必须通过事实发展的基本联系和基本线索,把握客观事物本身的矛盾运动以及因果关系,寻根溯源,以显现其本质联系。第二,虽然现行会计实务比较复杂,并有着许多特殊性的表现,但特定社会关系中显现的客观会计现象,具有重要的共性内容。因此,在会计理论研究过程中,为了对大量复杂的会计实务现象作出正确的评价,必须采用历史法,以便对大量会计实务现象作出定量、定性及定位分析,并使从事研究所陈述的见解符合历史本质。第三,知古鉴今。任何会计理论体系均有其学术渊源,会计理论研究只有做到知古鉴今,才能进行会计理论的创新。

恩格斯指出:"历史从哪里开始,思想进程也应当从哪里开始,而思想进程的进一步发展不过是历史过程在抽象的、理论上前后一贯的形式的反映。"[①]恩格斯的论述表明,思想意识与历史的统一,具有普遍性方法论意义,因为各种会计理论,归根到底是由社会存在决定的,但它们都具有各自鲜明的特点,均在各自相对独立的发展进程中,实现自己特色的统一。

## 四、伦理法

伦理指人与人相处的各种道德标准。将伦理范畴引入对经济制度和经济体制的研究,提出"经济人道主义"是 20 世纪二三十年代联邦德国新自由主义经济学的创举。该学派主张"反'垄断';'社会伙伴'关系(工人与资本家之间应结成伙伴关系);'公平分配'(在'社会市场经济'条件下,工资受市场价格机制的自动调节,这就可以保证工人得到合乎'公平的''自然'价格的工资,免于被剥削)"。在其一系列政府措施中,"福利国家政策"值得研究,新自由主义者认为,社会市场经济的经济目标,是实现经济人道主义,使每个人都成为财产的所有者,人人都过上幸福、安定的生活,推行"人民股票"措施[②]。

将伦理法移植到会计理论研究中,与其说是研究方法,不如说是一种道德价值判断标准。伦理法主张在编制财务会计报告时应遵循有关社会道德标准。应遵守的社会道德标准在各国存在差异,如美国公共职业道德规范标准包括诚实、正直、信守诺言、忠诚、公正、关心他人、尊重他人、对公众负责、追求卓越、强烈的责任感。美国会计学家亨德里克森认为,公正和无偏见是指财务报表不受不适当利益集团

---

① 马克思、恩格斯:《马克思恩格斯选集》第 2 卷,人民出版社 1995 年版。
② 潘双华、马宏伟:《与领导谈现代经济学》,企业管理出版社 2001 年版,第 270 - 284 页。

或偏见的影响,财务报表不应带有损害他人而为任何特定个人或集团服务的目的,所以,对各方面的利益都要公平地加以考虑,特别不能人为地偏向管理当局或业主的意愿;合理则要求遵循正式或非正式认可的公正准则或程序处理。A·C·利特尔顿认为,"作为有助于把某些不良实务排除出经营活动,会计帮助那些'社会工作班子'按照公平处理和道义义务的良好方式运转"①。国际会计准则委员会章程指出,国际会计准则委员会的目标是"本着公众利益,指定并发布编制财务报表应遵循的会计准则,并推动这些准则在世界范围内的接受和遵循"。在国际会计准则委员会制定的《编制财务报表的框架》一书有关"真实和公允观点/公允表述"中指出,"运用主要的质量特征和适当的会计准则,通常可以产生表达一般所理解的真实和公允信息的财务报表,或是公允地表述信息的财务报表",均体现了伦理法道德标准。

伦理法道德标准在构建各国会计理论中,得到了不同程度的运用。英国《公司法》(1948)第 149 条规定:在会计年度结束时,公司必须按照"真实和公正的观点"提供资产负债表来表达公司的财务状况,提供损益计算书来表达会计年度中的利润或亏损。此外,它还要求特许会计师在查账报告中要说明公司的财务报表是否体现了"真实和公正的观点"。欧洲经济共同体在 1978 年的第 4 号理事会指令中也把"真实和公正"作为财务报表的最高标准。

我国 1993 年推行的《企业会计准则》,已经把伦理道德标准的基本精神体现在许多条款中。1999 年 10 月 31 日修订、2000 年 7 月 1 日施行的《中华人民共和国会计法》(简称《会计法》)也体现了伦理道德标准,如《会计法》第 3 条规定:"各单位必须依法设置会计账簿,并保证其真实、完整。"

## 五、比较学法

许多学科都建立了自己的比较科学,如比较史学、比较法学、比较政治学……在经济、管理科学方面也有比较经济学、比较经济体制学、比较管理学、比较审计学等。马克思在《德意志意识形态》一书中指出:"比较解剖学、比较植物学、比较语言学等科学,正是由于比较和确定了被比较对象之间的差别而获得了巨大的成就,在这些学科中比较具有普遍的意义。"众多学科的实践证明了比较研究对学科发展的重大意义。1992 年 4 月,中国会计学会第 4 届理事会通过的"八五"期间会计科研规划,要求进行"中外会计之比较";1993 年,国家教委颁布普通高校专业目录,首次将比较会计学作为会计学专业本科主要专业课程,标志着比较学

---

① A·C·利特尔顿,林志军、黄世忠等译:《会计理论结构》,中国商业出版社 1989 年版,第 21 页。

方法得到重视,我国开始建立比较财会学科体系。

运用比较学研究方法建立比较财会学科体系始于李孝林。1995 年 3 月、1996 年 9 月和 1997 年 2 月,以李孝林为首的一批会计学者相继出版了《比较会计研究》、《中外会计史比较研究》和《会计基本理论比较研究》等著作,填补了运用比较法研究我国会计理论的空白。1998 年 6 月汤业国出版《中西方企业财务管理比较研究》、1999 年 3 月刘威出版《国际会计准则可比性研究》、2001 年 1 月庄恩岳出版《中外会计准则比较》等,均说明比较研究方法在我国方兴未艾。

《现代汉语词典》对"比较"一词的定义是:"就两种或两种以上同类的事物辨别异同或高下。"比较学研究方法古已有之,春秋时期史伯说过"和实生物,同则不继"。即不同的思想观点交融,则产生新观点;而相同的思想观点交融,则不会产生新观点。通过比较研究,可以开阔视野,防止故步自封,夜郎自大,克服片面性,提高识别力。什么是比较法? 于玉林认为:"比较法是对一事物与其相联系的其他事物,通过比较、分析,以认识其共同点、差异点和本质的方法。"①笔者认为,比较对象可以是"与其相联系的其他事物",也可以是同一事物在不同历史时期的比较,关键是要具有可比性。正如于玉林指出的那样,"客观事物发展的多样性和联系性,是采用比较法的客观基础"。

比较研究法运用于会计理论研究,就是将某一领域不同的会计理论与会计实务进行对比分析,鉴别共性和个性、优点和缺点、经验和教训、产生和发展、探索并阐明会计理论的共同规律或特殊规律的方法。比较研究法对会计理论研究具有的重要意义,具体包括:第一,可以作为会计理论研究的基本方法;第二,有助于在表面上差异很大的会计学术观点之间找出其本质上的共同点,在表面上极为相似的会计学术观点之间找出其本质上的差异点,从而更深刻、更正确、更全面地理解和运用会计理论,并深化和发展会计理论研究;第三,建立比较会计学科,完善会计学科体系,并正确指导对国外会计理论的借鉴、引进和创新;第四,有助于将素质教育落到实处(李孝林,1999)。

## 六、事项法和价值法

事项法主张按照具体的经济事项来报告企业的经济活动,并以此为基础,构建财务会计理论体系。代表人物是美国会计学家乔治·索特(George H. Sorter),他于 1969 年发表了《构建基本会计理论的"事项法"》一文,阐述了以事项法为基础建立基本会计理论的思想。20 世纪 70 年代,奥雷斯·约翰逊就对事项的含义、基本

---

① 于玉林:《现代会计方法学》,立信会计出版社 1998 年版,第 146 页。

特征等方面进行了初步的理论探讨,后来又有多位学者从不同的角度对事项会计的确认、计量和报告进行了研究。20 世纪 80 年代后,随着计算机数据库及网络财务报告的兴起,人们开始尝试将事项法会计付诸实践。Bill Harper(1985)探讨了如何在会计领域中运用事项管理的数据库技术,Leech(1986)在前人研究的基础上提出了矩阵事项会计模型①。国内对事项法会计的研究相对要晚些,但近年来也取得了很大的进步。在引进西方理论进行本土化理论研究的同时,也对相关的实际应用进行了探索,如张永雄发表的《基于事项法的会计信息系统构建研究》(2005)一文,提出了"事项凭证"的应用探索。

与事项法相对的是价值法。价值法(value approach)认为,"人们充分了解用户的需求,并且允许减少为具体决策模型提供最佳投入数据的会计理论。因为投入价值对所有用户不可能都是最佳的,而且,尚缺少囊括所有完全规范和描述的模型的一览表"②。事项法与价值法基本差异表现在以下几个方面。

(一)关于财务会计的目标

价值法认为,信息使用者的信息需求是可知的,受"效益成本"原则制约,财务会计系统不可能满足每个特定信息使用者的需求,仅满足"大多数使用者的共同需求",即认为通过提供通用财务会计报告能够满足大多数信息使用者的信息需求。事项法认为,信息使用者的信息需求不可知,不同的信息使用者存在不同的信息需求,而通用财务会计报告模式无法满足所有信息使用者的信息需求,尽管两者的财务会计目标均是提供信息使用者的信息需求。

(二)提供什么样的信息

价值法认为,满足信息使用者的信息需求需要提供净收益(利润表提供)和企业总价值(资产负债表提供)信息,即提供按会计原则加工好的会计信息。事项法认为,财务会计系统提供的净收益和企业总价值信息由于涉及大量的会计信息提供者的主观判断和分类汇总,降低了与信息使用者的决策相关性。解决的最好模式是提供企业经济活动过程完整的数据,由信息使用者根据自己的客观要求、偏好、决策模式等,自行加工各自需要的信息,使相同的经济事项数据能够满足不同信息使用者的不同需求,即提供关于企业经济活动过程的完整数据(信息加工的事项)。

(三)提供信息的完整程度

价值法将暂时不影响收益和价值的交易和事项,不在财务会计报表中正式披

---

① 石永领:《现代会计的发展方向——事项法会计》,《财会月刊》(理论)2006 年第 3 期。
② 艾哈迈德·里亚希-贝克奥伊,钱逢胜等译:《会计理论》,上海财经大学出版社 2004 年 4 版,第 300 页。

露,采用单一计量属性以保证收益和价值数据的内在一致性。事项法将所有的事项分为不同的类型,如交易活动与环境变动等,将价值法无法反映的经济事项,如物价变动、国家产业政策变动等,进行有效的反映。为计量不同事项的不同特征,采用多种恰当的计量属性。

(四) 提供报表模式不同

价值法认为,为满足大多数信息使用者的信息需求,一般提供资产负债表、利润表和现金流量表及其附表即可。事项法认为,应按多重计量属性编报多栏式财务报表。资产负债表提供企业所有的事项,并按一定结构排列,信息使用者需要的信息可自行加工得到。因此,以存货为例,事项法不是只反映年末用价值表示的单一的余额,而应当同时表示存货的购入、耗用(数量与金额)等事项,会计人员甚至不必按存货流动假设去计算各个期间的存货余额。利润表也称"经营事项表",要求对每一关键性事项,按最有利于预测其未来变化的方式进行报告,无需报告净利润。同理,对现金流量表或财务状况变动表而言,也只需报告经营活动、投资活动和筹资活动事项即可。简言之,价值法重结果静态报告,事项法重事项动态报告。

事项法是针对价值法的某些缺陷提出的,但受当时历史条件的限制,这一提法难免受到指责。指责者认为,事项法有如下缺点:① 报告什么信息的标准模糊,因而它未使会计理论得到充分的开拓。② 扩大数据的范围可能使使用者在信息的获取方面带来过重的负担。③ 事项的计量一定比事物的计量更可检验,或者事项特点的展示一定比所选事项能有更好的预测,尚缺乏充分的依据。但 21 世纪衍生金融工具为事项法的运用提供了必要。计算机技术和多媒体电子通讯技术的广泛运用,为事项法推广提供了可能。目前事项法主要是将事项法与信息管理的数据库方法相结合。"这样的会计体系包括了等级模型、网络模型、关系模型、实体关系模型和 REA 会计模型"①。

## 七、系统法——一种系统范式思维

系统研究方法是指将研究对象置于系统中,从系统与要素、要素与要素、系统与环境等角度出发,对研究对象进行定量化、模型化和择优化研究的科学方法。系统科学认为,万物皆系统。系统是相互联系的。"运用系统理论,对于深入研究和发展会计理论,建立前后一贯的会计理论体系,有重大意义"(李孝林,1998)。

运用系统研究方法构建会计理论主要是系统范式观。范式是指"在某一学科

---

① 艾哈迈德·里亚希-贝克奥伊,钱逢胜等译:《会计理论》,上海财经大学出版社 2004 年 4 版,第 302 页。

内被一批理论家和应用者共同接受和使用,并作为交流思想的工具的一套概念体系和分析方法"①。16 世纪至 20 世纪初的 400 多年中,盛行分析范式。20 世纪以来,分析范式受到相对论、量子力学、遗传密码等挑战,特别是自 20 世纪四五十年代以来,随着系统论、控制论、信息论、自组织论、复杂性科学等为代表的系统科学理论的发展,全新的系统范式逐步取代分析范式。

分析范式的基本要点是②:① 所有的事物可以分解还原为要素,并且要素可以由其他的事物替换,即还原观。② 要素之间只存在简单的线性关系,将所有的要素加到一起,便得到事物的整体,因此,可以割裂相互关系来研究要素。③ 可以把要素的性质和规律加起来推导出总体的性质和以简单性著称的规律,即解决了各个要素的问题,就相当于解决了整体问题。④ 事物及要素服从机械因果律和单一决定论,即一个原因必然决定一个结果。依此类推,事物之间存在一条直线因果链。⑤ 事物及要素的运动过程是可逆的,不存在时间之矢。⑥ 在价值观上,认为要素好,整体一定就好。

系统范式的基本要点是:① 否认还原论,认为世界上任何事物都是由内在要素(层次)构成的。系统的"整体大于部分之和",即整体产生其要素在孤立时所没有的性质(这种性质称为突现)。不能用要素在孤立时态的性质和规律来解释系统整体的性质和规律。② 要素之间存在着复杂的非线性关系,并非简单的线性关系,应立足认识要素之间的关系。③ 更大系统服从要素之间以及要素与环境之间相互作用的规律。系统内、外复杂的相互关系,决定了系统自组织的生存和发展。④ 系统的进化是不可逆的。⑤ 在价值取向上,以系统整体功能的最优化作为最高目标,以此作为评价要素及其运行方式合理性的标准。

运用系统研究方法构建会计理论有利于对传统会计理论进行全面整合,从而产生新的会计理论。薛云奎的《会计大趋势———一种系统分析方法》就是一部阐述运用系统研究方法构建会计理论的著作。

有学者指出,会计研究方法中还有"社会学法"和"经济学法",即:社会学法强调"社会福利";经济学法"强调总体(宏观的)的经济效益"。正如笔者在"伦理法"中指出的一样,社会学法和经济学法,与其说是一种研究方法,不如说是一种价值判断标准,即强调会计系统提供信息的某种后果,这种后果的实现尚待会计方法的选择。

---

① 王开田、娄权:《当代会计理论的困惑与范式革命》,《会计研究》2000 年第 10 期。
② 乌杰:《经济全球化与国家整体发展——系统范式下的思考》,华文出版社 1999 年版,第 3-5 页。

## 第三节　会计研究方法论——实证研究方法

### 一、实证研究方法的产生

规范研究学派一般不对研究成果进行系统验证。20世纪60年代,以假定会计目标展开逻辑推理的结果的规范研究学派,受到对有效市场假设进行大规模实验性验证结果的巨大冲击,因为经验结果表明,规范研究学派赖以存在的假设有大部分并不存在。典型的案例就是规范研究学派假设会计收益会影响股票价格,而会计政策及方法的选择直接影响会计收益。因此,规范研究学派认为,股票价格受会计政策及方法的影响是顺理成章的事。但经验研究的结果证明,股票价格与会计政策及方法并不存在系统的直接影响,由此导致了会计理论工作者重新审视规范会计理论的合理性。Henderson、Peirson 和 Brown 在20世纪70年代初对规范理论提出了"规范理论不涉及假设检验;规范理论的基础是价值判断"两点批评意见。

将实证法较早引入会计领域的是简森(Jensen)。1976年,他在斯坦福大学"关于会计研究现状和会计管制的思考"的演讲中,在批评规范理论不够科学的基础上,提出应以实证研究从事会计研究。因为发展实证会计理论将能解释:① 已存在的会计现实或"为什么会计是这样"。② 为什么会计人员从事这样的工作。③ 这些现象在人们和资源利用方面产生什么效果。他首次提出了实证会计理论研究概念。会计理论界一般将罗斯·L·瓦茨和杰罗尔德·L·齐默尔曼作为实证会计研究的创始人。罗斯·L·瓦茨和杰罗尔德·L·齐默尔曼先后发表了《会计准则确定的实证理论》(1978)和《会计理论的需求和供给》(1979)。1986年,他们合作出版了专著《实证会计理论》(Positive Accounting Theory),提出了实证研究的初步框架,将实证会计理论提高到一个新的水平和更高的层次。

罗斯·L·瓦茨和杰罗尔德·L·齐默尔曼在《实证会计理论》一书中指出,实证会计理论的目标是解释和预测会计实务。"解释是指为观察到的实务提供理由。比如,会计理论应当解释为什么一些公司在存货计价时采用后进先出法(LIFO),而不是先进先出法(FIFO)。预测则是指会计理论应能够预计未观察到的会计现象。未观察到的会计现象未必就是未来现象,它们包括那些已经发生但尚未收集到与其有关的系统证据的现象。例如,会计理论应能够针对采用后进先出法公司与采用先进先出法公司的不同特征提出假想。这类预测可以利用历史数据对采用这两种方法的公司的属性加以验证"①。

## 二、实证研究的理论基础

简森和罗斯·L·瓦茨等人提出实证会计,主要是受弗里德曼所倡导的"实证经济学"的影响。实证经济学的主导思想是证伪主义。罗斯·L·瓦茨和杰罗尔德·L·齐默尔曼对证伪主义的应用,"更接近于拉卡拖斯的'精致证伪主义',而不是波普尔的'朴素证伪主义'"②。"会计研究中盛行的实证方法,主要奉行了波普尔的'证伪主义'实证理论,即认为只有理论可以证伪的,才是科学的。按此理论,只要出现了现有理论不好解释的实务(即实务已超出了现有理论的预测范围),或者只要找到了现有理论不能成立的证据,就形成了科学研究的现实机会"③。"实证会计研究方法论的哲学基础:经验主义传统与波普尔的证伪主义"④。

实证会计研究方法强调以下三个特征:① 价值中立特征。它是指在研究过程中,将研究者个人的价值判断排除在外,即对某一假说的证实或证伪以经验数据为依据,而非研究者的个人价值判断。按实证会计研究方法形成的会计理论是经验的(是否存在某种经验规律),而非价值的或评价的(孰优孰劣、孰好孰坏)。② 强调可证伪性。③ 可重复性。自然科学的研究过程和研究成果必须满足可重复性要求。自然科学中不能被重复的研究成果是一种"伪科学"。实证会计研究的论文,不仅可以公开其研究过程的设计,还可以公开说明有关数据的来源。

## 三、实证研究方法的程序

广义的实证会计研究(empirical accounting research)也称为经验会计研究,主要包括以下五种方法:实验室实验(laboratory experiments)、实地试验(field experiments)、实地研究或案例研究(field studies or case studies)、调查研究(survey research)和档案研究(archival research)。所研究的领域包括财务会计、管理会计和审计的各个方面。但狭义的实证会计研究(empirical accounting research)多指档案研究(archival research),主要涉及关于财务会计的研究,也有一些关于审计的研究。另一个相关的概念只是档案研究的一个分支,研究范围比实证会计研究(empirical accounting research)小得多,主要研究经理人员对会

---

① 罗斯·L·瓦茨、杰罗尔德·L·齐默尔曼,陈少华、黄世忠等,译:《实证会计理论》,东北财经大学出版社 1999 年版,第 2 页。
② 葛家澍、刘峰:《会计理论》,中国财政经济出版社 1998 年版,第 74 页。
③ 杨雄胜等:《中国实证会计研究的回顾与思考》,《会计研究》2008 年第 7 期。
④ 李连军:《实证会计研究的方法与方法论:哲学基础与研究范式》,《会计研究》2006 年第 8 期。

计政策的选择问题①。一般认为,狭义实证会计研究的过程大致是:确立研究课题——寻找理论支撑——提出假设命题——将假设命题可操作化——设计研究方案——收集数据资料——验证真伪。有学者也画出了如图3-6所示的实证会计研究方法的标准范式②。

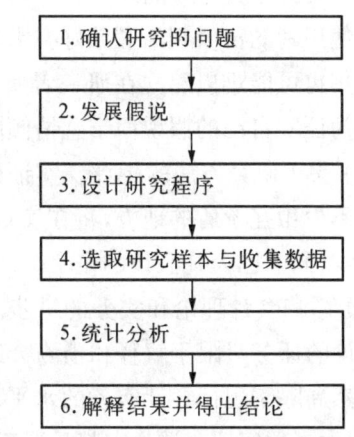

1. 确认研究的问题

2. 发展假说

3. 设计研究程序

4. 选取研究样本与收集数据

5. 统计分析

6. 解释结果并得出结论

图3-6　实证会计研究方法的标准范式

我国目前的实证会计研究多集中在狭义实证会计研究方面,从科学与发展会计理论的角度讲,广大理论工作者应该注意广义的实证会计研究方法的应用,如实地研究或案例研究、调查研究等,尤其是与中国国情相结合的此类研究,对解决中国的实际问题具有十分重要的现实意义。

### 四、规范研究与实证研究的融合

实证会计研究的支持者认为,实证研究有以下主要优点:

(1) 研究方法较为客观科学。实证会计研究的过程与自然科学研究过程是一致的。它以假设的实证检验来代替研究者的价值判断,对先提出的理论性假说不是进行一般的逻辑推理,而是使用客观、可观察、可检验的客观数据来进行验证,因此实证会计研究较为客观科学。

(2) 实践意义较大。实证会计理论是建立在考察和实验会计实务所得到的经验的基础上的,旨在解释会计为何如此,会计人员为何做他们正在做的事,以及这些现象对人与资源利用有什么影响并进行预测,侧重于现实目标,而不是理想目标。因此,实证会计理论紧密结合会计实务,具有较强的实践意义。

(3) 拓展和深化了会计研究领域。当代西方经济学的主流是实证经济学,为开展实证会计研究提供了良好的理论支撑。研究者可以广泛地借鉴较为成熟的思想和成果为会计所用,因而实证会计理论覆盖领域日益宽广,同时探究方法日趋成熟。

对实证研究的批评,主要集中在以下几个方面:

---

① 汤云为、赵春光:《实证会计研究中的几个问题》,《会计研究》2001年第5期。
② 李连军:《实证会计研究的方法与方法论:哲学基础与研究范式》,《会计研究》2006年第8期。

（1）关于方法论的批评。实证研究可能也偏向于赞同特定价值,研究者和研究成果使用者的价值判断和偏好会影响研究者对研究题目、方法和假设的选择;样本的收集也可能难以建立在研究者所称的"客观"的基础上,研究者可能自觉或不自觉地为证实自己的假说而带感情倾向地挑选样本。

（2）关于研究方法的批评。实证研究建立的实证会计理论可能缺乏说服力,且存在不少相互矛盾的地方,将在实证会计文献中所获得的结果归因于未确认的替代假设,而非已公开假设的概率。

（3）影响会计理论和实务的进步。实证会计理论不承认会计应当如何,坚持会计理论的任务只限于解释和预测会计实务,因此其提出的概念理论、具体程序和方法必然局限于现行会计实务的水平。而且,迄今为止探索性实证会计研究的进展甚微,大多数实证会计研究都是属于确认性的,这就造成许多复杂的研究最后得出的结论仅仅是重复常识而已,实证会计研究的大量增加并没有带来会计理论的相应增加。此外,实证会计理论这种"存在的便是合理的"的理念还可能导致会计实务重返自由放任状态。

对实证会计理论最具打击的批评来自 Sterling。他对实证会计理论的批评是:① 纯客观(value free)的研究和会计实务这两根柱子并不坚固。② 经济上和科学上对理论的支持是错误的。③ 结论全无。他的结论可谓一针见血。他指出:"……我建议会计人员应该拿起弱小的、不知廉耻偷窃来的'Sterling 的解剖刀',即任何一个会计概念,如果这个会计概念不具备你能对自己解释的核心常识,你就应该抛弃它。我相信,在会计中仔细地使用这个标准,将使实证会计变为一个'小村落',并取代其目前的狂热地位,同时也为未来的时尚留下一席之地。"①

赵德武针对我国现阶段实证研究中存在的一些问题,指出"有些实证研究证实的是'冬天冷了要添衣服'、'肚子饿了要吃饭'之类的毫无价值的命题;有些实证研究在对事实的观察分析、样本的选择以及数据的采集与取舍上存在着明显的主观随意性;有些实证研究在假设条件不充分的情况下,建立模型,推导结论;更有甚者,对有些低水平的问卷甚至调查报告也堂而皇之地冠以'实证'研究"。他还指出:"不同的研究目的、研究对象应该有不同的研究方法与之对应。换言之,研究方法应该是多元的。规范法也好,实证法也好,只要运用得当,方法的科学性是毋庸置疑。实证法是什么? 与规范法一样,不过是一种研究方法而已。"②刘玉廷也

———————

① 艾哈迈德·里亚希-贝克奥伊,钱逢胜等译:《会计理论》,上海财经大学出版社 2004 年 4 版,第 372-373 页。

② 赵德武:《21 世纪中国会计学者的使命——中国会计研究的现状与未来》,《时代财会》2001 年第 1 期。

指出："在研究过程中,在坚持规范研究占据主导地位的前提下,注意规范研究与实证研究的统一和有机结合。"①"在很多规范性建议完成之后,如果经由实证研究予以证实或证伪,将能在相当程度上弥补规范研究的不足。唯如此,则'拳拳服膺而弗失之矣'。"②

规范研究与实证研究的关系。"我们主张规范研究与实证研究并重。规范会计研究和实证会计研究是有区别的,但并不是截然分开的,两者可以有机地结合起来"③。笔者认为,规范研究方法是规定性的,而实证研究方法是描述性、解释性或预测性的。两种研究方法可以共存,也可以互为补充。实证会计研究有助于促进人们对会计作用的理解,也可以检验和发展规范会计研究方法,并改进会计标准制定,以进一步指导会计实务向良好目标发展。正如杨雄胜等学者指出的那样,"规范研究(以及分析性研究)与实证研究是获取科学会计理论的两个不可或缺、前后承继的学术探讨过程。前者提出理论预期,后者根据该理论预期形成研究假设,并根据经验数据对该假设进行检验。经过检验后的理论将成为进一步规范研究或分析性研究的基础。在这个'螺旋式'的循环往复中,会计理论将愈趋科学。因此,实证会计研究是规范会计研究的自然延伸"④。

## 五、后实证主义

实证研究方法目前在会计领域成为主流,但仅仅从哲学研究方法论层面看,还存在后实证主义。后实证主义由波普等人的批判理性主义发展而来,后实证主义是一种"批判的现实主义"。后实证主义又分为唯物与唯心两大流派。两者的区别在于前者采取"文化客位"路线,即从自己设定的理论假设出发,通过量或质的方法对研究对象展开分析和研究。后者采用"文化本位"路线,旨在找到真实之物,即采用质的方法,到实地田野去了解被研究者的观点和思维方式,然后在原始材料的基础上建立"扎根理论"。

后实证主义认为,客观实体是存在的,但其真实性却不可能被人的认识穷尽。人们所了解的真实无非只是客观实体的一部分或其中一种表象。"由于逻辑实证主义内部的理论矛盾,以库恩、奎因和科学论等为代表的后实证主义向逻辑实证主义的几个核心教条(理论与观察、发现的语境与辩护的语境、事实与规范之间的二

① 刘玉廷:《关于会计研究方法问题》,《会计研究》2000年第12期。
② 葛家澍、刘峰:《会计理论》,中国财政经济出版社1998年版,第84页。
③ 汤云台、赵春光:《实证会计研究中的几个问题》,《会计研究》2001年第5期。
④ 杨雄胜等:《中国实证会计研究的回顾与思考》,《会计研究》2008年第7期。

分)提出了挑战"①。

### 六、超越实证：人文诠释研究方法②

陈孟贤认为，从西方国家近几十年的会计研究经验来看，超越实证是一个从规范性研究方法到实证研究方法，又从实证研究方法到人文诠释研究方法的过程。超越实证研究方法是人文诠释研究方法，比较有影响力的人文诠释研究方法，包括象征互动论、德国批判理论、法国批判理论、构建论等。

象征互动论有三个基本观点：第一，人类行为对应事物对他们的意义；第二，事物的意义从人类社会中的互动关系而来；第三，每一个人接触事物的时候会产生一个诠释过程，这个过程处理事物的意义，也调整事物的意义。

德国批判理论以当代大思想家之一哈贝玛斯的主张为代表，应用在会计研究里，有三个基本取向：第一，理论与实务的动感结合；第二，批判、改变、革新是研究工作中必须有的作用；第三，看社会建制（例如，会计系统的技术部分和社会意义），不能离开它的人文历史背景。

法国批判理论以当代另一位大思想家福柯的意见为代表。福柯的最有名的思想，就是他对历史非延续性的观点。他认为，历史的断断续续没有对今天产生决定性的作用。福柯研究历史，取材于独特事件和其背后可能的多元条件，他称这种研究思路为心灵系谱学。所以，应用这种研究方法在会计现象上，往往集中在会计要素的改变时刻，并研究其背后可能产生改变的多元条件；研究的时候，需要将千丝万缕、纠缠不清的多元因素加以细心整理。

构建论的创始者是纪登斯。他是跟哈贝玛斯、福柯等齐名的当代人文理论大师。在学术思想方面，纪登斯试图将各种社会理论加以统合，建立一个最宏阔的人文理论，称为构建论。在构建论中，纪登斯批评在西方流行的各种社会理论都是以偏概全的。例如，功能主义、系统理论、结构主义等单单将人看成是被动的社会产品，而现象学、种族方法学等又单单将人抬举成社会现实的创造者。纪登斯不赞成这些社会理论的二元论观点，相反，在他自己的构建论中，他强调社会结构的双重性。双重性的意思是"主观和客观的辩证性互动"（1985）。纪登斯认为，人的行为和社会结构并非对立，而是互为因果的。他认为，社会结构有三种本质：意义、道德、权力。将构建论应用在会计研究里，Macintosh 和 Scapens 的多篇论文最为著名（Macintosh 本人亦多次获得西方多个会计学会的会计学术思想贡献大

---

① 约翰·扎米托：《科学哲学：从实证主义到后实证主义》，《淮阴师范学院学报》，2013 年第 1 期。
② 陈孟贤：《当代会计研究方法：检讨与反思》，《会计研究》2007 年第 7 期。

奖）。例如,他们(1990)采用构建论的研究方法,分析美国州政府对州立大学拨款的会计方法。

　　以上笔者论述了规范研究方法、实证研究方法与人文诠释研究方法。我国学者应综合各种研究方法,取长补短,结合中国实际情况,避免陷入极端和盲目模仿状态,为我国不同性质的研究寻找相匹配的研究方法,这才是解决中国实际问题的关键和未来发展的方向。

# 第二单元

财务会计基础理论

# 第四章
# 会计、会计环境和会计对象

## 第一节 会计的方位

美国学者 A·C·利特尔顿在《会计理论结构》一书中写道:"如果把会计学视为一架正在航行中的飞机,它的方位可以从一些相关的事实加以确定,诸如精度、纬度、高度、罗盘仪指针、风速计和实际航线等。在确定会计学与其相关学科的位置时,并不存在这些航行技术。但是,我们可以考察会计的起源,分析它与其他相关学科的关系,以及它对社会的作用。"①A·C·利特尔顿从历史框架、会计与其他学科的关系、会计与社会服务的关系三个方面对会计的方位进行了研究。从历史框架看,"会计作为帮助经营者确定自己承负责任和帮助合伙人计算各自对其他合伙人责任的简单记录,虽然早已形成,但在许多方面已经转变为大量社会关系的直接传导手段。同时,正如它一贯所为那样,会计仍继续为管理者和投资人提供特定的服务"。从会计与社会服务的关系看,会计"作为有助于把某些不良实务排除出经营活动,会计帮助那些'社会工作班子'按照公平处理和道义义务的良好方式运转。因此,直接或间接的会计对公共福利作出了明确的贡献"。上述经典论述至今仍闪耀着智慧的光芒,但随着社会经济和会计学科自身的发展,会计学科与相关学科的关系日益复杂,已经超出 A·C·利特尔顿所论述的范畴。

### 一、簿记与会计

"簿记"这一名词,系英语"bookkeeping"一词的译名。从英文字面上看,是在本子上保持记录,即记账。"会计"一词的英文为"accounting",从英文字面上说,它是指能以货币形式反映企业经济活动的记录、分类、汇总和说明,也指这一过程所依据的原理。很显然,"簿记"只是"会计"的一部分,"会计"的内容要比"簿记"广泛得多。"会计"不仅包括记账的方法和技术,还包括建立这些方法的理论依据。它

---

① A·C·利特尔顿,林志军、黄世忠等,译:《会计理论结构》,中国商业出版社 1989 年版,第 1 页。

既要对日常经济活动进行账务处理,也要对账簿记录进行分析研究,并作出解释与报告。

"簿记"起源较早,15世纪在意大利就有了关于"簿记"的专门著作。1494年出版的卢卡·帕乔利的《算术、几何、比与比例概要》一书,其中第三篇"计算和记录的要论"(通称《簿记论》)是第一本系统论述借贷复式簿记原理及其适用方法的经典名著,被誉为现代会计的基石。到了19世纪末20世纪初,随着资本主义生产的日益发展,传统的"簿记"方法在适应资本主义生产方式的特点和顺从资本家意图的基础上更加完善起来,并形成一整套理论体系,于是"会计"一词应运而生。正因为"会计"一词出现较晚,尽管马克思在《资本论》中多次提到"簿记"一词,但我们一般认为,"会计"与"簿记"的含义并非相同。"会计"与"簿记"两词在美、英、日、法等会计书籍中也有显著区别。此观点是我国多数学者对"簿记"与"会计"的看法。此外,也有人认为,簿记在马克思时代是一个含义比较广泛的概念——包括了会计、统计、计划、财务、审计和分析等一些含义,而现代会计概念是在19世纪末才形成的。在马克思时代,簿记还是一项包罗万象的综合性的管理工作,因而不能笼统地说,马克思所说的簿记相当于现代会计。

## 二、会计与会计学

要弄清会计与会计学的区别与联系,首先得弄清会计的概念。《现代汉语词典》一书中"会计"项有两个义项:"① 监督和管理财务的工作,主要内容有填制各种记账凭证,处理账务,编制各种有关报表等。② 担任会计工作的人员。"①《会计辞典》定义是:"以货币为主要量度,对企业、机关、事业单位或其他经济组织等的生产经营活动或预算执行的过程及其结果,系统地、连续地进行核算,并根据核算资料进行分析、利用和检查。"②两者实际上是指会计实务工作和会计人员与机构,不包括会计理论(会计科学)。两者的关系是理论和实践的关系。我们将这种观点称为"狭义会计观"。根据是:会计理论(会计科学)是会计实践的产物,在会计理论产生之前,会计显然仅指会计实践,即按"会计"的原意理解会计。这是目前比较流行的观点。

还有一种观点认为,"会计是会计理论(会计科学)和会计实践工作的统一,即会计理论和实践的统一"③。即有会计工作实践,就必然有对实践经验的总结与概

① 中国社会科学院语言研究所词典编辑室:《现代汉语词典》,商务印书馆出版2000年版,第731页。
② 龚清浩、徐政旦:《会计辞典》,上海人民出版社1981年版。
③ 娄尔行、石成岳:《关于建立我国会计理论体系的设想》,中国财政经济出版社1981年版。

括。会计理论,是会计工作赖以进行的指南,所以会计又可以解释成为会计实践的指南,即会计科学。从构词法的角度看,会计科学和会计工作两者都是附加式的词组,会计是表示领属关系的附加词。在工业会计、农业会计中,会计是中心词。以会计为附加词或中心词,可以构成许许多多的词组。所以,不应当把会计看成是某一个词汇如会计工作的同义词,而应作广义的理解。笔者将此种观点称为"广义会计观"。

可见,对会计可作狭义和广义两种理解。所谓狭义,就是流行的习惯用法,仅指会计实务工作和会计人员与机构;所谓广义,即把会计看作是会计理论(会计科学)和狭义观的统一。为了避免误解,本书尽量采用会计工作或会计理论(会计科学)的提法。

### 三、财务与会计

关于财务与会计的关系,学术界有四种观点,即"财会合一"、"财会并列"、"大财务"、"大会计"。

（一）财会合一观①

持这种观点的学者认为,财务与会计本来是一回事,两者难解难分,过去人为地把它们分开,是造成理论和实务中各种矛盾与冲突的根源。他们主张"统统合并,融为一体"。

（二）财会并列说②

持这种观点的学者认为,财务与会计各有分工而又相互联系。他们的论据是:

（1）财务是搞价值管理的,担负筹集、分配和管理资金的重任;会计是搞价值核算的,担负反映、监督和参与决策的重任。它们各有自己的工作范围。例如,清产核资、编制财务预算与计划、筹划资金渠道、规定开支范围和开支标准、办理现金出纳、资金结算、组织奖惩等,都属于财务工作范围。又如,会计科目设置、账务处理、核算各种经济业务、计算财务成果、办理财产清查和年终决算等都属于会计工作的范围。

（2）学科划分越来越细,在财经院校里,会计学与财务学(理财学)是两门课程。

（3）从现代企业的机构设置看,财务与会计都有各自明确的分工,一般都分别

---

① 朱宅仁,等:《财务与会计的再探索》,《财会探索》1988 年第 2 期。

② 黄学科:《略论"财务会计"的基本概念》,《财务与会计》1981 年第 9 期;贾云录:《财务与会计是同一学科的两门分支》,《会计研究》1984 年第 3 期;高戈、金宇、璩试:《论财务管理与会计的关系》,《赤峰学院学报》2009 年第 8 期。

设置机构,各司其职。

(4) 从实践看,财务与会计有许多共同点。比如,它们都以货币形式作为手段实现其职能,都具有综合性、全面性的特点,都与实行经济责任制和经济核算制密切联系,共同担负监督执行各项财经制度,促进企业目标的实现等责任。

### (三) 大财务说①

持这种观点的学者认为,财务管理的业务环节"主要是编制财务计划,组织日常管理(执行财务计划),进行会计核算,开展财务分析,实行财务检查"。会计工作属于财务管理的范围。其主要论据是:第一,从历史发展看,财务与会计活动两者同时存在,不分先后。原始社会存在着财务管理形式,是财务管理的雏形。财务由生产资料的占有者掌握,会计活动为财务活动服务。第二,会计对象是财务活动(即资金运动)。会计核算的主体指标是资金、成本、收入、利润等财务指标,因而财务包括会计。第三,会计只是对财务活动的反映与监督,它不能离开财务管理体系而单独存在,不能成为一项"会计管理"。从管理体系论的观点看,财务包括会计。第四,使用"财务管理"比使用"会计管理"更优越。因为"财务管理"能概括财务会计工作的基本内容和特征,能明确反映国家与企业之间的财务关系,反映与财务的密切关系。第五,外国学者的倾向性意见是财务包括会计。据日本学者宫本匡章在《会计情报手册》一书中概括:"① 财务是目的,会计是手段。② 资本循环过程中,财务工作的范围是处理货币收入与货币支出的对立关系;会计工作的范围是处理收益与费用的对立关系,可以说财务是着眼于未来,会计是着眼于过去。③ 会计以收集资料为主,财务是对经营意向有用的资料进行分析。会计因提供经营意向的确切情报而日益重要;财务承担的是计划、管理和分析。④ 财务是以资本为对象的实体活动;会计是以财务活动及其结果为对象的情报处理活动……财务是进行有关资金筹集供应和运用的意向决定;会计是为这种意向决定提供情报的。"第六,从实践中的机构设置看,典型的美国大型公司组织机构中,财务副总裁(即财务主管)对财务主任和主管会计活动的分析内容负责。

### (四) 大会计说②

持这种观点的学者认为,会计包括财务,其论据是:① 从历史看,会计包括财务。在我国,会计大约已有 4 000 年的历史。周朝设置庞大的国家机构"司会",位列中大夫,仅次于天官冢宰(上大夫),负责考核百官政绩,征收赋税,掌管财用,接

---

① 郭复初:《论财务与会计》,《会计研究》1985 年第 4 期;MBA 必修核心课程编译组:《理财:资金筹措与使用》,中国国际广播出版社 1997 年版。

② 杨纪琬、阎达五:《开展我国会计理论研究的几点意见》,《会计研究》1980 年第 1 期;杨纪琬:《会计管理与管理》,《会计研究》1982 年第 5 期;于玉林:《"大会计科学"在形成》,《现代财经》1997 年第 7 期。

受会计报告。其下属"司书"、"职内"(纳)、"职岁"、"职币"四个机构,分别负责会计、财政、内部审计等工作,还要管理税务、统计、人事考核等工作。孔子曰:"会计当而已矣!"(《孟子·万章》)"当"指应当、恰当、适当、当家理财,都是用来说明管理和监督的。宋朝的《元佑会计录》就包括大量的财政资料。很显然,财产管理一直是会计的重要职责。财务管理或企业财务是近代才出现的概念。我国 1999 年修订并颁布的《会计法》第 1 条明确规定,"为了规范会计行为,保证会计资料真实、完整,加强经济管理和财务管理,提高经济效益,维护社会主义市场经济秩序,制定本法",充分说明会计工作的管理职能。② 会计不仅是搞价值核算的,而且是搞价值管理的,是经济管理的重要组成部分。从实际工作出发,管理和核算很难截然分开,更需要强调会计的管理职能,从管理需要出发,把管理贯穿到核算的全过程。会计管理和财务管理都运用价值形式对价值运动进行管理,在实际工作中有些地方很难截然分清。比如,两者都要对经济活动进行分析,很难说某些方面只能搞会计分析,而不能搞财务分析,实际工作中往往是一样的分析。办理结算与价款核算,理论上分属财务、会计,但实际上很难分开。更何况要大力提倡管算结合,把管理贯穿到整个核算工作过程中。会计一直包含理财的意思,因此会计可以包括财务。③ 在高等院校,财务与会计分别开课,是为了便于教学和研究,它们都属于统一的会计学科体系,尽管如何科学地反映"大会计科学"或会计学的学科体系,在中国的会计界还存在不同认识。会计学科体系结构按学科性质与范围不同分为:基础性学科、职能性学科、部门性学科、综合性学科和专门性学科。其中,职能性学科包括财务管理学。会计学科体系有几十门课程,如果都把它们独立出来,或者都说自己最"大",没有实际意义。会计和财务的对象都是价值运动,唯其如此,才说两者属于统一的整体。如果认为会计对象是价值运动,价值运动即财务运动,因而会计应当属于财务,那么,财务是财政的基础,财政是财务的主导,财务学应当属于财政学科体系的推理便顺理成章。同理,还可以说包括会计、财务在内的"财政学科体系"应当属于政治经济学科体系,那么,政治经济学是属于什么范围的学科呢?④ 在西方会计界,多数人把会计分成管理会计和财务会计,这才真正是"外国学者的倾向性意见"。管理会计更近似我国现行的财务管理学和经济活动分析学,仍然是会计学科体系的组成部分,并非"并列说"或"大财务说"。

1982 年,英国成本与管理会计协会(ICMA)组成了专门研究工作组,对这一问题进行了研究,提出了新的会计概念:① 对实际业务事项用货币形式进行分类和记录。② 为了对一个时期的业绩或某一指定日期的财务状况进行评价,对这些业务事项的结果加以表达和说明。③ 对各种备选的计划方案引起的未来活动,用货币形式进行预测①。认为在会计这个大概念中应包括管理会计和审计两大部分，除审计外，一切会计（包括筹措资金、编制财务计划与预算、进行财务控制、财务会计、成本会计）都属于管理会计，都具有控制职能。会计组成部分及相互关系如图4－1所示。

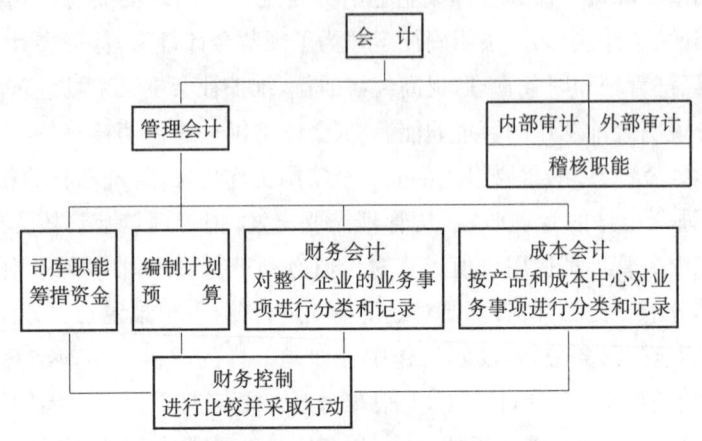

**图4－1　会计组成部分及相互关系**

这样，ICMA把传统的会计概念改变过来之后，还把财务会计归于管理会计的范围之内。对会计各组成部分相互之间关系的这样一种表述方法，"受到国际会计师联合会（IFAC）管理会计委员会的赞同，国际会计师联合会主要的委员会正在就此达成一致意见"。

财会合一观、大财务说和大会计说的共同点是把财务、会计工作看成有机结合的整体，都不同意把财务和会计工作分割开的财会并列说，强调管理和核算相结合。

财会并列说与大财务说的共同点是把会计看作记账、算账、报账的纯粹的"价值核算"系统，仍然属于"会计是工具"的传统观点。这种观点不利于会计工作控制职能的充分实现。

财务与会计的关系问题在我国改革开放之初争论比较大，尤其在我国企业自主理财权不完善的时期和财务管理的实践与理论都不发达的时期。这种争论进入2000年以后逐步退出了历史舞台。学术界与实务界都认识到，无论在学科归属还是实际作用等方面，财务与会计都有明确的区别，分属不同领域，发挥不同作用。这种差别在经济发达、规模大的企业或企业集团更为明显。

---

① 伯纳德·考古斯：《管理会计的新定义》，《会计研究》1982年第5期。

### 四、会计与审计

"审计"一词一般是指审核、稽查、计算,它在拉丁文早期解释为"听",后来才慢慢演变成审计;英文"audit",一般译为审计,或者是查账;日语的审计叫会计检查;俄文的审计有两个词义:一个是审察簿记、报表的意思;另一个是检查、监督稽查的意思。

什么叫审计? 表述方法很多,概括起来有以下几种: ① 审计属于一种检查过程。② 审计是一种业务技术。③ 审计是查账或者叫会计检查。④ 审计是完成国家预算、检查预算执行情况的工具。⑤ 审计是第三者的经济检查活动。⑥ 审计是一种经济监督活动。

由于对审计的理解不一,审计与会计的关系也发生分歧:一种观点认为,审计寓于会计之中,即审计是会计的一个分支或组成部分;另一种观点认为,审计与会计是相互独立的两门学科。笔者认为,会计与审计既有着天然的联系,又存在本质的区别。正确认识两者的关系,对于搞好会计和审计理论方面的研究,充分发挥它们在经济管理和经济监督中的作用,具有重要的意义。

会计与审计的联系,概括地讲,主要表现在以下几个方面:第一,从审计字面上看,"审"有反复分析,推究之意,它包括审核和稽查两方面;"计"泛指会计行为。审计从狭义上可以理解为审查会计。第二,从传统审计的内容上看,它是以审查会计凭证、会计账目和会计报表为主要内容的,这些内容也是现代审计的主要内容。因此,传统审计就是查账。第三,两者基本作用一致,它们都要通过各自的活动,发挥各自的职能作用,以贯彻执行国家的财经政策、法令、制度和预算,维护社会主义市场经济秩序,改善经营管理,提高经济效益。

审计与会计的区别主要表现在以下几个方面。

1. 组织形式的区别

会计属于经济管理系统,处于管理过程。而审计则处于管理过程之外,属于与管理指挥系统平行的监督系统。会计部门只是单位内部的一个职能部门,反映和控制单位的价值运动,并直接参与企业经营管理。审计则不同,它是经济监督的一种形式,它站在第三者的立场,处于管理职能之外,独立行使监督权;它代表国家或上级审计机关、上级领导部门或单位领导进行监督检查活动,并具有法律效力和公证作用,而且有间接处理权。

2. 对象上的区别

会计监督的对象一般是一个经济单位的财务会计部分事项,不能超过经济业务的范围。而审计对象范围很广,它既可以是会计事项,也可以超越会计事项的范围,扩大到企业、事业单位的经营管理活动乃至整个国民经济活动。

### 3. 职能上的区别

理论界对会计职能的表述虽有不同,但普遍认为会计具有"反映和监督",或"核算和监督",或"反映和控制"等两大基本职能。会计监督职能,是通过会计工作业务本身,对经济活动发挥监督作用。这种监督仅仅是处于管理过程之中,是贯彻管理者的意图及反馈信息而已,不可能处于管理过程之外,监督管理者或作为控制者。因此,这种会计监督具有很大的局限性,更无独立性。审计监督有经济监督、经济司法、公证、控制、评价等职能,但其基本职能就是监督,其他职能都是由此派生出来的。审计监督处于管理过程之外,并有法律作保证,因此,审计可以从国家宏观经济效益出发,依照国家的政策、法律、法令对企、事业单位的财务收支和经济活动作出客观的实事求是的审查和评价。

### 4. 方法程序上的区别

会计方法主要是连续地、系统地、综合地、按时间顺序反映经济业务活动,它是完整的、前进的、建设性的。而审计方法是追溯的、分析的、批判的,它所监督的内容是部分的、不完整的,在时间上是间断的。

### 5. 规范、准则上的区别

国家有关财经政策、法令是审计和会计应该共同遵守的规范,但会计主要根据会计法、会计准则、会计制度进行工作。而审计则根据审计法、注册会计师法和审计准则及有关的方针政策进行工作。

### 6. 执行者地位上的区别

会计人员是单位的组成部分,不处于客观的地位。审计人员是独立的第三者,他与会计工作、经济事项责任人均无利害冲突。

会计与审计关系还受到审计结构体系的影响,审计包括国家审计、社会审计与内部审计三部分,各自与会计的关系显然存有差异。前述讨论是以国家审计或社会审计为背景的。至于内部审计与会计的关系,两者均属于企业内部组织结构体系范畴,在我国现行实践中,内部审计与会计一般为并行关系。

综观我国现有的文献资料、学科体系等,均将会计、财务管理和审计作为独立的单元进行研究,很少或甚至没有将三者作为一个整体进行研究,导致了我国现代企业制度下关于财会运行机制理论研究的孤立,造成了企业实践的混乱。根据系统理论,三者均为企业管理系统的子系统,现实要求理论界在研究三者差异的同时,应加强对三者的协同效应的研究①。

---

① 有关研究成果参见孙芳城等:《现代企业制度下会计理论体系研究》,中国财政经济出版社2001年版。

会计与经济学和统计学有着密切的联系①。现代会计发展的趋势显示，现代会计的许多理念和思想正逐步应用于其他领域，拓展了会计发展的空间，使诸如"成本与效益"观念深入人心，现代会计的贡献功不可没。正如利特尔顿指出的那样，会计已经转变为大量社会关系的直接传导手段，其结果（财务会计报告）必然是各种社会关系的博弈均衡，所以，现实生活中将会计信息失真归咎于会计人员的观点是极端错误的。会计人员是否做假账并不取决于会计人员本身，而取决于各种利益集团博弈的结果。根据经济学中的"囚徒困境"理论，会计信息失真与会计环境密切相关。

# 第二节　会计环境理论

查《现代汉语词典》获知：环境是指周围的情况和条件。系统理论认为，系统内部各构成要素之间的相互关系称为结构，即将会计环境分为内环境与外环境的观点不符合系统科学理论。

为解决"信息不对称"这一世界性难题，各国学者在进行会计理论研究时，都力求从本国国情出发，演绎符合本国国情的会计理论体系。世界各国并不存在一种可以照抄照搬的会计理论体系，如仅就会计模式而言，美、英两国采用会计准则体系模式；德国采用法律规范体系模式②；法国采用统一会计制度模式等。因此，要构建符合我国国情、有中国特色的前后一贯的会计理论体系，为建设社会主义市场经济体制和现代企业制度服务，就应研究对我国会计理论体系产生影响的会计环境要素。

对会计理论体系产生较大影响的会计环境要素，按影响领域可以分为国内的会计环境和国际会计大环境两部分。按构成要素的权重一般分为经济因素、政治和法律因素、科学和教育因素以及历史文化传统等因素。

## 一、中国国内的环境

（一）经济因素

1. 经济体制

以公有制为主体、多种所有制经济共同发展，是中国社会主义初级阶段经济体制的基本特征。

---

① A·C·利特尔顿，林志军、黄世忠等译：《会计理论结构》，中国商业出版社1989年版，第10页。

② 薛清梅：《德国会计国际化改革及对我国的启示》，《德国研究》2004年第1期。

公有制经济不仅包括国有经济和集体经济,还包括混合所有制经济中的国有成分和集体成分。公有制的主体地位主要体现在:公有资产在社会总资产中占优势;国有经济控制国民经济命脉,对经济发展起主导作用。这是就全国而言,有的地方、有的产业可以有所差别。国有经济起主导作用,主要体现在控制力上。

集体所有制经济是公有制经济的重要组成部分。集体经济体现共同致富原则,广泛吸收社会闲散资金,缓解就业压力,增加公共积累和国家税收。支持、鼓励和帮助城乡多种形式集体经济的发展,对发挥公有制经济的主体作用意义重大。

公有制实现形式可以多样化。一切反映社会化生产规律的经营方式和组织形式都可以利用。股份制是现代企业的一种资本组织形式,有利于所有权和经营权的分离,有利于提高企业和资本的运作效率,也适用于中国社会主义市场经济。国家和集体控股,具有明显的公有性,有利于扩大公有资本的支配范围,增强公有制的主体作用。城乡大量出现的多种多样的股份合作制经济,是改革中的新事物,要支持和引导,不断总结经验,使之逐步完善。提倡和鼓励劳动者的劳动联合、劳动者的资本联合为主的集体经济。

推动国有资本向关系国家安全和国民经济命脉的重要行业和关键领域集中,优化国有经济布局,增强国有经济控制力、影响力和带动力,发挥主导作用。完善国有资本有进有退、合理流动的机制,加快国有大型企业股份制改革,除极少数必须由国家独资经营的企业外,绝大多数国有大型企业改制为多元股东的公司。改善国有企业股本结构,发展混合所有制经济,实现投资主体和产权多元化,建立和完善现代企业制度,形成有效的公司法人治理结构,增强企业活力。发展具有较强竞争力的大公司大企业集团。全心全意依靠职工群众,探索现代企业制度下职工民主管理的有效途径。继续深化集体企业改革,发展多种形式的集体经济。

非公有制经济是我国社会主义市场经济的重要组成部分。要鼓励、引导个体、私营等非公有制经济继续健康发展。

保证信息的真实完整是会计理论体系的生命所在。国家宏观调控和企业科学管理均需要会计系统提供真实完整的信息,虚假的财会信息比没有信息更糟,因为它会妨碍对真实信息的收集、整理、分析和应用,并以虚假的财会信息进行有关决策,其结果不堪设想。虚假的财会信息无异于经济生活中的一颗"毒瘤"。

2. 经济发展水平

经济发展水平的不同对会计理论体系的要求也有所不同。在农业经济时代,经济活动及其业务比较简单,一般采用简单的会计理论体系即可满足管理需求;在高度工业化时代,随着经济活动及其业务的不断扩大和深化,业务经营和各种关系变得错综复杂,这时必须要通过复杂的会计系统来提供各种信息,这就要求有完善的会计理论体系与之相适应。经济的发展不断推动会计理论体系由低级向高级、由简单向复杂发展。结合我国具体实际情况：经济水平总量居世界前列，人口众多，根据《中国统计年鉴.2015》，2014 年我国国内生产总值为 636 138.7 亿元。经济发展也带来了会计行业的迅猛发展，2015 年年末我国会计人员为 2 050 万人，全国共有会计师事务所 8 300 多家（含分所），执业注册会计师 10 万余人，行业从业人员超过 30 万人。根据财政部《会计改革与发展"十三五"规划纲要》（财会〔2016〕19 号），到 2020 年具备初级资格会计人员达到 500 万人左右，具备中级资格会计人员达到 200 万人左右，具备高级资格会计人员达到 18 万人左右，完成全国会计领军（后备）人才达到 2 000 名的培养目标。

3. 国家宏观调控

国家对经济的宏观调控分为两个层次：一是事前、事中调控。即通过国家的战略规划、经济计划、预算、财政、金融、货币、利率、汇率等政策的应用，实现对国家经济进行宏观调节和控制。二是事后调控。主要是通过财会运行系统提供的信息来改善战略规划、经济计划、预算、财政、金融、货币、利率、汇率等国家宏观经济政策，这就必然要求会计系统提供能满足国家战略宏观调控需要的各种高质量整合信息，国家对会计信息系统进行干预也就成为一种必然。正如美国会计学家戴维·霍金斯指出的那样，公司报告（即财务报告）对宏观经济的影响重大，同时，国家和联邦政府执行机构要求公司报告准则要能引导各个体的经济行为与宏观经济目标相一致。

4. 资本市场

我国资本市场的发展大致经历了以下几个阶段。

第一阶段：中国资本市场的萌生（1978—1992 年）。在这个阶段，源于中国经济转轨过程中企业的内生需求，中国资本市场开始萌生。深圳"八·一〇事件"的爆发，标志着资本市场的发展迫切需要规范的管理和集中统一的监管。

第二阶段：全国性资本市场的形成和初步发展（1993—1998 年）。1992 年 10 月，国务院证券管理委员会和中国证券监督管理委员会（简称国务院证券委和中国证监会）成立，标志着中国资本市场开始逐步纳入全国统一监管框架，区域性试点推向全国，全国性市场由此开始发展。1998 年 4 月，国务院证券委撤销，中国证监会成为全国证券期货市场的监管部门，建立了集中统一的证券期货市场监管体制。

中国证监会成立后，推动了《股票发行与交易管理暂行条例》《公开发行股票公司信息披露实施细则》《禁止证券欺诈行为暂行办法》《关于严禁操纵证券市场行为的通知》等一系列证券期货市场法规和规章的建设。1997 年 11 月，《证券投资基金管理暂行办法》颁布，有利于规范证券投资基金的发展。同时，推出了人民币特种股票(B股),境内企业逐渐开始在中国香港、美国纽约、英国伦敦和新加坡等海外市场上市;期货市场也得到初步发展。

第三阶段:资本市场的进一步规范和发展(1999年至今)。《中华人民共和国证券法》(简称《证券法》)于1998年12月颁布,并于1999年7月实施。它是中国第一部规范证券发行与交易行为的法律,并由此确认了资本市场的法律地位。2005年11月,修订后的《证券法》颁布。

自1998年建立了集中统一监管体制后,中国证监会在各证监局设立了稽查分支机构,2002年增设了专司操纵市场和内幕交易查处的机构。2007年,适应市场发展的需要,证券执法体制又进行了重大改革,建立了集中统一指挥的稽查体制。中国证监会不断加强稽查执法基础性工作,严格依法履行监管职责,集中力量查办了"琼民源"、"银广夏"、"中科创业"、"德隆"、"科龙"、"南方证券"、"闽发证券"等一批大案要案。

按照证监会2012年行业分类标准,截至2015年12月31日,我国上市公司的基本情况如表4-1所示。

表4-1

**我国上市公司的基本情况**

|  | A股数量 | B股数量 |
|---|---|---|
| 上交所 | 1 150 | 55 |
| 深交所 | 1 828 | 59 |

为了积极推进资本市场改革开放和稳定发展,国务院于2004年1月发布了《关于推进资本市场改革开放和稳定发展的若干意见》(简称《若干意见》)。此后,中国资本市场进行了一系列的改革,完善了各项基础性制度,主要包括实施股权分置改革、提高上市公司质量、对证券公司综合治理、大力发展机构投资者、改革发行制度等。为充分发挥资本市场的功能,市场各方对多层次市场体系和产品结构的多样化进行了积极的探索。中小板市场的推出和代办股份转让系统的出现,是中国在建设多层次资本市场体系方面迈出的重要一步。可转换公司债券、银行信贷资产证券化产品、住房抵押贷款证券化产品、企业资产证券化产品、银行不良资产证券化产品、企业或证券公司发行的集合收益计划产品以及权证等新品种的出现,丰富了资本市场的交易品种。

同时,债券市场得到初步发展,中国债券市场规模有所增加,市场交易规则逐步完善,债券托管体系和交易系统等基础建设不断加快。期货市场开始恢复性增长。2007年3月,修订后的《期货交易管理条例》发布,将规范的内容由商品期货扩展到金融期货和期权交易。2010年1月8日，国务院原则上同意推出股指期货。2月20日，中国金融期货交易所正式公布沪深300股指期货合约和业务规则，并决定于2月22日正式启动股指期货开户。

资本市场发展，尤其是国际资本市场，需要一个国际通用的会计标准，以衡量不同国家或地区上市公司的财务状况。以下的案例也证明了这点。

### 戴姆勒·奔驰公司案例

1993年，德国公司较多地开始到境外寻找投资者，希望在海外上市的公司越来越多。美国是世界上最大的资本市场，但是所有在美国上市的境外公司都必须按照美国的会计准则编制财务报表，因此德国政府曾向SEC提出过"相互承认"的建议，但是SEC不屑一顾。1993年，戴姆勒·奔驰公司决定在纽约股票交易所上市，为此，该公司必须按照美国的GAAP调整按德国会计原则确定的收入和权益。两种会计制度最大的区别之一是德国会计规则允许对未来损失和费用计提准备，而美国则不允许做这种准备。它们认为这容易操纵利润，将一个期间的盈利转向另一个期间。当利润高时，可以多计提准备来减少报告收益，反之则不提增加收益，这样就不会反映公司每年度的真实经营状况。德国公司还必须调整商誉、收入确认、养老金及其他退休福利、外币转换、外币掉期、递延税收等。戴姆勒·奔驰公司花费了巨额资金对会计账目进行了调整，原来6.15亿德国马克的利润竟然被改写为18.4亿德国马克的巨额亏损，这在德国甚至世界上引起了很大的震动，使得德国人认识到了会计准则协调的重要性。

资料来源：薛清梅：《德国会计国际化改革及对我国的启示》，《德国研究》2004年第1期。

（二）政治和法律因素

1. 政治因素

国家由于其特殊的权力地位，可以通过一系列的政治手段来干预经济活动并要求会计系统对之作出反应，它对会计制度及实践之影响显而易见。从历史角度分析，社会政治制度的发展和变革必然要求会计系统作出相应的发展和变革，一国的政策措施也对会计理论体系产生一定的影响。国家要求会计系统信息的完整性、可比性和相关性，会计体系统一化、标准化，以有利于为制定国民经济计划提供信息资料；同时，政府还有权要求企业提供它们对社会影响的有关资料。正如英国会计学家J·D·卡蒂在《联合王国的准则》一文中明确指出的那样，准则的制定是一个政治过程，这是就其结果将是不同集团的目标之间和同一集团的不同目标之间的折中而言的。审计师希望的是能维护他们的声誉和收入的准则，而不是那种足以使他们与希望避开这一问题的客户发生冲突的准则；产业界的会计师所以希望有准则，是为了能迫使非会计主管去改进会计方法，但他们喜欢的却是能掩盖其公司内部可能出现过的灾难的"盾牌"；证券交易所希望准则能保护证券交易所的声誉，但又不希望在执行准则时过于严格，因为这样会使公司放弃使证券上市交易的打算;政府希望发布准则,但不希望中央政府各部的会计与这些准则和现代会计保持一致①。

党的十八大指出,建设中国特色社会主义事业总体布局由经济建设、政治建设、文化建设、社会建设"四位一体"拓展为包括生态文明建设的"五位一体"。构建"五位一体"的总体布局要求企业在发展经济的同时,必须关注环境保护、职工福利等社会主义可持续发展问题,这就要求企业会计信息系统提供环境保护类真实信息。

### 2. 法律因素

市场经济从某种程度上说可以是法制经济。市场经济要求有一个完备的法律体系,从而实现政府宏观经济管理和经济监督。每个国家的法律体系均强制性地对会计理论体系的原则、方法、程序等进行了规范,因此,每个国家的会计理论体系都受到法律因素的影响,只是影响的程度和方式等不同而已。

我国法律体系可归入欧洲的大陆法系,因为两者具有许多共同特征:法律结构一般包括基本原则、详细内容和细则,内容比较广泛,包罗万象,自成一体;法律条文具有完整性、系统性和逻辑性等特点。随着我国相关经济法律、法规的建立与完善,我国会计法律、法规等也初步建立起一套与我国社会主义市场政治体制、经济发展水平、符合中国国情的较为完备的体系。其中,我国的会计准则体系已实现与 IFRS 动态趋同。

### 3. 科学和教育因素

随着科学的发展,系统论、控制论和信息论以及数字技术和电子计算机在财会方面的广泛应用,社会对会计从业人员的文化水平提出了更高的要求,要求只有受过专门教育和训练的人才能胜任现代财会工作。因此,一个国家教育制度的好坏,直接影响着会计从业人才的质量,从而影响会计系统功能的发挥。受经济利益驱动,许多学校(职高、技校、中专、大专、学院、财经大学等)开设了层次不同的会计职业培训和教育,但由于受教学资源制约(如师资力量、教学环境等),各校各层次的会计职业培训机构培养出来的会计人才,其质量参差不齐。因此,国家应对目前会计教育良莠不齐的状况进行整顿,以培养出更多适应社会主义市场经济发展需求的会计人才。

### 4. 历史文化传统因素

我国是一个历史源远流长的文明古国,具有东方文化独有的魅力。我国的历史文化传统特征可以概括为:深受儒家文化的影响,形成了以"孝"、"礼"为核心的

---

① 邓力平:《经济资料译丛》,1984 年第 3 期。

传统文化背景,人们的群体意识、家庭意识、国家意识较强;国民习惯于按上级意识办事,按国家法律法规和制度等统一行动;人们对不明朗因素反应较强,希望国家机构能够维系社会一般惯例,对行为和观念有一套较稳固的看法,不易接受标新立异的人和事,对缺乏法规标准和道德约束感到不适应;人们重视人际关系,注重谦卑恭让,注重伦理道德,同情和关心弱者。这种文化传统的好处在于,有利于按照标准划一的制度行事,有利于国家加强宏观管理等;缺点是因循守旧,缺乏创造性和个性行为,进行会计标准或理论创新时阻力重重。因此,在构建我国社会主义市场经济体制下的会计系统时,应注意历史传统文化因素的影响。

## 二、国际大环境

经济全球化将成为未来会计环境中占据主导地位的影响因素,而且这种趋势下的国际间会计大融合,对于我国今后的会计改革及会计事业的发展将起关键性的影响作用。经济全球化对我国会计环境而言,主要体现在以下几个方面。

(一)跨国公司与国际资本流动

第二次世界大战后,国际贸易迅速发展,资本在国际间迅速流动,跨国公司已成为当今世界企业发展的必然趋势。成为联系国内市场与国际市场的纽带,成为国际资本在国内与国际资本市场流动的载体。跨国公司的生产和经营活动是在不同国家开展,因此,跨国公司对会计提出了如下要求:① 协调跨国公司生产经营所在国家的会计标准。② 对在不同国家的母、子公司之间以及子公司相互间的国际经济业务的核算,以及财务报表的合并等问题作出规定,制定相应的特殊会计标准。③ 跨国公司的母国根据本国财政、金融、税收方面的要求,不仅需要了解母公司本身的业务情况,还要了解其在海外业务的开展情况以及跨国公司总的财务状况。④ 跨国公司的股东和长期债权人希望获得整个公司统一的财务报告,以确切了解公司财务状况与经营成果。为此,会计标准需要建立统一的国际可比标准。据国际会计准则委员会对几个国家和地区的调查,有 5 个国家执行国际会计准则,24 个国家与其基本一致,不一致的国家有 11 个。葛家澍曾指出:实际上没有一个能得到各国一致认可的能具体用作会计实务规范的国际会计准则。要让存在差异的财会信息成为国际通用的商业语言,需要一套能够为世界各国认可的会计标准。

(二)金融危机与会计变革

金融危机又称金融风暴(the financial crisis),是指一个国家或几个国家与地区的全部或大部分金融指标(如短期利率、货币资产、证券、房地产、土地价格、商业破产数和金融机构倒闭数)的急剧、短暂和超周期的恶化态势。

2008 年的金融危机是由美国房地产市场泡沫造成的。从某些方面来说,这一金融危机与第二次世界大战结束后每隔 4～10 年爆发的其他经济危机有相似之处。然而,在各种金融危机中,存在着本质的不同。2008 年的危机标志着信贷扩张时代的结束。全球化使美国可以吸取全球其他地区的储蓄,并消费高出自身产出的物品。2006 年,美国经常账户赤字达到了其国内生产总值(GDP)的 6.7%。次贷危机导致发达国家金融机构必须重新估计风险、分配资产,发达国家资金将纷纷逆转回涌,以加强当地金融机构的稳定度,由此将导致新兴市场国家的证券市场价格大幅缩水、本币贬值、投资规模下降、经济增长放缓甚至衰退。

会计准则国际趋同是一个国家经济发展和经济全球化的必然选择。自 2005 年以来,中国建成了与国际财务报告准则实质性趋同的企业会计准则体系,实现了新旧转换和平稳有效实施,并处于亚洲和新兴市场经济国家前列。本次国际金融危机爆发后,二十国集团(G20)峰会、金融稳定理事会(FSB)倡议建立全球统一的高质量会计准则,将会计准则问题提到了前所未有的高度,国际会计准则理事会(IASB)采取了一系列重要举措,加速了各国会计准则国际趋同的步伐。为应对本次国际金融危机,2008 年 11 月 15 日,G20 华盛顿峰会深刻分析和总结了金融危机的根源,提出了应对金融危机的对策,以及改进 IASB 的治理结构和建立全球统一的高质量会计准则的目标。2009 年 4 月,G20 伦敦峰会要求各国积极配合做好相关工作。2009 年 6 月 26～27 日,金融稳定论坛(FSF)改组形成的 FSB 在瑞士巴塞尔举行成立大会,决定设立指导委员会以及脆弱性评估、监管合作和标准执行三个常设委员会,中国财政部、中国人民银行和中国银监会分别作为其成员,其中标准执行委员会的工作之一是促进各国会计准则国际趋同。

IASB 根据 G20 和 FSB 的要求,积极研究金融危机中暴露出来的问题,并就如何通过完善会计准则以配合监管机构加以解决,采取了以下行动:① 2008 年 12 月成立了金融危机咨询组,并于 2009 年 7 月发布了有关报告,系统提出了改进财务报告应对金融危机的建议。② 2009 年 5 月 28 日发布了公允价值计量征求意见稿,并计划于 2010 年上半年发布最终准则。③ 2009 年 7 月 14 日发布了《降低金融工具会计准则复杂性》综合性项目第一阶段的征求意见稿——《金融工具的分类和计量》;针对顺周期性和贷款损失准备问题,简化金融资产减值,于当年 10 月发布第二阶段征求意见稿;简化套期会计问题,于当年 12 月发布第三阶段征求意见稿。④ 提议与 FSB 合作,筹建金融机构财务报告咨询组,完善与各利益相关方的对话机制。

FSB 将监督各成员国执行有关准则的情况,其中包括国际财务报告准则,会计准则问题已成为具有公众受托责任和政府背景的重点工作,而不仅仅是会计专业领域的活动。为响应 G20 峰会和 FSB 倡议,需要结合本国实际,跟踪参与国际财务报告准则的重大修改,发布《中国企业会计准则与国际财务报告准则持续全面趋同路线图》,为建立全球统一的高质量会计准则而努力。

(三)信息技术

20世纪80年代以来,以国际互联网技术为纽带的信息技术得到了迅猛发展。信息技术的广泛应用,改变了财会信息的传递速度、信息储存方式,使适时传递成为现实。这种改变,对于企业管理而言,是一场前所未有的革命。谁在这场革命中落伍,就意味着企业运作的失败。

以上诸多因素会影响到构建有中国特色的会计理论体系的进程和价值取向,其中,起决定作用的应是政府对宏观经济调控手段、调控方式等价值取向。市场经济是一种法制经济,它也是政府宏观调控手段、调控方式和会计理论体系改革的价值取向;同时,国际化趋势也会影响会计理论体系创新的价值取向。

总之,会计工作者的任务能否完成或如何完成,是重要的社会问题。因此,人们必须考虑周围环境及其对会计工作的影响,并作出反应。不仅要积极采取对策,还要主动去改善某些环境,或积极改革以适应环境。

# 第三节　会计对象

## 一、会计对象研究概况

对象是指行动或思考时作为目标的人或事物。会计对象是会计工作特定的客体,是对会计反映和控制的具体内容的抽象概括。会计对象在西方会计理论体系研究中备受冷落。会计对象曾在我国传统会计理论研究中颇存争议,形成了"百花齐放"的学术观点。我国会计理论界对会计对象的研究大致可以分为以下几个阶段。

(一)引进与探索时期(新中国成立至20世纪50年代)

我国会计理论体系是从前苏联引入的。当时苏联会计界对会计对象主要有两种观点:①"过程和财产论",认为会计核算的对象是社会主义扩大再生产过程和社会主义财产。②"劳动耗费论",认为会计核算的对象是各个经济部门中社会劳动的耗费。

20世纪50年代,我国对会计对象的讨论,主要有四种看法:① 基本同意"过程和财产论",只是对某些表述作些修改。有的把会计对象表述为"社会主义财产的变动,反映着……扩大再生产过程"①;有的表述为"价值形式表现的有计划的社

---

① 丁洪范:《关于社会主义会计核算的对象》,《大众会计》1957年第3期。

会主义总产品的扩大再生产过程"①;有的表述为"扩大再生产过程中可以用货币表现的一切过程与现象"②。② 在"劳动耗费论"的基础上提出了"劳动量论",认为会计对象是"社会主义扩大再生产过程中一切事物的社会劳动量"③。③ 提出了"资金运动论"的新观点。早在 1951 年,就有人提出"会计是对企业的资金来源与这些资金在各个周转阶段中的运动加以全面的日常核算"④。1954 年,葛家澍提出,企业核算的对象是"企业经营资金的周转,经营资金的构成及其来源"⑤。1957 年,管锦康提出,会计对象是"社会主义资金及资金运动"⑥。"资金运动论"提出后,一直成为我国会计界占支配地位的观点。④ 提出了会计对象是"经济活动和人"的观点,认为会计的对象是"以货币表现的全部经济活动和支配这些全部经济活动的人的因素,即人的活动"⑦。在 20 世纪 60 年代,基本上没有学者提出什么新观点,主要是围绕着以前的观点进行讨论,持"资金运动论"的人越来越多,"资金运动论"也不断完善。其间,"过程和财产论"与"资金运动论"进行了激烈的交锋,争论的焦点是机关事业单位有无资金运动和是否存在整个社会资金运动的问题。

(二)繁荣鼎盛时期(20 世纪 80 年代)

受"文化大革命"的影响,20 世纪 70 年代会计理论研究基本是一片空白,从 20 世纪 80 年代开始,会计理论研究又活跃起来。80 年代前期,对会计对象的研究取得了如下进展:① 深化了"资金运动论"。一是解剖、深化资金运动,认为资金运动有静态和动态两种表现形态:静态表现为资金占用和资金来源;动态表现为资金循环与周转,耗费与收回,投入与退出。二是跳出阶级斗争桎梏,不再局限于社会主义会计对象的研究,从而把"资金运动论"上升为"价值运动论",提出"会计的对象,在商品经济条件下,不论社会制度如何,不过是商品经济中的价值运动"⑧。② 明确提出区分会计反映的对象和会计学的研究对象。③ 提出"价值或货币表现经济活动"的观点。例如:"会计对象可以被认为是:经济活动过程中能够用价值量表现的方面"⑨。又如:会计的一般对象是"企业和行政、事业等单位在社会主义

---

① 李天民:《关于会计核算对象问题的初步体会》,《教学与研究》1957 年第 4 期。

② 童青:《我对会计核算对象问题的管见》,《大众会计》1958 年第 1 期。

③ 张立之:《学习"论会计核算的对象与方法问题"等文的体会》,《工业会计》1955 年第 3 期。

④ 邢宗江等:《怎样建立新中国会计理论基础》,《新会计》1951 年第 1 期。

⑤ 葛家澍:《社会主义企业经济活动分析的对象、任务与方法论》,《厦门大学学报》1954 年第 2 期。

⑥ 管锦康:《社会主义会计学的对象、任务和方法》,《大众会计》1957 年第 11 期。

⑦ 赵子尚:《高举群众路线红旗,丰富和发展社会主义会计理论》,《企业会计》1959 年第 18 期。

⑧ 葛家澍:《论会计理论的继承性》,《厦门大学学报》1981 年第 3 期。

⑨ 吴水澎:《怎样认识会计的性质与对象——兼评资金运动论》,《会计研究》1981 年第 2 期。

再生产过程中可以用货币表现的经济活动"。① ④ 深化了"劳动量论",认为"会计对象是劳动量或劳动时间,这在一切社会形态中都是相同的,不同的是它们的性质和表现形态"。② 在这一时期,有的对"资金运动论"进一步提出质疑。

20 世纪 80 年代后期,会计对象研究又取得如下研究成果:① 提出了会计对象二层次观,认为会计对象包括两方面:一是会计反映和控制的对象,即价值运动,简称会计对象;二是会计作为一个信息系统处理的对象,即资金运动信息,简称会计处理对象③。② 提出了"资金运动信息论"观点,认为"会计的对象是综合的信息运动,主要是能以货币计量的信息运动,属于以资金运动信息为主的信息流"④。③ 提出了"财富论"观,认为会计对象一般是社会财富运动⑤。

（三）深化拓展时期（20 世纪 90 年代至今）

随着我国会计改革的不断深入,关于会计对象的讨论在 20 世纪 90 年代逐步得到深化拓展。具体表现为财经、财会类杂志刊登的此类论文逐渐减少,出版的学术专著中一般均会涉及对会计对象的详细研究。

这段时期,会计理论界在深化已有研究成果的基础上,提出了一些新观点:① 提出"产权论",认为会计对象是产权⑥。田昆儒指出,"在产权理论指导下的会计对象也可以用'产权及其运动中能用货币形式表现的方面'来表述"⑦。② 于玉林认为,"会计对象仍然是资金运动"。"价值运动中表现为资产价值运动的那一部分内容,才是会计对象的内容,而这一部分内容正是资金运动。"于玉林将会计对象按结构分为"会计对象两大类结构和会计对象五要素结构"⑧。③ 葛家澍教授在反思和深化会计对象时,强调"会计的对象是资金运动或价值运动"。并将会计的对象与基本假设、会计目标并列为财务会计概念结构的三个基本概念,详细研究了会计的对象与会计的目标、会计基本假设的关系。将以前孤立的会计对象研究上升到财务会计概念结构的理论高度,颇具新意⑨。④ 针对知识经济、网络环境对传统会计理论体系的冲击,网络会计对象研究初现端倪。多数学者认为,传统的"资金

---

① 赵玉珉、黄代民:《会计学基础》,中国人民大学出版社 1982 年版。
② 陶世璞:《会计对象漫笔》,《会计研究》1984 年第 4 期。
③ 葛家澍:《会计学导论》,立信会计图书用品社 1988 年版。
④ 王庆成等:《建立和完善新的财务管理学》,《中国人民大学学报》1988 年第 2 期。
⑤ 许义生:《论会计对象一般及其历史演变》,《中南财经大学学报》1989 年第 6 期。
⑥ 赵士信:《会计对象之探讨》,《会计研究》1995 年第 7 期。
⑦ 田昆儒:《企业产权会计论》,经济科学出版社 2000 年版,第 41 页。
⑧ 于玉林:《现代会计结构论》,东北财经大学出版社 1997 年版。
⑨ 葛家澍:《市场经济下会计基本理论与方法研究》,中国财政经济出版社 1996 年版。

运动论"已不能完全适应网络财务的需要①。⑤ "会计对象是经营活动中的经济联系"②。⑥ 对管理会计的对象进行了较深入的研究,并提出了多种观点。

## 二、主要观点及其评价

### (一)"过程和财产论"及其评价

如前所述,这种观点来自前苏联,在 20 世纪五六十年代,这种观点居主流地位,但进入 20 世纪 80 年代以后就销声匿迹了。该观点存在如下问题:① 把"财产"和"再生产过程"并列为会计对象有欠妥当,因为财产只是再生产过程中的一个要素。② 把"过程"或"再生产过程"作为会计对象,过于宽泛、笼统,没有指明会计对象的特点,有的虽然在前面加了"货币表现"等字来加以限定,但作用不大,如个人消费也是社会再生产过程的一部分,且其消费品也可以用货币表现,但并不是会计的对象。③ "再生产过程"是一个宏观范畴,而会计主要是一个微观范畴,将"再生产过程"具体化为会计要素进行确认和计量,纳入会计系统中加以反映不够确切。④ "财产"一词含义太窄,它仅指有价值的实物和货币,有时也可指债权,其范围还不如会计要素之一的资产范围广,且财产侧重的是其外在表现形式,以它作为会计对象,不能概括会计对象的丰富内容。

### (二)"价值或货币表现经济活动论"及其评价

严格说来,"价值表现经济活动"和"货币表现经济活动"是有区别的,因为"价值表现经济活动"论者认为,会计对象是经济活动过程中能够用价值量来表示的方面,且这一对象是任何社会形态下共有的会计对象;而"货币表现经济活动"当然只适用于商品经济社会。但在商品经济社会中,价值是用货币来度量和表示的,所以笔者把它们作为类似观点。

尽管该观点的持有者反对"资金运动论",笔者倒觉得该观点与"资金运动论"并无实质性区别。按照一般的看法,资金是再生产过程中运动着的价值。也可以说,在社会主义条件下,资金是现象,价值是实质,价值以货币形式表现出来就是资金,两者是从不同的层次去反映同一事物。因此,经济活动中的价值方面,或者说在社会主义条件下可用货币表现的方面就是资金。

### (三)"劳动量论"及其评价

持这种观点的人有的并不否认会计的对象是资金运动或价值运动,只是认为

---

① 刘琳:《网络会计模式探索》,《上海会计》2001 年第 7 期;孙芳城等:《现代企业制度下财会运行机制研究》,中国财政经济出版社 2001 年版。

② 石丹丹、王文莲:《会计对象界定的"经济联系论"》,《财会月刊》2008 年第 10 期。

资金运动仅是社会主义会计的对象,价值运动仅是商品经济下的会计对象,它们是会计对象在一定社会阶段的表现,不是所有社会共同的对象,因而不是"会计对象一般";作为能适用于任何社会制度的"会计对象一般",是劳动量或劳动时间。

笔者认为,"劳动量论"和"价值运动论"没有本质区别,只是文字表述不同而已。

(四)"财富论"及其评价

财富论认为,把会计对象单纯地归结为价值运动或社会劳动时间都是片面的,会计对象一般是社会财富运动,社会财富运动在不同阶段的表现形式是不同的。在自然经济中,其表现为使用价值;在奴隶社会,表现为土地、劳动产品、奴隶;在封建社会,表现为土地、地租劳动产品的分配、消费;在资本主义社会,表现为劳动力、土地、草原、自然物;在社会主义社会,表现为劳动产品。

笔者认为,把财富作为会计对象也有值得商榷之处:① 财富是一个含义很广的概念,且不说精神财富和未经劳动改造的自然资源不是会计的对象,就是一切积累的劳动产品,由于它是物质内容和社会形式的统一,会计也不能同时把这两个方面作为对象。② 拿社会主义社会来说,财富论认为财富表现为劳动产品,而劳动产品中有的是商品,有的不是商品(不交换),这种只生产满足劳动者自己需要而不交换的产品不是会计对象。商品是使用价值和价值的统一,而会计对使用价值是不进行核算的。因为任何时候,在计算、记账时,我们都把商品转化为价值符号,把商品当作单纯交换价值固定下来,而把商品的物质和商品的一切自然属性抽掉。③ 财富及其在社会主义条件下的劳动产品都不可能分解为各个会计要素。

(五)"资金运动信息论"及其评价

提出该观点的理由在于财务管理的对象是资金运行,属于物质流。财务管理是职能性管理,而会计是基础性管理。会计对经济信息运动是直接管理,而对于资金运行则是间接管理。会计通过对经济信息的采集、变换、输出和反馈等观念总结运动,参与经济决策,进行经济控制。

我们不否认会计处理的是经济信息,但按照信息论的观点,信息是关于物质的信息,它表达、反映、解释和说明物质,人们通过信息来感知事物的运行。作为资金运动信息,离开其"物质"——资金运动是毫无意义的。处理和变换信息不是目的,会计正是通过信息的处理和变换来反映资金运行,信息只是联系会计和资金运行的"中介",它本身并不是会计的真正的对象。

(六)"产权论"及其评价

该观点以为,从产权的定义、产权产生的历史背景以及会计要素与产权的关系这三个方面来考察,都说明会计的对象是产权。从产权与会计要素的关系来讲,资产是产权,负债和所有者权益是产权;收入是产权的增加,负债是产权的减少;利润是收入与费用的差额,也是产权。产权可以超越各种经济形态和社会制度。

我们对此观点也有不同看法。所谓产权,是指财产的所有权。诚如产权论者所说的那样,产权"所表现的是特定的产权主体(个体或群体、自然人或法人)与其所属客体(被占有和支配的财产)之间,主体对客体可以主张的那种权利"。产权反映的是社会经济关系中的财产关系,并不是财产的具体存在形式,把资产看作产权是牵强的。原始社会和共产主义社会没有私人占有,一切财富都是"共有"的,就没有"产权"的概念了。可见,产权也不能超越各种经济形态和社会制度。

(七)"资金运动论"或"价值运动论"及其评价

该观点认为,在社会主义条件下,会计的对象是资金运动;在商品经济条件下,会计的对象是价值运动。我们是赞同这种观点的。不过我们也认为,价值运动不仅仅是商品经济条件下的会计对象,也是任何社会形态下的会计对象,即是"会计对象一般"。

笔者认为,研究会计对象,应达到以下要求:① 会计对象要和会计学研究的对象、会计处理对象区别开来,不能混为一谈。② 会计对象应是对各种主体会计对象的综合概括,而不应是某类或某部分主体的对象。③ 会计对象应是各种社会形态会计的共有对象。④ 会计对象应与会计假设或前提理论保持一致。⑤ 会计对象应与会计要素保持一致,即概括的会计对象要能具体化为会计要素。⑥ 会计对象应是会计核算控制内容的高度抽象概括,而不是其简单罗列和集合。把会计对象概括为价值运动,则符合上述要求,而某些其他观点就不能同时符合上述六点要求。下面着重谈谈价值运动是各个历史阶段共有的会计对象。

传统的政治经济学理论认为,价值是商品经济范畴,但根据我国著名经济学家孙冶方的考察和论证,价值是物化在产品中的社会必要劳动,并非商品经济所独有。所有非商品经济中也存在着价值范畴,马克思在谈到孤岛上的鲁宾逊记账时指出:价值的一切本质规定都包含在这里了。恩格斯也指出,到了共产主义社会,价值这个概念实际上就会越来越只用于解决生产问题,而这也正是它的真正活动范围。孙冶方进一步考察后指出,马克思等在有的地方讲的只存在于商品经济的价值概念,实际上指的是交换价值。既然价值是物品中的社会必要劳动,价值就是不同社会制度共有的范畴,价值运动也就存在于任何社会,同时正因为如此,劳动量论和价值运动论在实质上并无差别。在商品经济下,货币是商品价值的表现形式,或者是商品价值量借以取得社会表现的材料,而资金运动论和价值运动论自提出来后,也有不少人提出质疑,笔者认为,这些质疑都是站不住脚的。下面择其要点析之。

第一，认为财务管理的对象是资金运动。

若会计的对象也是资金运动，岂不无法区分财务管理与会计？笔者认为，两者的对象都是资金运动并不奇怪，两者都属综合性很强的工作，从国内外实践看，两者之间都有紧密的联系，但并不是说两者的对象完全相同。主要有三点区别：一是财务管理与会计作用于资金运动的方式不同。会计是以处理价值信息为基础的管理活动，主要实施对资金运动的计量；财务管理是以指挥为特征的管理活动，是对资金运动的实体管理。二是内容不同。会计的对象是资金运动的量的方面；财务管理的对象是资金运动的质的方面。三是侧重点不同。会计的对象是以观念货币计量的总体资金运动（不包括质的方面）；而财务管理是对以现实货币资金为中心的资金运动进行管理，其核心是现实货币资金运动。

第二，认为"价值运动"是抽象的，无法作为会计具体核算和控制的内容。

笔者认为，价值虽然是抽象的，但价值的存在形式和价值运动的表现形态都是实在的、可以捉摸的。货币是价值的一般存在方式，商品则是价值的特殊的或者说不过是化装了的存在方式。价值运动中钱的运动所发出的信息，完全可以捉摸并直接通过货币的符号计量，价值运动中的物的运行，有的标明了价格从而表明其价值量的存在，有的可能没有价格，但只要知道它是商品，同样可以确定它的价值。在现实中，货币可以筹集和运用、成本可以控制、利润可以分配等都是价值可以管理的表现。在会计工作中，价值运动可以具体化为资产、负债等会计要素，会计正是通过对各会计要素的确认和计量来核算和控制价值运动的。

第三，认为价值是商品中的必要劳动量，价值的货币表现是价格，价格与价值有时是背离的，因此，以货币作为尺度计量的结果并不等于实际的价值。

这种看法是因没有弄清价值与价格和货币的关系。在商品经济条件下，价值必须也只能用货币来度量，当用货币度量价值时，价值观念体现在货币身上，价值量表现为一定的货币量，货币运动（观念的）代表着价值运动。价格是单位商品所表现出来的货币量，实际上也是一种观念的货币量。货币（观念的）和价格都是价值在观念上的表现，它们和价值的关系是形式和内容、现象和本质的关系。会计借助货币形式以价格来象征地反映价值运动，尽管会计核算的货币量与商品的价值量有时有一定差异，但这并不改变会计借助于货币来计量价值这一基本特征。这好比给人画像一样，尽管画像和人有偏差，但我们不能说不是画的这个人。

虽然笔者认为，会计的对象是资金运动论或价值运动。过去，对价值运动通常称之为资金运动（葛家澍语）。但关于会计对象的争论还远未达到"盖棺定论"的境界，正如"网络风暴"会改变什么，目前谁也无法下结论一样。笔者认为，会计对象的研究应用系统整合观，用发展的眼光来看待目前会计理论界的争论。

# 第五章
# 会计职能、动因及起点理论

## 第一节　会计职能理论

职能是事物的职责和功能,是系统在特定环境中发挥的作用或能力,是系统具有客观性的外在行为,是对事物行为长期实践的理论概括,不是人们随意赋予的。系统科学认为,系统的功能是指系统整体与外部环境相互联系时所能表现出来的特性和能力①。会计界常说的会计职能,就是指会计的功能,指会计能够干什么事,是会计工作本质的体现。会计职能(功能)是对广大会计实践的理论概括。"会计的职能是会计的固有功能,是会计本质的体现。由于会计的本质是由生产发展特别是由商品经济对信息的客观需求所决定,会计的职能(尤其是基本职能)就具有客观性和相对稳定性"②。

我国会计理论界对会计职能进行过长期、大量的研究。关于会计职能的提法,不仅有一职能论、二职能论、三职能论、四职能论、五职能论、六职能论、八职能论,还有十二职能论③。这是由于看问题的角度不同,归纳的方法不同,而且涉及具体职能。理论界对会计职能认识虽有不同,但对会计工作的基本职能,一般都引用马克思关于会计是"对过程的控制和观念总结"进行论证,形成了会计具有两项基本职能的观点。我国绝大多数论著都主张两种基本职能论,虽然表述有所不同。如观念总结职能,有的提核算或反映;控制职能,有的提监督或管理。实质上是一致的。由于基本职能在众职能中具有根本性、长期性,不仅制约各具体职能,而且从会计产生直至今后将长期存在,而且表现会计本质和结构,制约会计目标。本书以其作为研究的基础和起点。

我国《会计法》第 5 条规定:"会计机构、会计人员依照本法规定进行会计核算,

---

① 乌杰:《系统辩证论》,人民出版社 1991 年版,第 54 页。
② 葛家澍、余绪缨:《会计学》(修订本),四川人民出版社 1997 年版,第 15 页。
③ 陈一骐:《美国会计学快速发展之分析暨我国会计改革之研究》,[中国台湾] 王南图书出版公司1982 年版,第 138 页。

实行会计监督。"把会计的基本职能概括为"核算"和"监督"。本书采用反映和控制的提法。实质一样,后者更为概括和精炼。

## 一、反映职能

许多学者把"观念总结"通俗地解释为"反映"。会计工作要运用货币作为价值尺度来反映会计对象。"货币在执行价值尺度的职能,只是想象的或观念的货币"①。会计使用货币作为统一的价值尺度综合地反映和分析会计对象。好比照相那样,运用会计方法,把会计对象综合记录在会计凭证、账簿和报表上。财产若干? 盈亏若干? 为什么? 从而获得了反映在"观念中的象征形象"②,在人们头脑中形成综合的观念,所以称为"观念总结"。比如,某企业盈余1亿元,较上年增长10%,并不需要把盈余款摆放出来,就可以在人们头脑里形成观念的形象。观念总结职能,不仅是通过记账、算账、报账来反映经济活动,还要分析经济信息,确定成果,总结经验,预测前景。

"观念总结"出自《资本论》第2卷第一篇第六章。"总结"一词的德文为"zuamenfassung"。据商务印书馆、广东人民出版社1979年版《简明德汉词典》解释,此词的含义为概括、概要、综述、总结、集中。英文版用词为"synthesis",《韦氏新国际词典》解释该词的含义为化合、结合、综合、演绎推理、辩证统一。杨纪琬在中国会计学会1981年专题讨论会上曾明确指出:"观念总结"一词的中译不确切,"synthesis"这个词的原意是"综合"。综合比"总结"和"反映"的内容更为丰富,它可以包括核算、分析、评价、预测等含义。

有的学者否定会计的观念总结职能,提出会计的职能是对资金运动的确定和控制,并解释为确定资金运动的方向及目标。根据何在,没有说。

"确定和控制"出自《资本论》第2卷。马克思指出:"资本作为它的循环中的统一体,作为处在过程中的价值,无论是在生产领域还是在流通领域的两个阶段,首先只是以计算货币的形态,观念地存在于商品生产者或资本主义商品生产者的头脑中。这种活动是由包含商品的定价或计价(估价)在内的簿记来确定和控制的。这样,生产的运动,特别是价值增殖的运动。——在这里,商品只是价值的承担者,只是这样一种商品的名字,这种物品的观念的价值存在固定为计算货币,——获得了反映在观念中的象征形象。"③这段话共三层意思。第一,说明资本所有者要观

① 马克思:《资本论》第1卷,人民出版社1975年版,第114页。
② 马克思:《资本论》第1卷,人民出版社1975年版,第151页。
③ 马克思:《资本论》第2卷,人民出版社1975年版,第151页。

念地计算它的资本价值;第二,说明资本的运动,是由包含商品的定价或计价在内的簿记来确定和控制的;第三,说明作为物品观念的价值存在的资本运动,获得了反映在观念中的象征形象。很显然,这里的确定是包含定价或计价的价值确定而不是确定方向。马克思说:"任何资本都是'确定的价值'。货币是'最确定的价值',是确定到顶的价值。"① 所以,包含商品的定价或计价在内的簿记的确定职能也就是观念总结职能。根据控制论,确定方向属于控制的范畴,会计工作参与经济决策,编制经济计划等都可以理解为确定方向。就基本职能来说,应当属于控制职能,不应据以否定观念总结即反映或综合职能。再说,确定资金运动的方向和目标,会计部门只是参与,应由企业领导会同会计、生产经营等部门共同研究确定,不应片面夸大会计的职能。

综上所述,会计的"观念总结(综合)",一般解释为反映职能,有以下三层意思:

第一,利用观念上的计量标准和尺度,以货币作为价值尺度,客观地、正确地计量和反映经济活动。

第二,运用专门的会计方法,审核会计凭证,记账、算账、报账,对会计信息进行综合、整理、分析。

第三,对经济活动进行总括、评价,充分发挥会计信息的反馈作用。

## 二、控制职能

古典管理学派代表人物法国 H·法约尔在论及管理职能时指出:"管理就是实行计划、组织、指挥、协调和控制……控制,就是注意是否一切都按已规定的规章和下达的命令进行。"② 他还进一步解释:"对账册和现金、收入与需求和基金使用情况都要进行控制。""从会计方面看,应确保必要报表的及时上交,而且能清楚反映企业的情况。控制应从账册、统计和图表中找到检查用的合适的资料,应去掉所有无用的资料和统计。"③

"会计控制"(accounting control)这一概念在国外很流行。美国审计委员会对此的定义是:"会计控制包括组织机构的设计以及与财产保护和财务记录的可靠性直接有关的各种措施。"他们从审计角度着重从信息质量和财产保护角度认识会计控制。日本《新版会计学大词典》对会计控制作广义的解释:会计控制是指"通过会计进行的经营管理。……大体采用两种方式:第一种方式是:提供会计资料,根

---

① 马克思、恩格斯:《马克思恩格斯全集》第 46 卷(上册),人民出版社 1980 年版,第 221 页。
② H·法约尔:《工业管理与一般管理》,中国社会科学出版社 1985 年版,第 5 页。
③ H·法约尔:《工业管理与一般管理》,中国社会科学出版社 1985 年版,第 119-120 页。

据会计资料对计划和控制作出决断。第二种方式是：把会计同企业经营组织上的其他系统适当地结合起来，使会计能自动地发挥管理机能。……随着企业经营规模的扩大，第二种方式的重要性可以说也相对地提高了。""现代企业的会计管理，不仅要发挥所谓保全财产的消极机能，而且要进一步使用企业资本计算的组织方法，发挥会计控制的积极作用，从企业全局观点出发，集中地、有效地进行一系列活动，如对各种经济活动制订计划、调节其实施过程和评价其实绩等等。"①这种解释较美国审计委员会的定义深刻得多。

美、日两国流行的会计控制（或译会计管理）概念，并没有上升到会计职能高度。

控制一词的德文是"kontrolle"，英文是"control"，亦可译为管理、调节、监督、稽核，含有操纵、节制、驾驭、支配、掌握等含义。它具有管理概念的基本内容。从外延看，控制包括对事物发展变化的引导（设计运行方向，将活动导向预定目标）、监督（查看活动是否偏离既定目标）和调查修正（对偏离目标的活动进行校正）等三个过程。监督是其中的一个过程，把"过程控制"简单地理解为监督是不全面的，在实践中也不利于充分发挥会计的职能作用。我国《会计改革与发展纲要》提出"以强化经济管理为中心"，可见马克思所讲的"过程的控制"是广义的。关于会计基本职能，可从下述四方面进行理解：

第一，参与经营决策。根据会计信息，运用决策方法，提出最优的经济方案，进行规划，编制经济计划，制定经济定额，促进经营决策的实施。

第二，参与调节经济活动。根据预算目标采用一定的调节手段，对经济活动实施影响，使其按预定目标进行，以纠正偏离目标的差异，谋求最佳经济效益。具体包括三方面的内容：① 参与制定规章制度，建立内部控制制度。② 参与成本管理。③ 参与处理分配关系。

第三，监督经济过程。根据方针政策、财经纪律和财务制度，加强稽核工作。通过凭证审核、财产清查，消除账账、账实不符，发现并揭发贪污浪费行为，防止弊端，保护资产安全，保护所有者权益。

第四，考评经营业绩。考评经济责任，为奖惩提供依据。

关于会计的控制职能，争议较大的在于会计是否有监督职能和决策职能。

（一）会计监督职能辨析

作为会计基本职能之一，我国《会计法》的提法是"会计监督"，监督是控制的内涵之一。

---

① 番场一郎：《新版会计学大词典》，中国展望出版社 1986 年版，第 10-11 页。

20 世纪 60 年代，苏联会计界就有人对会计监督提出质疑，并展开了讨论①。我国也有人对会计监督职能提出质疑②。他们的论据主要是：

第一，从历史上看，会计没有监督职能，最初的会计，只是对经济活动的简单的记录和计算。以后，随着生产的发展，会计作用越来越大，其职能并没有发生质的变化，变化的只是作用的深度和广度。

第二，会计要为监督提供资料，但会计本身并没有监督职能。会计是一种没有灵魂的方法或工具，非生产物不可能有监督职能，会计机构是执行机构而非监督机构。会计既然受厂长领导，怎能监督他的上司呢？

第三，会计对生产来说，含有控制的意思，但控制不同于监督，管理是为了组织内部的利益，监督则是为了组织外部的利益。控制和监督有质的区别。监督和被监督者，总是具有或代表不同的利益，会计只服务于本组织的利益，因而不是监督。

有学者认为，会计监督职能是特定历史条件下的产物，它植根于高度集中统一的计划经济体制之中，而一旦经济体制发生变革，失去了生存的土壤，会计监督也就不复存在了。但正如经济体制的变革需要有一个过程一样，会计监督的退出也是一个渐进的过程。一旦市场经济体制完全确立，企业外部的监督机制最终完善，会计监督也就完成了它的历史使命③。

多数学者认为会计具有监督职能，其主要论据是：

第一，我国会计的监督职能，古已有之。据《周礼·天官》记载，司会辅助大(太)宰"以逆邦国都鄙之治"，这里的逆就具有监督、考核的意思。"以逆群吏之治而听其会计"，也说明了当时的司会监督群吏，是其重要职责之一。从司会的组织机构看，下设"职内"(纳)掌管收入，"职岁"掌管支出，"职币"掌管余财，"司书"负责入、出、余的全面核算。这是司会的内部控制，包括内部监督。据《史记·张丞相列传》及师古注，张苍明习天下图书计籍，归汉后以列侯居相府，任计相，领主郡国"上计"。计相管理上计，这是西汉初年的会计监督。随着经济的发展，经济活动越来越复杂，越活跃，越须加强会计监督。

第二，会计不仅是一种工具或方法，而且是一种由会计人员进行的管理工作。它源远流长，即使早在会计独立以前，"它原本是生产职能的一种附带工作"。会计工作是由会计人员进行的，当然可以有监督职能。马克思所说的"控制"就含有监督的意思。《会计人员职权条例》明确规定：会计人员有权监督、检查本单位有关

---

① 王立才：《苏联会计核算概况》，中国财政经济出版社 1985 年版。
② 宋小明：《对会计监督职能的疑义》，《财会通讯》1985 年第 9 期。
③ 陈铁峰：《会计监督与监督会计》，《会计研究》1996 年第 6 期。

部门的财务收支,资金使用和财务保管、收发、计量等情况。这充分说明会计具有监督职能。

第三,我国《会计法》第27条规定:"各单位应当建立、健全本单位内部会计监督制度。"可见,会计机构不仅是执行机构,而且是实行会计监督的机构,监督对象是本单位的经济活动。凭证审核、财产清查是会计监督的方式,它是结合会计工作进行的。我国《会计法》第14条明确规定:"对不真实、不合法的原始凭证有权不予接受,并向单位负责人报告;对记载不准确、不完整的原始凭证予以退回,并要求按照国家统一的会计制度的规定更正、补充。"显然,这些都是会计监督职能的体现。

监督,不仅是自上而下的监督,也包括自下而上的逆向监督。长期共存、互相监督,就是中国共产党和各民主党派的互相监督。彭真同志说过"我们人人受监督,人人监督我们",充分说明了监督的广泛性。"群众参加监督",会计人员对本单位领导进行监督,正是社会主义民主的体现。虽然逆向监督的权威性较弱,运用得好,形成制度,也可发挥巨大威力,因此,不应当否定逆向监督。

第四,会计职能是对社会再生产过程进行控制和观念总结;管理的基本职能是合理组织生产力,维护并完善生产关系和上层建筑;在社会主义市场经济下企业的所有权和经营权的相对分离,决定了会计人员的双重任务。会计人员作为企业管理人员既要对所有者负责,维护所有者的权益,又要对经营者负责,参与处理企业内外部的各种经济利益关系。所以,不能认为服务于本组织的利益就不是监督。凭证审核和财产清查都服务于本企业的利益,都是地道的会计监督。这种监督不仅是把信息提供给其他管理人员,而且会计人员首先就要依法行使职权,"不予受理","要求更正、补充,或者向上级揭发"。这是从微观经济管理的角度来看会计。当然,从宏观的角度看,现阶段我国会计也具有监督职能。因为,它从属于财政,要贯彻国家的有关财政、财务制度和财经纪律。

第五,会计监督是处于价值运动过程中的经济监督,不仅是事后监督,还有事中监督、事前监督,是其他经济监督所不能代替的。

上述五点,充分说明会计监督职能的特征。

需要指出的是,在现代企业制度下,如何看待企业会计的监督职能? 笔者认为,会计监督不仅存在,而且重要。因为社会主义市场经济是一种法制化经济,企业的合法经营是其生存和发展的必要条件,国家通过制定一套完善的法律、法规体系促使企业遵纪守法。会计作为企业重要的管理部门,依靠专门的程序和方法,连续、系统、全面、及时地收集、处理、反映企业财务收支活动的信息;会计人员必须全面理解和掌握国家统一的会计制度以及《税法》、《票据法》、《证券交易法》等法规。因此,会计人员有能力也有义务判别出不合法收支,并及时向经营者和有关部门反馈,以避免不合理收支的发生。但是,我们应该承认,现代企业制度下的会计监督只是企业内部自我约束机制的一个重要环节,如果没有外部力量对经营者的强制约束,会计监督就难以发挥作用。因此,从企业来看,会计监督只是企业"自控"的手段,而不是一种外部约束力量,更不是代表国家和所有者对企业进行监督。企业收支的不合法问题,最终是由经营者承担责任,而不能完全由会计人员承担。由此可见,现代企业制度下的会计监督是外部力量制约经营者,以及会计人员为经营者合法经营把关的一种方式。

(二) 会计决策职能辨析①

1. 怎样理解决策的基本含义

要论证会计是否有决策职能,必须明确决策的含义。

什么是决策? 理论界有争论。我们认为,决策是指解决面临的问题或完成某项任务而制定与选择方案的过程。诺贝尔经济学奖获得者赫伯特·A·西蒙 (Herbert A. Simon)在《管理决策新科学》中提出:"决策制定包括四个主要阶段,即找出制定决策理由;找到可能的行动方案;在诸行动方案中进行抉择;对已进行的抉择进行评价。"②第一阶段是"情报活动":搜集企业内部有关的情报和企业外部的经济、技术、社会等各方面的经济情报,寻求决策的条件;第二阶段是"设计活动":创造、制定和分析可能采取的行动方案;第三阶段是"抉择活动":从众多的可以利用的方案中选出一条特别行动方案;第四阶段是"审查活动":对过去的抉择进行评价。这些活动就是"参谋活动"。一般来说,"情报活动"先于"设计活动",而"设计活动"又先于"抉择活动",然而实际情况要比这复杂得多。因为制定某一特定决策的每个阶段,其本身就是一个复杂的决策过程。如设计阶段可能需要新的经济情报,而任何阶段中的问题又会产生出若干次要问题,这些次要问题又有各自的信息、设计和抉择的各个阶段。总之,决策是贯穿于企业管理的各个方面和管理过程的始终,它不是一个静止的一次完成的过程,而是一个多因素相互影响相互制约的不断修正、调节的动态过程。

2. 从会计本质看决策职能

对会计本质的讨论我国主要有管理活动论和信息系统论两大学派。经济管理活动论认为,会计是一项管理工作。会计是经济管理的重要组成部分。管理是人的一种基本活动,是人类为了达到自己的目的而从事的对于人的活动的组织、计划与控制。赫伯特·A·西蒙认为,管理活动的全过程都是决策的过程。确定目标、

---

① 孙芳城:《对〈会计决策职能的质疑〉的质疑——与华永强同志商榷》,《财会审》1992 年第 4 期。
② 赫伯特·A·西蒙:《管理决策新科学》,中国社会科学出版社 1982 年版,第 33 页。

制订计划、选择方案，是经营目标和计划决策；机构设置、生产单位组织、权限分配，是组织决策；计划执行情况检查，在制品控制及控制手段的选择，是控制决策。决策贯穿于整个管理过程，所以管理就是决策。若承认会计是一种控制系统，就应承认会计有决策职能。关于会计本质的另一观点是"会计是一个经济信息系统"，包括对"企业财务信息和有关的非财务信息进行接收、确认、分类、记录、储存、变换、输出、分析利用并使之对企业经营活动实行有效的控制"①。这一过程属于决策中的情报活动、设计活动和评价活动。可见，无论将会计当作一项管理工作还是一个经济信息系统，都不能否定其决策职能。

3. 会计人员不等于生产工人

第一，华永强认为，会计内涵是"会计学、会计实务和会计人员"。"会计学和会计实务没有决策职能"，"会计人员和工人一样没有决策职能"②。我们知道，任何概念都必须有确定的内涵和外延。会计内涵即会计本质；会计外延指会计范畴即会计与簿记、会计与财务、会计与审计、会计与会计科学之间的关系问题。《辞海》给会计下的定义包括两方面内容，即"会计工作和会计人员"；会计工作是以处理价值信息为基础的控制系统。作为一种控制系统当然离不开会计人员，离开会计人员就不可能有任何会计工作，所以不应强行把会计工作与会计人员分开。

第二，会计人员不等于生产工人。工人是借助劳动资料作用于对象，生产出具有新的使用价值的产品（或商品），属技术系统。一方面，会计人员是从事会计工作的专业人员，他们具有必要的会计核算和管理能力，专门负责价值运动的某一方面，并借助会计的特定方法对价值运动进行核算和控制，提供各种决策所需信息。另一方面，在决策实施过程中因各种不确定的随机因素的干扰，实施过程会偏离预定的正常轨道，在各种指标上发生偏差。这就要求会计人员通过各种渠道，收集、加工和传递关于当前行动的特征、状态的财会信息，并将当前的行动及其实际结果同预期的目标相对照，查明活动中偏差的性质和程度，从而采取积极措施，校正当前的行动，使之导向预定的目标。可见，会计人员直接参与经营管理和经营决策。

第三，决策不等于个人的决定。决策的种类很多，按决策主体的不同，有个人决策和集体决策。个人决策不适用于现代这一复杂的社会系统，因此各种重大决策多数属于集体决策。从"一长三师制"的机构设置看，总会计师是集体决策的重要成员，他应具有决策权力。若否定会计具有决策职能，那么总会计师又应属于什

① 葛家澍、李翔华：《论会计是一个经济信息系统》，《财经研究》1986年第10期。
② 华永强：《对会计决策职能的质疑》，中国人民大学复印报刊资料《财务与会计》1991年第5期。

么？他难道不应属于企业管理系统的一员吗？

4. 会计作用不能决定会计职能

华永强认为，"会计的作用决定会计无决策职能"①。关于这有两点疑虑：其一，会计职能是会计在经济管理中所具有的功能，它取决于会计对象的特点和经济管理的要求；会计的作用指运用会计的职能后，对国民经济各部门、行政事业单位所产生的影响和效果。职能是事物本身固有的功能，是本来具有的。作用是行使职能后产生的影响，是实际做到的。它们之间的关系，如图 5-1 所示。

会计职能────→会计作用

**图 5-1　会计职能与会计作用的关系**

会计作用是会计职能运用于实践后所发挥出的威力。其二，决策并非指挥官（厂长或经理）一个人的事情。赫伯特·A·西蒙说："经理的职责不仅包括本人制定决策，也包括负责使他所领导的组织，或组织的某个部门能有效地制定决策。他所负责的大量决策制定活动并非仅仅是他个人的活动，而是他下属人员的活动。"②可见，决策权并不仅仅在最高领导人手中，也不限于抉择阶段，抉择仅仅是决策的一个系统或一部分。他还说："在取得决策的情报和设计过程中，决策者必须对新的行动路线逐渐地（通常不可逆转地）加以抉择。在多数情况下，这种最后抉择只不过是走走形式而已。"这也说明决策若仅由厂长、经理来进行并不符合决策的科学性原则。他还认为，在进行非程序化决策过程中，"我们考虑的不仅是对这一步骤最后批准的举动，而是他以前的全部复杂的情报活动和设计活动"。不难肯定，这里的"情报活动"、"设计活动"就是"参谋活动"，若承认会计活动是参谋活动，也就应承认会计有决策职能。那种把决策理解为最后批准的举动是歪曲了决策的内涵。

5. 会计自身有无决策职能

第一，有人认为，对会计方法的选用，就像学生做一道多项选择题一样，选择其中符合要求的任何一种方法都可以。我们认为实际情况并非如此。会计方法很多，就存货计价而言，有历史成本法、成本与市价孰低法、估价法等多种方法，不同的存货计价法直接影响企业的资产和收益及其企业税负，对这些方法的选择，必须依据会计准则和企业的实际情况，从各种可供选择的行动方案中权衡利弊得失，选择出一个最优的存货计价方法。这也是一种决策。

---

① 华永强：《对会计决策职能的质疑》，中国人民大学复印报刊资料《财务与会计》1991 年第 5 期。
② 赫伯特·A·西蒙：《管理决策新科学》，中国社会科学出版社 1982 年版，第 33 页。

第二,赫伯特·A·西蒙在《管理决策新科学》一书中说:"在组织中,通常存在两种趋向于更多地分权的压力。……通过将有关的活动分组——具体产品的生产、设计、销售和财务——并允许与这些问题有关的下属部门来制定关于这类事情的决策。"可见,决策并非最上层领导的事情,下属部门也应有决策权力。就会计本身来说,会计管理机构的设置,会计制度设计、会计核算形式的拟定,资金归口管理体系的设置,内部银行、责任会计的建立与实施等问题,都是一个决策活动过程,它们是企业总体决策的组成部分,不能将其排斥在决策之外。

### 三、两种基本职能的关系

虽然绝大多数作者都同意控制和观念总结(反映)是会计的基本职能,但对于两种基本职能的地位,我国会计界存在着尖锐对立的看法。持信息系统论者认为反映占第一位,而持管理活动论者认为控制占第一位。查《现代汉语词典》可知,"第一"指"最重要","基本"指"根本"、"主要的"。既然把一种基本职能理解为"第一位"、"最重要",必然认为另一基本职能占第二位即次要一些。这不仅与"基本职能"的提法相矛盾,也不符合会计工作的实际。没有反映,就不可能进行控制,反映为控制服务,是控制的基础和前提;从进行经济控制的要求出发决定如何反映,控制是反映的出发点和落脚点。所以控制即管理具有主导作用。两种基本职能密切联系,互相渗透。记账属于反映,记好账不仅要对凭证进行审核,还要进行账账、账实核对,因此具有控制的性质。从设计制度、进行控制的角度看,控制职能贯穿整个反映过程,没有"第一"和"第二"之分。

反映职能说明会计工作的特征,说明会计与其他经济核算或经济管理的区别。没有反映职能就无法控制经济活动,所以反映是基础职能。反映职能为控制服务,发挥控制职能是会计工作的出发点和落脚点。从进行经济控制的要求出发,通过控制才能发挥反映的作用,因而控制职能居于主导地位。这两种基本职能不仅是密切联系的,而且是相互渗透的。记账属于反映,记好账首先要对凭证进行审核,又具有控制的成分。我们认为,控制是主导职能,反映是基础职能[①]。片面强调某种基本职能占第一位,是形成对会计本质片面认识的理论根源。

1961 年,Maurice Moonitz 在其所著《会计的基本假设》(ARS No. 1)中指出,会计的定义是五项职能(function)的结合,即:"(1)计量特定主体持有的资源;

---

① 李孝林、孙芳城:《运用系统理论研究会计对象、结构和性质》,《北京商学院学报》1989 年第 4 期;中国人民大学报刊复印资料:《财务与会计》1990 年第 2 期;中国会计学会:《1988—1989 年会计学论文选》,中国财政经济出版社 1992 年版。

（2）反映对主体要求权和在这些主体中的利益；（3）计量这些资源要求权和利益的变动；（4）把这些变动分配到特定时间的期间；（5）用货币作为共同尺度表述上列项目"①。作为五种具体职能的概括，美国会计原则委员会第4号报告第40段指出：会计职能是提供经济主体的信息。可谓一种基本职能论。

两种基本职能论显然有别于美国的一种基本职能论。它是具有原创性的巨大突破，有鲜明的特色和重大作用。它能够准确、全面地指导工作和会计理论建设。

## 四、会计职能的多种提法

一职能论：认为会计只有反映职能，是生产过程的物量反映②。"会计是一种以提供经济信息为主的管理活动，会计的职能是唯一的，即只有反映或核算职能，没有其他职能"③。

二职能论：认为会计工作有两种职能。有代表性的提法如：第一种提法认为会计工作有"反映"和"监督"两种职能④。第二种提法认为"公认的主要职能是反映和控制。其中反映是基本的，第一位的"⑤。第三种提法认为会计的职能可概括为两个：一是反映，二是管理⑥。第四种提法认为会计核算和监督是会计的两大基本职能⑦。这种提法与我国《会计法》一致。诚如葛家澍、唐予华所说，两种基本职能论是"公认的"。只是有的把观念总结表述为核算或反映，有的把控制表述为管理或监督，含义接近。鉴于反映易于理解和现成，控制比较全面，笔者主张采用反映和控制的提法。

三职能论：认为会计具有三种职能。提出会计工作除有"反映"和"监督"职能外，还通过自己的工作促进和支持生产，具有"促进"的职能⑧。还有学者认为会计工作具有核算、监督、参与决策三职能。三职能论可以有不同的理解角度，而我国会计学家娄尔行、张为国在两职能的基础上提出"确保合理分配是会计的一项职能"⑨。

四职能论：认为会计工作具有四种职能。这里有两种代表性提法：第一种认

① 引自 Maurice Moonitz：The Basic Postulates of Accounting，AICPA，1961。
② 谈惠：《关于会计学的几个理论问题的讨论》，《经济研究》1963年第2期。
③ 陈铁峰：《会计监督与监督会计》，《会计研究》1996年第8期。
④ 朝阳：《谈谈会计核算的反映和监督》，《大公报》（上海）1962年7月6日。
⑤ 葛家澍、唐予华：《关于会计定义的探讨》，《会计研究》1983年第5期。
⑥ 朱世杰：《会计要促使提高经济效益》，《上海会计》1983年第9期。
⑦ 孙宝琦：《会计监督是会计的首要职能》，《会计研究》1985年第6期。
⑧ 李天民：《关于会计的属性、地位和作用的探讨》，《会计研究》1980年第2期。
⑨ 娄尔行、张为国：《确保合理分配是会计的一项职能》，《会计研究》1991年第4期。

为会计工作具有"反映"、"控制"、"监督"和"分析"职能①。第二种提法认为会计工作具有如下四种职能：① 计量经济效益。② 收集记录经济事项。③ 传递财务、成本信息。④ 分析预算，参与管理和决策②。还有学者认为会计具有反映、控制、监督、决策四种职能。

五职能论：认为"会计职能可归结为反映、监督、控制、分析、决策五个方面"③。葛家澍提出，包括财务会计和管理会计在内的现代会计具有五项职能：① 反映经济活动。② 控制经济活动。③ 评价经营业绩。④ 参与经济决策（提供决策支持）。⑤ 预测经营前景。其中反映和控制是会计最基本的职能④。

六职能论：第一种认为会计工作有反映经济活动、分析经济情况、核算经济效果、监督经济活动、预测经济前景和参与经济决策等六种职能。当前此说甚为流行。第二种认为会计具有反映、控制、监督、分析、预测、决策等六个方面的职能作用。第三种认为现代会计的职能应包括会计规划、会计制度、会计核算、会计控制、会计分析和会计检查等六个方面。控制和观念总结（核算）是会计工作的基本职能，其他职能可称为具体职能。

八职能论：劳秦汉提出，会计具有控制、决策、预测、评价、确认、计量、报告、分析等职能。

十职能论：在核算和控制两大基本职能的基础上，笔者提出会计具有规划、调节、监督、考核、确认、计量、记录、报告等八项具体职能⑤。后来又将具体职能修改为确认、记录、报告、分析、规划、调节、监督、考评等八项⑥。

十二职能论：中国台湾学者陈一骐(1982)提出现代会计的职能是：① 备忘与记录。② 分类与汇总。③ 计算。④ 报告。⑤ 防止弊端与保障安全。⑥ 分析与解释。⑦ 改进缺失与加强管理。⑧ 计划与预测。⑨ 控制与提供奖惩资料。⑩ 证明与征信。⑪ 考核与监督。⑫ 公平纳税的依据⑦。

按照基本职能和具体职能进行分类，反映和控制是基本职能，其他都是具体职能。而且"基本职能体现在具体职能中，具体职能是基本职能的具体化和拓展"⑧。

---

① 王文彬：《会计在国民经济中的作用》，《社会科学》1980 年第 5 期。

② 裘宗舜：《如何建立新时期的会计理论和方法》，《财会通讯》1987 年第 8 期。

③ 孔繁柏：《会计五职能论》，《会计研究》1984 年第 1 期。

④ 葛家澍、余绪缨：《会计学》，高等教育出版社 2000 年版，第 23 页。

⑤ 李孝林、孙芳城：《会计基本理论比较研究》，科学技术文献出版社 1997 年版，第 427 页。

⑥ 李孝林：《会计职能、目标系统论》，《北京商学院学报》2000 年第 3 期。

⑦ 陈一骐：《美国会计学快速发展之分析暨我国会计改革之研究》，[中国台湾] 王南图书出版公司1982 年版。

⑧ 李孝林：《会计职能、目标系统论》，《北京商学院学报》2000 年第 3 期。

仔细分析已经提出的各种职能，会发现它们都可以分别纳入反映类或控制类。

## 五、会计工作的职能、作用和任务

会计的职能说明会计工作能够干什么，它是会计工作固有的功能，只是一种潜在的可能性。作用是指会计工作职能在实践中充分发挥后所产生的效果，也就是会计工作干了什么，产生了哪些影响，属于现实性。任务是指根据会计工作的职能作用，向会计工作提出的根本要求，也就是说会计工作应当干什么。我国《会计法》第1条明确规定，会计工作的作用是"加强经济管理和财务管理，提高经济效益，维护社会主义市场经济秩序"。三大作用，各有特点，相互联系。"维护社会主义市场经济秩序"，表明会计工作作为财务收支的总"关口"，在经济管理中处于十分重要的地位。我国实行社会主义市场经济，在资金的筹集、分配和使用方面必须实行宏观控制。国家财政制度和财务制度体现着国家的方针、政策和管理要求。会计机构、会计人员严格维护国家财政制度和财务制度，对于国民经济的健康发展，具有其他工作无法代替的特殊的重要作用。在"加强经济管理"方面，会计的特性是进行价值管理。它通过对资金筹集、分配、运用的控制和管理，促进经济活动合理、有效地运行。在"大锅饭"的经济管理体制下，会计在经济管理中的特殊作用往往被忽视。近年来，经济管理体制改革的不断深入，特别是现代企业制度的广泛推行，日益证明会计通过对资金、成本、利润等的反映和控制，在加强经济管理方面发挥的作用是其他管理方式无法代替的。会计在"提高经济效益"中的作用，具有自己的特点。搞经济必须讲效益，否则，经济就不能发展，而要取得经济效益，就必须精打细算。所以说"办经济离不开会计"，主要是讲不核算、不用账就办不好经济，就不能取得很好的经济效益。会计工作先进单位的经验证明，会计通过核算、预测、控制、分析、考评等，对提高经济效益发生重要的直接作用。

会计工作的任务由社会主义生产目的和经济管理的宏观要求决定，并受会计对象和职能的制约，在社会主义经济体制下，会计工作的基本任务是：

第一，反映和控制本单位的资金使用，督促各单位厉行增产节约，巩固和加强经济责任制。

第二，分析和考核本单位的财务计划和预算的执行情况，参与经营管理的决策，提高经济管理水平，提高经济效益。

第三，监督财经纪律的遵守情况，正确处理国家、单位、个人之间的经济关系，坚持社会主义方向。

第四，保护社会主义财产，巩固社会主义所有制。

# 第二节 会计动因理论

动因是指动力和原因。界定会计产生和发展的动因,要联系会计的基本职能和本质,探索建立会计工作的客观依据,即社会为什么需要会计。动因反映社会环境对会计工作的客观需要,是社会环境需求与会计职能、本质结合的概括。

## 一、从会计基本职能探索会计产生和发展的基本动因

会计职能或称功能,是指会计系统在特定环境中发挥作用的能力,是会计行为的概括。它联结会计系统与环境,是会计本质的外在表现。理论界对会计具体职能的概括大不相同。这些职能的产生,都有其动因——客观必然性。对会计系统的基本职能,一般认为是反映和控制。会计职能是发展的,由简单到繁多,但基本职能早就存在,在众多的具体职能中具有根本性,因而应当联系会计基本职能,研究其产生的缘由,研究会计产生的基本动因。由于具体职能繁多,产生的时代不同,为了便于研究,应当从会计的基本职能入手,首先研究其产生和发展的基本动因。

## 二、从最初的会计探索其产生和发展的动因

记账是会计的根本特征。马克思在其著名的《资本论》第 2 卷第 6 章《簿记》论中,确切地概括了簿记产生的三个阶段,即:① 用头脑记账。② 在生产时间之外附带地把收支、支付日记载下来。③ 从生产职能中分离出来,成为特殊的、专门委托的当事人的职能,如图 5 - 2 所示。

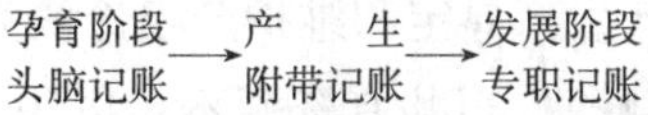

孕育阶段 ——→ 产　生 ——→ 发展阶段
头脑记账　　　附带记账　　　专职记账

**图 5 - 2　会计产生示意图**

用头脑记账,属于会计的孕育阶段。当劳动者在生产时间之外,附带地把收支记入某种载体——原始账簿,应当是会计产生的标志。20 世纪初,俄罗斯会计界曾对最早产生的会计方法进行讨论,多数认为是资产盘存,有的认为是往来账户,有的认为两者"平行存在"[①]。两种方法要能发挥作用,都必须有账簿。原始账簿是会计产生的标志[②]。

---

① 索科洛夫《会计发展史》,陈亚民,译:中国商业出版社 1990 年版,第 2 页。

② 李孝林:《会计产生探索》,《四川会计》1998 年第 6 期。

人们为什么要进行资产盘存,设置往来账户?需要账户做什么?目前大多数论著流行的提法是,会计产生于经济管理的需要①。进一步问,经济管理需要会计做什么?为什么?这就是会计产生的动因。主要有三种提法:一是受托责任论;二是界定和维护产权论;三是节约劳动时间规律论。

(一)受托责任论

受托责任论有两说:一种是指所有权与管理权分离后的受托责任,这是近代的事,显然不能说明早在原始社会末期就已经存在的会计产生的动因。另一种是广义的,兼指古代的受托责任,最多扩大至会计"成为特殊的、专门委托的当事人的职能"。流行的受托责任论似无这种广义。即使有这种广义,受托责任论也不能概括会计刚产生时劳动者在生产时间之外附带地把收支、收支日记载下来的情况。那时并不存在两权分离,劳动者自行记账,受谁之托?受自己之托吗?显然不是两权分离。所以,受托责任论不能作为会计产生的动因。当然,它作为会计发展的动因之一,应是合理的。

(二)界定和维护产权论

产权是指主体对某种资源拥有的具有排他性的权利。关于产权产生于何时,有不同理解。据康均博士研究:关于财产权起源问题,有广义和狭义两种。广义的产权是以原始产权作为研究起点,狭义的产权是以资本主义私有产权作为研究起点②。在原始公有制下,马克思说,那时的家庭和氏族"只是占有,而没有所有权"③。马克思还说"武器和衣服最早成为私有财产的对象"。在上述头脑记账世代,产权尚未产生。

西方有的理论研究者提出:"会计和审计都是产权结构变化的产物,是为监督企业契约签订和执行而产生的。"④广义的监督企业契约签订和执行,不可能早于奴隶社会,此前,会计早已产生。界定和维护产权论认为:"产权是早在古代就有的一个经济观念,它是在人口膨胀、当共有资源不足以满足一切人的需要时产生的,劳动产品可用于交换并且从交换中得益,加速了产权的发展。"⑤按照这种观点,会计与产权都产生于原始社会后期。在会计产生以前的"头脑记账"时代,人们只会下意识地考虑少投入、多产出,怎能会形成产权观念呢?

当然,界定和维护产权,是会计发展的动因之一。

---

① 有的学者提出:"会计产生于生产的需要。"笔者认为,经济管理对于会计产生的影响,更直接些。

② 康均:《产权会计史研究》,中国财政经济出版社 2006 年版。

③ 马克思、恩格斯:《马克思恩格斯全集》第 12 卷,人民出版社 1962 年版,第 752 页。

④ 伍中信:《产权与会计》,立信会计出版社 1998 年版,第 2 页。

⑤ 伍中信:《产权与会计》,立信会计出版社 1998 年版,第 38 页。

（三）节约劳动时间规律论

马克思说:"在一切状态下,人们对生产生活资料所耗费的劳动时间必然是关心的,虽然在不同的阶段上关心的程度不同。"他还明确指出:"一切经济最后都归结为时间的经济。"①节约劳动时间规律是各个社会的"首要的经济规律"②。只有节约劳动时间,才能促进社会的发展。要节约劳动时间,就必须计算活劳动和物化劳动时间的消耗量和劳动产品的产出量,还需要千方百计,强化经济管理,以便促进劳动时间的节约。所以节约劳动时间规律要求并推动以反映和控制为基本职能的会计工作的产生,促进会计工作的发展。再说,受托责任也罢,维护产权也罢,其终极原因,都是节约劳动时间规律的作用。

节约劳动时间规律是影响会计结构、本质、基本职能、基本目标的重要的客观规律。至于会计的具体职能、具体目标,多种多样,因事制宜,因时制宜,其动因也多种多样,节约劳动时间规律对其都有一定的影响。比如前面所说的受托责任与界定和维护产权,归根结底,都是为了节约劳动时间。所以,我们认为节约劳动时间规律是会计产生和发展的基本动因。此说由吴水澎教授最先提出③,笔者也曾不约而同地提出这一观点④。

# 第三节　会计基础理论体系起点理论

## 一、起点理论命题

我国会计理论界对起点理论进行了许多讨论,众说纷纭,发人深思。已经提出的起点理论有:假设论、日标论、本质论、对象论、环境论、职能论、动因论、双起点论、三起点论等。为何聚讼纷纭? 首先是对讨论的命题,没有认真区分。这里,有两个问题:一是起点的主语是什么,会计理论体系、会计基础理论体系抑或会计准则概念框架? 二是什么起点,有的提逻辑起点,有的提研究起点,有的两者并提,是否有别? 如何区分?

（一）起点的主语

美国将"conceptual framework"(简称 CF)译为概念框架,或称财务会计概念框架,有些论著提会计理论体系或会计理论结构,有的提会计基础理论,应如何对

---

① 孙冶方:《社会主义经济的若干理论问题》,人民出版社 1979 年版,第 125 页。
② 马克思、恩格斯:《马克思恩格斯全集》第 46 卷(上),人民出版社 1985 年版,第 120 页。
③ 吴水澎:《财务会计基本理论研究》,辽宁人民出版社 1996 年版。
④ 李孝林:《会计产生探索》,《四川会计》1998 年第 6 期。

待？财务会计概念框架(结构)是财务会计理论中最实用的部分,是为了指导和评价会计准则、会计工作而制定的。如果提财务会计理论结构,已经与财务会计理论体系混淆,易引起误解,也不能清晰表明其与会计准则、会计制度、会计工作的关系。为了避免混淆,并使提法准确、鲜明,建议在"概念框架"前加上"会计准则"限制词①。会计准则概念框架是财务会计理论体系中最实用的部分,既表明了它与会计准则、制度、办法等的密切关系,也与财务会计理论体系相区别。

它们的关系如图5-3所示(虚箭头表示指导关系)。

会计基础理论体系┅→会计准则概念框架┅→会计准则、制度

**图5-3  会计基础理论体系与会计准则概念框架、
会计准则、制度的关系**

会计环境、动因、本质、对象、职能、目标等,属于会计基础理论范畴,构成会计基础理论体系,似乎不会引起争议。会计理论体系则更为广泛,不仅包括会计基础理论体系,还包括财务会计理论体系、管理会计理论体系、宏观会计理论体系……从起点理论的讨论看,仅涉及会计基础理论体系和会计准则概念框架。

会计基础理论体系与会计准则概念框架,按其逻辑联系,以虚线为界,如图5-4所示。

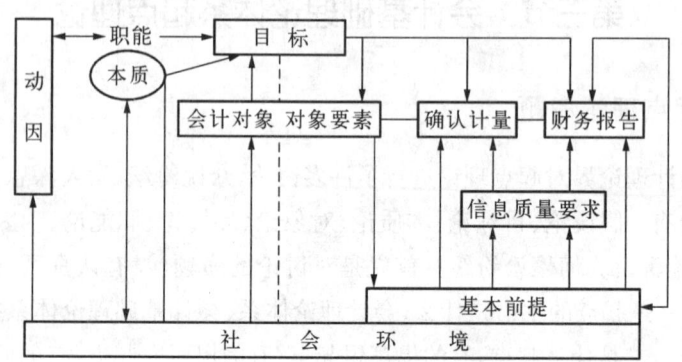

**图5-4  会计基础理论体系与会计准则概念框架**

由图5-4可见,会计目标是会计基础理论体系的终点,又是会计准则概念框架的起点,一身二任,承先启后,居于中间地位。

在起点理论讨论中,众多论著在一定程度上混淆了会计理论体系、会计基础理论体系与会计准则概念框架的区别。

---

① 李孝林:《会计准则概念框架和会计基础理论体系内容及关系试析》,《四川会计》1999年第6期。

（二）逻辑起点和研究起点辨析

列宁在《谈谈辩证法问题》一书中明确指出：马克思在《资本论》中首先分析了资产阶级社会（商品社会）里最简单、最普遍、最基本、最常见、最平凡,碰到过亿万次的关系——商品交换。这一分析从这个最简单的现象中（资产阶级社会的这个"细胞"中）揭示出现代社会的一切矛盾（或一切矛盾的胚芽）。以商品为起点,展开了《资本论》理论体系的逻辑发展,即"商品—货币—资本"。资本历史也是这样发展的,先有商品交换而后产生货币,最后资本形成。说明了逻辑起点与历史起点的一致。因为历史起点常常是最简单、最基本、最普遍的。会计基础理论体系的逻辑起点,也应当是这样"最简单、最普遍、最基本、最常见、最平凡,碰到过亿万次的关系",能揭示会计基础理论和实践中"一切矛盾的胚芽",即逻辑起点应具备简单性"、"根本性"和与历史起点的"一致性"等三个特征。

根本性说明客观存在的逻辑起点是理论体系的开端,也是理论体系建立的基础,是理论和实践中"一切矛盾的胚芽",并贯穿理论和实践过程的始终。逻辑起点是会计理论体系诸范畴推理的基础。"会计理论最重要的目的在于提供用于评价和开拓完善会计实务的通用观点所构成的一套前后一贯的、合理的原则"①。会计理论如果不能前后一贯,必将严重影响其科学性,前后矛盾的理论难以成立。一个逻辑体系严密、内容完整、前后一贯的会计理论体系应以会计基础理论体系逻辑起点为基础,推理、概括出其他相关诸范畴。只有这样,才能建立逻辑严密、内容完整、前后一贯的科学的会计基础理论体系。

对理论体系的说明,一般应从逻辑起点开始。这是《资本论》从抽象到具体、从简单到复杂的叙述方法。研究方法与叙述方法有所不同。因为理论体系包括许多范畴,研究它们,要从每一个具体的研究对象中一层一层地揭示出其内在的本质联系。研究起点应是事物内在矛盾的外部表现,是一把钥匙,通过它,才能由表及里,发现事物的内在矛盾,发现事物的本质。所以,研究起点与逻辑起点,既有共同性——都具有普遍性、根本性、本质上的一致性；又有所不同——外部表现与内在矛盾。它们是认识同一事物的不同过程。因而,马克思明确指出："当然,在形式上,叙述方法与研究方法不同。研究必须充分地占有材料,分析它的各种发展形式,探寻这些形式的内在联系。只有这项工作完成以后,现实的运动才能适当地叙述出来。"②他在论及"政治经济学的方法"时还说："在第一条道路上,完整的表象

---

①　E·S·亨德里克森：《会计理论》,立信会计图书用品社 1987 年版,第 1 页。

② 　马克思、恩格斯：《马克思恩格斯选集》,人民出版社 1972 年版,第 217 页。

蒸发为抽象的规定;在第二条道路上,抽象的规定在思维行程中导致具体的再现。"①第一条道路指研究方法,从客观现象或称感性的具体(包括研究起点)发现事物的本质及规律;第二条道路指叙述方法或称逻辑方法,它是从本质到现象、从抽象到具体、从一般到个别、从简单到复杂的演绎过程,以逻辑起点为基础说明具体的复杂的现象。因而,研究起点与逻辑起点是有原则区别而又密切联系的概念。"两条道路"反映了人们对客观事物认识的这种发展过程,如图 5-5 所示。

$$感性的具体 \xrightarrow{1.\ 研究方法} 理性的抽象 \xrightarrow{2.\ 逻辑方法} 理性的具体(再现)$$

**图 5-5　研究方法与逻辑方法的区别和联系**

众多有关起点理论的论文忽视了它们之间的区别,有的论文甚至说:"会计研究起点在会计理论体系中则表现为会计理论的逻辑起点。"②这显然混淆了研究起点和逻辑起点的区别。

## 二、起点学说述评

### (一) 评价标准

会计基础理论体系逻辑起点是会计理论的基本点。对已有的几种观点,如何进行正确评价并取舍,其难点和关键在于会计基础理论体系逻辑起点标准的建立和运用。只有建立了统一的衡量标准,才可能选择恰当的逻辑起点,进而建立前后一贯、科学而完整的会计基础理论体系。作为会计基础理论体系的逻辑起点应具备除上文所提及的"根本性"、"简单性"和与历史起点"一致性"三个基本特征外,还应具备以下特征。

1. 逻辑起点具有客观性

马克思主义认识论认为,认识客体具有不以认识主体的意识、意志而转移的客观实在性。作为会计基础理论体系的逻辑起点(认识客体)应具有客观性。即人们能根据客观实践对它加以正确认识,并以此为基础,探讨会计其他问题。客观性是可知性的前提条件,具有客观性的事物才能为人们准确地了解。会计基础理论体系逻辑起点作为会计理论研究的切入点,是整个会计理论体系构建的基础。如果会计基础理论体系逻辑起点不具有客观性,不能为人们准确地加以认识,则建立的会计理论体系不可能具有完备性,无法全面指导和评价会计实务。

2. 逻辑起点是推动会计系统运行的动力机制的基础

任何机制的运行都需要源源不断的动力,动力机制应用是否适时、适度,是否

---

① 马克思、恩格斯:《马克思恩格斯选集》,人民出版社 1972 年版,第 103 页。

② 吴联生:《会计研究起点理论述评》,《会计研究》1998 年第 10 期。

完善,决定着会计系统是否具有活力以及活力的方向和活力的大小。综观历史,会计是一个动态的、不断发展的实践活动,从结绳记事到单式簿记,从单式簿记到复式簿记,它经历了从低级向高级的发展过程,而且这种趋势还在继续之中。作为会计基础理论体系的逻辑起点,也是历史起点,它应是会计系统运行动力机制的重要组成部分,应能反映动力载体——会计人员的积极性和创造性。

3. 逻辑起点是会计系统与会计环境的中介

万物皆系统。系统是由一些相互联系、相互作用的因素所组成的具有特定功能、达到某种目的的有机整体。那些密切联系并对系统的功能影响显著的元素是系统的内部元素,其相互联系、相互作用的方式,称为系统结构。系统的外部元素,称为系统的环境。根据系统科学,会计系统作为一个开放式系统,它总是不断与其社会环境进行物质、能量、信息的交换。会计系统的开放性,体现会计系统与社会环境之间相互依赖与相互作用的关系,是会计系统赖以生存和发展的基础。作为会计基础理论体系的逻辑起点,应当既能体现环境对会计系统的作用,又能体现会计系统对会计环境的反作用,根据会计环境的变化,适时调整会计系统结构,适应会计环境的变化。

4. 逻辑起点是联系会计理论与会计实践的纽带

马克思主义哲学认为,对一个具体事物的正确认识,一般来说要经过在实践的基础上,从感性认识到理性认识,再从理性认识到实践的多次循环。"实践、认识、再实践、再认识、这种形式,循环往复以至无穷,而实践和认识每一循环的内容,都比较地进入高一级的程度。"[1]理论是人们对实践活动的理性认识,理性认识只有回到实践中去接受实践的检验,才可能实现第二次"飞跃"。会计理论是关于会计实践的理性认识,它只有回到会计实践的过程中,正确的被证实,错误的被纠正,不完备的被充实,较原则的被具体化,适合过去会计实践情况的结论被新的会计实践经验所提供的新的结论所代替,从而丰富和发展会计理论。同时,会计理论只有回到会计实践,才能指导和发展会计理论;没有会计理论指导的会计实践,将会迷失发展方向和目标。会计理论与实践的这种关系,决定了会计理论体系的逻辑起点应是联系两者的纽带。

5. 逻辑起点体现系统理论

万物皆系统,思维也是系统的。会计系统作为一个人造系统,理应符合系统理论。系统是由要素、结构、功能三要素构成的。在系统中,"要素—结构—功能"三要素,结构是关键,要素、功能正是通过结构重新组合变换而表现整体性功能的。

---

① 毛泽东:《实践论》,《毛泽东选集》第1卷,人民出版社1991年版,第273页。

结构是功能的基础,它决定系统的功能。系统的功能是指系统整体与外部环境相互联系时所表现出来的特性和能力,系统功能对系统结构具有反作用。正是结构与功能的相互作用,推动了系统的进化和发展。

6. 逻辑起点是现代会计系统的总的起点

"财务会计、管理会计、社会责任会计、劳动者权益会计是现代会计最具有代表性的四大分支"①。作为会计基础理论体系的逻辑起点应是它们共同的起点,即总起点,而不应该是单个的分起点,或支起点。总起点应当是会计系统"一切矛盾的胚芽"。如果以分、支起点代替整个现代会计系统的总起点,就会犯"只见树木、不见森林"的形而上学的错误。

(二)起点学说评析

1. 会计假设起点论

此说认为来自环境逻辑研究的会计假设,是用来推导会计原则的依据。这一观点 20 世纪五六十年代盛行于美国。基本假设体现会计环境的时间、空间特征以及时空结合的市场交换(继续经营、货币计量),会计假设虽然构成会计准则概念框架的条件或基础,但由于假设是对某些不确定事项所作的主观判断,客观性不够,不能反映会计系统的动力载体——会计人员的积极性和创造性;假设是对环境中不确定事项的一种推断,不构成系统因素,不能推导出会计目标和各项会计原则,甚至导致会计原则的自相矛盾,这已为美国的会计实践所证明,并让位于会计目标起点论。

2. 会计目标起点论

此说认为,"在逻辑上,会计理论的模式必须是以提出财务报告的目标为开端,以引出作为会计方法指导原则的基本概念结构为结果的序列程序"②。"探讨会计目标的必要性主要来自两方面:第一,'任何研究领域的起点都是提出研究的界限和确定它的目标',会计研究也不例外;第二,……没有目标的系统是不可想象的"③。20 世纪 70 年代以来,此说在西方会计界占主流。

我国持目标起点论的论著大都引用美国"特鲁布拉德委员会报告"(1973)和 FASB 财务会计概念第 1 号(1978)来论证会计目标是会计理论体系的起点,显然混淆了会计准则概念框架与会计基础理论体系的界限。因为上述两个文件都主张会计目标是会计准则概念框架的起点。葛家澍教授曾明确指出:"美国的财务会计

① 成瑞珩:《现代会计的分支及其走向》,《财会月刊》1999 年第 1 期。
② A·贝克奥伊:《会计理论》,陕西人民出版社 1991 年版,第 119 页。
③ 葛家澍、林志军:《现代西方财务会计理论》,厦门大学出版社 1990 年版,第 83 页。

概念结构是以目标作为研究起点。"①财务会计概念框架(会计准则概念框架)与会计基础理论体系毕竟是不同的范畴体系。众多论证都只能说明"目标"是会计准则概念框架的起点,而不能说明会计目标是会计基础理论体系或会计理论体系的逻辑起点或研究起点。恰恰相反,会计目标是会计基础理论体系的终点。会计目标是指会计工作所要达到或追求的境界,是人们对会计工作的主观要求,具有主观性。逻辑起点是会计基础理论体系中的基本范畴。会计目标显然会随现实经济环境的改变作出相应的调整,也存在国别差异。如果作为逻辑起点,必将破坏会计学科的客观性。

以会计目标作为会计工作或会计准则概念框架的起点,我们赞成。作为会计基础理论体系的逻辑起点,应是制约会计目标的客观因素,应是制定会计目标的客观的根本依据。

3. 会计对象起点论

此说认为,"对象决定方法","对象的原型决定理论模型",理论建筑在对象的基础上。价值范畴是最简单、最抽象的范畴,是对会计实践客体进行质的特性和量的规定性认识与描述的理论。价值运动的特征和量的规定性决定所有的会计理论。反对者指责:会计对象和价值运动十分抽象,以此为基础构建的会计理论脱离实际。两种观点各执一词,各走一端。在会计对象基础上建立账户、复式记账、会计报表等会计核算方法的理论已经取得可喜的成果。把会计对象作为概念框架的基础之一尚在研究中。会计对象如何决定会计本质和会计职能?如何决定会计目标?如何决定整个会计理论体系?未见论证。

会计对象是"再生产过程中价值与使用价值既对立又统一矛盾运动",是对会计客体的高度抽象。但会计系统作为一个人造系统,如果脱离了人的主体作用,则无法推动会计系统的发展。即"会计对象论"不能反映动力载体——会计人员的积极性和创造性。同样,根据系统理论,要素、结构、功能三要素,结构是关键,要素、功能正是通过结构重新组合变换而表现整体功能。《资本论》的对象是资本,但其逻辑起点是商品而非资本,亦可旁证。

4. 会计环境起点论

此说认为,"环境决定一切,存在决定一切,……无论会计本质、对象,还是会计目标,它们都是在一定的社会、政治、经济、文化、教育等环境下人们对会计现象的一种认识。有什么样的会计环境,就必然有什么样的会计理论"②。还提出"会计外环境"、"会计内环境"等概念,认为后者包括"会计人员价值观念、会计文化、会计

---

① 葛家澍、林志军:《现代西方财务会计理论》,厦门大学出版社 1990 年版,第 82 页。
② 牛秀敏:《构建我国现代会计概念框架结构的认识》,《四川会计》1995 年第 6 期。

工作程序与方法、会计工作手段、会计工作内容等会计信息系统内部因素"①。此说充分重视会计环境及会计系统本身的特点,观点新颖。问题在于环境指"周围的情况和条件"。"与系统发生联系和相互作用而不包含系统内的诸事物组成的整体为系统环境"②。不应把会计"系统内的诸事物"称之为"内环境"。环境是系统存在和发展的条件。存在决定意识,不等于环境决定意识,更不能说成"环境决定一切"。"本质是事物本身固有的、相对稳定的、决定事物性质的必然联系,即事物的内部联系。本质决定于事物的内在矛盾"③。按照系统理论,"性质是结构的描述","系统的特性首先取决于它的结构。结构的不同可以使同一类系统具有不同的功能"④。木炭、石墨、金刚石的元素相同,都是碳,只是由于结构不同,以致性质和功能完全不同。决定事物本质的是结构而不是环境。环境的外因通过内因而起作用。会计、审计、统计的环境基本相同,但其本质、职能、目标、作用不同,更是证明。我们曾指出,会计系统"结构的特征似可描述为经济管理结构和信息处理结构"⑤,从而形成相应的会计本质和基本职能。

会计环境不能直接反映动力载体——会计人员的积极性和创造性。如果会计学能以会计环境为逻辑起点,则其相邻社会科学是否同样以各自的环境为逻辑起点呢?而且会计环境异常复杂,不是"最简单"的范畴。

5. 会计本质起点论

此说认为,"会计理论诸要素间的逻辑关系,…… 要求以会计理论研究为前提,以会计本质为起点,沿着'会计本质→会计工作实践总体规定性再现(职能作用)→会计工作实践要素规定性再现'的路径,界定会计理论要素间的逻辑关系"。此说还指出,"以会计本质为出发点叙述和构建会计理论,实际上也是 20 世纪 70 年代以来西方会计学界的普遍做法"⑥。早在 1966 年,以美国会计学会名义出版的《基本会计理论》一书一再强调会计目标提供信息论,其逻辑根源就是会计本质经济信息系统论。据此说,会计基本理论范畴的相互关系,如图 5-6 所示。

本质——— 职能 ——— 目标
　　　　　　└──→ 对象、要素

**图 5-6　会计基本理论范畴的相互关系**

① 谢德仁:《会计理论研究逻辑起点及会计理论体系》,《会计研究》1995 年第 4 期。
② 王培智:《软科学知识词典》,中国展望出版社 1988 年版,第 308 页。
③ 王培智:《软科学知识词典》,中国展望出版社 1988 年版,第 231 页。
④ 王培智:《软科学知识词典》,中国展望出版社 1988 年版,第 307 页。
⑤ 李孝林、孙芳城:《运用系统理论研究会计对象、结构和性质》,《北京商学院学报》1989 年第 4 期;中国人民大学报刊复印资料:《财务与会计》1990 年第 2 期。见本书图导-4。
⑥ 李心合:《试论从会计实践出发构建会计理论体系》,《会计研究》1992 年第 5 期。

　　将会计本质作为概念框架诸范畴的逻辑起点,问题在于会计为什么会形成该种本质。本质是看不见、摸不着的。如何才能界定会计本质,它与职能、目标、社会环境等是什么关系? 未见论述。

　　人们对本质的直接认识较难,往往在研究方法上是通过本质的外在表现来揭示内部矛盾。会计本质无法体现会计系统与会计环境、会计理论与会计实践的内在联系,也无法反映会计系统动力载体——会计人员的积极性和创造性,结果将导致会计理论与会计实践的严重脱节。我国会计研究对会计本质逻辑起点的扬弃也说明了会计本质缺乏可操作性。

　　上述 3、4、5 诸说都强调从实际出发进行研究,把会计理论体系建立在实践的基础上,是值得称道的。

　　6. 多起点论

　　多起点论的特点是将上述几个起点合起来作为逻辑起点或研究起点。已经提出来的有: 双起点论如环境、目标结合论①,假设、目标结合论②;三起点论如假设、目标、处理对象结合论③,环境、动因、目标结合论等。

　　多起点论将会计基础理论体系领域的多个范畴作为逻辑起点,貌似全面,显然不是最简单、最根本的范畴。既然单个的会计目标、会计对象、会计基本假设等作为会计基础理论的逻辑起点存在缺陷,将数种观点结合起来同样存在与生俱来的缺陷,除具有主观性和不确定性外,还难避每种起点论之短。

# 第四节　会计基础理论体系研究起点基本职能论

　　我国会计理论界对会计职能进行过长期、大量的研究。对于会计具体职能的提法,由于看问题的角度不同,归纳的方法不同,认识纷纭,姑置不论。对于会计的基本职能,绝大多数论著主张两种职能论,虽然表述有所不同,如反映职能,有的提核算;控制职能,有的提监督、管理,实质上是一致的。由于基本职能在众职能中具有根本性、长期性,不仅制约各具体职能,而且从会计产生直至今后,长期存在,应作为研究的基础和依据。

　　系统科学认为,"系统的功能,是指系统整体与外部环境相互联系时所能表现

　　①　杨月梅:《论会计理论的逻辑起点》,《会计研究》1998 年第 7 期。
　　②　苏新龙:《会计假设理论与会计目标理论是会计理论体系中的起点理论》,《会计研究》1996 年第 11 期。
　　③　杜兴强:《会计理论研究与财务会计概念框架的双逻辑起点论》,《四川会计》1999 年第 5 期。

出来的特性和能力"①。从会计职能来看,它是对广大会计实践的理论概括,不是人们随意赋予的,所以"会计的职能(尤其是基本职能)就具有客观性和相对稳定性"②。由于它是客观的、外在的,因此具有可知性。

会计基本职能与会计基础理论体系的其他范畴有密切联系。试申论之。

## 一、会计基本职能与社会环境

系统科学指出,功能是指系统在特定环境中发挥的作用和能力,是系统的外在行为,连接系统与环境。会计职能也是这样,它连接会计系统与社会环境,体现会计环境包括会计主体、投资者、债权人和有关方面对会计的要求,以及会计系统满足这些要求的能力,是需求与可能的结合。通过会计的多种职能尤其是基本职能,可以了解社会环境对会计系统的经常的、主要的一般需求,又可推定会计系统适应需求的可能性。

## 二、会计基本职能与会计本质

哲学方法论认为,"本质是指事物本身固有的、相对稳定的、决定事物性质的必然联系,即事物的内部联系。本质决定于事物的内在矛盾,是事物比较深刻、比较稳定的方面"③。一般系统论的创始人贝塔郎菲指出,结构是"部分的秩序","本质是结构的描述","外部描述是功能描述"。结构和本质都是看不见、摸不着的。由于系统功能具有对应性——"指功能和结构具有相互对应的性质。这一性质可表述为:结构是功能的基础,功能是结构的表现;结构决定功能,功能反作用于结构"④。通过职能尤其是基本职能研究结构和本质,不仅是系统科学的一般原理,也为会计理论研究所证明。"会计职能是会计固有的功能,是会计本质的体现"⑤。本着由外及内的原则,通过会计的反映职能,发现会计的信息处理结构和经济信息系统本质;通过会计的控制职能,发现会计的经济管理结构和管理活动本质。系统科学认为,"控制系统也是信息系统","控制全过程离不开信息","信息系统必须建立在控制系统之中"。将两者结合起来,即可全面地描述会计结构和本质。因而,我们曾论证,会计是以处理价值信息为基础的控制系统⑥。会计信息系

---

① 乌杰:《系统辩证论》,人民出版社 1991 年版,第 54 页。
② 葛家澍、余绪缨:《会计学》(修订本),四川人民出版社 1997 年版,第 15 页。
③ 王培智:《软科学知识词典》,中国展望出版社 1989 年版,第 231 页。
④ 许国志:《系统科学大词典》,云南科技出版社 1994 年版,第 548 页。
⑤ 葛家澍、余绪缨:《会计学》(修订本),四川人民出版社 1997 年版,第 16 页。
⑥ 李孝林:《会计理论系统论》,《北京商学院学报》1997 年第 6 期。

统论和管理活动论相结合，当可两全其美。所以，通过外在的会计基本职能，研究深藏于内的会计结构与会计本质，是一条为系统科学早已证明了的捷径。

### 三、会计基本职能与基本目标

"系统功能表达系统结构的目的性"[①]。"职能是体现会计本质的功能，而目标则是按照信息使用者的要求把会计职能具体化"[②]。系统论和会计理论都证明会计职能和会计目标密切联系，并能"表达"目标。会计职能是会计行为的概括，客观性强。会计目标尤其是基本目标是人们基于社会环境的要求，根据会计系统的职能确定的，具有主观性。会计基本职能概括了会计基本目标的主要内容，比目标更具有根本性、客观性。以基本职能为研究起点，不仅具有目标起点论的优点，克服其主观性强的缺点，还具有更好的研究其他范畴的优点。

### 四、会计基本职能与会计对象

会计系统通过会计职能反映和控制会计对象，与会计对象及其要素相联系。会计对象和会计对象要素（财务报表要素）是会计职能反映和控制的客体和内容。

### 五、会计基本职能与基本动因

长期存在的会计基本职能为什么会产生，为什么会发展，就是这里所要探索的会计产生和发展的基本动因。动因是环境需求与事物本质、职能的有机结合。从《资本论》第 2 卷"簿记"论中可以知道簿记的产生过程：最初"仅仅用头脑记账"，然后在"生产时间之外附带地把收支、支付日等等记载下来"，后来，"从生产职能中分离出来，成为特殊的、专门委托的当事人的独立的职能"。前者说明簿记的孕育，后两者标志簿记的产生和发展。对于最初产生的会计方法，20 世纪初，俄罗斯会计界进行过讨论，多数认为是资产盘存，有的认为是往来账户，有的认为两者"平行存在"。两种方法要能发挥作用，都必须有账簿。通过账簿，才能对会计对象进行反映和控制，充分实现会计的职能。账簿是会计产生的标志。要联系会计基本职能与最初产生的会计方法，研究其产生的基本动因。

马克思说："正像单个人的情况一样，社会发展、社会享用和社会活动的全面性，都取决于时间的节省。一切节约归根到底都是时间的节约。……时间的节约，以及劳动时间在不同的生产部门之间有计划的分配，在共同生产的基础上仍然是

---

① 王培智：《软科学知识词典》，中国展望出版社 1989 年版，第 307 页。

② 葛家澍、余绪缨：《会计学》（修订本），四川人民出版社 1997 年版，第 20 页。

首要的经济规律。这甚至在更加高得多的程度上成为规律。"①要节约劳动时间，就必须计算活劳动和物化劳动时间的消耗量和劳动产品的产出量，还要千方百计，强化经济管理，促进劳动时间的节约。所以节约劳动时间规律要求并推动以反映和控制为基本职能的会计工作的产生和发展。

综上所述，不仅说明会计基本职能与会计基础理论诸范畴的联系密切，而且通过外在的、客观的基本职能，更便于对各范畴进行深入的研究。

有的学者认为，"会计职能，人们无法知道……是人们根据客观需要而赋予的。可见，联系会计系统与会计环境，不是会计职能所固有的特性，它具有事实上的不可知性，且无法推理论证会计目标等抽象范畴。……也不能构造适应客观环境需要的逻辑严密、内容完整的会计理论体系"②。通过前述分析，结合下文论述，可见其缺乏理论和事实根据。该学者一再强调，职能"不可知"，本质"不可知"，动因"不可知"，原因何在？

# 第五节　会计基础理论体系逻辑起点基本动因论

会计基础理论体系涉及的主要范畴，相互间有密切的、科学的联系。吴水澎首倡会计基础理论体系逻辑起点动因论，笔者也曾不约而同地著文论述。有人认为，"会计动因起点论类似于会计本质起点论，会计动因既不能联系会计系统与会计环境，也不能联系会计理论与会计实践，既不是最基本的抽象范畴，也不具有可知性"③。笔者不敢苟同。

笔者认为，会计理论体系的逻辑起点，应当是会计产生和发展的基本动因，简称动因起点论。理由如下。

## 一、基本动因联系会计环境与会计系统

会计产生和发展的基本动因反映社会环境对会计系统的客观要求，是环境需求与会计本质、基本职能结合的统一与概括。它是制约会计本质、职能、目标等"一切矛盾的胚芽"。以动因为逻辑起点，可以形成前后一贯的会计基础理论体系，如图5-7所示。

---

①　马克思：《政治经济学批判导言》，《马克思恩格斯全集》第46卷（上），人民出版社1979年版，第120页。

②、③　吴联生：《会计研究起点理论述评》，《会计研究》1998年第10期。

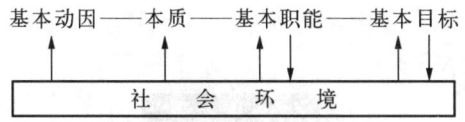

**图 5-7 前后一贯的会计基础理论体系**

反映社会环境客观要求的节约劳动时间规律,要求会计工作是以处理价值信息为基础的控制系统,具有反映和控制两种基本职能。基本动因具有客观性,是社会环境需求与会计本质、职能的结合。以基本动因为逻辑起点,兼具环境起点论与本质起点论之长而除其短。说"会计动因起点论类似于会计本质起点论"①,不知有何根据?

## 二、基本动因联系会计理论与会计实践

在会计产生和发展的基本动因推动下,形成会计本质和基本职能,进而建立如实提供信息、加强经济管理的基本目标,建立维护社会主义市场经济秩序、提高经济效益和社会效益的总目标。按照基本动因的要求,发挥会计系统的基本功能,反映和控制会计对象,实现会计基本目标和总目标。因而动因起点论及以其为基础的会计本质、基本职能、基本目标和总目标,包括了对会计实践的基本的指导思想,指导会计工作转轨变型,加强会计基础工作,建立管理型会计:通过核算,提供真实信息,强化经济管理,以节约劳动时间,提高经济效益和社会效益,维护社会主义市场经济秩序。基本动因内含会计系统理论和实践中"一切矛盾的胚芽"。

## 三、基本动因是逻辑起点和历史起点的统一

会计产生和发展的基本动因是会计基础理论体系的逻辑起点,又是会计工作的历史起点。作为会计产生和发展基本动因的节约劳动时间规律,是人类社会"首要的经济规律",是基本的、客观的抽象范畴,显然具有可知性。

## 四、建立前后一贯的会计基础理论体系

基本动因是会计基础理论体系中基本的、初始的抽象范畴。以其为逻辑起点,可建立前后一贯的会计基础理论体系(见本书图导-5)。

---

① 吴联生:《会计研究起点理论述评》,《会计研究》1998 年第 10 期。

# 第六章
# 会计属性理论

## 第一节  会计是上层建筑论

任何概念都必须有确定的内涵和外延：外延是指概念的适用范围；内涵是指反映在概念中的特性和本质，即一个事物区别于其他事物的基本标志。任何事物都具有质的规定性。会计是什么？就是要回答会计的性质。对于会计的性质，新中国成立以来会计学界曾经进行过热烈的讨论，大体上可以分为三个阶段。

第一阶段是新中国成立初期，讨论的焦点是会计有没有阶级性，陶德在《"怎样建立新中国会计理论基础"读后》一文中提出会计"只是文字和数量结合的应用技术，是属于生产力的范畴，一个社会生产力怎样，它的会计也必须怎样"[1]。

当时在中国的苏联专家指出："会计是一种有阶级性的科学，是永远执行着该社会统治阶级所赋予它的那种目的和任务的科学。"[2]

20 世纪 60 年代初是第二个阶段，关于会计阶级性问题，形成三派意见。一种看法是，会计是物质生产过程的物量反映。按照马克思的说法，会计是对生产过程的控制和观念总结，在不同的社会制度下应用会计的账簿和科目不一样，反映的对象不一样，目的和任务也不一样，但会计基本的主要的方面是物量的反映，所使用的方法基本上是相同的。既然承认会计是工具和方法，说方法和工具具有阶级性不大讲得通。另一种看法是，评定会计的属性要看会计的基本内容是什么。已经肯定，会计是反映生产过程数量关系的一种方法。不过，考虑到生产过程总是在一定生产关系中进行的，而生产过程中的数量关系则表现为财产关系，直接触及这个或那个阶级的利益，要根据一定的阶级观点来制定会计制度和会计方法，从这个意义上说，会计具有一定的阶级色彩。阶级色彩比阶级性的提法在分量上轻一些，它表明某些会计制度和方法反映一定阶级的要求。还有一种看法是应当肯定会计具有一定的阶级性。从会计作为一种管理物质再生产过程的方法来看，生产过程不

---

① 陶德：《"怎样建立新中国会计理论基础"读后》，《新会计》1951 年第 4 期。

② 陶德：《论会计核算的阶级性》，《工业会计》1952 年第 4 期。

单是生产的技术过程,同时是生产的社会过程,所以对生产的管理必然具有两重性,它既要受生产过程的技术方面的制约,又要受生产过程的经济方面,即生产关系的制约。会计作为一种经济管理的方法,其本身在不同社会制度下是可变的,不应把它等同于一般的技术方法。再从会计作为一门科学来说,它的内容大体可以分为三部分:一部分是专门讲述如何记账编表的道理,这一部分当然是没有阶级性的;另一部分是对某些技术方法赋予理论上的说明如借贷学说,这一部分或多或少涉及人们对财产关系的看法,带有一些阶级色彩,但说它没有阶级性也还可以;还有一部分是对某个社会特殊需要的方法和对该社会的会计制度、会计准则所作的理论说明,它的阶级性在有些地方表现得很突出。

上述三派的共同点都把会计看成是方法或工具。

第三个阶段是 20 世纪 50 年代初到 70 年代中期,特别是"文革"时期,"鲜明的阶级性"论长期居于统治地位。到了 80 年代,鲜明的阶级性论和工具论都已经越来越少,管理活动论和经济信息系统论各有比较鲜明的观点和系统的论点。接着,把"两论"结合起来的论述日渐增多,有形成第三学派的趋势,本书即为一例。

在 20 世纪 50 年代,我国流行着会计是上层建筑的观点。持这种观点的人认为,会计虽然运用各种技术方法,管理和核算生产力,与生产力有密切联系,但这种联系是以生产关系为中介的,因此属于上层建筑范畴。

1950 年,苏联专家曾指出:"会计学继资本主义社会的其他上层建筑之后,也被资产阶级动员起来,以作为保护和巩固资本主义的工具。"[①]《工业会计》1954 年第 11 期发表游励坚的文章,对"会计核算属于上层建筑的范畴"进行了论证。该文根据斯大林《马克思主义与语言学问题》所说的上层建筑的特征进行探索,认为"会计核算是经济科学的一种",是经济基础的产物。管理权操纵在谁的手中,就由谁决定管理的内容、形式、目的和任务。资本主义制度下的会计核算与社会主义制度下的会计核算有根本的不同。不同社会制度下的会计核算是形成和巩固自己基础的积极力量。会计核算是反映和监督经济过程的工具,只与经济基础直接联系,替经济基础服务,通过经济基础的中介与生产发生间接的联系。

《会计研究》1981 年第 3 期发表余光耀的《试论会计的性质——兼述对杨纪琬、阎达伍同志"会计两重性"的商榷意见》一文,再次论证会计属于上层建筑范畴。他认为,会计是一项经济管理工作,管理总是有目的和要求的。按谁的意志和要求进行管理,为谁的利益服务,决定着会计的性质,……会计管理的目的和要求,体现在会计的理论、原则、制度、办法等方面,是生产资料占有者意志的反映,又反过来

---

① 陶德:《论会计核算的阶级性》,《工业会计》1952 年第 4 期。

为生产资料占有者的利益服务。因此,它是上层建筑的范畴,在阶级社会,具有鲜明的阶级性。会计的某些具体方法如复式记账原则、成本计算法、账表凭证格式等是"旧上层建筑中积极因素被新的基础所利用而保存下来的"。"作为上层建筑的会计,正如政治、法律、哲学一样,指的是整个体系,而决定其性质的是它的基本部分。至于采用的一些具体方法、形式等,适应新的经济基础的就被保存下来并被消化、吸收,成为新的会计体系的组成部分"。

肖源的《关于研究会计性质的方法问题——和余光耀同志商榷》[1]一文认为余文"不能把会计管理的内容分为两部分"是"一点论"的方法;马克思关于管理职能两重性的论述,不是"单一性"的论据;所谓会计仅仅属于上层建筑,是片面的方法导致的片面结论。该文指出,如果按照余光耀论文会计管理的目的和要求决定"会计仅仅属于上层建筑范畴",那么资本家利用任何自然科学,无一不是为了赢得更多的剩余价值,所有自然科学也统统因此属于上层建筑,具有鲜明的阶级性了。

会计是经济管理而不是政治、法律管理,不能认为经济管理活动属于上层建筑的范畴。生产资料所有制、生产管理都体现了生产资料占有者的意志,但不是上层建筑。会计管理受上层建筑的指导,不等于就是上层建筑。

恩格斯说:"在社会历史领域内进行活动的,全是具有意识的、经过思考或凭激情行动的、追求某种目的的人;任何事情发生都不是没有自觉的意图,没有预期的目的的。"[2]对生产资料私有制实行社会主义改造就是人们有意识的行动,谁也不会说它属于上层建筑的范畴。

按谁的意志、要求进行管理,为谁的利益服务并不决定会计属性,因为意志要求是外界附加给会计而不是会计本身所固有的。决定会计属性的是会计的内在矛盾。

任何生产方式的生产过程都是生产力和生产关系的统一,因此,作为反映和控制生产经营过程的会计,不仅同生产关系有直接联系,具有维护生产关系的职能,而且与生产力相联系,具有合理组织生产力的职能,两者相辅相成,缺一不可;否则,会计就不能成为反映和控制生产经营过程的会计。

因此,我们不赞成会计是上层建筑论。

## 第二节　会计是生产力论

"会计是生产力"最初是陶德在《新会计》1951年第4期《"怎样建立新中国会

---

① 肖源:《关于研究会计性质的方法问题——和余光耀同志商榷》,《会计研究》1983年第5期。
② 马克思、恩格斯:《马克思恩格斯选集》第4卷,人民出版社1972年版,第243页。

计理论基础"读后》中提出来的。《财务与会计》1979 年第 3 期、1983 年第 9 期,《会计研究》1985 年第 6 期,《财会审》1987 年第 2 期先后发表了专文进行论证。它们所说的会计都包括会计工作和会计科学,它们认为两者都是生产力。对于生产力,是按照传统的观点从自然属性方面理解的,如说"生产力决定了会计的技术性","会计同生产力密切联系的自然属性"。会计界常说的"会计的自然属性与生产力相联系",也是把生产力看成技术工艺范畴。

## 一、会计是生产力论的论据

就我们所见到的已经发表的文章看,"会计是生产力论"(简称"生产力论")的论据可以归纳为以下八点:

(1) 科学技术是生产力,管理也是生产力。

(2) 从生产力系统论的观点来考察。

(3) 会计反映和控制生产力。

(4) 会计能形成价值,会计费用是生产性支出。

(5) 会计是生产劳动,是总体工人的一个器官。

(6) 会计是门技术经济科学,属于生产力经济学的分支。

(7) 决定会计性质的主要方面是生产力而不是生产关系。

(8) 从会计的产生和发展看,会计是生产力。

## 二、对会计是生产力论的质疑

《会计研究》1981 年第 2 期、1984 年第 5 期,《财会研究》1983 年第 3 期,《财会探索》1985 年第 3 期,《财会审》1987 年第 3 期和《会计学家》1992 年第 2 期曾经发表李孝林、孙芳城的文章,据理反驳。后来又有人提出一些意见。

学术讨论应当针锋相对,对前述会计是生产力的论点以及对会计是生产力的论点等,逐条分析①。

"生产力论"为了说明会计应属于生产力的范畴,采取了大量三段论逻辑推理法。请看:

(1) 科学技术是生产力/会计是科学技术/会计是生产力。

---

① 　a. 关于"科学技术是生产力,管理也是生产力";b. 从系统论的观点看会计是否是生产力;c. 从会计对象看会计是否是生产力;d. 会计"不形成产品和价值",会计费用是纯粹流通费用;e. 关于生产劳动和总体工人;f. 关于"会计是门技术经济科学,属于生产力经济学的分支";g. 关于"决定会计性质的主要方面是生产力而不是生产关系";h. 从会计的产生和发展看会计是否是生产力;i. 从一些经济范畴和制度看会计是否是生产力;j. "生产力论"的逻辑推理。

（2）管理是生产力/会计是管理活动/会计是生产力。

（3）信息是生产力/会计是信息系统/会计是生产力。

（4）生产劳动是生产力/会计是生产劳动/会计是生产力。

（5）总体工人的各个器官是生产力/会计是总体工人的一个器官/会计是生产力。

（6）技术经济学是生产力/会计属于技术经济学/会计是生产力。

（7）生产力经济学是生产力/会计是生产力经济学的分支/会计是生产力。

从形式逻辑的角度看，这七个三段论都属于第一格。前三个三段论的大前提形式上是全称判断，实际上是特称判断。如果是全称判断则不能成立。作为特称判断虽能成立，但又违反了大前提必须是全称判断的规则，形成中项不周延的四概念错误。第四个至第七个三段论的大前提都不真实（小前提是否真实，不论），因而这些三段论的推理都不能成立。推出的结论是错误的。

综上所述，会计是生产力的论点不能成立①。

会计不是生产力，并不否定会计的技术性。历史唯物主义指出社会科学有继承性，会计也不例外。对于外国会计的先进部分，应当结合我国实际，吸取和发展。在讨论中，有的学者指责我们，仅就会计是生产力的"论据进行反驳，未从正面阐明自己的观点，因而不能推倒其论点"。这种逻辑实在令人难解。我们认为会计指会计工作，它"是以处理价值信息为基础的控制系统"②。我们的正面主张与"生产力论"，两者正确与否，是两回事。怎能把我们正面主张作为推倒"生产力论"的前提呢？我们认为学术讨论要针锋相对，如果其论据有一条能够成立，其观点就有正确方面，所以我们采取了逐条反驳的方式。

人们常说"会计是商业语言"。尽管这种说法只是个形象的比喻，并非科学判断，却从一个侧面说明会计像语言一样，既不是生产力，又不是上层建筑，更不是经济基础。它与三者都有密切的联系，为三者的发展服务。

根据系统科学和会计"基本职能体现本质"的原理，上层建筑论和社会生产力论，脱离会计基本职能，都未能概括会计本质。20世纪70年代以来，国内外相继提出会计信息系统论和管理活动论。

---

① 上文只对会计是否是生产力论辩双方的主要论点进行概括，较详细的论述。参见李孝林等：《会计基本理论比较》，立信会计出版社2006年版。

② 李孝林、孙芳城：《运用系统理论研究会计对象、结构和性质》，《北京商学院学报》1989年第4期；中国人民大学报刊复印资料：《财务与会计》1990年第2期。

# 第三节　会计是经济信息系统论

20世纪中期,发达国家流行着会计是方法、是工具、是艺术的观点①。

随着"三论"(系统论、信息论、控制论)的流行,会计是经济信息系统论也迅速流行起来。20世纪70年代,由美国会计界名家59人合编的《现代会计手册》第1分册《序言》第一句就是:"会计是一个信息系统。它旨在向利害攸关的各个方面传输一家企业或其他个体的富有意义的经济信息。"②20世纪80年代,我国有些会计专家接受并宣传经济信息系统论。他们对会计的定义是:"会计是旨在提高企业和各单位经济效益,加强经济管理而建立的一个以提供财务信息为主的经济信息系统。它在企业和各单位范围内,主要用于处理价值运动(在社会主义条件下为资金运动)所形成的数据,并产生与之有关的信息,起反映的职能;上述数据与信息的进一步利用,又能起监督、预测、规划和分析评价等控制职能。会计的上述两项基本职能,都有助于进行正确的经济决策和财务决策。"③

信息系统论认为"构成会计必不可少的内容"是:取得原始凭证→进行原始凭证的审核→设置会计账户→进行复式记账→填制记账凭证→登记会计账簿→进行费用的汇总、分配、再汇总、再分配,计算出产品或劳务成本(但这一步骤只限于那些需要进行产品或劳务成本计算的企业、单位),并据以进行有关费用结转与成本计算的分录→对账证、账款、账物和账账进行必要的检查和核对→编制并报送财务报表→进行报表分析并写出分析报告→依靠会计资料控制经济活动过程→取得原始凭证→……上述会计实践的十一项活动"构成了一个有组织(有秩序)的数据处理和生成信息的程序。这一程序——信息从取得到输出的全过程,都服从于人们对企业经营活动进行有效控制的目的"。因而"把会计定义为一个主要在微观范围内进行的、以提供财务信息为主的经济信息系统是比较能科学地说明会计的本质的"④。经济信息系统论的理由有:一是这个定义比较简明;二是这个定义能比较

---

① 方法论:会计是以货币为主要计量单位,进行连续、系统、全面的记录和计算的记账、算账和报账的方法;工具论:会计是"反映和监督生产过程的方法",主要是为管理提供资料,是"经济管理的工具"或提供财务信息的一种规则与方法;艺术论:会计的本质是一种"描述性艺术",它记录、分类和总结一个企业的交易并报告和解释其结果,强调会计人员运用自己的会计学识,在解决特定问题时所表现出的创造性技巧和能力。可参见于玉林、李端生:《会计基础理论比较研究》,经济科学出版社2005年版,第137-139页;陈国辉:《会计理论研究》,东北财经大学出版社2001年版,第30-43页。

② 西德尼·戴维森:《现代会计手册》(第1分册),中国财政经济出版社1985年版,第1页。

③ 葛家澍、唐予华:《关于会计定义的探讨》,《会计研究》1983年第5期。

④ 葛家澍、李翔华:《论会计是一个经济信息系统》,《财经研究》1986年第10期。

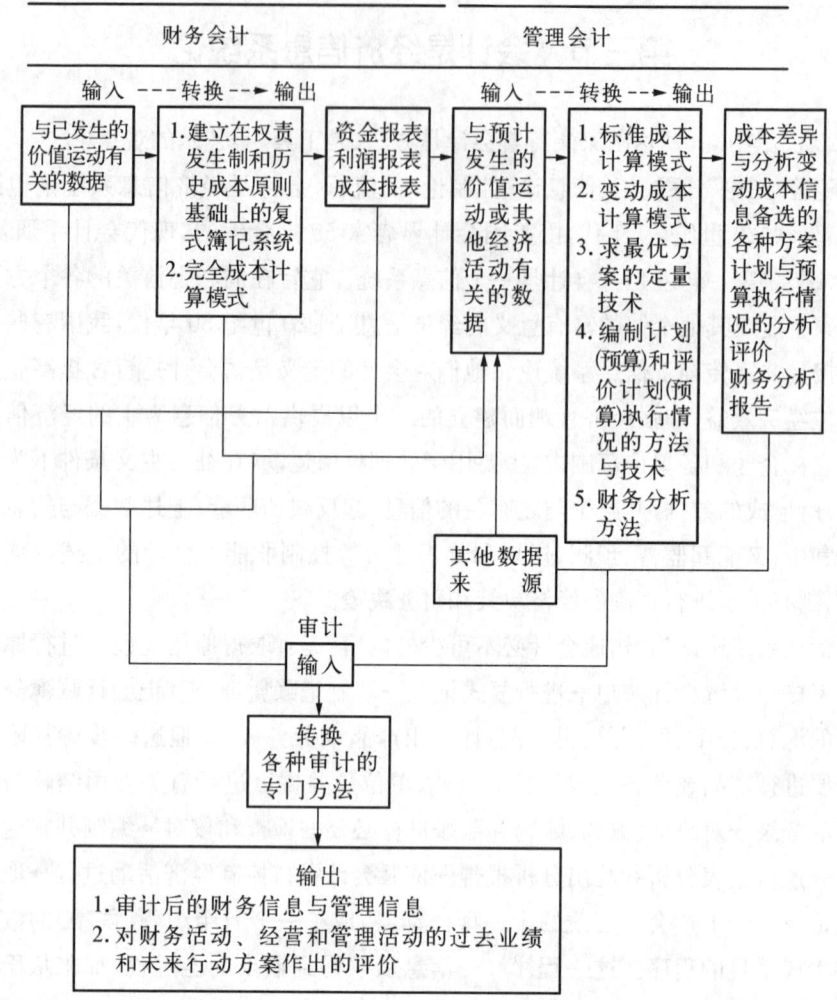

图6-1 会计——一个提供财务信息为主的经济信息系统

准确地表述现代会计产生以来,就始终存在的"反映"职能,或称为"提供数据和信息为经济管理服务"的职能;三是这个定义能突出在商品经济条件下会计必然以提供财务信息(能用货币来计量、记录、预测的那些数量方面)为主的特点;四是这个定义考虑到了现代会计的新内容及其发展,因为迄今为止,会计所运用的信息加工方法已形成一个严密而复杂的体系,从而在企业中成为一个能把数据转化为信息的系统。在这个系统中,不论用何种手段处理数据,均可理解为一个由若干要素组成的有机整体,它们都能用"系统"两个字加以概括;五是这个定义能较好地把"管理工具论"或"艺术论"同管理活动基本上统一起来。作为一个系统,会计既可理解为具有两个以上的方法或程序,为完成处理数据和提供信息的功能而组成的方法的体系；也可以理解为具有数据处理对象，由信息管理部门和人员来掌握，为信息提供和信息使用而进行的一系列工作内容和程序（使用信息就能发挥会计对生产的控制作用）。

经济信息系统论认为，按照会计各子系统所起的作用的不同，可分为会计核算、会计分析、会计检查三个子系统。按照所提供信息的性质和用途的不同，可分为财务会计、管理会计和审计三个子系统，如图6-1所示。

信息系统论认为，"在微观经济中把会计管理看成价值管理的主要形式就明显地侵犯了财务管理的内容"。

## 第四节　会计是经济管理活动论

这里的"会计"是指会计工作。会计方法是会计工作的方法，是会计工作的一部分，并不能代表"会计"。人们常说会计对象是价值运动，会计职能是"过程的控制和观念总结"，会计有两重性等，都是指的会计工作，只有会计工作才能对会计对象进行控制和观念总结，没有会计人员使用的会计方法，不能进行反映和控制。马克思在《资本论》第2卷第6章中专门论述的簿记，也是指会计工作而不仅仅是会计方法。簿记方法并不能构成流通费用，只有簿记工作才"一方面耗费劳动力，另一方面耗费劳动资料"，从而构成流通费用。马克思还明确指出，簿记"原来是生产职能的附带工作"，更说明簿记早就是一种"工作"而不仅仅是"方法"。

我国"会计"一词始见于西周，"以逆群吏之治而听其会计"，"以待会计而考之"（《周礼·天官·司会》），"孔子尝为委吏矣，曰：'会计当而已矣'"（《孟子·万章》），这里的会计都是指会计工作。宋朝郑伯谦著《太平经国之书》卷十一的篇名是"会计"，通篇3500字，未讲会计方法，专论周朝、汉朝的会计工作。所说"以会计之官，稽掌财用财之吏"，就是讲会计工作官员稽查掌财用财的官吏。在当代，我国《会计法》是会计工作的法律而非会计方法的法律。《辞海》释"会计"为"管理财物及其出纳之事"，即："① 以货币为主要计量单位，对企业、机关、事业单位或其他经济组织的经济活动或预算执行过程及其结果，连续地、系统地进行核算，并根据核算资料进行分析和检查。② 担任会计工作的人员。"可见"会计"一词，从古到今，都是指会计工作，指人们的会计活动。如果按照广义的理解，会计是会计工作和会计学的统一，它仍然是一种活动。反之，各种活动如生产、税收、战争各有其方法，但谁也不会说它们是一种方法。这里以大量的例证说明命题的主语——"会计"是指会计工作或会计活动，而不仅是指会计工作的方法，一则是因为如果搞不好，各弹各的调，就不能得出共同的认识；二则是因为主张会计是经济信息系统论的同志曾明确指出：如果把会计当作一项活动或工作，那么说会计工作是一项管理工作是完全正确的。

会计是经济管理活动论的主要论据如下。

## 一、从会计的产生和发展来看会计管理

会计的产生是提高经济效益的需要，我们的祖先在创造"会计"词汇时已初步认识到会计在增加利益和计算方面的意义。汉朝许慎《说文解字》指出："會，合也。从人，从曾省。曾，益也。""人"，三合也，视若集，集合，汇合，一点一滴都不要漏掉。曾，增的假借字；益，多也，利益。"计，会也，算也"。增加利益需要加强管理和核算，所以会计是适应加强经济管理、提高经济效益的需要而产生和发展的。我国周朝中央政府在天官冢宰下设置庞大的会计主管机构"司会"，其职责是利用账册、报表数字、公文、户籍和地图等文件的副本，考核官吏们的工作，并检查、听取他们的财务报告。充分说明古代会计的管理职能。

我国早在战国时代就以法律形式对会计管理作出许多明确规定①。会计属于管理的经济体系，经济越发展，经济过程越复杂，作为管理经济活动的会计就越重要。"因此，簿记对资本主义生产比对手工业生产和农民的分散生产更为必要，对公有生产比对资本主义生产更为必要"②。在美国，有的高级会计人员的薪俸和总统一样多，甚至更多，资本家之所以愿花大量的会计费用，是因为会计管理能够为他们赚回更多的钱。

对于"公有生产"的社会主义社会，会计更为必要，仍需从加强经济管理的必要性方面进行观察。

（1）社会主义社会生产资料公有，生产经营的规模扩大，社会化程度提高，生产、流通等国民经济各部门的联系更加紧密，形成统一的国民经济整体，更需加强会计管理。

（2）公有制经济比私有制经济更需加强经济管理。在社会主义社会，产品还不够丰富，人们的精神境界还没有达到共产主义的高度，旧社会的影响还在侵蚀着人们，公有财产除了依靠人民群众的公德和法制以外，更必须高度加强会计管理，才能确保安全并不断增加。

（3）生产资料公有，国民经济各部门各环节都必须实行经济责任制。根据责权利效结合的原则，科学地制定各项经济指标和奖惩制度，是经济责任制成败的关

---

① 李孝林：《从云梦秦简看秦国的会计管理》，《江汉考古》1984 年第 3 期。
② 马克思、恩格斯：《马克思恩格斯全集》第 24 卷，人民出版社 1972 年版，第 53 页。

键,也是会计管理的职能。经济指标过高或过低,都会严重影响经济责任制的实施,因而更必须大力提高会计工作水平,严格地、准确地、及时地进行核算,考核费用和效益,进行科学的分析和预测,以便促进经济责任制的实施。

(4) 生产资料公有,劳动者能够在更大范围内发挥积极性,要使这种可能变为现实,必须加强会计管理,切实贯彻按劳分配的原则,正确处理国家、集体、个人的经济关系,使劳动者的积极性持续高涨。

(5) 生产资料公有,会计管理超出了个别企业的范围,逐级汇总起来的会计资料为国家综合平衡、编制和检查经济计划以及制定政策提供依据。这样形成的国民经济会计或宏观会计,就成为国民经济管理的重要设施。

## 二、从会计人员的职责看会计管理

《会计人员职权条例》规定,会计人员有"三权六责"。"三权"是有权要求本单位有关部门、有关人员认真执行国家批准的计划、预算,遵守国家财经纪律和财务会计制度;有权参与本单位编制计划,制定定额,签订经济合同,参加有关生产、经营管理会议;有权监督、检查本单位有关部门的财务收支、资金使用和财产保管、收发、计量、检验等情况。这三方面的权限都是管理权。"六责"中的五条(第1、第3、第4、第5、第6条)为计划管理、资金管理、定期检查、分析计划执行情况,考核资金使用效果,挖掘增收节支潜力,揭露经营中的问题,同一切违法乱纪行为作斗争等都是管理。就拿第2条职责来说,"按照国家制度的规定,记账、算账、报账"是核算,但要做到"手续完备,内容真实,数字准确,账目清楚",仍须加强管理,而且核算也是经济管理的职能。

《国营企业成本管理条例》第28条进一步具体规定:"企业财务会计部门的成本管理责任是:制定本企业的成本管理制度;组织成本核算;编制、落实成本计划和预算;监督、考核成本计划的执行情况;并对企业的成本进行预测、控制和分析。"如此等等,都说明会计的管理职能。要把加强经济管理、提高经济效益作为会计工作的出发点和落脚点,这已经不是学术讨论问题,而是国家的法律规定和实际工作的常识。

## 三、从管理和会计的职能、对象看会计管理

对于企业管理的职能,表述尚不一致。西方管理学者都把计划、组织、控制等作为管理的主要职能[1]。苏联学者奥马罗夫主编的《社会主义经济管理的科学原

---

[1] 马洪:《有关企业管理职能的理论》,《商业经济管理概论资料汇编》(上册),中央广播电视大学出版社1984年版,第14页。

理》指出："任何一种经济管理所固有的一般职能是：计划、组织、调节、监督和核算。"会计工作显然具有参与检查经济计划、组织、调节经济活动,监督、核算价值运动的职能。这里要强调指出核算是重要的管理职能①。在记账、算账过程中,首先要对凭证及其反映的经济业务进行审核,这是发挥管理作用的重要环节。更何况现代企业管理所需要的信息,约有 2/3 来自会计。反映和控制是会计的基本职能,因而会计是管理活动。

一些学者认为,会计只提供信息而没有管理职能。他们还很有理论根据地认为学科划分越来越细,审计和财务管理都已脱离会计而独立出来。即使按照他们的论断,材料账、商品账应该属于会计的基础工作。所谓核算,即审核而后算。记账先要审核凭证,要注意商品、材料是否数量足、质量好,是否适销或适用,是否有贪污挪用或霉烂变质,经常分析库存结构,协同采购部门提出采购计划,如此等等,显然是管理活动。单纯做一些加加减减的记账、算账工作,并不是优秀的会计人员的表现。再说要很好地提供信息,也有大量的管理工作,优秀的会计人员更要运用信息进行经济管理,给企业领导当好参谋和助手。在企业中,也难以把财务与会计严格分开。出纳属于财务管理的司库职能,出纳员记的现金账又属于会计核算;管理会计属于会计范畴,但是管理会计的许多工作属于财务管理性质。如果把会计仅看成是方法、工具,只提供信息而否定会计的"控制"职能,显然不够妥当,对会计实践必将产生严重的不良后果。

关于会计对象的表述,我国会计界尚未统一认识。比较流行的提法认为,会计对象是社会主义再生产过程中的资金运动。写入教学大纲的另一种提法是：会计对象是企业、事业和行政机关等单位在社会主义再生产过程中能够用货币表现的经济活动。无论哪种表述,都是从社会再生产过程进行论证,都承认会计管理的对象是再生产过程的经济方面,属于社会经济现象。所以会计管理是从经济方面管理社会再生产过程,会计部门是经济管理部门而不是工艺技术部门,因而会计是一种经济管理活动。

## 四、从系统科学看会计

系统科学是第二次世界大战后崛起的新理论,从不同侧面揭示了客观物质世界的本质联系和运动规律,渗透到各种学科,为现代科学技术提供了新思路、新方法。

"系统"是由相互作用、相互依赖的若干组成部分结合而成的、具有特定功能的

---

① 奥马罗夫：《列宁关于核算和监督是重要管理职能的演说》,《上海会计》1986 年第 3 期。

有机整体。系统论认为世界上各种对象、事件、过程都是合乎规律的由各要素组成的有机整体。所有的研究对象都可以看成系统,管理是个系统,会计也是个系统。

"信息"的定义很不一致。简单地说,信息是指具有新内容、新知识的消息。万事万物都可以产生信息。信息论用信息概念作为分析和处理的基础,把系统的运动抽象成为一个信息交换过程,如图 6-2 所示。

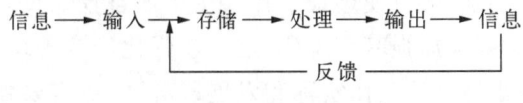

**图 6-2 信息交换过程**

如果只从会计的观念总结职能看,说会计是经济信息系统,未尝不可。但是会计还有另一基本职能——控制。

系统的运动和控制是分不开的,特别是人造系统,更不能没有控制。管理也是一种控制,控制处于系统方法的心脏地位。控制论的主要方法是反馈。所谓反馈,是把被控制对象所产生的反应、结果,即把控制系统输出的信息返送回来,进行比较、判断,再输送到系统中去,并对系统的控制发生影响。经济信息是控制经济活动的依据。计划、执行(组织、指挥、调节)和控制(检查、监督、评价)三个基本环节是管理活动的基本组成部分。会计工作参与管理三个基本环节,因而是经济管理的组成部分。

会计控制系统,作为企业管理系统的分系统,其管理过程即信息流程,如图 6-3 所示。

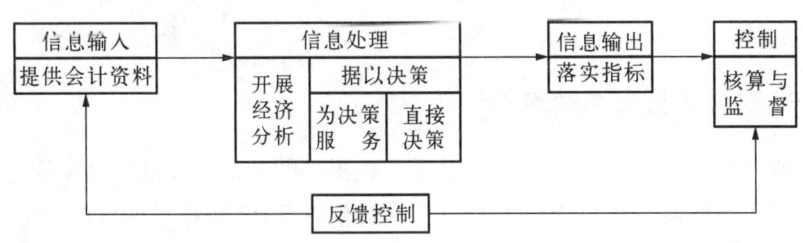

**图 6-3 会计控制系统流程**

资料来源:杨纪琬、阎达五:《论会计管理》,引自《1982 年会计学论文选》,中国财政经济出版社 1983 年版。

信息系统的特征是信息变换。控制系统的特征是信息反馈,利用信息进行调节。控制系统与信息密切联系。信息系统与控制系统是不能分离的。会计信息既是会计工作的组成部分,又是会计工作的产品。把会计看作控制系统,能够包括信息系统的含义,更符合系统科学"三论"的原理和会计工作实际。

会计是工具、是方法,只向管理部门提供信息而没有管理职能的传统观点,不仅脱离会计工作的实际,而且也背离马克思关于会计是对"过程的控制和观念总结"的原理。实际上,作为经济管理部门的会计,可以用来维护社会主义市场经济秩序,加强经济管理;用来降低成本,增加收入,提高经济效益。突破传统观点束缚的会计管理论的明确,必将使会计工作人员更加自觉地投入本单位的经济管理活动,根据管理的要求加强基础工作,进一步强化经济管理,更全面地发挥会计工作的职能。从当前会计工作实际和发展趋势看,更需要强调会计工作的管理职能。形形色色的会计工具论在国内外长期居于统治地位,只能说明会计理论在一定程度上脱离实际。因而会计是经济管理的重要组成部分的提出,对会计理论研究必将产生深远影响。它是会计对象和职能研究的深化,是对会计性质认识的突破。

笔者认为,"会计控制论"不是独立于管理活动论以外的学派,故将两者合并介绍。下面介绍信息系统论与管理活动论"两论"结合的比较全面的第三学派。

# 第五节　会计工作属性的新定义

性质是"结构的描述",受事物的对象和要素的制约,并且表现为基本功能。

我国会计界对会计属性的认识分歧较大,主要有经济管理活动论和经济信息系统论两派。两派各言其是,似乎谁也说服不了谁。从系统论的观点看,两派都突出了会计的一种结构和职能,各有优缺点,应当结合起来,相互补充,形成全面的、科学的会计观。

## 一、对经济信息系统论的评析

在西方比较流行、国内有一部分论著积极提倡的会计是经济信息系统论,突出会计的反映职能,其最大的优点是抓住了会计的特征,将会计与其邻近的工种较好地区别开来。生产管理、物资管理、统计核算、业务技术核算等与会计工作的重要区别,就在于会计的特征是处理经济信息。"万物皆系统","万物都会发出信息",所以信息系统是一个相当宽泛的概念。"企业本身就是一个信息系统",经济统计也是经济信息系统。因而经济信息系统不能充分说明会计的实质,似有内涵过宽之嫌。经济信息系统论说会计"同时也是一个经济控制系统"①。这是一个重要的

---

① 葛家澍、李翔华:《论会计是一个经济信息系统》,《财经研究》,1986 年第 10 期。

认识，从而与管理活动论接近。但在其关于会计概念的表述中，控制却被舍弃，从而有失全面。

经济信息系统论认为会计"第二位的职能才是控制"，其理由是"第一，对决策起关键作用的企业各级领导人员不能包括在会计信息系统内；第二，企业财务和经营的决策是领导人员的权力和责任。……参与决策不等于能作出决策"①。这里有三点可以商榷：第一，总会计师难道不包括在会计信息系统之内，难道对决策无足轻重？第二，对决策的含义，还存在不同的理解。会计人员所进行的管理决策和作业决策，理应属于决策的组成部分。不应把决策仅仅等同于领导拍板，领导拍板只是决策的一种。第三，决策只是管理的一种功能，计划、组织、控制、调节、监督、激励等都是管理的功能。马克思时代的控制，亦可译为管理、调节、监督、稽核，其含义比当代的控制要宽得多。因而作为会计基本功能的控制是广义的，相当于现代的管理，不能把管理简单化为作出决策，甚至等同于领导拍板。著名管理学家 H·法约尔说："管理既不是一种独有的特权，也不是企业经理或企业领导人的个人责任，它同别的基本职能一样，是一种分配于领导人与整个组织成员之间的职能。"②他还强调指出："不要把管理同'领导'混淆起来。"控制功能第二论似乎混淆了两者的界限。

信息系统论认为，"保管管物，出纳管钱，会计管账"。这三句话的确言简意赅。会计工作正是通过"账"，对钱、物进行管理。如果没有账，怎能对钱、物进行管理，怎能确保财产的安全？会计工作通过账和其他方式对钱、物的存量、流量和有关的经济活动进行核算和控制，发现问题，提出改善经营管理的意见，总结经验，提高经营管理水平。核算也是重要的管理功能③，其故正在于此。财产清查是会计核算的方法之一。我国《会计法》第 17 条规定："各单位应当定期将会计账簿记录与实物、款项及有关资料相互核对，保证会计账簿记录与实物及款项的实有数额相符、会计账簿记录与会计凭证的有关内容相符、会计账簿之间相对应的记录相符、会计账簿记录与会计报表的有关内容相符。"这些，看似核算，要达到要求，必须进行大量的管理工作。就拿材料核算来说，会计人员"要定期、不定期地对材料组织轮番盘点，年终要进行全面清查。对盘盈、盘亏和报废的材料要查明原因，分别不同情况，经过批准后进行处理"。"要经常深入仓库了解材料的储备情况，对于超过正常储备和呆滞积压的材料，要分析原因，提出处理意见和建议，督促有关部门处

①　葛家澍、李翔华：《论会计是一个经济信息系统》，《财经研究》，1986 年第 10 期。
②　H·法约尔：《工业管理与一般管理》，中国社会科学出版社 1982 年版。
③　奥马罗夫：《列宁关于核算和监督是重要管理职能的演说》，《上海会计》1986 年第 3 期。

理"①,如此等等,显然都属于会计工作的管理活动,核算和控制更可证明会计工作的管理功能。

## 二、对经济管理活动论的评析

经济管理活动论突出会计的控制职能,深刻地说明会计的本质,能够指导会计人员自觉地加强经济管理活动。忽视管理正是当前会计工作的通病。因而管理活动论提出后,迅速得到了许多人的赞同。它是带有突破性质的、对实际工作有指导意义的论断。

经济管理活动论也是一个比较宽泛的命题,人们常说"八大管理",大多数都是经济管理活动。管理活动论并不能说明会计工作与计划管理、生产管理、劳动工资管理等的区别,似乎也有内涵过宽之嫌。

观念总结是会计工作的两大基本功能之一,它能够概括地说明会计的特点,在管理活动论的命题中却得不到应有的表现。

"系统与控制是不能分离的",会计系统并不是单纯的信息系统或控制系统。"两论"各自突出了会计的一种基本功能和结构,取长补短,合二为一,将可相得益彰。

## 三、会计本质与会计结构、会计职能

我国会计学界对会计本质进行过长期的、大量的讨论,众说纷纭,但却对什么决定本质、什么表现本质缺乏研究,从而影响人们对会计本质取得共识。

哲学方法论指出:"本质是指事物本身固有的、相对稳定的、决定事物性质的必然联系,即事物的内部联系。本质决定于事物的内在矛盾,是事物比较深刻、比较稳定的方面。"②按照系统理论,本质是"结构的描述","系统的特性首先取决于它的结构。结构的不同可以使同一类系统具有不同的功能"。"结构是指系统内部各类要素统一组合的秩序和方式"③。木炭、石墨和金刚石的元素相同,都是碳,只是由于结构不同,以致面貌、功能、性质完全不同。决定事物本质和职能的是事物的结构,是事物的内在矛盾。

事物的本质和结构,事物的内在矛盾,是看不见摸不着的。一般系统论的创始人贝塔郎菲曾指出:结构是"部分的秩序"、"内容描述,本质是结构的描

---

① 《工业企业会计人员岗位责任制》。参见 http://www.jqzy.com/file-post/display/read.phy。
② 王培智:《软科学知识辞典》,中国展望出版社 1989 年版,第 231 页。
③ 王培智:《软科学知识辞典》,中国展望出版社 1989 年版,第 307 页。

述",功能是"过程的秩序"、"外部描述是功能描述"。"功能表现结构","结构决定功能",功能是结构和本质的外部表现。

通过职能尤其是基本职能研究结构和本质,不仅是系统理论的一般原理,也为会计理论研究所证明。通过反映职能,发现会计的信息处理结构和经济信息系统本质;通过控制职能,发现会计的经济管理结构和管理活动本质①。可参见图导-4会计结构图。

通过图导-4会计结构图可见,经济信息系统论和经济管理活动论都反映了会计的本质,不应各执一词,而应将"两论"科学地结合起来,用以全面地反映会计本质。因而,我们提出:"会计是以处理价值信息为基础的控制系统。"②既克服了"两论"不能全面反映会计本质的缺点,又体现了两种基本职能基础与主导的相互关系,还可提高会计理论对实际工作的指导作用。

职能内现结构和本质,外联环境和对象。本质决定职能,职能体现本质。

本质和职能受环境影响,适应环境需要,但其决定因素不是环境而是结构——事物的内部矛盾,外因通过内因而起作用。

### 四、会计工作是以处理价值信息为基础的控制系统

本命题的"处理"是广义的概念,包括输入、变换、输出、分析、反馈等整个信息流程。

处理价值信息论可以较好地与会计对象联系起来,体现会计对象的特点,也体现会计观念总结的基本功能。广义的控制即管理是会计的主导功能,因而采用"控制系统"的命题,用"处理价值信息为基础"进行修饰,既保存了经济管理活动论与经济信息系统论的主要的合理方面,又克服了"两论"外延过宽之不足,还可体现两种基本功能的主导和基础的关系。万物皆系统,从组成系统的根本内容看,会计科学属于观念系统,会计工作属于物质系统中的社会经济系统。从组成系统的要素性质来看,会计系统属于人造系统而不属于自然系统。"一般人造系统包括三种类型:一是由人们从加工自然物中获得的零部件装配而成的工程技术系统;二是由一定的制度、组织、程序、手续等所构成的管理系统和社会系统;三是根据人们对自然现象和社会现象的科学认识所创立的学科体系和技术体系"。显然,会计工作属于第二类即管理系统和社会系统;会计科学则属于第三类即学科体系。这对于进

---

① 李孝林、孙芳城:《运用系统理论研究会计对象、结构和性质》,《北京商学院学报》1989年第4期;中国人民大学报刊复印资料:《财务会计》1990年第2期;中国会计学会:《1988—1989年会计学论文选》,中国财政经济出版社1992年版。

② 李孝林、孙芳城:《运用系统理论研究会计对象、结构和性质》,《北京商学院学报》1989年第4期。

一步认识会计属性,很有意义。

会计工作是以处理价值信息为基础的控制系统,这一命题体现了会计的性质。这种性质决定于会计工作三大要素的有机结合,亦即决定于会计工作的要素和结构,表现为会计工作的基本职能。它说明会计工作具有共同性和特殊性的两重性本质①。从系统论的角度来看,会计工作系统不是工程技术系统,而是社会经济系统和经济管理系统的子系统,因而会计工作系统的共同性不仅表现为自然属性(技术性),还表现为一般社会属性;其特殊性则表现为特殊社会属性,从而深刻说明其两重性本质。

会计科学和会计工作是理论和实践的关系。会计科学是对会计工作及其对象的科学认识。由于会计工作是以处理价值信息为基础的控制系统,价值信息属于经济信息,所以会计科学是经济管理科学的分支。

有的学者认为,"两论"结合,"给会计内涵的研究带来了混乱"。为什么?没有说。有的学者认为,"会计的职能是反映和管理两大职能"。有的学者明确指出,会计职能是会计本质的集中体现。既然如此,反映和管理两大职能如何集中体现会计的本质?既然已经肯定"两论",结论只能是将其结合起来。"两论"结合既是系统科学关于职能体现本质原理的客观必然,也是长期、广泛的会计实践的科学总结。只有"两论"结合,才能完整地体现会计本质,才能全面地指导会计实践,建立核算管理型会计,才能建立前后一贯的有中国特色的科学的会计基础理论体系。

---

① 李孝林:《会计性质新探》,《商业会计》1987 年第 3 期;中国人民大学报刊复印资料:《财务与会计》1987 年第 4 期。

# 第七章
# 会计目标理论

## 第一节　会计目标研究评价

会计目标是指导会计工作、评价会计准则的指针,是会计系统全力以赴、力争实现的标准,是会计准则概念框架的最高层次。因而,确定科学的会计目标,对于指导实践,指导会计理论研究,提高会计工作和会计学术水平,均有重要意义。

### 一、国外研究情况

美国会计学界对会计目标率先进行了长期的大量的研究。1966 年,以美国会计学会名义出版的《基本会计理论》①明确提出:"会计的目标是……提供有关的信息。"该书还同时提出"会计实质上是一个信息系统"。美国会计原则委员会(APB)1970 年发表的第 4 号报告认为:"财务会计和财务报表的基本目标,是向财务报表的使用者(特别是所有者和债权人)提供有助于他们进行经济决策的数量化的财务信息。"次年,美国注册会计师协会(简称美注协)组建以 Trueblood 为首的"财务报表目标研究小组",为了指导该项研究,美注协理事会提出四个可供参考的课题:

(1) 谁需要财务报表?

(2) 他们需要什么信息?

(3) 在所需信息中,有多少是能够由会计师提供的?

(4) 为了提供所需信息,要有一个怎样的结构?

这实际上是要求在确认会计目标提供决策信息观的前提下进行深入的研究。1973 年 10 月,该组提出题为"财务报表的目标"的研究报告,列举财务报表的 12 项目标,其中有一项基本目标是:提供据以进行经济决策的信息,其他 11 项是从不同角度把基本目标具体化,并把财务报表目标体系分为六个层次,如图 7 - 1 所示。

---

① 美国会计学会:《基本会计理论》,中国商业出版社 1991 年版,第 5 页。

同时出版的《财务报表目标论文集》,发表了美国著名会计学家理查德·M·西尔特和井尻雄士的论文《提出财务报表目标的概念框架》。他们认为,财务报表目标可分为基本目标、总目标、操作性目标、指令性目标等四个层次。基本目标是确保经管责任,是财务报表的最终目标,这样,就形成了会计目标的两大学派。

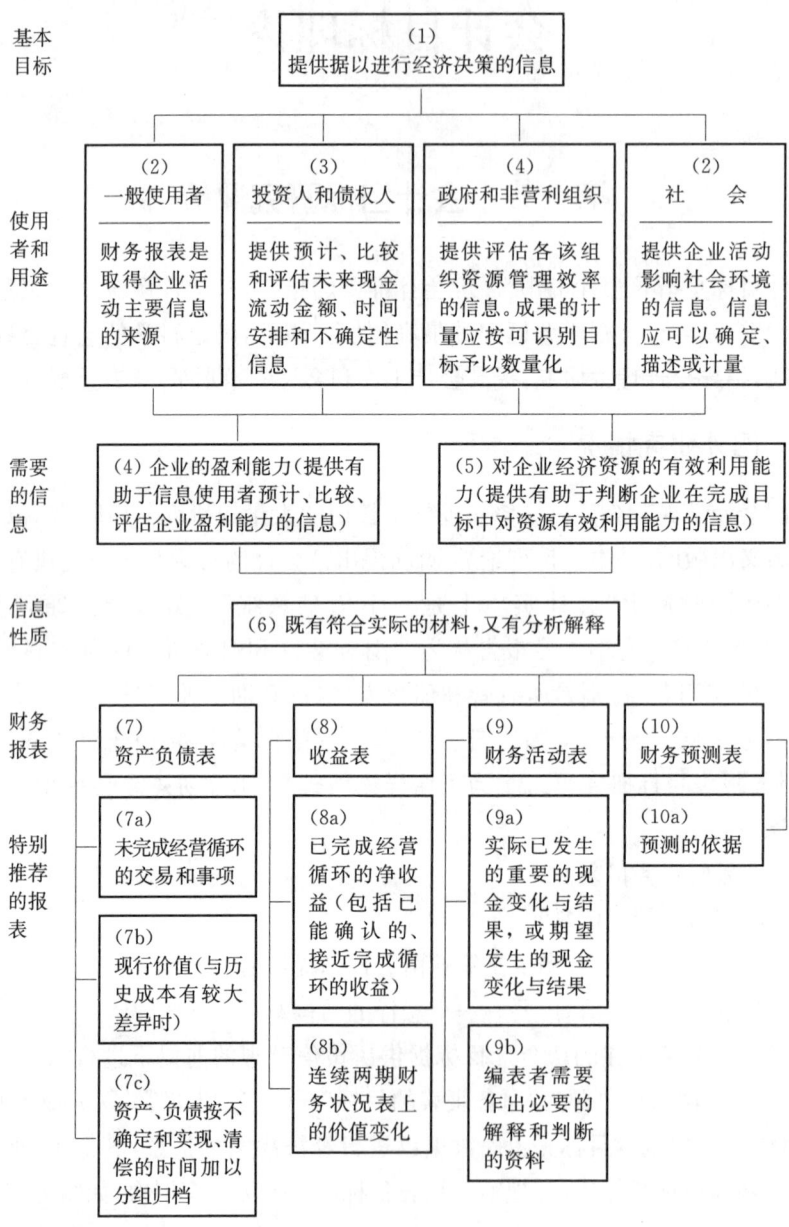

图 7-1　财务报表目标的分类

　　美国财务会计准则委员会于 1978 年发表的《论财务会计概念》(SFAC)第 1 辑《企业编制财务报告的目标》(或称《财务会计概念公告》第 1 号)第 9 段提出"编制财务报告本身不是目的,而是为了提供与作出企业和经济决策有用的信息"。SFAC 第 34 段指出,"编制财务报告应为现在和潜在的投资者、信贷者以及其他用户,提供有用的信息,以便作出合理的投资、信贷和类似的决策"。SFAC 还强调"本论所列各种目标,指企业通用的对外财务报表","目标主要是源于外部用户的需要"。

　　葛家澍等指出:"与特鲁布罗德报告提出的目标相比,SFAC No.1 至少有两个可以称道的特点。"[①]第一,特鲁布罗德报告虽有新意,但可行性不够,按其推荐的报表,将改变几个公认会计原则。如编制"财务预测表",将要改变实现原则;要反映"现行价值",将改变历史成本原则;要提供现金流动的信息,特别是要反映"期望发生的现金变化与结果",将改变现行会计确认的基础——权责发生制原则。FASB 提出用"财务报告"目标代替财务报表目标,前者可以包括财务报表及其他财务报告,其他财务报告可以提供预测信息,不受公认会计原则的支配。FASB 的这一改动,既维护了公认会计原则,又有助于改进会计实务,使理论研究同实际应用相结合。第二,在特鲁布罗德报告的基础上,FASB 把财务报告的目标集中到投资人和债权人的需要,即提供有助于评估企业现金流入和净流入前景的信息,这是他们最关心的。关注企业未来的现金流动,必须关注企业的盈利信息,并应看到权责发生制的优点。权责发生制记录的应收、应付、预收、预付,对未来的现金流动有重大影响。

　　1982 年,哈佛大学企业管理学院请"决策有用观"与"经管责任观"两派的代表人物及其他杰出的会计学家进行讨论,两派观点发生激烈冲突,针锋相对。两派的主要论点如下[②]:

　　经管责任观的提出者井尻雄士一再说明两种观点的相悖之处:① 决策有用观以决策者即会计信息使用者为中心,而把会计信息提供者的意愿置之度外。经管责任观注重的是委托者和受托者,即会计信息使用者和提供者之间的相互关系。会计人员服务于委托者的需要,但并非委托者的仆从,应注意协调两者间的利害关系。② 根据决策有用观,会计人员向决策者提供信息多多益善。根据经管责任观,会计人员必须把注意力集中于客观的信息上,既不损害委托者,也不损害受托者。③ 决策有用观认为,会计的首要目标是提供对使用者决策有用的信息。经管

　　① 葛家澍、林志军:《现代西方财务会计理论》,厦门大学出版社 1990 年版,第 89 页。
　　② 张为国:《会计目的与会计改革》,中国财政经济出版社 1991 年版,第 198-199 页。

责任观认为,会计的首要目标是计量受托业绩。会计人员利用记录与报告两种工具来实现所追求的目标。报告是汇总的记录,记录是报告的基础。委托者有权获得报告,并在必要时对记录进行查核。记录使受托者对其行为负责,并实现了委托者的大部分利益。重要的是会计系统的整体有用性。井尻雄士认为,提供决策有用信息与明确经管责任实质上是鸡与蛋的关系,但不能混为一谈。

决策有用观则反唇相讥,认为明确经管责任从属于提供决策信息。在讨论会上,美国会计学会前会长索罗门斯指出,明确经管责任的主要内容是业绩评估,而业绩评估旨在为决策提供依据。两者虽是互相关联的会计目标,但确定经管责任构成决策作用的一部分。在美国,决策有用观代表主流派的观点。

美国著名会计学家 A・C・利特尔顿认为,"会计的首要目的是向管理当局提供控制信息或报告受托责任的信息"[1]。试图把两种观点统一起来。

以成本会计师为主体的美国全国会计工作者协会所属的管理会计实务公告颁布委员会(Subcommittee on MAP Statement Promulgation)1982 年颁布《管理会计公告:管理会计的目的》,如图 7-2 所示[2]。

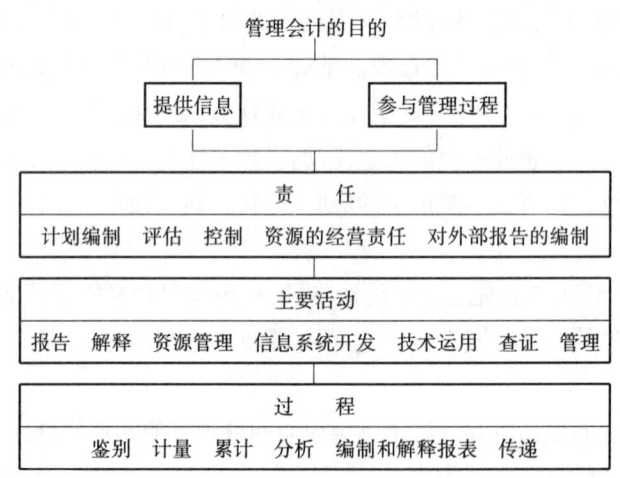

**图 7-2　管理会计的目标**

英国会计准则理事会提出财务报表的目标是:向利用财务报表进行决策的报表使用者提供关于企业财务状况、经营业绩和偿债能力的有用信息。与美国的决策有用观略同。

1982 年,澳大利亚著名学者 A・D・巴顿撰写的《会计的目标和基本概念》

---

① A・C・利特尔顿:《会计理论结构》,中国商业出版社 1989 年版,第 27 页。

② 张为国:《会计目的与会计改革》,中国财政经济出版社 1991 年版,第 197 页。

(Objectives and Basic Concepts of Accounting)一书出版。该书认为,会计系统和财务报告的基本目标只有一个,即满足使用者有关企业经济业务的财务信息需求。使用者获取有关企业经营、企业负债、企业资源以及各项义务的信息,是基于决策、控制和落实经管责任的需要。看来,巴顿教授也想把决策有用观与经管责任观兼容并蓄,这一点是比较明显的。

1988年,联合国经社理事会跨国公司委员会国际会计和报告准则政府间专家工作组提出《编制财务报告的目标与概念》,认为编制公司报告的首要目标,是披露有关经营、资源和义务等的财务和非财务信息,以帮助使用者控制公司,作出有关决策。这里,信息"使用者"的范围显然扩大,而"控制"一词要求报告成为公司履行经管责任的工具,并作为管理人员控制公司的基础。

1989年,国际会计准则委员会正式公布《编报财务报表的框架》。在"财务报表的目标"的第12、第14段指出:"财务报表的目标是提供在经济决策中有助于一系列使用者的关于主体财务状况、经营业绩和财务状况变动的信息。""财务报表还反映管理层对交托给它的资源的经管成果或受托责任。使用者之所以评估管理层的受托责任或经管责任,是为了能够作出经济决策。"看来,该框架主要反映了决策有用观,也反映了经管责任观。

韩国《企业会计基准》第2条"财务会计目的是为使利用会计情报者能够作出与企业实体有关的合理决策,按一般认定的会计原则处理财务资料后,提供有用而正确的情报"(1990年3月29日修订),克服了管理会计目标的不足之处,体现了会计的两种基本职能。但合理决策只是控制职能的一部分,控制职能可以具体化为"加强经济管理"。其主要内容是:参与经营决策,参与调节经济活动,监督经济过程,考评经营业绩。因而只讲"合理决策",不能充分体现控制职能。

国际会计准则理事会(IASB)和财务会计准则委员会(FASB)在2004年4月把概念框架列入双方的联合研究项目。"目标与质量特征"征求意见稿已经出台。关于财务报告的目标,"两会"(IASB和FASB)认为,"财务报告的目标向现实和潜在权益投资人、贷款人和其他信用提供者提供报告主体的有用的财务信息,使之有能力作为资本提供者作出投资决策"。突出决策有用观。虽然"财务报告信息也应有助于评估企业经理层的经管责任或受托责任,不过这已不是首要的目标,它与决策有用性不能并驾齐驱"。美国会计学会(AAA)仍持反对态度,认为"美国全国约有490万个企业,而公开发行证券,受SEC监管的,不过17 000家"[①]。财务报告目

---

① 葛家澍:《试评IASB/FASB联合概念框架的某些改进》,《会计研究》2009年第4期。

标不宜只考虑公开筹资的上市公司,还应顾及更多的非上市公司。它们主张扩大财务报告的用途,建议突出"评估经管责任"。

## 二、国内研究情况

我国对会计目标的研究,早先是引进美国的决策有用观,后来又引进美国的经管责任观,并说这种提法"更符合我国的现阶段的实际情况"。两种说法的侧重点不同,但在强调会计提供信息方面是一致的。有的认为决策有用观包含经管责任观,有的认为受托责任观包含决策有用观。

索洛蒙斯在论及财务报告的目标时说:"如果发展中国家的准则制定者衷心拥护财务会计准则委员会的概念,就会成为错误的举动。"[1]照搬 FASB 的财务报告目标,并把它扩大为会计目标,似不合理。

除了众多的引进美国的提法外,1990 年,毛伯林、赵德武在其专著中提出:会计基本目标是"提高经济效益和社会效益","提供信息和利用信息的统一构成了会计的具体目标"[2]。较之会计目标提供信息论,显然有突破性的进展。

1992 年,我国《企业会计准则》首次公布,有些论著以该准则第 11 条作为会计目标,即"会计信息应当符合国家宏观经济管理的要求,满足有关各方了解企业财务状况和经营成果的需要,满足企业加强内部经营管理的需要"。其特色是,既借鉴国际经验,可以包括提供决策信息论、经管责任论的观点,又突出国家和企业经济管理的需要。但仍把目标局限于提供信息,未能体现会计工作还要运用信息,强化经济管理的主导职能。

2006 年颁布的《企业会计准则——基本准则》第 4 条规定:"财务会计报告的目标是向财务会计报告使用者提供与企业财务状况、经营成果和现金流量等有关的会计信息,反映企业管理层受托责任履行情况,有助于财务会计报告使用者作出经济决策。"这里既采用了受托责任观,又采用了决策有用观,删去了"满足企业加强内部经营管理的需要",下文讨论。

作为《企业会计准则》,所规范的目标应当是包括财务会计报告目标在内的企业会计目标,它应当能够明确地指导企业会计工作,达到其应当达到的境地。既然会计目标是评价会计准则、指导会计工作的指针,受托责任观或决策有用观能够概括会计工作、会计准则应当达到的境地吗? 否。下文探讨。

---

① 常勋:《西方财务会计参考资料》,中央广播电视大学出版社 1987 年版,第 268 页。
② 赵德武:《中国会计管理模式研究》,西南财经大学出版社 1990 年版,第 68 页、第 77 页。

### 三、有关会计目标的几个问题

综观上述内容，主要分歧有两个方面：一是目标的用语，目标与目的是否有别？目标、任务、作用是什么关系？二是目标的主体，是财务报表、财务报告、财务会计还是会计？

（一）会计目标的用语

1. 会计目标与会计目的

1978 年，美国 FASB 发表《论财务会计概念》第 1 辑《企业财务报告的目标》一书，用"objective"一词。葛家澍、林志军在《现代西方财务会计理论》一书中和陈今池在《现代会计理论概论》一书中均将其译为目标，娄尔行在《论财务会计概念》一书中将其译为目的。《现代汉语词典》把目标、目的均释为"想要达到的境地"。《辞源》释目标为目的和标的。《汉语大词典》把目的释为"所追求的目标"。看来，目标与目的在汉语中可理解为同义词。张为国的专著《会计目的与会计改革》①、傅磊《对会计目的的思考与探索》②都是按照娄尔行的译文来探讨"objective"一词。据 FASB《论财务会计概念》第 1 辑"背景资料"，美国 20 世纪 70 年代公布的几个文件在论及会计目标时均用"objective"一词。1989 年，国际会计准则委员会正式公布《编报财务报表的框架》。中国财政经济出版社译本原译为"财务报表的目的"，2004 年版已经改译为"财务报表的目标"。

1966 年，以美国会计学会名义发表的《基本会计理论》亦用"objective"一词讨论会计目标，但提出："会计目标是为了实现下述各种目的提供有关的信息：1. 作出关于利用有限资源的决策，其中包括确定重要的决策领域和确定目的和目标；2. 有效地管理和控制一个组织内的人力和物力资源；3. 保护资源，并报告其管理情况；4. 有利于履行社会职能和社会控制。"③

吴水澎、石本仁提出：会计的本质包括会计的目的，"会计的目的是会计存在的前提，也是会计产生的根本原因，它直接决定会计的基本职能"，"会计目的是客观的、内在的，而会计目标是主观的、外在的。会计目的从会计一产生就基本确定下来了，并且不会发生多大的变化"④。罗勇、李定清提出："会计目的作为会计产生的原因和发展的动力，决定会计的本质和职能。"⑤

① 张为国：《会计目的与会计改革》，中国财政经济出版社 1991 年版。
② 傅磊：《对会计目的的思考与探索》，《会计研究》1996 年第 2 期。
③ 美国会计学会：《基本会计理论》，中国商业出版社 1991 年版，第 5 页。
④ 吴水澎、石本仁：《论会计理论的本质与结构》，《财经研究》1996 年第 7 期。
⑤ 罗勇、李定清：《论会计目的和会计目标的关系》，《四川会计》1997 年第 6 期。

上述三种意见虽有差异,但其共同性是目的带有根本性,后两者认为目的属于本质范畴,或者是决定本质的范畴。问题在于决定本质的是什么? 显然不是目标或者目标之同义词目的,应当是"动因"。

目标(objective)和目的(purpose)在汉语和英语中均属同义词。查《简明同义词典》①得知,它们的差异仅在于后者"着重指行为的意图""表示明确的决心或更坚决"。我们认为理论范畴应当准确明晰,不宜用同义词作为不同的理论范畴,以免难解、误解,造成混乱,此其一;其二,制约会计本质、职能的应当是客观的经济规律或客观必然性,不宜用主观性较强的目的来概括。具体地说,会计目标、职能、本质等范畴已为理论界所广泛使用,它们产生的客观依据,应当是"动因",在本书第五章"会计动因理论"中已经做了研究,不宜使用另一个主观性更强的与目标同义的"目的"来概括这种客观必然性。

2. 会计目标与会计作用、会计任务

查《现代汉语词典》获知:"作用"指"对事物所产生的影响、效果、效用"。发挥会计工作的反映和控制职能,必然产生维护社会主义市场经济秩序、加强经济管理、提高经济效益的作用。以"作用"描述"职能",两者的区别在于职能是"应有的作用",作用是已经实现的职能。会计职能充分发挥了,必然起到相应的作用。

我国会计理论界对会计任务进行过大量的研究,纳入《会计原理》教材的一般概括为四条,不够简洁,也不便于记忆。我们曾抽问过高年级学生,没有一个记得清楚的。归纳各种对会计任务的表述,不外乎反映和控制两个方面。只是讲得更为详细些。因为任务是职能的具体化。葛家澍《会计学导论》第二章第二节的标题是:会计的主要目标(基本任务)②。可见目标与任务相似。因为两者都是应当(期望)做到的。目标是主动制定的,任务是上级赋予的,似有被动性。我国对会计任务的表述如"巩固和加强经济责任制"、"讲求经济活动的效果、提高经营管理水平"、"监督财经纪律的遵守情况"③等,是意在加强经济管理的提法,是很有特色的。但是,目标的提法比较简洁,具有主动性,又符合国际惯例。

综上所述,会计本质、职能、目标、任务、作用等都体现会计的职责,有高度的一致性,只是提出的角度不同。可否这样说:职能是需要而又可能做到的,目标和任务是应当做到的,作用是已经做到的。职能是固有的、潜在的、相对稳定的,具有客观性;目标和任务随环境的发展按有关方面的要求提出,是职能的具体化,具有变

① 张志毅:《简明同义词典》,上海辞书出版社 1981 年版。
② 葛家澍:《会计学导论》,立信会计图书用品社 1988 年版,第 34 页。
③ 全国高等教育自学考试指导委员会:《会计学原理自学考试大纲》,中国人民大学出版社 1985 年版,第 4 页。

动性和主观性,也有一定的客观性。它们都体现环境的需要,但职能体现本质,体现会计结构和会计系统内在的规律性要求。没有该职能就不可能提出相应的任务或目标。

（二）目标的主体

上文已说明：1966 年,美国会计学会的提法是"会计目标"。1977 年,美国学者 E・S・亨德里克森在《会计理论》一书中也用"会计目标"这一提法。1970 年,美国会计原则委员会的提法是"财务会计和财务报表的基本目标"。1973 年,美国注册会计师协会的提法是"财务报表目标"。1978 年,FASB 的提法是"企业编制财务报告的目标"。1982 年,美国管理会计实务公告颁布委员会的提法是"管理会计目标"。1988 年,联合国经社理事会跨国公司委员会国际会计和报告准则政府间专家工作组的提法是"编制财务报告的目标"。1989 年,国际会计准则委员会用"财务报表目标",英国《财务报告原则公告》用"财务报表目标",澳大利亚著名学者 A・D・巴顿的提法是"会计的目标"。

葛家澍、余绪缨的《会计学》既用会计目标这一提法,又分别表述了财务会计与管理会计的主要目标。

1997 年,汤云为、钱逢胜在《会计理论》①一书中的提法是"会计目标"。2003 年葛家澍、刘峰在《会计理论——关于财务会计概念结构的研究》一书中用"财务会计的目标"和"会计目标"。

从概念上看,财务报表、财务报告、财务会计、会计,显然不是同义词,而是依次扩宽。

1992 年,葛家澍、余绪缨在《会计学》②一书中提出：由于现代会计有财务会计和管理会计两个分支,它们各有主要的服务对象即信息的使用者。会计目标,若按财务会计和管理会计加以区分,可以分别概述如下：第一,财务会计的主要目标是：向作为宏观经济管理者的国家、企业外部投资者、债权人和其他与企业有利害关系的集团提供有助于宏观调控、优化社会经济资源配置和进行合理的投资决策与信贷决策所必需的各种财务和非财务信息。第二,管理会计的主要目标是：向企业的经营者和内部职能部门、责任中心的负责人、职工代表大会和工会提供有助于他们进行正确的经营和理财与投资决策,评估业绩,加强内部经营管理以及维护职工正当利益所必需的财务和非财务信息。

笔者认为,会计法和会计准则是会计活动的规范,应当规范会计目标而不仅是

---

① 汤云为、钱逢胜：《会计理论》,上海财经大学出版社 1997 年版,第 107 页。
② 葛家澍、余绪缨：《会计学》,四川人民出版社 1995 年版,第 19 - 20 页。

财务报表目标。作为会计基础理论范畴,目标的主体应是包括管理会计和财务会计在内的整个会计。如果作为财务会计学、管理会计学,分别表述其目标,未尝不可。把会计理论局限于财务会计理论的观点,似有不妥。就以本书来说,第一、第二单元,就是针对整个会计。

## 四、管理层是否使用财务报告

《会计研究》发表的论文指出:各国的概念框架(conceptual framework,简称 CF)"都认为财务报表的使用者是指不参与企业经营管理的投资者、债权人和企业的其他利益相关者"①。是这样吗? 财务报表,本单位决策管理层不使用吗? 不敢苟同。

(一)国外主要概念框架对使用者的论述

上述"各国",所指范围很宽,未见其根据。下面以有代表性的 FASB、IASB 和加拿大的 CF 为例,按发表时间顺序,足以证明主要 CF 都明确规定企业管理层是财务报表的使用者。

1. 美国的概念框架表述

美国财务会计准则委员会 1978 年发表的《论财务会计概念》(SFAC)被称为世界上第一个 CF,其第 1 辑《企业编制财务报告的目标》第 24 段指出:"许多人根据他们对企业的关系,根据他们所了解的企业情况作出经济决策,所以他们都是财务报告所提供信息的潜在用户,其中有业主、贷款者、供应者、潜在的投资人和贷款者、职工、管理人员、董事、客户、财务分析和咨询人员、经纪人……"上述职工、管理人员都是参与企业经营管理的企业内部人员,而董事、财务分析和咨询人员,可以是内部人员或外部人员,说明企业财务报告在为投资者、债权人服务的同时,也为本企业决策管理层和职工服务。

2. IASB 的概念框架表述

国际会计准则委员会 1989 年正式公布的《编制和提供财务报表的框架》第 9 段指出:"财务报表的使用者包括现有的和潜在的投资者、雇员、贷款人、供应商和其他商业债权人、顾客、政府及其机关和公众。"在所有权与经营权分离的现代企业中,从委托代理角度我们可以认为这里的雇员是包括管理层在内的职工。所以,这里的雇员是对上述美国 CF"职工、管理人员"的概括。该框架第 11 段指出:"管理层关心财务报表中包括的信息,尽管它能够取得有助于执行计划、决策和控制职责的额外的管理和财务资料。管理层有能力决定这类附加资料的形式和内容,以满足其自己的需要。然而,对这一类信息的报告,不属于本结构的范围。公开的财务

---

① 王鹏:《财务会计上控制的概念框架研究》,《会计研究》2009 年第 8 期。

报表所依据的是,管理层使用的关于主体财务状况、经营业绩和财务状况变动的信息。"这充分说明该框架明确提出管理层"关心"并"使用"财务报表中的信息。

IASB明确,目标的服务对象不只限于外部,企业管理层也使用财务报表信息。

3. 加拿大的概念框架表述

《加拿大特许会计师手册——财务报表概念》(1991)是加拿大准则的概念框架,它将财务报表目标界定为"向投资者、管理层、出资人、贷款人及其他使用者提供对进行'资源配置决策'和'评估受托责任'有用的信息。这些信息一般包括主体的经济资源、经济义务和权益及其变化的信息以及主体经营业绩的信息"。这足以证明加拿大准则的概念框架,把报告主体的管理层列入使用者范围。

上述概念框架都明确肯定,企业管理层使用财务报表。

关于会计目标服务对象的表述,各有独到之处。IASB肯定企业管理当局对财务报表信息的需要和使用。笔者认为,从会计工作的角度看,企业管理当局和会计部门应运用会计信息,加强经济管理。这正是当前和今后深化会计改革、建立管理型会计的迫切需要。已有的关于会计目标服务对象的命题,对这方面都不够重视。

(二) 问题辨析

否定企业管理层使用财务报表的观点,与下述误识有关。

1. "财务报告是对外的"吗?

1973年,特鲁布罗德发表的《财务报表目标研究小组的报告》指出,"研究工作组的结论是对目标的研究不应该基于企业管理者的经营需要,相反,应该基于企业或组织外部财务信息使用者的需要",从而引起"财务报告是对外的"错觉。基于外部"财务信息使用者的需要",针对的只能是需要向外部使用者公布财务业绩的上市公司,众多的不需要向外部使用者公布财务业绩的单位,不负有公共受托责任的单位,显然不宜遵循特鲁布罗德报告的论点。看来,特鲁布罗德报告基于指导上市公司会计准则的需要,强调的是目标设计,与管理层是否使用财务报告是两回事。特鲁布罗德报告紧接着说:"当然,管理者既是财务报表的编制者又是财务报表的使用者。"他们的观点很明确,财务报告的编制应当基于外部使用者的需要,这是符合外部投资人、债权人与企业管理层信息不对称这一实际的。因为管理层"能够取得有助于执行计划、决策和控制职责的额外的管理和财务资料。管理层有能力决定这类附加资料的形式和内容,以满足自己的需要"。

在公众公司产生以前的长期历史中,会计是为本单位服务的,也有对外部税务机构报告的任务。随着公众公司的产生和发展,筹资的需要促使会计扩大了对外报告的任务,但是,本单位使用会计信息的事实并未消失。非上市公司除了纳税外,一般没有向外提供财务报告的任务,其财务报告主要是给本企业决策管理层看的。正如美国著名会计学家 A·C·利特尔顿所说,"会计的首要目的是向管理当局提供控制信息或报告受托责任的信息"①。

美国的公认会计准则是由证券交易委员会委托 FASB 制定的,其规范面向上市公司。上市公司的资本来自公众。为了筹资的需要,其服务对象强调投资者和债权人,虽可理解,美国会计学会(AAA)却持反对态度,已如上述。而且美国会计准则是由 SEC 授权 FASB 制定的,我国《企业会计准则》由财政部颁布,其规范对象是上市公司和更多的非上市大中型企业。非上市公司不能在市场向公众募集资本,其财务报告的服务对象,除了投资者和债权人以外,还应强调服务于国家和本单位等利益相关者,才能符合我国实际。

著名会计学大师杨纪琬和他的学生夏冬林合著《怎样阅读会计报表》一书,在第三版前言介绍写作目的时指出本书"特别是针对企业领导干部"而写②。实践证明,企业决策管理层需要阅读会计报表。因此,会计报表的使用者应当包括本单位决策管理层。

2. "财务会计是对外的"吗?

从"财务报告是对外的"误解出发,到管理会计是对内的,进一步引申为财务会计是对外的。2009 年注册会计师考试教材《会计》第 2 页中指出:"企业会计逐步演化为两大分支,一是服务于企业内部管理信息及其决策需要的管理会计,或者叫做对内报告会计;二是服务于企业外部信息使用者信息及其决策需要的财务会计,或者叫做对外报告会计。"这种观点,更加不妥。美国 CF 第 1 辑第 27 段指出:"管理会计和财务会计两者所提供的信息,管理人员都需要使用。"它已经明确否定了财务会计只对外不对内的错误说法。

早在 1958 年,美国著名会计学家 A·C·利特尔顿指出:"'会计的最高目标在于帮助某人借助于数据了解某个企业。'这可以通过一个具有同样意思的更详细的论点来说明:'为了实现帮助管理当局和其他人士了解企业这一首要目标,会计必须对数据加以如实分类,正确地浓缩并充分地报告'"③。

会计对象要素的各种账簿属于财务会计,它是用于管理的。账簿积累的信息,如各种资产的存量、流量是否适用,是有溢余还短少,首先要为本单位管理所用。财务会计计算损益,也是首先为本单位强化经济管理所用。事实证明,财务会计不仅对外,而且

---

① A·C·利特尔顿:《会计理论结构》,中国商业出版社 1989 年版,第 27 页。
② 杨纪琬、夏冬林:《怎样阅读会计报表》,经济科学出版社 2003 年 3 版,第 1 页。
③ A·C·利特尔顿:《会计理论结构》,中国商业出版社 1989 年版,第 269 页。

也要对内,要为本企业管理服务。

另外,W·A·佩顿和 A·C·利特尔顿在《公司会计准则导论》(1940)中提出"会计准则应是系统和连贯的,不偏不倚和不带个人色彩的,并与可观察的客观环境相协调"①。我国的《企业会计准则》到底是为谁服务的呢? 企业的会计人员在处理账务、编制财务报表时要遵循《企业会计准则》,受其约束,难道我国《企业会计准则》只为外部信息使用者服务并且仅约束企业内部相关人员吗? 如果真是这样,便违背了法律、法规的权利义务的对等原则。因此,《企业会计准则》在要求企业内部相关人员履行相应义务的同时,也应该赋予他们相应的权利,也要为企业内部相关人员服务,要考虑他们的利益。

3. 会计《基本准则》第 4 条是否有不足?

2006 年,我国颁布的《企业会计准则——基本准则》第 4 条指出:"财务会计报告使用者包括投资者、债权人、政府及其有关部门和社会公众等。"原《企业会计准则》(1992)第 11 条是:"会计信息应当符合国家宏观经济管理的要求,满足有关各方了解企业财务状况和经营成果的需要,满足企业加强内部经营管理的需要。"前两者与新准则大体相同,主要差异在于财务会计报告是否应当"满足企业加强内部经营管理的需要"。

据悉,新《企业会计准则——基本准则》之所以删去"满足企业加强内部经营管理的需要",是因为:财务报告属于对外报告,应当满足外部信息使用者的需要。过去强调满足内部管理的需要,是因为过去对外财务报告的概念并没有建立起来。其实,原《企业会计准则》(1992)就是当时的概念框架,怎能说是没有建立起来?

上文已经证明"财务报告是对外的",是对特鲁布罗德报告的误解。1973 年,AICPA 任命的特鲁布罗德的报告虽然提出"研究工作组的结论是对目标的研究不应该基于企业管理者的经营需要,相反,应该基于企业或组织外部财务信息使用者的需要"。"财务会计准则委员会(FASB)的概念框架几乎是建立在研究工作组报告的基础上的",而 FASB 在 1978 年发表的《论财务会计概念》第 1 辑《企业编制财务报告的目标》中还是把"职工、管理人员、董事"纳入财务报表的使用者范围之内。这说明管理者属于财务报表的使用者,与准则更侧重保护外部投资者的利益,两者并不对立,只是站在两个角度论述问题而已。因为对目标的研究"应该基于企业或组织外部财务信息使用者的需要",能够满足外部信息使用者的信息对于内部管理也是有用的。

我国的会计准则主要借鉴国际会计准则委员会 1989 年正式公布的《编制和提

---

① 　W·A·佩顿:《公司会计准则导论》,中国财政经济出版社 2004 年版,第 1 页。

供财务报表的框架》。虽然该框架已经发布 20 多年,有需要修改之处,但是,其第 9 段"财务报表的使用者包括现有的和潜在的投资者、雇员、贷款人、供应商和其他商业债权人、顾客、政府及其机关和公众"的提法是适当的。我们还必须注意该框架第 11 段"管理层关心财务报表中包括的信息……公开的财务报表所依据的是管理层使用的关于主体财务状况、经营业绩和财务状况变动的信息"。这里充分说明该框架明确提出包括管理层在内的"雇员"是财务报告使用者,"管理层关心"并"使用"财务报表中的信息。

会计目标是会计准则概念框架的最高层次,是概念框架的逻辑起点。它通过概念框架指导和评价会计准则;会计准则是用以规范会计活动的。因而目标作为"想要达到的境地或标准",指导各种会计活动。各项会计活动都要以如实提供信息、加强经济管理为指针,从而"提高经济效益和社会效益"。

(三)本单位决策管理层应当使用财务报告

1. 从管理者自身角度来说

在一个组织中,管理者的行为体现了"双重人格",即受制于组织目标、需为组织生存和发展负责的"组织人格"以及受自身目标、追求、价值观等影响的"个人人格"[①]。

从管理层自身来说,一方面,由于管理层具有"组织人格",不仅有履行受托责任的义务,而且有履行受托责任的主观意愿,因而委托人所关注的信息也必然是受托人即企业管理层所需要关注的。企业管理层要了解受托责任的完成情况,就需要利用财务报表信息。按照西蒙对程序化决策和非程序化决策的划分,企业管理层应把主要精力花在企业经营的重大决策方面。从我国的实际看,企业管理所需要的信息,2/3 来自会计,这已是众人皆知的常识。管理层提供信息和利用信息的统一构成了会计的具体目标,怎能否定报告主体的决策管理层是财务会计报告信息的使用者呢!当他们的决策需要使用财务信息时,利用基于精炼的财务报告进行相关的深入分析,是最好的选择。另一方面,企业管理层具有"个人人格",其在组织中的行为要受到各个管理者自身因素(如个人所追求的目标,个人的知识、兴趣、爱好和价值观等)的影响。因此,企业管理层不会总以委托人的利益最大化为行动目标。为了激励经理勤勉尽责,努力增加企业盈利,委托人通常会设计一种基于盈利指标的管理报酬合约。"财务会计指标,尤其是盈利指标,被广泛地应用于管理报酬合约(无论是经理人的年度红利计划还是长期业绩计划)当中。事实上,

---

① 林志扬:《管理学原理》,厦门大学出版社 2000 年版,第 8 - 9 页。

目前的管理报酬计划大都是以会计(盈余)数字为基础的"①。我国上市公司大多实施与年度利润挂钩的年薪制。既然管理层的报酬方案包括业绩奖金,那么在公司经营业绩突出时,企业管理层成员才会有好的回报。如果投资者对企业管理层的经营业绩不满意,他们将会通过董事会或其他机制对管理层施加压力,包括撤换。无论是出于获得更多个人收入的动力,还是出于保住工作职位的压力,都会使得管理层关注公司的财务信息,以便及时发现企业运营中存在的机遇与问题,努力提高经营业绩。

财务报告综合、系统地反映企业的财务状况和财务成果,是考核企业经营业绩的权威数据,是财务会计的"最终产品"。企业决策管理层要做到准确判断,合理决策,必须掌握大量信息,必须对所掌握的信息进行深入分析,发现问题,解决问题。杨纪琬指出:"企业内部的管理者也关心、利用会计报告的信息,但他们所需要的会计信息远远不止会计准则所应规范的那些。为提高企业的经营管理水平,企业的管理者还会需要除对外报送的会计报表以外的许多内部报表和其他额外资料,这些额外资料的提供,以及企业如何加强财务会计工作,参与企业的经营管理,如资本的筹集和使用,会计责任制的建立,成本的预测、控制、核算和分析等问题,都不属于准则规范的范围,而应由企业根据本企业的具体情况自行规定。"②

2. 从会计职能的转变来说

根据系统论,本质是"结构的描述","系统的特性首先取决于它的结构。结构的不同可以使同一类系统具有不同的观点","功能表现结构","结构决定功能"。具体到会计而言,会计职能尤其是基本职能,内显结构与本质,外联系统与环境,反映和控制会计对象要素,制约会计目标,贯穿于会计工作全过程。郭道扬教授在《论会计职能》中说:"正是从现代会计所处的环境出发,从现代经济管理对会计所提出的要求出发,以及从市场经济下会计所担负的重大经济责任出发,我们认为现代会计的基本职能应当归纳为反映和控制。"至于反映和控制的关系,系统科学明确指出信息与控制是不可分割的,信息论是系统的基础。因此笔者认为,会计的反映职能是基础,控制职能则起主导作用。"会计的反映职能是会计发挥控制职能作用的基础,是为进行会计控制服务的,而会计控制则是现代会计部门适应市场竞争环境变化,强化企业内部管理,增强企业竞争能力,以及参与企业经营决策的首要职能"③。

---

① 李明辉:《论财务会计信息在公司治理中的作用》,《审计研究》2008年第4期。
② 杨纪琬:《建立我国会计准则体系的原则》,《会计研究》1995年第1期。
③ 郭道扬:《论会计职能》,《中南财经大学学报》1997年第3期。

科学技术尤其是信息技术的发展带动了各个领域的突破与发展,会计领域也不例外。一方面,计算机的集成化、智能化和微型化,使传统的"凭证—账簿—报表"的会计程序不再繁琐;另一方面,"柔性"制造、智能生产和流程再造等新型生产方式的发展,加速了会计职能由"记账、算账、报账"的核算型向"预测、决策、预算、控制和考评"的核算管理型转变。早在1992年《企业会计准则》颁布后,财政部就提出全面实施财务会计转轨变型,从"核算型"转变为"核算管理型",从"服从于决策"转变为"参与决策",从"以产销为主要核算对象"转变为"以责任人为主要核算对象"。企业管理层利用包括财务报表资料在内的会计信息,以强化企业的管理,作出及时、正确的决策,从而实现会计由核算型向核算管理型转化。

3. 强调管理层使用财务报告的重大意义

首先,财务报告使用者把企业管理层排斥在外,会隐性地告诉其他使用者,企业管理者根本就不用这份公开的财务报告。先不管它是否真实可靠,从心理上就在外部使用者心里大打折扣,加剧报告提供者与使用者的矛盾,不利于资本市场的发展。将企业管理层列入财务报告使用者,有利于我国证券市场的发展,减少投机型投资,促进弱型有效市场向半强势有效市场的转变。

其次,财务报告使用者把企业管理层排斥在外,表明准则的制定是在满足外部信息使用者的需要。从长远来说,准则作为国家的会计规范,它是兼顾各方利益后调和的产物,不顾企业自身管理的需要,制定繁琐的条款,增加了企业的负担,而且使准则与企业分离,不符合财务报告编制的成本效益原则,不利于企业的发展。将企业管理层列入财务报告使用者,才符合我国财政部制定准则规范除上市公司以外所有企业的具体国情,才能实现企业与国家之间的和谐,促进国家经济的繁荣。

最后,从会计目标服务对象的重要性来看,可以把投资者、债权人、政府及其有关部门列在前面。但从会计工作的角度看,企业决策管理层和会计部门要运用会计信息,加强经济管理。这正是当前和今后深化会计改革、建立核算管理型会计的迫切需要。英国Sage公司会计部主管表示:"在经济低迷时刻,企业急需从客观、可靠、值得信赖的伙伴处获取相关的信息,而财会人员成为最值得信赖的建议者的事实,凸显了他们能够带给英国企业的价值。"将财务会计报告主体的决策管理层(包括财会部门)列入使用者,有利于指导他们更好地强化会计核算与管理,尽快实现核算型会计向核算管理型转化。

通过以上分析,我们认为企业管理层是财务报告的使用者,而且是首要的使用者,各国皆然。我们要重视国情,不断完善《企业会计准则》,指导会计活动,促进经济管理的发展。

### 五、决策有用观或受托责任观的失误

（1）作为具有指导性的财务报告目标，采用决策有用观或受托责任观的提供信息论需要商榷。面对世界性的假账，"提供信息"论显得苍白无力，因为它并未明确规范财务报告应当达到的境地或标准：提供真实或可靠的信息，加强经济管理。决策有用观或受托责任观，只是强调作什么用，为谁服务，并非"想要达到的境地或标准"，不能充分指导财务报告的编制，不能指导 CF 的建立和会计准则建设，更不能充分指导财务会计活动。显然不如韩国《企业会计基准》第 2 条"财务会计目的①是为使利用会计情报者能够作出与企业实体有关的合理决策，按一般认定的会计原则处理财务资料后，提供有用而正确的情报"（1990 年 3 月 29 日修订）规范，更不如我国《会计法》第 1 条"保证会计资料真实、完整，加强经济管理和财务管理"规范。这里，中、韩两国会计规范，基本一致。

决策有用观或受托责任观作为一项具体目标，很好，而以之作为财务会计或会计基本目标，则不够。如果会计工作的目标只是为投资者和债权人提供考核受托责任或决策有用的信息，这种信息的主要来源是财务报告，那么会计工作只要编出财务报告，即可提供会计信息，并用以进行经济决策，考核受托责任，从而"实现"会计目标，岂不荒唐！因为编制财务报告只是会计基础工作的一部分，还有大量的经济管理工作要做，如参与经营决策、参与调节经济活动、监督经济过程、考评经济业绩、参与处理分配关系等。

（2）仅从上市公司出发，指导性不全面。"源于外部用户的需要"、提供投资者"据以进行经济决策的信息"，如果说是上市公司对投资者的财务报告具体目标或许可以，但以之作为整个财务报告目标显然不够全面，以之作为财务报告或财务会计目标则更不够，因为决策有用只是经济管理的部分职能。作为经济管理重要组成部分的会计工作，除了如实提供信息外，还必须以加强经济管理作为自己的奋斗目标。不仅为利益相关者如实提供有用信息，会计人员、会计机构还要努力加强经济管理。

同理，受托责任观也有指导性不够的缺点。

作为会计目标，应当是所有会计单位的，对所有会计活动都有指导意义，而不应当仅对少数上市公司，仅针对某种行为。如果仅针对某些单位、某些行为，那是具体目标，不是基本目标。

美国的公认会计准则是由证券交易委员会（SEC）委托 FASB 制定的，其规范

---

① 目标、目的，在中文和英文中都是同义词。当代中文一般用前者。

面向上市公司。上市公司的资本来自公众。为了筹资,其服务对象强调投资者和债权人。但是,美国会计学会(AAA)仍持反对态度。而且美国会计准则是由 SEC 授权 FASB 制定的,其规范对象着重上市公司。中国会计准则由财政部颁布,其规范对象是上市公司和更多的非上市大中型企业。非上市公司不能在市场向公众募集资本,其财务报告的服务对象,除了投资者和债权人以外,还应强调服务于国家和本单位等利益相关者。

索洛蒙斯在论及财务报告目标时说:如果发展中国家的准则制定者衷心拥护财务会计准则委员会的概念,就会成为错误的举动①。照搬 FASB 的财务报告目标,并把它扩大为会计目标,并不可行。

(3)不能指导会计准则概念框架的建设。目标,应当体现会计活动想要达到的境地,也是判断其是否达到理想境地的标准。

会计目标是会计准则概念框架(CF)的最高层次,通过概念框架指导和评价会计准则;会计准则是用以规范会计活动的。由于现在流行的目标观仅从投资者的角度进行概括,无论是决策有用观或受托责任观,都不能全面、准确地指导 CF 建设。全面、准确的指导思想应当是我国《会计法》第 1 条:如实提供信息,加强经济管理。

目标指导各种会计活动,是会计系统全力以赴、力争实现的标准。确定科学的会计目标,用以指导实践,提高会计工作水平,指导会计理论研究,提高会计学术水平,均有重要意义。

决策有用观或受托责任观之所以不能充分指导会计理论或实践,就是因为它只表述了会计反映职能的一部分,未能充分概括会计工作应当达到的境地或标准,未能全面、准确地体现会计基本职能。会计工作是经济管理的重要组成部分,在为投资者和债权人提供有用信息的同时,还要为本单位和利益相关者加强经济管理服务。

既然目标是想要达到的境地,财务报告目标提供信息论,突出目标的服务对象和用途,未能说明应当达到的境地或标准。财务报告或会计工作的目标须规范提供什么质量的信息,努力加强经济管理。决策有用观或受托责任观只说明信息作什么用,未能说明其应当达到的境地。这种失误的根源,在于未能研究应当达到的境地是什么,根据什么制定目标?

对目标的研究,国际上已经取得有价值的成果。美国《管理会计公告》指出:

---

① 常勋:《西方财务会计参考资料》,中央广播电视大学出版社 1987 年版,第 268 页。

管理会计的目的是提供信息,参与管理过程①。这种命题的优点是反映了管理会计的两种基本职能;缺点是"提供信息"论未能突出信息的可靠性或真实性。韩国《企业会计基准》第2条"财务会计目的"克服了管理会计目标的不足之处,但"合理决策"只是控制职能的一部分,不能概括会计参与调节经济活动、监督经济过程、考评经营业绩等职能。我国《会计法》第1条综合两者优点,提出研究的方向。"保证会计资料真实、完整,加强经济管理",概括了管理会计和财务会计的基本目标,体现两种会计的基本职能,而且决策有用性和考核受托责任已经包括在"加强经济管理"中。表7-1为美国、韩国和中国会计基本职能比较。

表7-1

**美国、韩国和中国会计基本职能比较**

| 提出者及文本 | 项    目 | 反 映 职 能 | 控 制 职 能 |
|---|---|---|---|
| 美国《管理会计公告》 | 管理会计目标 | 提供信息 | 参与管理过程 |
| 韩国《企业会计基准》 | 财务会计目标 | 提供有用而正确的情报 | 合理决策 |
| 中国《会计法 》 | 会计目标 | 保证会计资料真实、完整 | 加强经济管理 |

美国的《管理会计公告》、韩国的《企业会计基准》和中国的《会计法》三者都表述了会计的基本职能:反映和控制。反映职能,是否说:如实提供信息;FASB与IASB联合框架拟提:如实反映;控制职能是否说:加强经济管理?

笔者认为,会计准则是用以规范和指导财务会计工作的,其依据是《会计法》,应当规范会计目标而不仅是财务报告目标,就像《会计法》第1条那样。作为《会计理论》,也应当研究会计目标而不仅是财务报告目标。会计目标属会计基础理论范畴,目标的主体应是包括管理会计和财务会计在内的整个会计 。如果是财务会计学、管理会计学,分别表述其目标,未尝不可。把会计理论局限于财务会计理论的观点,名不副实。如总论、基础理论等,是适用于各种会计的。

## 第二节　制定会计目标的客观依据

会计工作多种多样,每种工作、每种活动都有自己的目标。就整个会计工作而言,也有多种目标。要制定会计目标,先要研究制定目标的客观依据。

许多论著常说:会计目标由社会环境决定。FASB《企业编制财务报告的目

---

① 张为国:《会计目的与会计改革》,中国财政经济出版社1991年版,第197页。

标》第 9 段明确指出:"本论论述的各种目标,受美国经济、法律、政治和社会环境的影响。"社会环境因素众多,如何决定会计目标,未见论证。再说,会计、审计、统计,社会环境相同而目标不同,难以单纯用环境来说明。早在 20 世纪五六十年代,会计假设起点论曾盛行于美国。此说认为来自社会环境逻辑研究的会计假设,是用来推导会计原则的依据。基本假设体现会计环境的时间、空间特征以及时空结合的市场交换。亨德里克森在《会计理论》一书中称基本假设为环境性假设。这些假设构成会计准则概念框架的基础,但并不能推导出会计目标及各项会计原则,这已为美国会计实践所证明,并为会计目标起点论所代替。

众所周知,会计是适应环境的需要、经济管理的需要、节约劳动时间的需要而产生和发展的。在长期的经济活动中,环境与经济管理的需要,结合会计系统的运行,形成了会计职能。它既反映需要,又体现可能。系统理论认为,"系统功能表达系统结构的目的性"①。葛家澍、余绪缨在论述目标与职能的关系时早就提出,最近又明确指出:"职能是体现会计本质的功能,而目标则是按照信息使用者的要求把会计职能具体化。会计的职能是相对稳定的,而目标则随着会计所赖以存在的外在环境(社会制度、经济体制)的变化而变更。提出(设定)会计目标,既能为会计作为一个信息系统设定运行的导向和应达到的预期目的,同时也赋予会计职能以环境的影响和时代的特征。"②统计、会计、审计,环境相同而目标不同,就是因为三者的职能和本质不同。会计基本目标是会计基本职能的具体化。直接制约会计目标的是会计职能,没有该项职能,就难以具有相应的目标。职能具有根本性,目标具有现实性,所以,会计目标提供有用信息论乃是会计反映职能的具体化。受托责任观和决策有用观显然不能全面体现会计基本职能。鉴于基本职能体现会计本质及我国会计界对会计基本职能的认识,笔者认为应当较赞同根据基本职能研究会计基本目标。

会计目标、职能、本质的对应性不仅为会计基础理论研究所证明,系统科学更说明了它的一般性。

系统科学认为:"系统同时具有许多目标或特定功能。"③系统功能的对应性"是指功能和结构具有相互对应的性质。这一性质可表述为:结构是功能的基础,功能是结构的表现;结构决定功能,功能反作用于结构"④。"本质是结构的描述"。"系统功能表达系统结构的目的性,并且是检验系统结构的尺度"。从而可见,本质

---

① 王培智:《软科学知识词典》,中国展望出版社 1988 年版,第 307 页。

② 葛家澍、余绪缨:《会计学》,高等教育出版社 2000 年版,第 25 页。

③ 魏宏森:《系统科学方法导论》,人民出版社 1983 年版,第 55 页。

④ 许国志:《系统科学大词典》,云南科技出版社 1994 年版,第 548 页。

描述结构,结构决定功能,功能表现结构和本质,目标体现功能,其关系如图7-3所示。

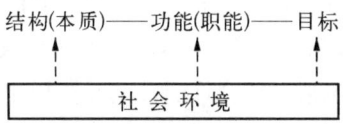

**图7-3 结构(本质)、职能、目标对应性**

社会环境对会计目标有重大影响,社会环境的需要、经济管理的需要必须与会计本质、职能相结合,才能制定会计目标。制定会计目标根本性的依据应是建立会计系统的客观需要。为什么要建立会计系统? 根据节约劳动时间规律,社会要发展,必须努力节约劳动时间。既要计算劳动时间的节约量和劳动产品的增加量,又要强化经济管理,以促进劳动时间的节约,促进经济效益和社会效益的提高。前者形成会计的信息处理结构、信息系统本质、反映职能和提供有用信息的目标;后者形成会计的经济控制结构、控制系统本质、控制职能和加强经济管理的目标。前者具有基础性,后者具有主导性,两者互相渗透,相互为用,正如系统科学所强调的"信息和控制是不可分割的,信息论是控制论的基础"。

正是由于社会环境的作用,各国会计的具体目标,不同时代的会计目标,才会产生差异。

近30年来,美国流行的会计目标是提供信息论。决策有用论和经管责任论都属于提供信息论。他们认为,会计本质是经济信息系统,会计职能是提供有关经济主体的数量化信息。看来,会计目标、职能、本质,三者具有对应性[1]。决策有用观或经管责任观之所以不能作为会计基本目标,就是因为它只表述了会计工作的部分职能,而不能全面、准确地表述会计基本职能。

# 第三节　会计目标系统论

## 一、会计基本职能与基本目标

由于会计基本职能内显本质和结构、外联社会环境,是基本需求与可能的统一。会计目标是会计职能的具体化,应当根据会计基本职能,建立会计的基本目标。

---

① 李孝林:《试论会计职能的对应性》,《四川会计》1998年第3期。

多数人基本同意会计具有反映和控制两大基本职能,只是表述有所不同,含义略有差异。基于反映职能,产生"如实提供信息"的目标,已成共识,毋庸多议。基于会计的控制职能,还应提出"加强经济管理"的基本目标。会计是经济管理的重要组成部分。从历史上看,会计的产生和发展,都为强化经济管理服务,并直接从事经济管理活动。会计是包括财务会计、管理会计、成本会计的大系统。包括总会计师在内的会计人员要协同有关部门建立、健全并实施规章制度,加强资金、成本和利润管理,进行分析、预测、考核,参与经济决策,这些显然都属于管理系统。不仅记账、算账、报账,还要用账。会计信息,首先并直接为会计人员所用。管理会计参与管理过程,已成共识。即使单就财务会计来讲,记账员要记好账,先要对凭证进行审核,要注意所记内容的真实性、合理性,如材料账、商品账,要注意材料、商品是否数量足、质量好,是否适用或适销,是否有霉烂变质、损失浪费或贪污挪用,还要经常分析库存结构,减少或杜绝积压浪费,协同采购部门提出采购计划等,都是以强化经济管理为目标的具体的管理行为。财产清查也是管理活动。随着知识经济和会计电算化、网络化的发展,反映职能有所减轻,控制职能将愈发重要。所以,强化经济管理意识,对于每一个会计人员来说,都是不可或缺的。每一个会计人员,都要努力当好领导的参谋和助手。《会计改革与发展纲要》第1条提出,会计改革与发展总体目标的基本点包括"以强化经济管理为中心"。加强基础工作、强化经济管理,是突破当前会计工作薄弱环节、提高会计水平的关键,因而提出建立反映管理型会计的要求。所以要把如实提供信息、加强经济管理并列为会计的两大基本目标。

把提供有用信息作为编制财务报告的目标,以之作为财务会计或会计的基本目标之一,体现会计的反映职能和信息系统本质;以之作为会计唯一的基本目标,则给人以偏概全之感。倘若如此,显然是不正确的,因为还有大量经济管理工作需要会计人员来做,信息系统论的不足之处,正在于此。而且,统计目标也是提供信息,这样就无法对两者加以区别。

不仅管理会计有"参与管理过程"的职能,财务会计也具有控制职能,广大会计人员都要主动运用信息,强化经济管理,建立管理型会计。

作为会计基本目标之一,笔者建议用"如实提供信息"替代"提供有用信息"。不仅因为真实性是信息的生命,而且因为"有用"的含义已经体现在另一基本目标"加强经济管理"和总目标中。决策有用论和考核受托责任都属于"加强经济管理",并且它是重要的内涵。

从基本目标的构成来看,如实提供信息是基础,加强经济管理是主导。提供信息,要从管理的需要出发,为加强经济管理服务。经济管理,包括会计人员和会计主体及所有使用会计信息的有关方面。信贷决策、投资决策,都属于经济管理。

## 二、会计总目标

会计目标是多层次的,基本目标为总目标服务,受总目标指导,总目标指导整个会计工作。

我国《会计法》第 1 条规定:会计工作要"保证会计资料真实、完整,加强经济管理和财务管理,提高经济效益,维护社会主义市场经济秩序"。1995 年颁布的《会计改革与发展纲要》指出,新时期会计改革与发展的总目标和基本原则是:"建立以提高经济效益为目标,以强化经济管理为中心,有利于完善经营机制的基层单位会计管理体系。"会计工作的总目标可概括为:提高经济效益和社会效益,维护社会主义市场经济秩序。有人认为,提高经济效益和社会效益是企业的总目标,以之作为会计目标,过于笼统。笔者实难苟同。会计是经济管理的重要组成部分,是企业管理重要的职能工作。企业的总目标,必然也是会计的总目标,此其一。其二,建立经济效益会计和社会责任会计,已成共识。中共十四大确立了社会主义市场经济的总目标,具有控制职能的会计系统,必须以维护社会主义市场经济秩序为己任。

从会计总目标来看,"提高经济效益和社会效益",体现了市场经济和各种社会的共同要求;"维护社会主义市场经济秩序",则体现了社会主义市场经济的特殊要求,它们都体现了会计的本质和基本职能。

## 三、会计具体职能与具体目标

会计职能、会计目标是多元的,除了基本职能、基本目标和总目标以外,还有具体职能、具体目标。后者受前两者制约。

既然会计目标是会计职能的具体化,会计具体目标必然是会计具体职能的具体化。本书第五章讲到的四职能论、六职能论、八职能论、十二职能论等,除反映和控制是基本职能外其他大都是具体职能。具体职能是根据庞大的会计实践进行理论概括提炼出来的,与基本职能有密切的联系。

根据反映职能,建立如实提供信息的目标;根据控制职能,建立强化经济管理的目标。另外,会计的反映职能表现会计信息处理结构(确认、记录、报告、分析)和经济信息系统本质;会计的控制职能表现会计控制结构(规划、调节、监督、考评)和经济控制系统(或称管理活动)本质。

会计的具体职能和具体目标可概括为下述八种①。

1. 确认——建立科学的账户体系，分类确认经济业务

运用会计科目和账户等专门方法，依据确认标准，识别经济业务如何输入会计系统，如何进行会计报告。

2. 记录——科学计量，系统记录

通过会计凭证、各种账簿，运用复式记账等会计方法，进行连续的、系统的记录，构成会计的特色之一。记录是会计确认的继续以及会计报告的基础和依据。

要记录，必须对经济业务进行计量和计算。为了科学计量，就要形成不同的计量单位、计量属性和计量模式。

3. 报告——提供真实、完整的财务报告

根据经过审核的会计账簿记录和有关资料，编制财务报告。财务报告由财务报表、附注和财务情况说明书组成。财务报告必须真实、完整，及时地提供给使用者，符合国家宏观经济管理的要求，满足有关各方了解企业财务状况及经营管理的需要，满足企业加强内部经济管理的需要。

4. 分析——分析经济情况，预测经济前景

根据财务报告及有关资料对财务状况和成本升降情况进行分析，对需要研究的经济情况进行分析，总结经验，发现问题，找出差距，分析原因，提出改善工作的建议。

在深入分析的基础上科学地预测经济前景。

5. 规划——参与经济决策，规划经济活动

根据会计信息和其他信息，运用决策方法，提出最优方案，配合单位领导和有关部门，参与经济决策，编制经济计划，制定经济定额，划分责任单位，建议责任指标，拟定完成经济计划的措施。

6. 调节——参与调节经济活动，处理分配关系

根据计划目标，参与调节经济活动。参与制定规章制度，建立内部控制制度。加强成本管理，参与处理分配关系。

7. 监督——监督经济过程，保障资产安全

通过凭证审核、财产清查和稽核，消除账账、账实不符，发现并揭发贪污、浪费行为，防止弊端，保护资产和所有者的权益。

---

① 李孝林：《会计职能、目标系统论》，《北京商学院学报》2000年第3期。

8. 考评——考评经济责任,为奖惩提供依据

对企业、部门和职工的经营业绩进行考核,联系经济责任制,奖优罚劣。

上述八种具体职能和具体目标,只是从会计工作的具体功能出发所进行的归纳。确认、记录、报告、分析,是会计基本职能的体现,用以认识、反映会计对象;规划、调节、监督、考评,是会计基本职能控制的体现,用以控制会计对象。可否认为:基本职能体现在具体职能中,具体职能是基本职能的具体化和拓展。基于目标是职能具体化的认识,上文把每一种具体职能概括为两个字,其后是具体目标。而且具体目标,多种多样。每一项会计工作都有自己的具体目标。各种目标还有自己的数量目标、质量目标。比如,真实性、相关性、可比性、一贯性、明晰性等,就是会计信息的质量目标;合法性、效益性、合理性等,是会计控制的质量目标;及时性、重要性、群众性,是反映与控制的共同的质量目标。

## 四、新职能、目标体系的优点

1. 概括全面

新职能、目标体系能够准确说明财务会计和管理会计的各层次的职能和目标,克服把财务报告目标扩大为包括管理会计在内的会计目标的缺陷。"如实提供信息"可以包括决策有用论、受托责任论以及各方面需要的各种信息。"加强经济管理",不仅是财务会计的目标,更是管理会计的目标。基本目标和总目标是各种会计工作的目标。

2. 体现环境特征和时代要求

照抄照搬美国的研究成果,不能体现我国的环境特征。新目标体系体现了建立社会主义市场经济体制的基本要求,符合我国的实际。两大基本目标和总目标,更是针对时弊,有利于加强会计基础工作,建立反映管理型会计。

3. 体现会计本质,体现会计系统运行规律的要求

根据系统理论,本质是"结构的描述"。会计工作系统包括密切联系、互相渗透的信息处理结构和会计控制结构。两系统运行的规律性要求是如实提供信息、强化经济管理,提高经济效益和社会效益,维护社会主义市场经济秩序。这些已充分体现在会计目标中。

4. 促进会计理论和会计改革的发展,指导会计实践

新的会计职能、会计目标体系既借鉴国际经验又继承我国会计基本理论的研究成果且发展之;既强调会计基础工作,又突出会计控制职能。按照质量目标,如实提供信息与强化经济管理,同时并举,较之已有的会计基本目标的几种提法,更为全面、合理;八种具体职能和具体目标也是对会计工作内容和要求的

较为全面的概括,可以更好地指导会计准则的制定,推动会计工作的发展。会计职能系统、会计目标系统不仅自成系统而又密切联系,组成会计基础理论体系的子系统。

这样,会计环境、动因、本质、职能、目标密切联系,成为逻辑严密的前后一贯的会计基础理论体系。

会计职能系统、会计目标系统,既有作为"商业语言"的共同性,又有体现历史传统和社会环境特色的特殊性。

# 第三单元

## 财务会计概念结构

# 第八章
# 会计准则概念框架

## 第一节　概　述

美国财务会计概念框架（conceptual framework of financial accounting），或译为财务会计理论结构，是分析、评价现行会计准则并指导准则制定和会计工作的财务会计基础理论的有机结合。有的论著称之为"会计理论体系"，似不准确。因为会计理论体系要宽得多，不仅包括各种理论观点、各种学术流派、会计历史，还包括会计研究方法论以及会计方法的理论，从学科上看还应包括成本会计理论、管理会计理论。而且，各种理论可以百花齐放，百家争鸣，一般不作结论。财务会计概念框架只是财务会计理论体系中最实用的部分，用以指导和评价会计准则、会计制度的系统的理论结构。为了更好地指导实践，在充分讨论的基础上，应当有个为权威机构确认的文件。鉴于命名为"财务会计概念框架"容易与财务会计理论体系相混淆①，也不能表明它与所要指导的会计准则、会计制度的密切联系，1999 年我们曾经建议改称"会计准则概念框架"②，表明它是用以指导和评价会计准则的概念框架。经过 10 多年检验，似可成立。

美国制定会计准则初期，根据惯例，采用归纳法，缺乏前后一贯的理论依据，甚至出现前后矛盾的现象。1959 年，会计原则委员会成立，以会计假设为基础，采用演绎法，推导会计基本原则，进而指导具体业务会计程序和方法的确定。由于忽略基本理论研究，没有概念框架，以致所定准则前后矛盾，导致误解。总结经验教训，加强理论研究，设计概念框架的呼声，日益高涨。财务会计概念框架，

---

① 有篇论文提出："财务会计概念框架的基本内容包括会计本质、基本假设、会计对象、财务会计对象……前瞻性的基本理论问题如网络会计、可持续发展会计、知识资本会计、信息资源会计、三维会计、企业集团会计等。"因而建议概念框架"可以会计概念框架的名称来表达。"（参见朱静芬：《构建中国特色财务会计概念框架的探讨》，《财会通讯》2006 年第 10 期）像这样明显混淆概念框架、会计基础理论、会计理论体系界限的文章，还被中国人民大学《财会文摘卡》详细摘发，不仅说明问题的普遍存在，也与"财务会计概念框架"命名不够贴切有关。

② 李孝林：《会计准则概念框架和会计基础理论体系内容及关系试析》，《四川会计》1999 年第 6 期。

是将指导会计准则制定的财务会计有关理论范畴,按照其逻辑关系有机结合,形成科学的、多层次的理论结构系统。葛家澍、林志军在《现代西方财务会计理论》[①]一书中指出:西方会计学界认为概念框架研究的意义主要是:

第一,为分析、评估和指导会计准则的发展提供一个"规范性"的理论基础。例如,美国的 FASB 在概念结构研究计划中明确申明,这些概念"将能够指导首尾一贯的会计准则,并且将说明财务会计和财务报表的性质、作用和局限性……制定、解释和应用会计和报告的准则将反复引证这些概念"[②]。这样,概念结构将促使准则制定机构保持有关准则文告的内在逻辑一贯性,减少或避免不同准则的冲突,限制实务中相同交易的多种处理方法程序,尽可能做到规范化。

第二,可以节省准则制定费用。由于经济形势变化迅速,往往有许多具体的会计准则难以及时适应会计实务的发展。如果具有一套严密的概念结构,一方面,可以相对减少准则文告的数量与复杂性,或者,在某些特殊场合或环境条件变化之时,它可以为特定会计问题的实务处理提供一定的指南。所以,美国会计学家索洛蒙斯认为,"概念结构应该使节约精力可能实现,许多会计问题具有共同的要素,当该委员会(指 FASB)接触到这些问题时,不应该每一次都予以考虑"[③]。

第三,有助于使用者理解财务会计和财务报告。概念结构可以增进报表提供者和使用者之间的沟通,帮助使用者了解财务会计与报告的一些基本概念和原理,理解财务报表各项目标或会计信息的含义、作用与局限性,据以作出恰当的分析判断和正确的经济决策。显然,使用者对财务报告的理解越全面和充分,他们就越有能力有效地运用会计信息,减少对会计准则制定与执行的抵触。所以,概念结构"可望加强财务会计和报告的有用性,并赢得人们的信任"。

第四,抵制利益集团的政治压力。会计准则要涉及不同集团的利益,其制定过程往往被认为带有政治色彩或者是一个政治化过程(politicalization process)。不同的利益集团都力图干预准则的制定,也包括通过立法机构或政府出面接管会计准则的制定权限。所以,对民间性准则制定机构来说,应付这一方面的挑战的关键对策,就是为财务会计或财务报告建立一套能够为各方面利益集团普遍认可、接受的概念结构,缓和或抵消各方面的政治压力。

实际上,概念结构研究旨在指导未来会计准则的制定与发展,因为它企图根据

---

① 葛家澍、林志军:《现代西方财务会计理论》,厦门大学出版社 1990 年版,第 76~77 页。

② 引自 FASB: Scope and implication of the conceptual framework project,1976。

③ 索洛蒙斯,常勋译:《对财务会计准则委员会概念结构的评介——财务会计准则委员会的两难处境:激进的变革还是温和的调整》,《经济资料译丛》1987 年第 1 期。

新形势下会计实务的规范化要求进行概括,并非只是对现行会计实务处理的归纳描述。近10年来,西方财务会计已经越来越重视会计理论和会计实务的规范性。所以,概念结构的研究成果可能与现行的会计惯例、准则不一致,但它们将成为评估现有的会计惯例、准则以及制定与推行未来的财务会计准则、惯例的指导依据。例如,FASB现任主席唐纳德·柯克认为,"有了概念结构,会计准则的制定就有了方向。否则,它们的制定将是缓慢的。如果缺乏概念结构,势必招致外界集团的批评,如指责会计准则的发展是毫无目标与宗旨的"[①]。或者说,"只有以概念结构为指导,将来的会计准则才能以更为合理和一致的方式制定"[②]。

## 第二节　国外对概念框架组成内容的研究

美国财务会计准则委员会(FASB)成立后,便正式宣布它将从事财务会计概念框架的研究。1976年,FASB发表《概念框架研究项目的范围和含义》,提出研究设想,认为概念框架是由目标和相互关联的基本概念协调一致的逻辑严密的理论体系。基本概念是指作为财务会计基础的概念。概念框架着重研究会计准则的理论依据:① 财务会计和财务报告的目标。② 财务报表的要素。③ 财务会计和会计信息的质量特征。④ 财务报表要素的确认、计量和报告。⑤ 分析某些重大的财务会计问题。

从1978年11月起,FASB先后发表第6号《论财务会计概念》(SFAC):

No. 1　《企业编制财务报告的目标》(1978年11月)。

No. 2　《会计信息的质量特征》(1980年5月)。

No. 3　《企业财务报表的各种要素》(1980年12月)。

No. 4　《非营业机构编制财务报告的目标》(1980年12月)。

No. 5　《企业财务报表项目的确认和计量》(1984年12月)。

No. 6　《财务报表的各种要素》(1985年12月正式公布,取代No. 3)。

No. 7　《在会计计量中使用现金流量信息和现值》(2000年2月)。

葛家澍、林志军在《现代西方财务会计理论》一书中指出:"美国的财务会计概念结构是以目标作为研究起点……"他们根据FASB的Financial Statements and Other Means of Financial Reporting形象地以结构表示如图8-1所示。

关于FASB概念框架的研究情况,葛家澍、林志军指出:"概念结构研究标志

---

①　引自Donald Kirk:FASB and industry, The Journal of Accountancy, 1982。

②　引自FAF:The structure of establish financial accounting standards,1977。

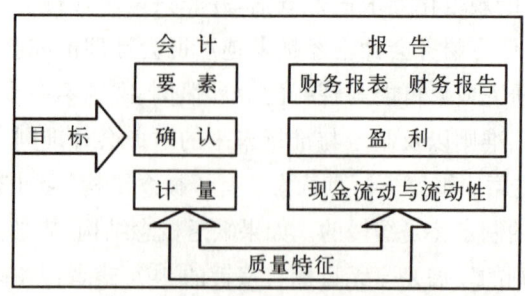

图 8 - 1  美国的概念框架

着西方财务会计理论与实务的重要发展趋势,也可以反映其会计准则制定的最新动向。但是,由于社会制度的限制,这一研究仍然存在较大的局限性,它难免受到大垄断资本集团利益的牵制,内容上也难以实现真正的规范化。尽管 FASB 高度重视概念结构研究,但它的实际进展并不顺利。从上述可以看出,前 4 份 SFAC 主要论述基本或抽象的理论概念,相对还比较容易处理。一旦进入后几项较具体的确认、计量、报告和现金流动等项目的研究,就涉及不同集团的利益关系,各方面的外部阻力显著增大,某些项目在较长时期内不能达成正式结论,一拖再拖,悬而未决,大大超过原定期限。所以,近来已有一些学者开始对概念结构的研究持怀疑态度。甚至 FASB 高级顾问罗伯特・斯特林(Robert R. Sterling)也公开抱怨,概念结构的后期研究遭到外界集团越来越强烈的抵触,因而 FASB 很可能无法完成这一研究计划。"[1]

FASB 先后发布的第 7 辑《财务会计概念公告》,论述详细、深刻,被称为理论模式,开 CF 之先河。由于世界首创,没有成熟的先例,只能采用按专题分别论述的方式,成熟一个,公布一个。经过 30 多年的研究和实践,摸索前进。整套公告的主要特点如下。

1. 内容详细,具有一定的理论性

该框架内容比较细,有一定的理论性,故称为理论模式。其理论性在整个框架中随处可见。如第 1 辑的第一部分,详细说明美国的经济、法律、政治和社会环境对编制财务报告目的影响;第 2 辑的第二部分,以较大的篇幅说明决策的核心作用;第 3 辑在定义各要素之前,对财务报告的目的、会计信息的质量特征和各要素之间的关系进行了阐述。可见,美国的 CF 并不局限于直接指导、评价准则和实务工作方面,还涉及相关的理论研究。

---

[1]  葛家澍、林志军:《现代西方财务会计理论》,厦门大学出版社 1990 年版,第 81 - 82 页。

在该CF中,很多陈述或定义后面都有举例。比如,在第3辑的第二部分,为了说明某一类个体属于营业收入或费用的项目,但另一类个体可能属于利得或损失时,该框架指出"证券投资在保险或投资公司是营业收入与费用的来源,但在制造或贸易公司是利得或损失的来源"。可以看出,美国CF内容的详细。

2. 不便于理解和实践

FASB制定的CF"内容过于详细,犯有与其制定的财务准则同样的毛病。那就是面面俱到,主次不分,重点不突出且论述重复甚至有明显的矛盾"①,因而不便于会计人员和教师学习、运用。

美国的CF不仅指导会计准则的制定,还应当为会计人员和信息使用者服务。帮助信息使用者理解会计准则的基本概念、原则,从而更好地理解财务报表。会计准则不可能包罗万象。由于经济活动千变万化,CF还可以帮助会计人员选择合理的会计政策。所以CF不仅应当具有原则性,还必须清晰明确,便于理解和实践。篇幅过长,像FASB那样,显然不便于传播和实践,不便于实务工作者掌握。

1989年7月,国际会计准则委员会(IASC)②公布《关于编制和提供财务报表的框架》。该框架第5段指出"本框架涉及:(a)财务报表的目标;(b)确定财务报表中资料的有用性的质量特性;(c)构成财务报表的要素的定义,确认和计量;(d)资本和资本保全的概念"③。可见,其内容与美国的概念框架略同,只是明确提出基础性假定并作为服从于会计目标的概念。

在借鉴并发展美国的CF基础上,IASB《编报财务报表的框架》是单一的、条文性的文件,简洁、明确,便于理解、运用。该框架基本具有美国CF必要的内容,但在形式上,更有如下特点:

(1)叙述简要。IASB的框架在说明其内容时,几乎都是直接的简要的解释,没有展开,省去许多理论性部分。比如,在说明质量特征之一中立性时,该框架用精练的文字对其作出了定义;而FASB在说明中立性时还涉及中立性与会计信息目的性的关系,以及有些人不接受会计中立性概念的原因。虽然IASB框架也有举例,但其总篇幅大大少于FASB,只是在定义比较抽象的概念时才用简短的例子进行说明。

(2)便于会计人员学习和掌握。美国的CF的主要作用是将会计具体准则中

---

① 葛家澍:《财务会计理论研究》,厦门大学出版社2006年版,第223页。

② 已改名为"国际会计准则理事会"(IASB)。

③ 财政部会计司译:《国际会计准则》,中国财政经济出版社1992年版,第19页。

会涉及的一系列概念以及处理实务的原则作出说明,使会计人员在学习和运用具体准则及实务操作时有判断的依据。这样简练、明确的叙述,便于理解,有利于广大会计人员学习和掌握。

(3) 能较好地适应变化。制定较为宏观、原则性的 CF,可以增强框架的适用性。当新经济业务出现而对应的具体准则尚未制定时,会计人员可以根据美国 CF 的定义和规范,来处理相应的经济事项。

(4) CF 的国际惯例。和 FASB 比较,IASB 框架后来居上,英国、加拿大和我国的 CF 与其类似。CF 国际惯例的基本方面应当是 IASB,而不是 FASB。IASB 与 FASB"两会"(下文如此简称)在 2004 年月 10 月决定改进并建立共同的 CF 列入联合项目的工程日程。双方合作研究联合框架时,FASB 同意今后的框架采取单一文件形式,表明 CF 的发展方向,并意味着 FASB 理论模式的放弃。显然,单一文件比多个文件清晰明确,更为连贯。IASB 采用条文形式,与 FASB 面面俱到、太过详细的 CF 相比,线条较粗,较易领会掌握。

论者认为,美国由一系列概念公告组成财务会计概念框架的一个主要优点是,可以根据新形势的需要进行增添,而无需触及未曾涉及的其他相对独立的概念公告;IASB 框架的优点是简洁和扼要,但在需要变更时,往往需要通盘加以修订。历史事实并非如此。采用单一文件的 IASB《编报财务报表的框架》,自 1989 年公布以来,已经 20 多年,并未修改。同样是单一文件的我国基本准则,由于经济改革和会计协调的迅速发展,1992 年首次颁发,2006 年就为崭新的基本准则所取代。FASB 多份文件、理论模式的 CF,也将被单一文件的国际模式所取代。这里,关键在于是否需要修改。

从形式上看,美国的 SFAC 是若干个概念公告,内容较细,有一定的理论性;IASC《框架》是一份条文性的规范,只有 110 段,简洁、明确,与我国的基本准则相似。从内容和作用看,三者近似。葛家澍教授指出:"美国财务会计准则委员会不是把基本假设丢开,而是不把假设纳入基本概念体系,但却作为概念结构的基础。概念结构本身已是一个基础,假设又作为概念结构的基础。"①

对会计准则概念框架的内容构成,有三种不同看法。FASB 和 IASC 认为,该概念框架包括目标、基本假设、信息质量特征、财务报表要素、确认、计量、报告等概念,可谓狭义观。

广义观主张进一步增加对象、职能、性质概念。1976 年,FASB 曾指出:"概念框架是一项章程,是一个具有相互联系的目标和基本原则的、首尾一贯的体系,它

---

① 葛家澍:《关于市场经济条件下会计理论与方法的基本观点(Ⅰ)》,《财会月刊》1995 年第 2 期。

应促使相互一致的会计准则的产生,并规定财务会计和财务报告的性质、功能及范围。"①1987 年,澳大利亚会计研究基金会(AARF)指出:"概念框架是一套相互联系的概念。这些概念规定财务报告的性质、对象、目的和广泛的内容。"他们都主张把本质、功能、对象、目标等纳入概念框架,可称作广义观。他们主张把会计对象、本质、职能等属于会计基础理论体系的重要范畴纳入概念框架,是因为这些概念对于指导和评价会计准则的制定,有重大作用。为此,我们曾经赞成广义观的观点。进一步研究,似有不妥。因为会计基础理论体系是整个会计科学的基础理论,对包括财务会计和管理会计在内的各门会计科学、各种会计工作和会计准则概念框架均有指导作用,不应与仅限于财务会计的会计准则概念框架相混淆。而且会计本质、职能的指导作用已经体现在会计目标中。会计目标既是会计基础理论体系的重要范畴,又是会计准则概念框架的起点,一身二任,承前启后,把两者密切联系起来。所以,不应把会计基础理论体系包括在会计准则概念框架中,或者把两者混为一谈。

我国的会计基本准则由财政部首次颁布于 1992 年,修改后颁布于 2006 年,共计 50 条。其内容与 IASB 和 FASB 略同,如表 8-1 所示。

表 8-1

### 会计准则概念框架内容比较

| 内　　　容 | 美 | IASB | 英 | 澳 | 中 |
|---|---|---|---|---|---|
| 目标 | √ | √ | √ | √ | √ |
| 基本假定(公设、假设) | √ | √ | | | √ |
| 报告主体 | | | √ | √ | |
| 财务报表(会计信息)质量特征 | √ | √ | √ | √ | √ |
| 财务报表的要素 | √ | √ | √ | √ | √ |
| 财务报表的确认与计量 | √ | √ | √ | √ | √ |
| 资本和资本保全 | | √ | √ | | |
| 财务报表的呈报 | | | √ | | |
| 对在其他报告主体中的权益的会计处理 | | | √ | | |
| 在会计计量中使用现金流量信息和现值 | √ | | | | √ |

---

① 马荣立、黄如光:《西方国家当代会计理论的发展动态》,《财会通讯》1995 年第 6 期。

# 第三节　我国对概念框架的研究

30多年来,我国会计界对会计准则概念框架进行了一些研究。对于把"会计理论体系"与会计准则概念框架混同的诸多论著,这里不作介绍。

较早发表的文章大都直接介绍 FASB 的概念框架。王道振的《我国会计理论结构初探》一文[1]在借鉴西方经验的基础上,提出了有所不同的意见,如图 8－2 所示。

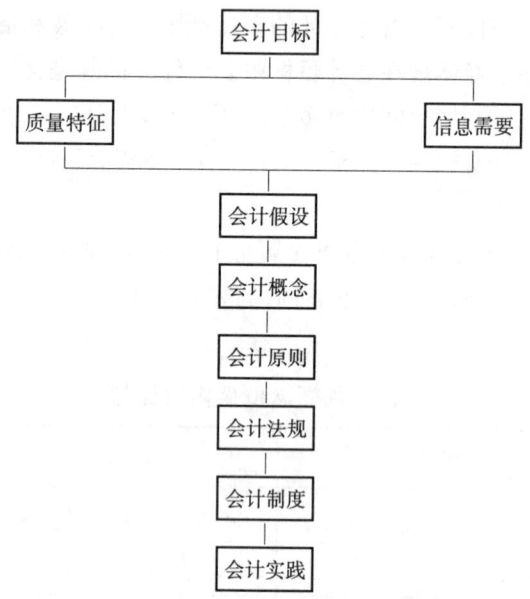

**图 8－2　王道振提出的会计理论结构**

王道振指出:"同西方会计理论结构相比,主要有两点不同:一、我把会计质量特征分成两个层次,即信息的质量要求和决策的质量层次,决策的质量取决于信息的质量,而西方会计理论结构把可靠性和相关性作为相互作用、相互影响的关系。诚然,预测所需的会计信息和反馈所需的会计信息是有不同质量要求的,但不能说预测可根据不可靠的信息进行决策,预测也必须在一定质量的信息基础上进行决策,所以,我把这两个层次的信息作为逻辑的关系,而不是相互影响的关系。二、我把会计法规和会计制度作为会计理论结构的重要组成部分,也是会计理论和实践的重要联结部分。"

---

① 中国会计学会:《1986 年会计学论文选》,中国财政经济出版社 1988 年版。

陈今池在《现代会计理论概论》①一书中所描绘的会计理论结构,如图 8-3 所示。

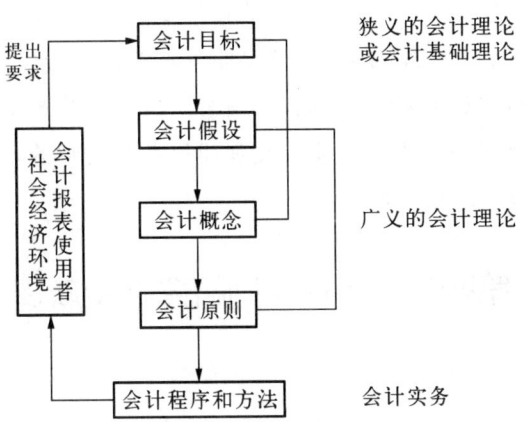

**图 8-3　陈今池提出的会计理论结构**

这两种说法如果理解为"会计理论体系",其内容显然太窄,它只是财务会计基础理论的比较实用的部分;如果理解为会计准则概念框架,由于它是用以指导并评价会计制度和会计准则制定的基础理论,显然不应包括会计准则及其以下的部分内容。我国财政部 1993 年和 2006 年颁布的《企业会计准则》,一般称作基本准则,内容包括基本前提、会计对象要素及其确认、计量和财务报告等,其地位、作用、内容与 FASB、IASB 的财务会计概念框架略同。其条文形式,更与 IASC 的《关于编制和提供财务报表的框架》相同。仍可归入狭义观。

葛家澍在其主编的《中级财务会计》②一书中设计出了新的框架,如图 8-4 所示。

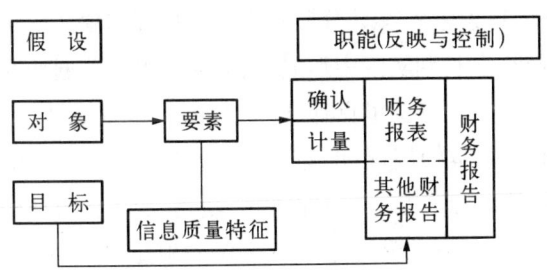

**图 8-4　葛家澍提出的财务会计概念框架**

---

① 陈今池:《现代会计理论概论》,立信会计出版社 1993 年版,第 50 页。

② 葛家澍:《中级财务会计》,辽宁人民出版社 1994 年版。

葛家澍说:"在整个财务会计概念中,起决定性作用的概念是基本假设、对象和目标。""由反映与控制职能所涵盖的确认、计量、记录与报告的过程,应列为概念结构的第三层次。"

IASB的概念框架与FASB略同,只是明确把会计假设纳入框架。在此基础上,葛家澍的设计增加对象和职能,可谓中义观。与其主张类似的还有陈国辉撰写的《会计理论体系研究》①一书。前述广义观建议在中义观的基础上增加"本质"。三种观点的主要不同,即在于此。

## 第四节 会计准则概念框架新探

这里有四个问题需要讨论:

我国会计学界对会计职能与本质曾进行过长期的大量的研究。这项研究密切联系实践并指导实践,抓住了制定会计目标的关键,体现了我国会计理论研究的成就和特色。但是职能与本质属于指导和评价会计准则概念框架的会计基础理论体系,不应纳入会计准则概念框架中。我们曾经赞同的中义观和广义观的关键点,就是把会计准则概念框架和其指导者——会计基础理论体系混为一谈,模糊了两者的界限。

会计目标是会计职能的具体化。它体现环境的特点和要求,是前后一贯、逻辑严密的会计基础理论体系的终点,对会计准则概念框架有直接的指导作用,构成会计准则概念框架的起点。可见,会计目标上承会计职能与本质,下导会计对象要素、会计准则与实务,一身二任②,居于核心地位。

关于基本前提或称基本假设,各国会计界有不同理解。我国会计基本准则将其归纳为会计主体、持续经营、会计分期和货币计量等四项。它是适应会计环境尤其是市场经济的要求,在长期实践中形成的、为会计界所普遍接受的不言而喻的命题。美国会计学家E·S·亨德里克森(E. S. Hendriksen)在其所著的《会计理论》中说:"假设是指那些基本的假定,即那些与会计有关的经济、政治和社会环境的各种基本建议。其基本标准是:(1)它们必须与会计上的逻辑发展相关,那就是,它们必须作为引出合乎逻辑的进一步建议的根据;(2)它们必须为参与讨论的人所接受,即认为它真实或可供作会计逻辑上开拓假设的出发点。"③它既是

---

① 陈国辉:《会计理论体系研究》,东北财经大学出版社1997年版,第142页。
② 李孝林:《会计基础理论体系起点理论探索》,《北京商学院学报》1999年第6期。
③ E·S·亨德里克森:《会计理论》,立信会计图书用品社1987年版,第74页。

会计工作的基本前提,也是对会计环境时间和空间特征的概括。亨德里克森直接把它们叫做"环境性假设"。我们把它视作与环境紧密相连并作为概念框架的基础层次。

质量要求是一系列指导会计工作的基本理念的组合,是指导和评价会计准则的规范。一般认为信息质量要求是会计准则概念框架的组成部分。我们认为,质量要求的不仅是信息质量,还应有控制质量[①],故应合称质量要求。

基于上述认识,笔者基本赞成会计准则概念框架组成内容狭义观。按照诸概念的逻辑联系,设计新的框架,如图8-5所示。

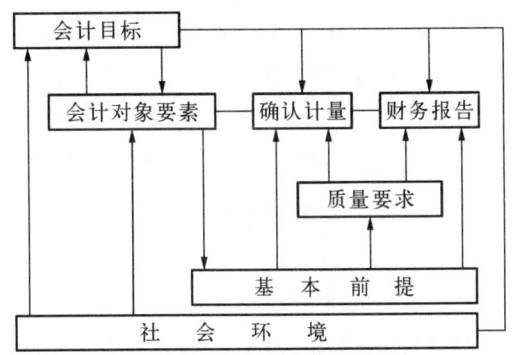

图8-5　会计准则概念框架

会计准则概念框架是由首尾一贯的众多会计范畴构成的。研究概念框架从哪一范畴入手,以便进行科学严密的逻辑推理和概括,这里的误区主要是把会计准则概念框架和会计基础理论体系相混淆,以致出现了环境、本质、对象、目标等多种起点论。显然,前三者均不属于会计准则的概念框架范畴,只有会计目标,一身二任,既是会计基础理论体系的研究成果(终点),又是会计准则概念框架的研究起点。

# 第五节　会计准则概念框架变迁论

## 一、概念框架模式的发展

会计准则概念框架模式,按照其形式,可分为采用条文的应用模式,如IASB和我国基本准则;采用多份文书详细论述的理论模式,如FASB。按照会计准则概念框架CF对具体准则的作用,可分为指导模式(如FASB和IASB)、法规模式(如

---

① 孙芳城、李孝林、孔庆林:《会计控制质量特征探索》,《财政研究》2002年第9期。

我国的基本准则)。

当今世界上三类不同的 CF 模式,概括如图 8-6 所示,箭头表示其发展关系。

理论模式(FASB)──→国际模式(IASB)──→法规模式(中国)

**图 8-6　三种 CF 模式**

前两者可称为指导模式,后者可称为应用模式。

澳大利亚的 CF,其形式属理论模式,其地位属法规模式。

在借鉴 IASB 的 CF 基础上,结合实际,1992 年、2006 年,我国先后颁布《企业会计准则——基本准则》,后者(2006)取代前者(1992)。这是我国的 CF。它借鉴 IASB 框架的内容和形式,同属应用模式。从文字叙述看,我国的模式较 IASB 框架更简洁。我国《基本准则》作为"准则的准则",其作用体现在对具体准则的评价和规范上,对实际工作都具有指导作用。38 个具体准则基本涵盖了现阶段各类企业经济业务的一般情况。随着经济的发展,还会出现新的经济业务,可能有某些特殊的经济业务,暂时还没有具体准则来规范。在这种情况下,企业会计人员可以根据《基本准则》的精神对经济业务进行判断和处理。

IASB 和 FASB 的 CF 不构成准则,不是法规,因而只有指导性,没有强制性。我国《基本准则》由财政部以命令发布,具有行政法规地位,这是我国《基本准则》的重要特点,强化了我国《基本准则》的权威性,但它却成为一些盲目抄袭理论模式者否定我国《基本准则》是 CF 的重要论据。

早在建立会计准则时,我国就曾经有过采用法规模式还是公认模式的讨论。从我国长期采用法规模式的实际出发,当时取得了采用法规模式的一致意见。现在看来,具体准则采用法规模式的意见统一了,但对基本准则采用什么模式,又起争论。争论的焦点在于 CF 采用指导模式或是法规模式,各有什么优缺点等方面。

我国创立的 CF 法规模式,有以下特点。

(一)基本准则内容和条文形式与 IASB 概念框架略同

我国《基本准则》吸纳了 IASB 框架的思想内容和条文形式,已具备 CF 之实质,为分析、评估和指导会计准则的发展提供了规范性的基础。至于其法律形式,可因国家而异,这不是 CF 趋同的关键,不应强求统一。葛家澍说:"根据实质重于形式的原则,我们不应在意中国有没有形式上名为'概念框架'的会计基本概念,而只要名义上是'基本准则',而实质上充实了 CF 的内容,同样可以达到指导、评估和发展具体准则的目的。"[①]既然《基本准则》的基本内容和形式与 IASB 的框架大

---

① 葛家澍:《财务会计理论研究》,厦门大学出版社 2006 年版,第 223 页。

体相同,这是实质,那么经有权制定法规的国家机构批准,赋予法规职能和地位,成为必须遵守的规范,权威性增强,岂不更好! 德国会计准则的新发展也是这样。应强调指出:IASB 和 FASB"两会"都不是政权机构,它们无权制定法规,我们的准则制定机构能够制定法规,本来是好事,本来是我们的优良传统,怎能仅仅因我国《基本准则》具有法规地位而否定其为 CF 呢!

(二)国际惯例是发展的

国际惯例是在长期实践中被各国会计界所普遍接受的,又是不断发展的。最初总是由个别国家提出并实践,然后才逐渐完善和扩展,被更多的国家所接受。真实与公允原则就是一例,最初是英国提出并写入法律,后来被欧盟接受,现在又被 IASB 接受,成为国际惯例。

任何事物都不可能是十全十美的,发达国家的 CF 也是这样。IASB 框架、英国会计准则委员会的财务报告原则公告和美国这个自诩有着"最完善和最先进的准则"的经济强国的财务会计概念公告,都各有其优缺点,我们只能说应以国际普遍认同的 CF 为参照标准,根据实际情况作适当的调整和变通。和美国不同的、与国际会计组织有差异的,就一定不正确吗? 不一定。或许这些不同之处恰恰是我们创新、改进之处,是我国的研究成果和先见之明。IASB 研究总监韦恩·厄普顿 2007 年 2 月在接受新华社记者专访时说,新修订的国际会计准则将借鉴中国《企业会计准则》中行之有效的方法。比如,在关联方披露方面,中国《企业会计准则》在实际操作中的成本效益比要高于现行的国际财务报告准则,因为现行国际财务报告准则要求详细披露所有政府控制企业之间所谓"关联交易"的做法,在实际操作中成本过高,而中国准则的规定避免了这种低效的弊端。可见,随着中国经济地位的提升和会计准则国际化程度的日益提高,中国的经验越来越受到国际组织的关注,而 IASB 拟参照中国准则修订关联方披露准则的行动,更是凸显了中国在国际会计领域话语权和影响力的不断增长。趋同是一种互动,中国在与国际惯例协调时,不应该盲目照搬、全文照抄。

采取会计人员喜闻乐见的《基本准则》更符合中国的实际情况。因为我国采用法规形式的会计制度已经 60 年,采用基本准则形式,建立法规型的会计准则 CF 是符合我国实际的现实选择。它既立足于中国国情,又努力与国际会计惯例趋同,在某些方面,还有领先的成分。

(三)提高 CF 的权威性是发展趋势

世界性的假账破灭了某一种模式尽善尽美的神话。美国积极应对,迅速采取法律措施。《萨班斯-奥克斯利法》促使美国会计准则制定从规则导向向目标导向转变。美国证券交易委员会建议,对美国公认会计原则的级次重新排列,将 CF 提到具体准则之前,作为公认会计原则的第一级次(美国证券交易委员会,2003),从而增强了 CF 的权威性。FASB 同意 SEC 的建议:消除 GAAP 级次的不同层次,使概念框架更加突出(FASB,2004)。因此,增强 CF 的权威性,提高其规范地位是国际发展的方向。

2005 年,IASB 和 FASB“两会”决定联合制定趋同的概念框架。“在这一趋同框架的研究中,双方都承认趋同的概念框架将是单一的、内在一致的文献。这表明 FASB 将放弃七份文献,而与 IASB 趋同。另外,双方一致同意提升趋同的概念框架在 GAAP 中的层次,即由外在于 GAAP 而跃居 GAAP 中的顶尖层次。这是双方都主要按原则为基础制定会计准则的必然要求”①。上述“两会”的联合决定既体现了 CF 由理论模式向应用模式发展的趋势,又体现了提升 CF 地位的发展趋势。因为对“一些重要理论加以充分论述和详细说明”,应当是指南或教材的内容,不是 CF 的任务。我国的《基本准则》与 IASB 的框架都以简明、单一、内在一致的条文形式表述,都具有逻辑整体性,其内容和形式几乎相同。它既维持 CF 作为理论体系的简明扼要和内在逻辑统一的指导作用,又较易领会掌握。再说,会计作为人造系统,社会环境对其具有根本性的影响。由于社会环境和历史传统的不同,产生了各具特色的会计模式。完全相同的 CF 是不现实的。我们应从本国的国情出发,借鉴国外会计的先进部分,不能照抄照搬。人家是什么模式,我们就必定是同样的模式,未必符合与会计国际惯例相协调的精神。

我国的会计基本准则无论在内容上或者形式上,都与 IASB 基本相同,采用法规模式,不仅符合我国实际,而且符合发展方向。我国基本会计准则比“两会”的联合趋同框架先走了一步。作为我国的 CF,我国已把它定为法规,构成《企业会计准则》的第一层次,并明确是用来指导所有的具体准则的。这是我国的先见之明。我国 CF 法规地位的确立,不仅是符合我国国情的现实选择,而且在一定条件下,在大陆法系国家,可能成为发展趋势。

我国学者葛家澍、刘峰认为:“IASB 和各国所制定的概念结构,只是对美国模式程度不同的模仿。”②这只看到借鉴的一面,忽视了 IASB 和各国后来者的创新和发展。

## 二、关于我国基本准则是否是概念框架的讨论

笔者通过上网检索论文 63 篇后发现,对基本准则是 CF 持否定论者有 45 篇,

---

① 葛家澍:《论美国的会计概念框架与我国的基本会计准则》,《厦门大学学报》2006 年第 4 期。

② 葛家澍、刘峰:《会计理论——关于财务会计概念结构的研究》,中国财政经济出版社 2003 年版,第 79 页。

认为基本准则是 CF 过渡阶段的有 12 篇。过渡论认为,我国法规形式的基本准则不符合国际惯例,将来要采用代表国际惯例的指导模式,实质上否认基本准则是 CF。认为会计基本准则是 CF 的论文有 6 篇,多数只是提一句,有所论证的只有 1 篇。认为基本准则不是 CF 的论著,似成"主流",笔者不敢苟同。

否定论的主要论据是:基本准则在性质上不属于理论体系,它"与财务会计概念框架的定位存在本质的区别";基本准则的法律地位影响理论的发展。这些论据有待商榷。

（一）关于基本准则性质不是理论体系的讨论

有的论著说:"概念框架的理论实质与《基本准则》的会计法规形式冲突。"它还引用巴顿和利特尔顿(1966)所说的 CF"是一个连贯、协调、内在一致的理论体系"作为论据,强调指出:"一些主要国家的概念框架均以理论性文件而非会计准则存在。"有的论著说:"我国的《企业会计准则》是由政府机构财政部制定的,具有很强的权威性和强制性,已成为国家会计法规的组成部分,它不是属于理论性质的概念框架。"①事实否定了这个结论。在我国,基本准则不但是制定会计具体准则的理论基础,还是评估现有的具体准则和发展新的具体准则的基础。基本准则是会计实践的总结和理论反映,是会计实践上升到会计理论的产物。娄尔行教授早就指出:"许多外国会计准则制定机构并不把中国《企业会计准则》视为会计准则,而是作为基本会计概念对待。它们所构成的概念体系,乃是理论研究的结晶,是制定会计准则的依据。"②从基本准则的内容看,第一章规范会计目标和基本前提,第二章规范会计信息质量要求,第三章至第八章规范六大要素,第九章规范会计计量,第十章规范财务会计报告,都属于会计应用理论范畴。因此,基本准则属于会计应用理论,与"两会"CF 的基本内容并无重大差异。同时,我国的基本准则又被定位为会计准则的组成部分,正是这一差异,成为盲目抄袭外国模式者否定基本准则就是 CF 的重要论据。有的论著认为:"概念框架要能对准则的制定起指导作用,这决定了它不应当是一个封闭的系统,它必须要能适应新的环境,理论上必须比较成熟,这也决定概念框架不能作为准则。"③"能适应新的环境,理论上必须比较成熟"的 CF,为什么"不能作为准则"?作者仅作判断而未说明理由。其实,我国的基本准则不仅"是一个连贯、协调、内在一致的理论体系",还是处于会计准则体系第一层

---

① 邹玉桃、邱波:《构建中国财务会计概念框架的设想》,《湖南财经高等专科学校学报》2006 年第 4 期。

② 娄尔行:《中外会计准则的比较研究》,《改革与借鉴——会计准则国际研讨会(深圳·1992)》,中国财政经济出版社 1992 年版。

③ 李明辉:《构建我国财务会计概念框架》,《广州市财贸管理干部学院学报》1999 年第 4 期。

次的纲领性文件,通过具体准则,将基本准则即 CF 规定的各项概念、原则落到实处,充分发挥其理论指导作用。自"安然事件"后,美国将采用与 IASB 趋同的 CF 形式。"两会"一致同意提升趋同的概念框架在 GAAP 中的层次,将概念框架定位为会计准则的最高层次,代表发展方向。我国 CF 的领先行为,却受到照抄理论模式者的错误指责。

CF 具有理论本质,而理论研究是应当百花齐放、百家争鸣的,由一个组织下结论,可能影响理论的发展。这种说法不妥。任何 CF,都是由一个权威组织主持制定,提出草案,广泛征求意见,反复修改定案,即"由一个组织下结论"。CF 的理论本质,是就其对具体准则而言。基于它的指导性,在百花齐放、百家争鸣的基础上,最后由一个权威机构"下结论"。任何 CF,莫不如此!

(二)关于基本准则法律地位影响理论的发展论

FASB 在其《概念框架的说明》中指出:"概念公告不像准则公告,概念框架不要求成为公认会计原则。"IASB《编报财务报表的框架》引言强调:"本框架不是一份国际会计准则,因此它不为任何特定的计量和报告问题确定标准,本框架的任何内容均不取代国际会计准则。"两者都不是准则而是指导和评价准则的理论。主张理论模式的论著因而认为不具有强制性的指导性概念框架是"国际会计惯例"①,"很值得我们借鉴和学习"。它们认为,我国基本准则应当由法规模式退回到指导模式,才符合"惯例"。有的论著认为,我国的基本准则不是 CF,就是因为它是会计准则的一部分,不完全像"两会"的 CF。设若如此,按其逻辑,"两会"的会计准则也仅有指导性,是"公认"的而不是法规,那么,我国的会计具体准则属于国家的法规,岂不违反"国际惯例"!众所周知,IASB 和美、欧已经承认我国会计准则与国际惯例趋同。

"两会"的 CF 都不是法规,不具强制性;我国的基本准则采用法规形式,具有强制性。这一差异成为不少论著否定我国基本准则是 CF 的重要论据。有的论著认为:"如果将本身需要与时俱进的财务会计概念框架一直用具有行政强制力的基本准则替代,虽表面上能增强其权威性,但基本准则的概念化特征和原则化形式也使基本准则很难根据实际情况及时作出调整。"②事实果真如此吗?非也。首先,CF 与基础理论不同,它属于应用理论范畴。基础理论可以百花齐放、百家争鸣,一般不作结论。而 CF 是财务会计理论体系中最实用的部分,是用以指导和评价会计准则的系统的理论体系。为了充分发挥其指导作用,应由权威机构主持制定。

---

① 从其论证看,实际指 FASB 的 CF。

② 沈颖玲、汪祥耀:《构建我国财务会计概念框架的设想》,《财会月刊》2007 年第 10 期。

由于主持机构不同,所制定的文件在权威性和地位上会有所差异。"两会"都是民间组织,无权制定法规,因而所制定的 CF 不具有法律约束力,对准则制定来说,仅仅提供理论上的支持。而我国的基本准则是由财政部主持制定并颁布,理所当然地具有法规地位和强制执行力。其次,不论是民间组织还是官方机构,都是在广泛征求意见、组织各方专家反复论证和修改的基础上再由主管机构发布的。由政府机构或民间机构主持和颁布,对理论的发展并无原则不同。再说,作为应用理论,若缺乏强制性,不但无法作为经济活动、法律诉讼中的法规支持,还会使会计人员淡化对其学习和研究,从而延缓理论的进一步发展。相反,正是由于被赋予法律地位,才使得基本准则被广泛使用、学习和研究,促进理论的更新。当前,提高 CF 的权威性是发展的国际趋势。

"法规条文不适合经济变动,容易滞后,不像理论一样容易变化发展。而概念框架可以与时俱进,具有灵活性"。这里所谓的灵活性,可能是指制定方面。"两会"的 CF 和基本准则都是由其制定组织按规定程序制定的,修订程序一样,为何"容易滞后"? 单一国家总比跨国组织更容易修订些。从实际情况看,IASB 的 CF 制定以来还未变动过,FASB 只有第 3 辑被取代,倒是法规形式的基本准则首次发布于 1992 年年末,施行 14 年就被新基本准则取代,这是发展的需要。怎能说法规模式不容易修订? 包括基本准则在内的 CF,是会计应用理论中公认的原则,一般不会经常变动,即使需要变动,同样可以及时修改。

"概念框架的理论本质与法规的条文形式有冲突。法规形式重结果,不一定讲究条文之间的内在逻辑,为了保证法规的严肃性,一般不会采用通俗易懂的比喻、类比措词等"。否。IASB 的 CF 和我国的基本准则都是条文形式的,都具有逻辑整体性,其内容和顺序安排,几乎相同,用法规缺乏逻辑性的缺点批评基本准则,并不确切。难道法规不能有其理论吗!

"如果将基本准则看作我国的概念框架,将影响其深入研究和发展。人们会更多地关注准则的条文本身,而忽视准则所依托的概念框架理论和其背后的会计理论"。否。CF 的法规形式与对其研究的深入,没有不可逾越的鸿沟,人们照样会关注其理论依据。如果按照这些学者的观点,具体准则是不是也不应该采用法规形式呢? 实践证明,具体准则采用法规形式除了有利于执行外,并没有阻碍其发展。仅因为我国的基本准则具有法律效力就否认其是 CF,是不符合 CF 发展趋势的。

有的论著说:概念框架有着基本准则所不具备的优势:一是可以保持会计准则相关文件的外在和内在逻辑的一致,减少各准则间的不一致,提高会计准则的规范程度;二是能够帮助会计信息的使用者更好地理解财务报告所提供信息的目的、内容和性质,以作出正确的分析和决策;三是能为会计准则的制定及重大会计问题的解决提供思考的方向,同时减少准则制定过程中的个人偏向和政治压力;四是能够通过分析传统会计理论中的合理部分,展示最新的会计思想,从而推动会计理论的不断发展①。为什么? 没有说。其实,这四点,都是讲 CF 的作用。这方面,IASB、FASB 和我国,三种概念框架并无不同。由于基本准则法规地位的确立,作用更为强大。

(三)否定基本准则是概念框架论的实质

否定基本准则是概念框架论的实质,在于把 CF 的理论模式奉为圣经,不敢越雷池一步。他们崇拜 FASB 的"充分论述和详细说明",从而批评"基本准则比较抽象,对某些基本会计概念不能展开充分阐述",如果以 IASB 的 CF 为基准就不会提出这样的指责。他们认为"财务会计概念框架的理论本质与法规的条文形式有冲突"。并指出:如果将基本准则看作我国的 CF,将影响其深入研究和发展。实际上偏离了 CF 的发展方向。

基本准则出台至今,作为我国的会计法规,在指导和规范会计实务中起到了很大的作用,并且已经被人们所接受。如果现在重新建立一个脱离具体准则,不具有法规效力的 CF,然后用此框架来指导具体准则的制定,其约束力必定会减弱。因此,正如 2006 年颁布的新准则一样,不改变当前基本准则的法规形式,从我国国情出发,借鉴 IASB 概念框架,使之成为我国的 CF,才是最适合我国建立 CF 的途径。

对于事物的把握,必须抛开其表象,挖掘潜藏在幕后的内在的质的规定性。基本准则经过多年的应用,其表现形式已被理论界和实务界所接受。以基本准则作为我国的会计准则概念框架,是既符合 CF 发展趋势又符合中国国情的最佳选择。尤其是作为创举的高层次准则和法规模式,领世界潮流之先。唯其如此,遭到一些非议,乃新事物发展之常态。

趋同分为形式趋同与实质趋同。一般而言,形式趋同应比实质趋同容易,最高层次是形式与实质都能达到趋同。我国会计基本准则与国际准则已经实质趋同,创立法规模式,在一定条件下可能成为发展趋势。

---

① 涂毅:《在基本准则与概念框架冲突中权衡与选择》,《山西财经大学学报》2005 年第 5 期。

# 第九章
## 会计基本假设与会计信息质量要求

### 第一节　会计基本假设

假设是人们就公理或理所当然的主张提出的一种假定、假说。假设之所以存在，主要有两个方面原因：一是有些事物无法加以正面论述，但又找不到令人信服的反证；二是经验的积累和科学的发展还不能肯定事物发展的必然性，因而只有采取假设的形式。假设是科学理论发展的必然阶段。假设要根据事实提出，经过实践证明是正确的，就成为理论。

"会计假设"一词最早见于1922年美国著名会计学家 W·A·佩顿所著《会计理论》一书。它是指在特定的经济环境中，根据以往会计的实践和理论，对会计领域中尚未肯定的事项所作出的合乎情理的假说或设想。为什么要有会计假设呢？因为会计工作总是在具有不确定性的经济环境中运行的，当不确定性继续存在时，为建立会计理论结构，不得不设立若干假设，其实质是对会计实践活动所作的一般性概括。基本会计假设是指为了正确进行会计理论研究和会计工作实践，基于对客观环境、历史惯例和重大趋势考虑而对会计准则、会计程序和会计方法及其规范下的会计实务所作的逻辑性控制①。

早在20世纪50年代，美国注册会计师协会理事会就关注基本假设的研究。1958年，该会的一个特别研究项目委员会应用了三个基本名词：假设（postulates）、原则（principles）和规则（rules）。美国多数学者认为，基本假设是来自环境的且比原则更为基础的会计概念。1961年，美国会计研究论文集第1号《会计的基本假设》是研究会计基本假设的代表著作。

我国学者对会计假设的称谓存有争议，典型观点有：会计假设、会计前提、会

---

① 孔庆林：《论基本会计假设》，《中国农业会计》1995年第9期。

计特征、会计原则、会计规定性和会计公设等①。我国《企业会计准则——基本准则》第6条对"持续经营"采用前提而不是假设,但在《企业会计准则讲解》(2008)中采用"会计基本假设"②就体现了这种争论。不仅在会计领域有这种争论,而且审计学领域也存在这种争论③。笔者认为,采用"会计基本假设"或"会计基本前提"较好。会计基本假设是来自环境且比会计原则更为基础和理论性的会计概念,不是人们的主观臆想,而是企业会计确认、计量和报告的前提,是对会计核算所处时间、空间环境等所作的合理设定。

## 一、中外会计假设内容比较

由于研究者所处的客观环境和对会计假设理解的不同,对会计假设的内容存较大争议,主要观点有:

(1) 我国《企业会计准则》认为会计基本假设包括"会计主体、持续经营、会计分期和货币计量"四项。挪威著名会计学家阿那·金瑟铎认为会计基本概念是"独立实体、持续经营、会计期间和货币度量"④。此四项假设是对会计环境的客观归纳,具有普遍性,为大多数学者所公认,一般称为基本会计假设。有学者认为,《企业会计准则——基本准则》中,"将权责发生制作为会计基本假设"⑤。这是一个误解,《企业会计准则讲解》(2008)明确指出,权责发生制是我国的会计基础。

(2) 佩顿在《会计理论》一书中指出如下七项会计假设:经营主体、继续经营、资产负债表恒等式、财务状况与资产负债表、成本与账面价值、应计成本、收益和期后影响。

(3) 美国《会计师百科全书》提出:充分反映、经营、衡量(计量单位、主体、继续经营)、传达、公允。

(4) 佩顿和美国另一著名会计学家 A·C·利特尔顿在1940年出版的《公司会计准则绪论》一书中对过去的提法作了修改,提出如下六项假设:营业个体、继续经营、交易代价、成本归属性、力量和成就、可核实的客观证据。

(5) 美国穆尼茨于1961年在《会计基本假设》一书中将会计假设分为三大类十四项:① 环境产生的。② 计量的。③ 必需的。其中:① 包括:定量、交换、个

① 李孝林:《会计基本理论比较研究》,科学技术文献出版社1997年版,第181-184页。

② 财政部会计司编写组:《企业会计准则讲解》(2008),人民出版社2008年版,第3页。

③ 审计理论研究课题组:《审计基本理论比较研究:前后一贯的理论结构》,立信会计出版社2009年版,第64-66页。

④ 阿那·金瑟铎:《新简明西方会计》,中国审计出版社1994年版,第7-9页。

⑤ 王秋婧:《浅析〈企业会计准则——基本准则〉主要理论及缺陷》,《经济学导刊》2009年第19期。

体、期限、计量单位等五项；② 包括：财务报表、市场价格、会计主体、暂时性等四项；③ 包括：连续性、客观性、一致性、稳定计量单位、公开等五项。

（6）国际会计准则委员会在 1989 年 7 月公布的《编制财务报表的框架》中指出两项基础假设，即"权责发生制和持续经营"。1994 年 11 月的《国际会计准则第 1 号：会计政策的揭示》中，明确提出"持续经营、一致性和权责发生制是基本的会计假定"。在 1997 年修订的《国际会计准则第 1 号——财务报表的列报》中，将"持续经营、权责发生制和列报的一致性"列为"总体要求"。2001 年 4 月，国际会计准则理事会在《编制财务报告的框架》提出"权责发生制"和"持续经营"两项基础假设①。

（7）沈含澧在《从会计假设论会计改革》一文中提出，会计假设至少应包括六个方面：会计职能假设、资金分类组合假设、收入实现假设、成本构成假设、劳动消耗假设、固定资产价值转移假设。

（8）我国《会计新词典》认为，"我国企业会计核算的基本前提包括会计实体、持续经营、会计分期和货币计量等四项"②。

（9）葛家澍认为："财务会计的基本假设是财务会计的基础概念，它决定了财务会计处理和财务报告编报的基本特征。假设一般是由财务会计赖以存在和发展的环境，主要是经济环境决定的，是动态的。"他认为，财务会计的基本假设包括"（1）国家宏观经济调控；（2）会计主体（现实主体与虚拟主体并存）；（3）持续经营（持续经营与非持续经营、企业持续经营与分部终止经营同时存在）；（4）会计分期（定期传递与实时传递相互结合）；（5）权责发生制（要进一步以'与商品所有权相关的报酬和风险是否实际上已经转移'为具体的确认标准）与现金流量制；（6）公允价值与成本（公允价值、历史成本、现行成本等各种计量属性并用）；（7）以货币为主要计量单位（同时发展非货币计量单位）"③等七项内容。葛家澍教授还联系我国经济环境的现实特点，将宏观调控、会计主体、以货币为主要计量单位、市场价格或交换价格作为四项会计基本假设，将持续经营、会计分期、权责发生制作为三项会计基本假定，并认为后三项基本假定是补充性的基本假设④。

（10）1964 年，美国伊利诺伊大学国际会计教育与研究中心的一个研究小组发表《基本会计假设与原则说明》（A Statement of Basic Accounting Postulates and Principles），认为会计假设是普遍认可的基本概念，具有如下五个特征：

---

① 财政部会计司译：《国际财务报告准则》(2004)，中国财政经济出版社 2005 年版，第 40 页。
② 陈毓圭、杨小舟：《会计新词典》，经济科学出版社 1993 年版，第 99 页。
③ 葛家澍：《关于财务会计基本假设的重新思考》，《会计研究》2002 年第 1 期。
④ 葛家澍：《财务会计理论方法准则探讨》，中国财政经济出版社 2002 年版。

第一,假设在本质上是普遍性的,而且是推导其他命题的基础。

第二,假设是不言自明的命题,它们或直接与会计职业相关或是构成其基石。

第三,假设虽被普遍认为是有效的,但却是无法证明的。

第四,会计假设应具有内在一致性,它们不会相互冲突。

第五,每个会计假设都是独立的基本命题,并不会与其他假设重复或交叉①。

由上可见,对会计假设的观点中,有的漫无边际,有的混淆了会计假设与会计原则、会计政策的界限,抹杀了两者的区别。笔者认为,将"会计主体、持续经营、会计分期和货币计量"作为会计理论的四项基本假设较为恰当、合理。因为这几个假设是比较公认的,这样界定会计基本假设使大家对会计假设的认识有一个一致的基点,便于对会计理论体系的研究。笔者认为,会计基本假设、会计信息质量要求、会计政策三者的关系如图9-1所示。

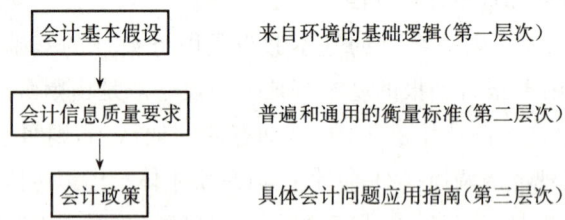

**图9-1 会计基本假设、会计信息质量要求、会计政策的关系**

会计基本假设对会计信息质量要求是指导与限制关系,会计信息质量要求对会计政策是指导关系。

## 二、网络时代会计基本假设体系

上述四项基本会计假设是建立在以农业经济、工业经济环境基础之上的。21世纪知识经济时代下的网络经济环境改变了传统财务会计建立的基础,也需要重新诠释上述四项基本会计假设。

(一)会计主体基本假设

1. 网络化经济环境对会计主体假设的冲击和挑战

在传统农业经济、工业经济环境中,"会计主体"假设主要解决会计为谁服务、

---

① 葛家澍、林志军:《现代西方会计理论》,厦门大学出版社2001年版,第70页。

以谁为记账单位的问题,即合理划分会计服务的空间范围①。此时,会计核算和服务的对象均是实实在在的"实"空间。随着社会进步,现代会计也将无形资产等"虚"空间纳入核算范畴。但仍以"实"空间为主、以"虚"空间为辅。现行会计侧重"土地、资本、厂房、设备"等有形物质资产,网络化会计注重"知识、技术、信息、人力资本"等无形资产,因为"知识、技术、信息和人力资本"等无形资产是网络化经济环境中企业生存和发展的基本动力源泉。而且企业社会成本、社会绩效考核与人力资本等信息,已经突破了传统的"会计主体"假设范畴,已经延伸到企业之外。现行会计没有(即使有,也很不全面)把这些无形资产纳入视野,没有作出完美的会计程序和方法安排,从而导致企业提供的会计信息不完整、不真实,最终影响投资者和财务报告使用者的决策和分析。诸如思科和微软这样拥有5 000亿美元市值的公司,其账面价值仅有市值的1/10左右。现行会计理论和会计实务将很大一部分经济资源(企业未来经济利益的流入)排斥在"会计主体"之外,这是现代会计受到网络化经济环境最大的冲击和挑战,现代会计"会计主体"基本假设与网络化经济环境犹如"身穿西装,足穿草鞋",极不协调。网络化会计服务的空间范围已经由现行会计的以"实"空间为主、"虚"的媒体空间为辅,逐步转变为以网络"虚"的媒体空间为主,以有形"实"的物理空间为辅。因此,需要重新定义网络化经济环境中"会计主体"的内涵,以适应这种变化。

2. 现有"会计主体"基本假设观点述评

现有"会计主体"假设的提法有"单位说"、"使用者说"②;"自主经营、自负盈亏的法人实体或法人治理结构说"③;"现代公司制度下的公司说"④;"虚拟公司整体说"⑤;"经济利益相关的联合体说"⑥。"单位说"、"使用者说"、"法人实体或法人治理结构说"、"现代企业制度下的公司说"等学说与网络化经济环境不相适应,属于传统会计理论界定的范畴,应进行创新和发展。将"会计主体"界定为"虚拟公司整体说"只重视"虚"的媒体空间,完全抛弃了传统会计"实"空间。"经济利益相关的联合体说"虽兼顾了网络化经济环境"实"的物理空间和"虚"的媒体空间,比前几种观点均有发展和创新,但其缺陷是外延太宽。如随着全球经济一体化的发展,整个世界就是一个以经济利益为纽带的联合体,但不能将整个地球作为一个"会计主

① 孔庆林:《论基本会计假设》,《中国农业会计》1995年第8期。
② 蒋巍:《论会计主体的内涵及表现形式》,《广西会计》1998年第5期。
③ 王海民:《试论会计主体及法人治理结构》,《当代经济科学》1997年第5期。
④ 胡玉明:《关于会计主体概念及资本成本会计理论的思考》,《财经研究》1998年第4期。
⑤ 戴军:《从虚拟公司的兴起谈会计主体假设》,《四川会计》1999年第11期。
⑥ 张皓:《知识经济环境下会计假设的创新》,《财务与会计》1999年第9期。

体"。同样,企业与客户之间、企业与生产厂家之间也是经济利益的联合体,但也不是一个会计主体。

3. 网络化经济环境中"会计主体"基本假设

网络化经济环境中"会计主体"基本假设应具备以下特征:① 它应是具有特定财产的经济实体,并有经济业务或事项发生。有学者认为此财产应是法人财产,即会计主体的实质是独立核算、自负盈亏。此观点实质上是把"政府基金"、"行政单位"、"公共事业单位"等会计主体排斥在外。② 它应是一个相对独立的整体,其经济业务或事项应明显地区别于其他会计主体。③ 它应有资金管理、使用权,应独立进行经济核算并及时编制对外报表。④ 它应有相应的工作人员,有相应的技术技能。网络化经济环境中人力资本将替代传统核心资产(土地、资本、设备等)成为会计主体的核心。⑤ 它应不断与环境进行物质、能量和信息的交流等。因此,我们将网络化经济环境中的"会计主体"基本假设诠释为"以经济利益为纽带,以项目合作为目标的经济组织集合体"。无论是传统会计界定的"实"空间的企业、集团、公司及其分支机构和内部独立核算组织、行政事业单位、基金组织等,还是以"虚"的媒体空间为主的"网络公司"、"虚拟企业"等一网打尽。

(二)项目清算基本假设

1. 持续经营和会计分期基本假设对传统会计的贡献

持续经营是指假设会计主体的经营活动将无限期地经营下去。持续经营会计假设是会计主体假设的逻辑延伸。会计主体假设界定了会计的空间范围,但还需要时间度量进行限定。现行会计行为被严格限制在时间与空间约束的"二维"平面内。会计分期基本会计假设是对持续经营的补充。在持续经营和会计分期基本会计假设的支撑下,解决了传统会计报告从何时开始、何时截止的问题,解决了企业持续经营与会计信息需求者需要会计信息的矛盾,对现代会计的贡献功不可没。

2. 网络化经济环境对持续经营和会计分期基本假设的挑战

据美国学者对过去 90 年企业发展的统计,发现企业的平均寿命为 30 年;美国和英国的专家对一些公司进行样本分析后发现,这些公司在 10 年内的死亡率为33%[1]。据统计,美国高技术企业开发成功率只有 10%～20%,某些高技术项目的成功率甚至在 3%以下[2]。企业兼并(merger)潮流的进一步加剧,会计主体被兼并的可能性进一步扩大。在传统的商业世界中,知识就是力量。在网络化经济环境

---

[1] 陈正云:《破产欺诈及其防治》,法律出版社 1997 版,第 1 页。
[2] 陈宏:《知识经济下的会计基本假设》,《中国流通经济》1999 年第 6 期。

中,知识的传播才是力量,知识的传播等于业绩的提高。网络化公司最大的特点就是开放式,任何进入网络化经济环境的公司,其产品都可能遭遇"香水效应"①。网络化经济环境中,知识更新、传播速度很快,这一过程的典型例子是 InfoTEST,它是多个产业中许多企业联合开发利用新技术达到一个企业联合体,……它通过 Caterpillar、3M、数字设备公司、Hughes 电子公司、Sprint、IBM、惠普在内的许多公司共同合作,使企业对顾客要求的响应时间由原来的数周缩短为 5 天②。网络化经济环境中经营活动面临巨大的风险,其经营活动具有"短暂性",适时介入退出与转换,人力资本、经济资源的快速流动,已否认了持续经营和会计分期假设,取而代之的是"项目清算"基本假设。

3. 项目清算基本假设

项目清算基本假设是指在网络化经济环境中会计主体为实现某个或某组合作项目,通过 E-mail 等形式,将大量的网络资源(技术、资金、人力资本等)迅速组织起来,并按照客户的具体要求进行产品设计、开发、创新、生产、制造、销售、服务和最终消费。这种模式融数字环境和物理环境为一体,其商务环境是由交互数字而不是原来的生产要素驱动,即端到端电子商务模式。当合作的某个或某组项目一旦完成,会计主体就需要对项目收益进行清算,权责发生制、历史成本和跨期摊提等会计程序和方法将毫无意义。网络资源就在这种无形的网络媒介中实现着快速的流动和组合。有学者提出在网络化经济环境中采用"破产清算与破产期间假设"来取代持续经营和会计分期假设③,这有违"网络公司"经营的实际情况,当合作项目完成后,"网络公司"并没有进入破产程序,只是又重新寻找到新的投资合作项目,与"实"空间条件下的破产清算是完全不一样的,"破产清算和破产期间假设"并不适宜。只有"虚拟企业"、"网络公司"正式宣告破产(依法进行有关工商、行政、税务等登记后),才适用"破产清算和破产期间假设"。

(三)实时传递基本假设

受持续经营和会计分期基本假设的影响,现行会计信息报告和传递模式是按旬、月、年等时间期间进行的,我们把这种只受会计时间、会计空间限制的会计报告模式称为"二维平面"会计报告模式。财务报告提供者对外提供通用财务报表,会计信息使用者获得的信息仅限于财务报告提供的信息。如果存在什么疑问,就只

---

① "香水效应"是指某种香水的命运决定于它推向市场的最初几个月,如果它在这段时间没有一炮打响,那它畅销的可能性会很小。

② 查克·马丁:《数字化经济》,中国建材工业出版社/[中国香港]科文出版有限公司1999年版,第126页。

③ 陈宏:《知识经济下的会计基本假设》,《中国流通经济》1999年第6期。

能靠自己去揣摩、理解和领悟了。鲜有途径进一步了解会计主体的财会信息资料，即会计信息传递是一种单向流动模式。

在网络化经济环境中，"网络公司"、"信息高速公路"、"网络化劳动力"、"数字化顾客"、"电子商务"等要求会计系统从"二维平面"(时间、空间)财务报告模式转变为"三维平台"(时间、空间和速度)交互式信息交流财务报告模式。因此，应在网络化经济环境中增加会计信息"实时传递"基本会计假设。这是指在网络化经济环境中，会计主体对社会公众披露、揭示的财务信息都是公开、公平和公正的，所有信息使用者只要轻轻一点鼠标，即可享用 Web 网站相同的会计信息源。信息使用者若对企业财务信息存有疑问和需要进一步了解详情，可以 E-mail 形式进行交互式对话，从而获得信息。即会计信息的传递和交流是一种双向甚至多向流动模式。为了网络数据安全，要获得这种服务，必须具备相应的资格和授权才可进入数据库查询，如股东、投资者、债权人、政府监管部门等。网络公司也可以按服务收费原则代信息使用者查询、分析有关信息数据。

（四）在线货币基本假设

1. 网络化经济环境对货币计量的冲击和挑战

在现代会计采用货币计量以前，会计还采用过实物量度、劳动时间量度等计量。即货币计量仅仅是会计计量史上的一个重要阶段。在网络经济环境中，货币计量基本会计假设除受到币值不稳定的影响外，还受到以下几个方面的影响：

（1）在农业经济、工业化经济生产情况下，产品价值决定于产品中所包含的"社会必要劳动时间"，"产品的价值何在？你卖什么价就值什么价"。外显化为货币计量历史成本数据。在网络未来时代，随着网络环境的变化，人们将创造性、分配性及产品营销等价值理念放到首位，人们可以在任何时间、任何地点从任意一个人手中买到所要买的商品。这种动态性影响的不仅仅是价格，而且还有商品本身的价值。"产品的价值何在，就是此刻在线我想付的价钱"。假设某套软件的开发成本为 1 000 万元，在销量为 1 套、10 套、1 000 套、100 万套的情况下，软件的成本就将为 1 000 万元、100 万元、1 万元、10 元。其根源在于知识、技术使用的边际递增性，传统经济资源使用呈边际递减性。决定产品的价值链完全发生翻转。

（2）传统货币计量的核心资产不断边缘化。现行会计侧重"资本、厂房、设备、土地"等有形物质资产，网络化会计注重"知识、技术、信息、人力资本"等无形资产，主要是人力资本的创造能力及衍生价值。在网络化经济环境中，传统货币计量的核心资产不断边缘化，无形资产逐步替代有形资产成为网络化会计计量的核心资产。因此，传统会计学中的"历史成本、现行成本、现行市价、可变现净值、未来现金流入量现值"等计量属性，均已不完全适应在线交易价格的需要。

（3）动态定价模式对货币计量的冲击。在网络时代,商品的定价将是一种动态定价模式。

表9-1是传统商业、工业时代定价模式与网络时代定价模式的比较①。

表9-1

### 传统商业、工业时代定价模式与
### 网络时代定价模式的比较

| 传统商业、工业时代 | 网络未来时代 |
| --- | --- |
| 卖方定价 | 买方定价 |
| 价格固定 | 价格灵活 |
| 根据供求关系 | 根据需求状况 |
| 根据以往销售情况 | 根据此刻销售情况 |
| 根据产品特征 | 根据产品内容 |
| 通过打折或优惠周期性的调整价格 | 随时调整价格 |

可见,现行"货币计量"会计基本假设会因不适应网络未来时代特点而受到冲击。

2. 在线货币基本会计假设

"在线货币"是指现实货币在网络中的数字表示符号,是一种网络经济环境中的价值尺度和支付、流通手段。它继承了现实货币价值尺度(以"在线价格"形式衡量网络产品价值),支付手段(以"金融网络"为媒介进行网络商品买卖支付),流通手段(以"电子货币"形式充当网络商品流通中介),不具有储藏职能,因为它仅仅是一种以阿拉伯数字表示的"概念货币"。

"在线货币"基本会计假设只适用于网络化经济环境,它仍然具有明显的弊端,易受货币不稳定的冲击和国际金融炒家的攻击,但它为解决网络化经济环境中会计计量属性——"在线价格"提供了可能,对金融创新和衍生金融工具的计量提供了可靠的保证。要真正完全解决传统会计"货币计量"基本会计假设面临的挑战,出路不在会计学,而在"世界货币"的诞生和应用。"欧元"在欧共体的使用为世界货币的诞生提供了思路。当未来网络化经济环境中,世界只有一种货币——"世界货币"时,"在线货币"将仅是世界货币在网络中的一种形式。

当然,作为一种实体经济向虚拟经济的中间过渡,有学者也认为,"应将传统会

---

① 查克·马丁:《数字化经济》,中国建材工业出版社/科文[中国香港]出版有限公司1999年版,第143页。

计'货币计量假设'改为'货币与非货币计量假设'"①。

# 第二节　会计信息质量要求

会计理论体系应当是前后一贯的。娄尔行早年在密歇根大学（The University of Michigan）师从会计大师佩顿（W. A. Paton）教授时，佩顿指出："我确信，为指导会计实践健康地发展，需要有协调一致、前后一贯、凝成一体的一整套会计理论。而且这一整套会计理论确实存在于会计实践之中。"②"会计理论如果不能前后一贯，必将严重影响其科学性，甚至难以成立。"③建立前后一贯的会计理论体系一直是我们刻意追求的，我们根据系统科学理论提出，通过核算职能，发现会计的信息处理结构和经济信息系统本质；通过会计的控制职能，发现会计的控制结构和经济管理活动本质。因此，我们认为"两论"应当结合，提出：会计是以处理价值信息为基础的控制系统。实现会计职能与结构、本质的前后一贯；同时，根据系统科学"系统功能表达系统结构的目的性"，指出会计目标是会计职能的具体化，实现会计职能与会计目标的前后一贯④。

基于会计的两个基本职能：核算和控制。我们认为会计具有两个基本目标，即一是会计核算目标：提供决策有用信息；二是会计控制目标：加强经济管理和财务管理，提高经济效益，维护社会主义市场经济秩序。会计信息质量要求是会计目标的具体化，是评定会计信息价值的基本标准。基于会计的两个基本目标，我们认为会计具有两大类质量要求：一大类是评定和衡量会计核算目标的质量要求：会计信息核算质量要求，目前流行的会计信息质量要求即指此，本书未特别申明也指此；另一大类是评定和衡量会计控制目标的质量要求：会计信息控制质量要求。这部分内容在本章第三节论述。

## 一、会计信息质量要求的研究情况

会计信息质量要求（会计信息质量特征与会计信息质量要求，本书认为本质相同，不作区别的使用）在西方一直备受重视。1966年，美国会计学会（AAA）开始研究此问题，在它发表的《基本会计理论说明书》中提出了相关性、可检验性、

---

① 袁东霞：《论会计基本假设及其面临的挑战》，《财会通讯》2009年第3期，第103页。
② 娄尔行：《会计审计理论探索》，立信会计出版社1993年版，第394页。
③ 李孝林等：《会计基本理论比较研究》，科学技术文献出版社1997年版，第1-2页。
④ 李孝林：《试论会计职能的对应性——建立前后一贯的会计基础理论体系》，《四川会计》1998年第3期。

超然性、可定量性等四条用于评估会计信息的标准,首次将目标与信息质量要求系统化的文献是美国会计原则委员会(APB)1970 年发布的第 4 号报告。这份文献把会计信息质量要求作为会计目标的一部分即质量目标来研究,提出了"相关性、易懂性、可验证性、中立性、及时性、可比性和完整性"等七个质量目标。

美国会计学会对外财务报告概念与准则委员会在 1977 年发布的《会计理论与理论认可》报告中,讨论了以决策有用观为中心的会计信息质量问题,提出为使财务信息对决策有用必须具备以下的质量标准,首要的是相关性,其次是可靠性。可靠性包括客观性、可验证性、不偏不倚以及精确性等。其他质量要求如可比性、可理解性、及时性以及节约性等。可见,"信息质量要求与会计目标之间的内在逻辑关系,已经得到充分认识"①。

美国财务会计准则委员会(FASB)1980 年发布的第 2 辑《论财务会计概念》——《会计信息的质量要求》中,对会计信息的质量要求进行了专题研究,提出了以"决策有用性"为核心的会计信息质量要求分级体系。此研究成果影响甚深,被广泛借鉴。

## 二、美国会计信息质量要求

美国财务会计准则委员会在《会计信息的质量特征》一文中,将良好会计信息应具备的质量要求划分为如图 9-2 所示的层次结构②。

从图 9-2 可以看出,美国会计信息质量要求具有以下特点:

第一,它是一个逻辑严密的多层次体系。首先,美国财务会计准则委员会认为,会计信息应具备的两项首要质量要求是相关性和可靠性。虽然决策者依据重要性的评价对两者有所平衡,但如完全缺乏一项,则该项信息是无用的。相关性由预测价值、反馈价值和及时性构成;可靠性由可核性、中立性和反映真实性构成。其次,次要和交互作用的质量要求是可比性和一致性。再次,提供会计信息还受到普遍性约束条件——"效益＞成本"以及承认质量的起端——"重要性"的制约。

第二,以"决策有用性"为质量要求的核心。会计信息质量要求是会计目标的具体化。美国会计目标的主流观点是提供决策有用信息。因此,FASB 构建以"决策有用性"为核心的质量要求体系就是必然的。

值得指出的是,美国会计学者对会计目标的认识除"决策有用观"外,还存在

---

① 葛家澍、刘峰:《会计大典——第一卷:会计理论》,中国财政经济出版社 1998 年版,第 200 页。
② 美国财务会计准则委员会,娄尔行译:《论财务会计概念》,中国财政经济出版社 1992 年版,第 58 页。

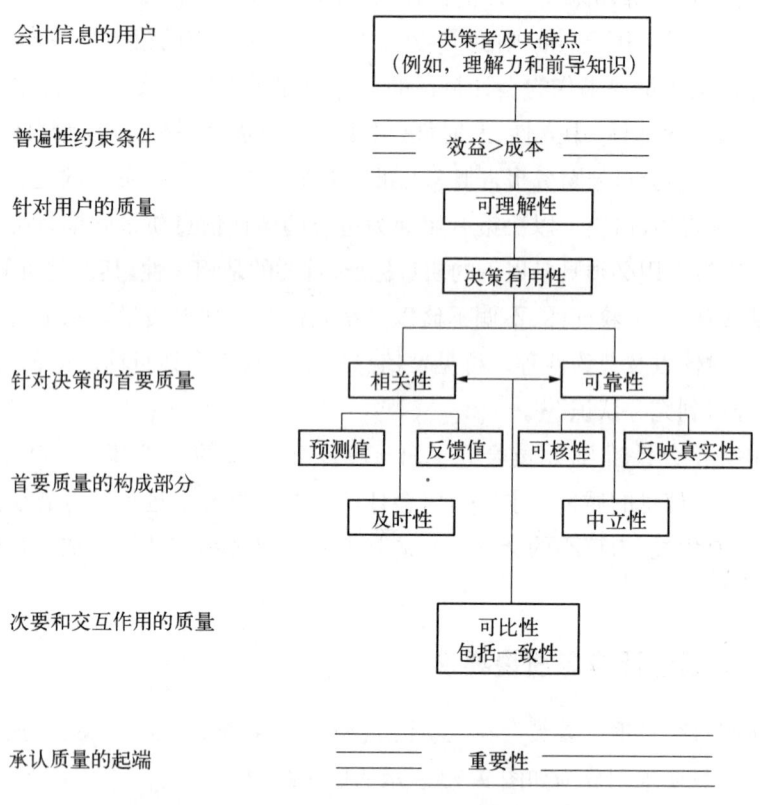

**图 9-2 FASB 会计信息质量要求层次结构**

"受托责任观",体现在会计信息质量要求体系中,主要是对相关性与可靠性的均衡上。"受托责任观认为,受托经营责任是一种产权责任,为维护产权主体的权益,在相关性和可靠性中更加注重可靠性。而决策有用观却认为,相关性与决策有用更为密切,从而更加强调相关性"①。

第三,在会计信息提供者与使用者之间实现范式②均衡。满足会计信息质量要求的会计信息对信息提供者与使用者是否相关可能存有差异,即同一经济业务或会计事项对某些使用者的决策是高度相关的,对另一些使用者可能毫不相关。同样,对某些质量要求的理解也可能存在差异,如对"重要性"的理解因相关度不同存有差异。因此,需要在会计信息提供者与使用者之间实现范式均衡。FASB 针对会计信息的用户提出了"决策者及其特点"(例如,理解力和前导知识)限制条件

---

① 卓敏:《试论我国会计目标的构建》,《安徽大学学报》(哲社版)1998 年第 2 期。

② 范式是指在某一学科内被一批理论家和应用者共同接受和使用,并作为交流思想的工具的一套概念体系和分析方法。

以及针对用户的质量要求——"可理解性"。

### 三、IASB 会计信息质量要求

国际会计准则委员会(原为 IASC,现为 IASB)1989 年 7 月公布的《编报财务报表的框架》,于 2001 年 4 月被国际会计准则理事会采纳。在《编制财务报表的框架》的第 24 段至 46 段中,以"财务报表的质量特性"为题,论述了财务会计信息的质量要求,共提出了"可理解性、相关性、重要性、可靠性、真实反映、实质重于形式、中立性、审慎、完整性、可比性、及时性、效益和成本之间的平衡"等质量要求,并把"可理解性、相关性、可靠性和可比性"作为四个主要的质量要求(第 24 段),将及时性、效益和成本之间的平衡、真实和公允观点/公允表述等作为限制因素。它所阐述的信息质量要求之间的关系如表 9-2 所示。

国际会计准则理事会信息质量要求特点如下:

第一,与 FASB 信息质量要求一样,该框架是一个包括主要质量要求、次要质量要求和限制因素三个方面多层次的有着内在联系的体系。比 FASB 质量要求的层次体系要少,各质量要求之间的内在联系也不如 FASB 质量要求的内在联系那么紧密。

表 9-2

**IASB 信息质量要求关系**

| 主要质量特征 | 次要质量特征 | 限 制 因 素 |
|---|---|---|
| 可理解性 | | 及时性<br>效益和成本之间的平衡<br>各质量特征之间的平衡<br>公允表述 |
| 相关性 | 重要性 | |
| 可靠性 | 真实反映——实质重于形式<br>中立性<br>审慎<br>完整 | |
| 可比性 | | |

第二,IASB 质量要求中虽然未明确提出决策有用性这一特征,但在其字里行间也包括了这一内容,并且将其放在最为重要的地位。如《编报财务报表的框架》第 24 段提到"质量特性指使财务报表提供的信息对使用者有用的那些性质",第 26 段指出"信息要成为有用的,就必须与使用者的决策需要相关。当信息通过帮助使用者评估过去、现在或未来的事项或者通过确证或纠正使用者过去的评价,影响到使用者的经济决策时,信息就具有相关性"。第 31 段指出"信息要有用,还必须具

有可靠性"等。

第三,把可理解性和可比性提到与相关性和可靠性同等重要的地位,与 FASB 质量要求相比,增加了实质重于形式、审慎、完整性等质量要求。

## 四、IASB/FASB 联合概念框架会计信息质量要求

IASB 和 FASB 在 2004 年 4 月进行联合研究,联合概念框架中包括"目标与质量特征"。联合概念框架征求意见稿提出了会计信息质量体系①,如图 9-3 所示。

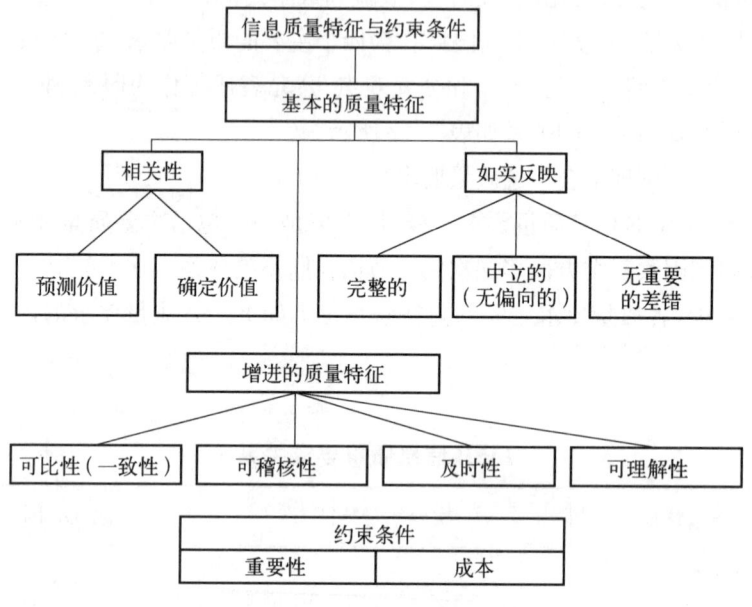

**图 9-3　会计信息质量体系**

葛家澍教授如此评价:"在基本质量的信息质量中,一个重大的创新是用'如实反映'取代'可靠性'。其所以作出这样的改革,是因为,第一,可靠性的理解很不一致;第二,可靠性实际上不是可以量化的质量特征,而是一个伦理学的标准,但如实反映就密切联系会计的计量了。它指出的是:财务会计必须如实地记录和报告一个企业业已发生的经济活动及其结果。"

## 五、我国会计信息质量要求

企业对外提供的会计信息是一种满足社会公众需求的产品,任何一种产品都

---

① 葛家澍:《试评 IASB/FASB 联合概念框架的某些改进——截至 2008 年 10 月 16 日的进展》,《会计研究》2009 年第 4 期。

必须满足特定的质量要求并遵循某种特定惯例。根据我国《企业会计准则——基本准则》的规定，为实现会计目标，满足会计信息使用者的社会需求，会计系统提供的会计信息就应当满足"可靠性、相关性、明晰性、可比性、实质重于形式、重要性、谨慎性和及时性"八项质量要求。

（一）会计信息质量要求的内容

在我国《基本准则》规定的八项会计信息质量要求中，可靠性、相关性、可理解性和可比性是会计信息的首要质量要求，是企业财务报告中所提供的会计信息应具备的基本质量要求；实质重于形式、重要性、谨慎性和及时性是会计信息质量的次级质量要求，是对首要质量要求的补充和完善，尤其是对某些特殊交易或者事项进行会计处理时，需要根据这些质量要求来把握其会计处理原则；及时性是会计信息相关性和可靠性的制约因素，企业需要在相关性和可靠性之间寻求一种平衡，以确定会计信息及时披露的时间。

1. 可靠性质量要求

可靠性质量要求是指企业在会计确认、计量和报告时，应当以实际发生的交易或者事项为依据，如实反映符合确认和计量要求的各项会计要素及其他相关信息，保证会计信息真实可靠、内容完整。当会计信息没有重要差错或偏向，并能如实反映其理所反映或应当反映的情况而能供使用者作为依据时，会计信息就具备了可靠性质量要求。

可靠性是对会计信息质量的基本要求。会计作为一个信息系统，其提供的信息是投资者、债权人、政府及其有关部门、社会公众、企业内部信息使用者等进行决策的依据。所以，可靠性要求会计信息能够反映客观经济活动的实际情况，如果会计数据不能真实地反映企业经济活动的实际情况，势必无法满足会计信息使用者了解企业情况、进行决策的需要，甚至可能导致错误的决策。可靠性质量要求，要求在会计确认、计量和报告等环节中必须符合会计可靠性要求，会计确认必须以实际经济活动为依据；会计计量对象必须是真实的经济业务和会计事项；会计报告必须如实反映情况，不得掩饰。

2. 相关性质量要求

相关性质量要求是指企业提供的会计信息应当与财务会计报告使用者的经济决策需要相关，有助于财务会计报告使用者对企业过去、现在或者将来的情况作出评价或者预测。

会计信息的价值在于有助于决策，与决策有关。相关性质量要求，首先，要求会计信息能够预测未来，并据以作出某种决策，从而具有预测价值；其次，相关性质量要求有助于会计信息使用者评价过去的决策，证实或修正某些决策，从而具有反馈价值；最后，要达到相关性质量要求，还要求会计信息提供者在使用者作出决策前及时地提供会计信息。所以预测性、反馈性和及时性是相关性质量要求的构成内容。

相关性质量要求要求提供的会计信息能够满足决策的需要，而决策所需要的会计信息并非全部是以货币为计量单位的。对于特定用途的会计信息，财务会计报告不一定都能够提供，因此可以采用其他形式（非货币性计量）加以提供。

3. 明晰性质量要求

明晰性质量要求又称可理解性，它是指企业提供的会计信息应当清晰明了，便于财务会计报告使用者理解和使用。明晰性质量要求是针对会计信息使用者而言的要求，即为会计信息使用者所理解和接受。

会计信息系统提供会计信息的目的在于供会计信息使用者使用，要使用会计信息就必须明确会计信息的内涵，了解会计信息的真实内容，这就要求会计信息系统提供的会计信息必须清晰明了。为达到明晰性质量要求，人们假定会计信息使用者具有一定的工商经济活动和会计方面的知识，并愿意相当努力地去研究会计信息的价值。但是，对于某些复杂的信息，因其具备可靠性和相关性质量要求，应将其列入财务会计报告，而不能仅仅因为可能存在某些会计信息使用者难以理解而将其排除在外。

4. 可比性质量要求

可比性质量要求也称统一性要求，我国《企业会计准则——基本准则》第15条规定："企业提供的会计信息应当具有可比性。"可比性包括横向可比和纵向可比两层含义。

横向可比性是指不同企业发生的相同或者相似的交易或者事项，应当采用规定的会计政策，确保会计信息口径一致、相互可比。纵向可比性也称一贯性，它是指同一企业不同时期发生的相同或者相似的交易或者事项，应当采用一致的会计政策，不得随意变更；确需变更的，应当在附注中说明。

可比性要求的目的在于提高会计信息的决策相关性，使得会计主体在相互比较的基础上解释它们之间相同与差异的原因，国家可以据以进行有关的宏观经济决策，投资者与债权人也可以根据符合可比性要求的会计信息进行有关的投资与信贷决策，企业内部的管理当局可以据此进行有关的经营管理决策。要达到会计信息的可比性质量要求，要求不同会计主体对同一会计事项或类似的会计事项采纳相同的会计核算方法与会计处理程序。

横向可比性要求必须以纵向可比性要求为前提，以可靠性要求为基础。只有当一个会计主体的前后各个会计期间的会计信息相一致时，才能使不同会计主体之间的比较有意义;只有各个会计主体的会计信息是真实可靠的,进行比较才有必要。但是应该注意,为了增强可比性就要求不同的会计主体之间尽可能地采取统一的会计方法与程序,并以会计准则为规范;但是如果过分强调会计方法与程序的绝对统一,以便追求可比性,势必会导致削弱各个会计主体会计核算的固有特点而损害决策有用性。因此,可比性是一个相对的概念。

5. 实质重于形式质量要求

实质重于形式质量要求是指企业应当按照交易或者事项的经济实质进行会计确认、计量和报告,不应仅以交易或者事项的法律形式为依据。

会计信息如果想如实地反映经济业务或会计事项,那就必须根据它们的经济实质而不是仅仅根据它们的法律形式进行核算和反映。因为经济业务或会计事项的实质并非总是和法律的外在形式或人为形式相一致。比如,企业通过用文件宣称将某资产的法定所有权过户给某会计主体来处置资产。然而,协议中仍存在保证企业继续享有所转让资产中所包含的未来经济利益的条款。在这种情况下,把这项资产转让作为销售来报告就不能如实地反映这笔交易。

例如,企业以融资租赁方式取得一项固定资产,是本质上转移了与一项资产所有权有关的几乎全部风险和报酬的一种租赁。所有权最终可能转移,也可能不转移;一项租赁是归类为融资租赁还是经营租赁,依赖于交易的实质,而不是合同的形式。交易和其他事项应按其实质和财务本质来办理,而不是仅按法律形式进行。就融资租赁而言,租赁协议的法律形式是承租人可能没有获得租赁资产的法定所有权,而其实质和财务本质是,承租人以承担支付大致等于租赁资产的公允价值和有关融资费用的责任,换取在租赁资产大部分经济年限内获得使用租赁资产的经济利益。从经济实质看,企业能够控制融资租赁而取得的固定资产创造的未来经济利益。所以在会计确认、计量和报告中,应当将融资租入固定资产作为本企业的资产。

6. 重要性质量要求

重要性质量要求是指企业提供的会计信息应当反映与企业财务状况、经营成果和现金流量等有关的所有重要交易或者事项。

重要性质量要求,要求企业在会计确认、计量和报告经济业务和会计事项时,应当区别其重要程度,采用不同的处理方式。对企业资产、负债、损益等具有较大影响,而且能够影响会计信息使用者据以作出合理判断的重要经济业务和会计事项,必须根据会计准则规定的会计方法和程序进行处理,在财务会计报告中予以充分、准确的披露和揭示;对于次要的经济业务和会计事项,在不影响会计信息可靠性和决策有用性的前提条件下,可以归并简化处理,对经济业务或会计事项进行披露和揭示。

重要性会计信息质量要求,对于会计信息提供者而言,由于可以简化处理次要经济业务和会计事项,所以能够节约提供会计信息的成本。对于会计信息使用者而言,重要性项目的提供,能够减少信息阅读与理解成本。

判断会计信息是否具有重要性,很大程度上取决于会计人员的职业判断。一般而言,应当从数量和性质两个方面进行:如果某经济业务和会计事项的数量达到一定的规模时(包括绝对数量和相对数量),可能对决策产生影响;或者从性质上看,当经济业务或会计事项有可能对决策产生一定影响时,会计人员一般就认定符合重要性质量要求。换言之,如果会计信息的省略或误报会影响使用者根据财务会计报告作出经济决策,会计信息就具有重要性。

7. 谨慎性质量要求

谨慎性质量要求是指企业对交易或者事项进行会计确认、计量和报告应当保持应有的谨慎,不应高估资产或者收益,低估负债或者费用。

企业生产经营活动面临的客观环境具有不确定性,始终充满了风险,因此,会计系统在处理经济业务和会计事项时,要求尽量低估企业的资产和收益,对可能发生的损失和费用要尽量估计充足。

谨慎性质量要求的例子,包括在会计期末对各种可能发生损失的资产计提减值准备,对未决诉讼达到一定标准时计提预计负债、对销售保修义务计提预计费用以及对企业未来或有收益不加确认等,就充分体现了谨慎性质量要求的要求。

8. 及时性质量要求

及时性质量要求是指企业对于已经发生的交易或者事项应当及时进行会计确认、计量和报告,不得提前或者延后。及时性要求包括以下三层含义:

第一,及时收集会计信息。当企业经济业务或会计事项发生后,会计机构和会计人员要及时收集各种原始凭证。

第二,及时对所收集到的会计信息进行加工和处理。当会计机构和会计人员收集到原始凭证后,要及时按国家的规定和会计准则的规范,及时编制记账凭证,登记账簿和编制财务会计报告。

第三,及时将会计信息传递给会计信息使用者以便供其决策之用。会计信息要在会计信息使用者作出决策之前,提供给会计信息使用者;否则,将无助于经济决策,也就不符合及时性会计信息质量要求。

及时性存在着程度区别,必须注意到增加及时性要求固然可以提高会计信息的决策相关性要求,但这同时又是以牺牲会计信息的诸如可靠性、可比性等质量要求来换取的。

上述八项质量要求是一个整体,不能片面地强调任何一个质量要求,而忽略其他质量要求。会计人员需要应用会计职业判断能力,在诸多质量要求之间寻求某种平衡与和谐,去真实而公允地表述财务会计报告。

(二)我国会计信息质量要求的特点

(1)显著趋同于 IASB。我国会计信息质量要求的四项首要质量要求与 IASB 完全相同。四项次要质量特征包括 IASB 的三项次要质量要求和一项限制因素(及时性),缺"中立性、完整性"和"效益和成本、公允表述"等质量要求,没有中国自己的特点与特色,具有显著的趋同于 IASB 的特点。

(2)具有强制性和权威性。我国会计信息质量要求是《企业会计准则——基本准则》的组成部分,属于会计法规范畴,相比美国 FASB、IASB 而言,具有强制性和权威性特点;不足的地方是缺乏明确的处罚规定。换言之,我国会计法规与其他法规诸如《刑法》、《民法》、《公司法》等之间未形成完整的系统。

(3)逻辑体系不够严密。我国会计信息质量要求采用法规模式,使各会计信息质量要求之间形成一种平行、并列的关系,难以使各会计信息质量要求形成一个逻辑严密的体系,如美国 FASB 的会计信息质量要求层次结构那样。

## 六、比较分析①

将上述美国 FASB、国际会计准则理事会及中国的会计信息质量要求列表比较,如表 9-3 所示。

表 9-3

### 会计信息质量要求对比

| 会计信息质量要求 | 美国 FASB | IASB | 中 国 |
| --- | :---: | :---: | :---: |
| 可理解性 | √ | √ | √ |
| 有用性 | √ | ○ | √ |
| 相关性 | √ | √ | √ |
| 预测值 | √ | ○ | |
| 反馈值 | √ | ○ | |
| 及时性 | √ | √ | √ |
| 可靠性 | √ | √ | √ |

① 李孝林等:《会计基本理论比较研究》,科学技术文献出版社 1997 年版,第 193-200 页。

(续表)

| 会计信息质量要求 | 美国 FASB | IASB | 中 国 |
|---|---|---|---|
| 可核性 | √ | | |
| 中立性 | √ | √ | |
| 如实反映 | √ | √ | √ |
| 可比性 | √ | √ | √ |
| 重要性 | | √ | √ |
| 实质重于形式 | | √ | √ |
| 审慎性 | | √ | |
| 完整性 | ○ | √ | |
| 一致性 | ○ | ○ | √ |
| 成本与效益 | √ | √ | |
| 公允表述 | | √ | |
| 合计 | 15 | 17 | 12 |

注:"√"表示有该项特征;"○"表示虽无明示的该项特征,但隐含该项特征。

从表9-3及前述对美国、IASB和中国信息质量要求的分析可以看出:

第一,美国FASB会计信息质量要求在18项内容中有15项(缺"实质重于形式、审慎性和公允表述"3项);国际会计准则理事会包括17项(缺"可核性"1项);中国包括12项(缺"预测值、反馈值、可核性、中立性、成本与效益、公允表述"6项)。从各质量要求的相互关系看,美国FASB和IASB的会计信息质量要求是一个有着内在联系的分层次的体系,而中国的信息质量要求是彼此孤立的,没有形成一个有内在联系的整体。

第二,三者都很重视有用性、可理解性(明晰性)、相关性、可靠性(如实反映)、可比性等。主要是因为这几项会计信息质量要求是使用者对会计信息的主要(或基本)要求,最能直接体现会计目标的要求,对会计信息提供者选择会计程序和方法有重大影响,其他有关信息质量要求的精神和要求大多可以内含于这几个特征之中。例如,有用性特征是对会计信息的总体要求,如果提供的会计信息没有用处,会计目标就无法实现,会计工作也就失去其意义。又如,如实反映这一质量要求是对会计信息的基本要求,如果信息都不真实,没有反映实际情况,还奢谈什么有用性呢? 再如,可理解性表明会计信息能被使用者接受,如果信息不能被使用者所领会和理解,就算其他质量再高,对使用者也毫无用处。

第三，IASB 和中国有"实质重于形式、审慎性"质量要求，而美国 FASB 没有。实质重于形式应该是会计信息加工处理中应遵循的惯例，这项惯例由会计信息的相关性决定的，其精神实质也可以内含于相关性之中。审慎性也可以说是信息提供者在信息处理中应持有的态度，或者说是进行会计信息加工处理应坚持的一个惯例，是由会计信息的可靠性决定的，它本身也不是一个质量要求。需要指出的是，"审慎性"与"公允表述"存在矛盾，需要在两者之间进行平衡。

第四，中国的信息质量要求缺"预测值、反馈值、可核性、中立性、成本与效益、公允表述"等特征。在美国 FASB 和 IASB 的会计信息质量要求中，可核性和中立性都是作为可靠性的次级质量要求。由于可靠性的含义较广，影响因素众多，对其进行进一步的分解是有必要的。不过"中立性"一词的用法欠妥当，因为会计信息本身不存在中立不中立的问题，是否中立指的是信息提供者的态度、立场。我们认为可以将中立性包含在"公允表述"中，因为信息提供者的立场是中立的，信息中就不含有预定的结果，也就必然是公允的。成本与效益这一特征在美国 FASB 和 IASB 的质量要求中都作为一个限制因素，是很有必要的，它可以指导会计准则的选择和运用以及信息的提供。对于一致性，我们认为不应作为信息质量要求。一致性是会计信息具有可比性的前提之一，但会计信息本身不存在一致与否的问题，而是所选择的会计程序和方法是否一致，要保证会计信息具有可比性，就应使所选择的程序和方法具有一致性，这正说明可比性这一特征对会计方法的选择具有指南作用。所以，我国将"一致性"会计信息质量要求并入"可比性"会计信息质量要求是科学合理的。

第五，中国与美国 FASB 和 IASB 的质量要求还有一个重大的区别，就是中国的信息质量要求是《企业会计准则——基本准则》的一部分，它是会计法规，是企业必须遵照执行的，而美国 FASB 的会计信息质量要求是《财务会计概念框架》的内容之一，IASB 的会计信息质量要求也是《编报财务报表的框架》的内容。"框架"是一套指导会计准则制定的理论（体系），不是会计准则本身。《编制财务报表的框架》明确指出："本框架不是一份国际会计准则，因此不对任何特定的计量和列报问题确定标准。本框架的任何内容均不超越具体的国际会计准则。""框架"的作用在于①：

（1）帮助国际会计准则委员会理事会制定新的国际会计准则和审议现有的国际会计准则。

（2）为减少国际会计准则所允许选用的会计处理方法的数量提供基础，藉以

---

① 财政部会计司译：《国际财务报告准则》(2004)，中国财政经济出版社 2005 年版，第 37 页。

协助国际会计准则委员会理事会推进与编制财务报表有关的法规、会计准则和程序的协调。

（3）帮助国家会计准则制定机构制定本国的准则。

（4）帮助财务报表编制者应用国际会计准则和处理尚待列作国际会计准则项目的问题。

（5）帮助审计师形成关于财务报表是否符合国际会计准则的意见。

（6）帮助使用者理解根据国际会计准则编制的财务报表包括的信息。

（7）向关心国际会计准则委员会工作的人士提供关于制定国际会计准则的方法的信息。

因此"框架"所述会计信息质量要求并不是一种会计规范，对会计工作没有约束作用。美国和 IASB 的这种做法是有一定道理的，因为会计信息质量要求是一个理论问题，尽管它与会计方法的选择有关，但它并不具备可操作性。由于人们的认识和看法不同，在同样的情况下，根据同一会计信息质量要求，不同的人可能会有不同的选择。有些信息质量要求之间有矛盾的一面，如相关性和可靠性就是如此，究竟怎样选择，全凭会计人员的经验和职业判断，没有一个确定标准。某些信息质量要求本身没有确切的标准，如重要性就是如此，某种情况是否重要，是否需要在报表上揭示，也是依赖会计人员的职业判断。会计信息质量要求不可能对重要与否的事项进行全部的罗列。

## 第三节　会计控制质量要求

### 一、会计信息质量要求与会计控制质量要求

会计信息质量要求的必要性和主要内容，成为各国会计学界共同的话题，并基本取得共识。研究会计信息质量要求，是因为会计目标是提供真实信息，而要能提供真实信息，必须有科学的质量要求。目标是按照信息使用者的要求把会计职能具体化[①]。提供真实会计信息的会计目标，决定于会计的基本职能——核算职能。

根据对会计实践的大量研究和概括，我国会计理论界大都同意两种基本职能论。诚如葛家澍、唐予华所说，两种基本职能论是"公认的"。会计目标是会计职能的具体化，基于核算职能，产生提供真实信息的会计目标和相应的信息质量要求；基于控制职能，必然产生强化经济管理的会计目标和相应的控制质量要求。根据

---

① 葛家澍、余绪缨：《会计学》（修订本），四川人民出版社 1997 年版，第 20 页。

系统科学理论,"系统功能表达系统结构的目的性",会计职能、会计目标和会计质量要求三者的前后一贯关系,如图9-4所示。

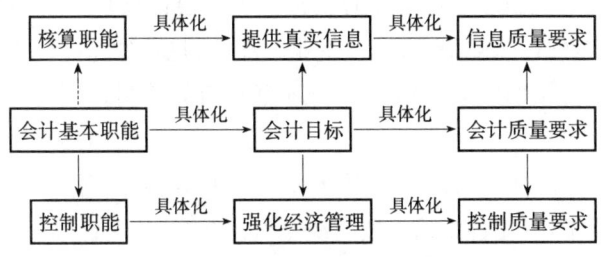

**图9-4 会计职能、会计目标和会计质量要求三者的前后一贯关系**

会计职能具体化为会计目标,会计系统具有核算与控制两项基本职能,则会计具有两项基本目标,即会计核算目标:提供真实信息;会计控制目标:强化经济管理。会计信息质量要求是评定会计信息价值的基本标准,是会计目标的具体化,则会计信息质量要求应具备两部分质量要求:一部分是评定和衡量会计核算目标的质量要求——信息质量要求;另一部分是评定和衡量会计控制目标的质量要求——控制质量要求。两者紧密联系,缺一不可。

从当前的会计工作实际出发,会计信息失真、经济管理失控,是两大亟待解决的问题;重做账,轻用账,弱化监督,弱化管理,是会计工作中普遍存在的重大缺陷。从发展看,在信息时代,会计核算工作量将有所减少,会计控制工作必将大大增加。2008年6月28日,财政部、证监会、审计署、银监会、保监会联合发布《企业内部控制基本规范》,其理论依据就是会计具有控制职能,必须强化经济管理。所以,强调控制职能、深入研究控制质量要求,具有指导意义和实践意义。

## 二、会计控制质量要求体系

根据控制的要求和会计控制的实际,会计控制质量要求可分为两类:一类是共同的质量要求;另一类是特有的质量要求。

### (一)共同的质量要求

会计信息质量要求与会计控制质量要求有共同的方面,下面以FASB《论财务会计概念》第2辑"会计信息的质量要求"为基础进行探索。

### 1. 效益性

FASB《论财务会计概念》第2辑的提法是"效益>成本",并以之作为"会计信息质量要求"的"普遍性的约束条件"。我们认为"效益>成本",就是效益性,但不如效益性的提法鲜明、简洁。会计控制更应以效益性为最高层次的质量要求。因为控制是会计的主导职能,强化经济管理是会计的主导目标,提高经济效益和社会效益是会计核算与控制即会计工作总目标。无论会计核算或会计控制,都必须符合效益性的要求,促进效益最大化。《企业内部控制基本规范》也指出,内部控制应当权衡实施成本与预期效益,以适当的成本实现有效控制。

2. 适用性

早在 20 世纪 50 年代后期,"算而有用"就是指导会计工作且卓有成效的方针。作为信息质量要求,有用性指信息要对决策有用,包括相关性和可靠性。从控制角度看,各项控制活动都应适用。适用性不仅包括有用性,还包括适合本会计主体实际情况的含义。会计控制系统应与企业具体生产工艺流程、管理模式、行业特点等相适应,才能发挥其应有的功效。所以,控制质量要求更应强调适用性。

3. 公正性

FASB 的提法是中立性,作为信息质量要求,在各种可行的会计办法中作出中立性的抉择,就是要不抱偏见,不追求预定的结果。作为控制质量要求,在规划、调节、监督、考评等各种控制活动中,更要强调公正,不偏不倚地进行规划、调节、监督和考评。公正性包括中立性,其含义更鲜明,更丰富。

4. 及时性

及时性对于信息质量要求包括两层含义:一是会计系统应适时进行会计核算;二是及时向信息使用者提供信息,至少在信息使用者进行决策前应提供有关核算信息。及时性对于控制质量要求而言,包括以下两层含义:一是会计控制系统应具有预见性,能够预见各种会计差错和舞弊行为并建立相应的控制制度;二是当各种会计差错和舞弊行为发生时,能够及时发现并启动相应的控制制度,如计算机中安装的防火墙一样。

5. 重要性

FASB 将重要性作为会计信息质量的始端,控制信息质量更要强调重要性。无论是规划、调节、监督、考评,都要紧紧抓住主要矛盾。只有把主要精力放在解决不断发生、发展的主要矛盾上,才能促进会计工作和经济效益的提高。这并不意味着次要的事情就可以放任自流。《企业内部控制基本规范》也指出,内部控制应当在全面控制的基础上,关注重要业务事项和高风险领域。

6. 全面性

重要性是指具有重大意义的方面,即主要矛盾,与主要矛盾对应的是次要矛盾。根据马克思主义哲学,主要矛盾与次要矛盾在一定的条件下是可以相互转换的。因此,在抓主要矛盾时,应注意次要矛盾,即应从企业管理的全局出发,考虑全面性。在设计会计控制质量要求时,也应注意主要矛盾和次要矛盾的辩证关系,考虑全面性。在面对提高经济效益的主要矛盾时,也要考虑企业员工(素质、待遇、需求等)、社会环境、国际环境等各方面的影响,才能使企业控制质量要求既符合科学化(刚性)管理要求,又符合人性化(柔性)管理要求。

(二) 特有的质量要求

1. 合法性

合法性是指会计控制必须符合法律法规和企业规章制度的要求,不能违规控制。企业作为社会经济的"细胞",必须遵守社会运行基本规则——法律法规的要求;会计控制制度作为企业制度的组成部分,必须遵守企业规章制度的要求。合法性是指以制度规范为管理手段。制度规范与其他管理手段相比,具有"权威性、系统性、科学性、无差别性、借助强制力、稳定性"的特点[①]。制度化管理的实质在于以科学确定的制度规范为组织协作行为的基本约束机制。制度化管理具有"个人与权力相分离、理性精神的体现、适合现代大型企业组织的需要"等优越性而成为国际趋势与必然。会计控制质量要求必须具有合法性是现代管理思想、理念和模式的必然要求。

2. 合理性

早在 20 世纪 50 年代后期,"管而合理"也是指导会计工作且卓有成效的全国方针。制度化管理虽然具有前述优点,但它缺乏人际温情。制度化管理倾向于把管理过程和企业组织设计为一架精确、完美无缺的机器。它只讲规律、科学,不考虑人性。从组织生存和发展的需要考虑,极端的制度化管理既不可能,也不理想。合理性特征是以制度化管理体系为基本,谋求制度化与人性、制度化与活力的平衡,正确处理好"'经'与'权'、他律与自律"的关系。会计控制质量要求,必须合理。"无理管理",显然不行。

3. 预见性

信息质量要求讲预测值,控制质量要求讲预见性。"预测"是"预先推测或测定";"预见"是"根据事物的发展规律预先料到将来"[②]。预测值是定量信息,预见性是定性信息。前者强调幅度,后者强调趋势(方向)。趋势(方向)与幅度两相比较,趋势(预见性)比幅度(预测值)更重要。

4. 严密性

会计控制质量要求必须严密控制,自成体系。严密即周到、没有疏漏之意。重要

---

① 国务院学位委员会办公室:《工商管理学科综合水平全国统一考试大纲及指南》,高等教育出版社 1998 年版,第 92~93 页。

② 本词典编委会:《现代汉语词典》(修订本),商务印书馆 2000 年版,第 1542 页。

性特征强调抓主要矛盾,全面性特征又要求不能忽略次要矛盾,两者最终表现形式必然是严密性,即只有严密性才能同时满足重要性和全面性的要求。会计控制质量要求作为会计控制职能的最终表现形式,必须符合科学性的基本要求。科学性的前提之一就是严密性。

(三)会计控制质量要求体系

控制活动的目标是提高经济效益和社会效益,即效益性。各种控制活动的终极目标都必然归结为效益性。要能提高效益,控制活动必须有用、适用。因而适用性是控制活动首要的质量要求。为提高效益性而进行的适用的控制活动,其重要的质量要求是预见性、严密性和及时性。公正性、合理性、合法性则是控制活动质量的约束条件。上述会计控制质量要求体系,如图 9-5 所示。

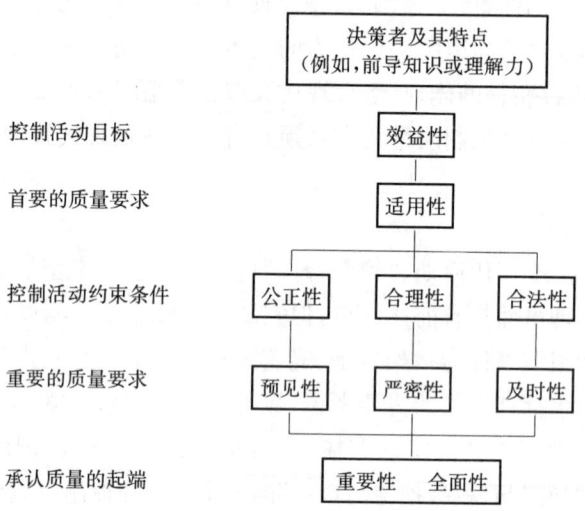

图 9-5  会计控制质量要求体系

# 第十章
# 会计对象要素与会计
# 确认、计量理论

## 第一节　会计对象要素

### 一、会计对象要素与财务报表要素、会计要素比较观

在国外有关会计理论的研究文献中,经常使用"财务报表要素"概念,如国际会计准则委员会在《编制财务报表的框架》"财务报表的要素"第 47 段指出:"财务报表反映交易和其他事项的财务影响,是根据交易和其他事项的经济特性,把它们分成大类。与资产负债表内财务状况的计量直接联系的要素是资产、负债和权益。与收益表内经营业绩的计量直接联系的要素是收益和费用。"FASB 认为:"财务报表的各种要素是构筑财务报表的材料——就是财务报表所包含的各类项目。"①国外对财务报表要素的研究源于对会计信息系统输出决策有用信息,为会计目标服务。其缺陷之一是不能完整地反映价值运动的全貌,将价值运动的一些内容(如人力资源、自创商誉)排斥在会计信息系统之外。其缺陷之二是会计对象——价值运动经确认、计量、记录后,再计入财务报表,确认的标准之一是符合要素定义。即财务报表要素是确认、计量、记录的最终结果,而非起点确认标准,违反了逻辑推理顺序。其缺陷之三是有些财务报表要素并不是会计对象要素,如"现金流入量、现金流出量和现金净流量";有些会计对象要素并不是财务报表要素,如 FASB 的"业主投资和业主派得"。

在我国有关会计理论的研究文献中,经常使用"会计要素"概念,如娄尔行教授认为:"会计要素是会计对象的具体化。…… 所谓会计要素就是会计报表通常所

---

① 美国财务会计准则委员会,娄尔行,译:《论财务会计概念》,中国财政经济出版社 1992 年版,第 116 页。

含有的大类项目,是构建会计报表最根本的组件。会计要素就是会计报表的要素。"①即认为会计要素与会计报表要素是相同的。"会计要素是对会计对象的基本分类"②。我国对会计要素的研究源于建立会计准则框架,比国外"财务报表要素"概念逻辑顺序上提升了一个理论层次,并"解决了'财务报表要素'不能涵盖资金运动全部内容的问题"③。但从语义上讲,《现代汉语词典》中,"会计"一词有"① 监督和管理财务的工作,主要内容有填制各种记账凭证,处理账务,编制各种有关报表等。② 担任会计工作的人员"两个义项。会计要素通常是指会计工作的要素,即会计工作的主体、客体和对象,并非"资产、负债、所有者权益、收入、费用、利润等"。

根据系统科学理论,笔者认为,使用"会计对象要素"概念更科学。会计对象要素是会计对象的具体化,是按照经济内容对会计对象所作的基本分类,是财务会计报表的框架,是报表最基本的项目,是会计报表项目的底线,会计报表的其他项目均是会计对象要素的具体化,会计报表项目具体化为会计科目或会计账户。几者的关系如图 10-1 所示。

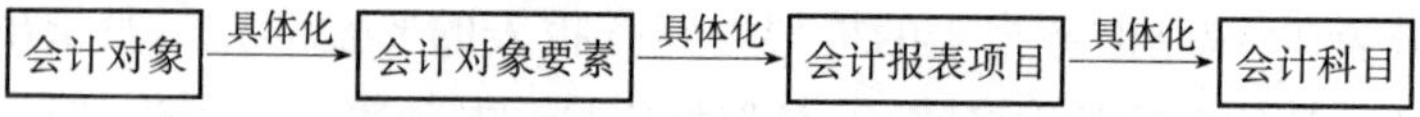

图 10-1　会计对象、会计对象要素、会计报表
项目和会计科目之间的关系

罗飞等认为,会计要素是包括基本要素、次要要素和支要素三个层次结构的整体概念④。实际上这混淆了会计对象要素、会计报表项目和会计科目三者的逻辑层次界限。

最早试图对财务报表要素进行规范性研究的是美国注册会计师协会(AICPA)的名词委员会,它在 1953—1957 年陆续公布的 4 份"会计名词公报"中试图对各财务报表要素作出较统一的定义。首次较为系统和专门研究财务报表要素的是美国会计原则委员会(APB),它在其 1970 年发布的第 4 号报告中专门论述了各财务报表要素的定义及其相互关系。而对财务报表要素进行研究取得显著成果的是美国财务会计准则委员会(FASB),FASB 于 1980 年发布了第 3 号概念公告"企业财务报表的要素",在 1984 年发布第 4 号概念公告《企业财务报表项目的确认和计量》,对财务报表要素的定义、确认和计量等进行了系统而深刻的阐述,后在 1985 年发

① 娄尔行:《会计审计理论探索》,立信会计出版社 1993 年版,第 63 页。
② 葛家澍、余绪缨:《会计学》,高等教育出版社 2000 年版,第 26 页。
③ 王竹泉、游群林:《会计要素理论的发展及其对会计确认的影响》,《四川会计》2000 年第 9 期。
④ 罗飞、唐国平:《财务会计要素及其体系新论》,《会计研究》2000 年第 7 期。

布了第 6 号概念公告《财务报表的要素》,取代第 3 号公告,IASC 在 1989 年 7 月公布的《关于编制和提供财务报表的框架》中,对财务报表的要素、确认和计量进行了系统论述。我国对会计要素的研究始于 20 世纪 80 年代末,首次正式采用"会计要素"一词,是财政部会计事务管理司草拟的《中华人民共和国会计准则(草案)提纲(讨论稿)》[①],对会计要素进行首次正式修订,是 2000 年颁布的《企业财务会计报告条例》。2006 年颁布的《企业会计准则——基本准则》,对会计要素进行了完善。

## 二、中外会计对象要素比较

### (一) 会计对象要素构成比较

目前,世界上一些主要国家如美国、英国、澳大利亚等和国际会计准则理事会(IASB)都颁发了财务会计概念框架,确定了会计对象要素的构成。我国《企业会计准则》确立了我国的会计对象要素,《企业财务会计报告条例》对会计对象要素的基本内涵进行了修订[②]。本章仅就美国、英国、IASB 和我国《企业会计准则——基本准则》中的会计对象要素进行比较分析,如表 10-1 所示。

表 10-1

### 会计对象要素比较

| 美国(FASB) | 英国(ASB) | IASB | 中　国 |
| --- | --- | --- | --- |
| 资　　产 | 资　产 | 资　产 | 资　产 |
| 负　　债 | 负　债 | 负　债 | 负　债 |
| 权　　益 | 所有者权益 | 权　益 | 所有者权益 |
| 业主投资 | 所有者投入款 | | |
| 业主派得 | 派给所有者款项 | | |
| 营业收入 | 利得(收入+狭义利得) | 收益(含利得) | 收　入 |
| 费　　用 | 损失(费用+广义损失) | 费用(含损失) | 费　用 |
| 利　　得 | | | |
| 损　　失 | | | |
| 综合收益 | | | 利　润 |

---

①　娄尔行:《会计审计理论探索》,立信会计出版社 1993 年版,第 61 页。

②　本章不涉及具体会计对象要素的内涵、确认、计量、记录和报告。具体内容详见孙芳城等:《比较财务会计学》,立信会计出版社 2001 年版。

从表10-1可以看出,美国、国际会计准则理事会和中国确立的会计对象要素既有相同点,又有不同点。

其相同点是:① 三者的会计对象要素均是关于资产负债表的要素和利润表的要素,而财务会计三大报表之一的现金流量表却没有要素被三者所承认和接受。会计对象要素究竟包不包括现金流量表中的要素? 值得研究。② 资产负债表的要素基本相同,都包括"资产"、"负债"和"权益"三个要素。③ 利润表的要素或相同或相近,如三者都有"费用"要素,另外中国的"收入"要素与美国的"营业收入"要素接近,而不同于 IASB 的"收益"要素,中国的"利润"要素与美国的"综合收益"要素接近。

上述三方会计对象要素大致相同或相近的原因是会计对象和会计目标基本相同。从会计对象看,任何国家的会计对象都是价值运动,只是由于各国经济业务的内容和传统不完全一致,使得会计对象的具体内容有差异。由于会计对象要素是会计对象的具体化,因而三者的会计对象要素大体相同也就不足为怪了。从会计目标看,尽管各国的会计信息使用者不完全一样,所需的会计信息也有差异,但关于企业财务状况、财务成果等这些通用信息都是任何信息使用者的共同需求,这就决定了各国财务报表的种类和结构大体一致。由于会计对象要素是财务报表的要素,是构成财务报表的基本框架,因而它们大致相同也是十分自然的事了。

其不同点是:① 涉及权益的要素不同。IASB 和中国只有"权益"一个要素,而美国和英国涉及权益的要素有三个:"权益(所有者权益)"、"业主投资(所有者投入款)"、"业主派得(派给所有者款项)"。原因是:首先,美国和英国是高度发达的资本主义国家,权益业务和事项不仅数量多,而且十分复杂,单独设立业主投资和业主派得两个要素可以提供更为详细的权益信息。其次,美国和英国存在大量的独资和合伙企业,在权益的核算和报告上有别于公司,这些企业往往要设置"业主提款"等账户来反映业主权益的变动,还要编制"业主资本"表,反映当期业主资本的投入和提款以及期末余额。因此,作为构成财务报表的框架的会计对象要素包括"业主投资(所有者投入款)"和"业主派得(派给所有者款项)"也就是顺理成章的了。② 确立的利润表要素不完全相同。表现在:其一,美国和英国把利得和损失确认为会计对象要素,而 IASB 和中国都无此二要素。美国和英国使用的"利得"和"损失"概念并不相同,美国采用狭义"利得、损失"观,英国采用广义"利得、损失"观(即广义利得=收入+狭义利得;广义损失=费用+狭义损失)。其二,利润要素不同。美国和中国均有此要素,分别叫"利润"和"综合收益",而 IASB 无此要素。其三,收入要素不同。三者虽都有此要素,但要素的名称和包括的范围不同。美国是"营业收入",IASB 是"收益",(也有译为"所得"),中国是"收入"。美国的"营业收入"和中国的"收入"均不包括利得,而 IASB 的"收益"包括利得。表10-2是三者的区别①。其四,费用要素包括的范围不同。美国和中国的"费用"要素不包括损失,而IASB的"费用"要素包括损失。表10-3是费用要素比较②。

表10-2

### 经济利益流入要素比较

| 中　国 | 比　较　项　目 | FASB | IAS |
|---|---|---|---|
| 收　入 | 主营业务收入 | 营业收入 | 收　益 |
| | 其他业务收入<br>公允价值变动收益 | 利　得 | |
| 利　润 | 投资收益 | | |
| | 营业外收入 | | |
| 权　益 | 计入权益的利得 | 综合收益 | |

表10-3

### 费用要素比较

| 中　国 | 比　较　项　目 | FASB | IAS |
|---|---|---|---|
| 费　用 | 主营业务成本<br>税金及附加<br>经营费用<br>管理费用 | 费　用 | 费　用 |
| | 财务费用<br>其他业务支出 | | |
| 损　失 | 公允价值变动损益<br>资产减值损失<br>投资损失<br>营业外支出 | 损　失 | |

从会计对象要素的构成上讲,上述区别从大的方面可以归结为两个方面:一是要不要设利润要素;二是要不要确立利得和损失为要素。形成上述差异的原因是:首先,在传统上中、美两国都非常重视利润,如在账户设置上,中国有"本年利润"账户,美国有"收益汇总"账户。其次,中、美确立利润要素是基于利润项目在利润表中的重要地位和利润信息对信息使用者的重要性,而IASB着眼于会计确认和计量,因为利润是收入与费用配比的结果,收入和费用的确认和计量实际上就是

---

① 李孝林:《损益表要素比较观》,《北京商学院学报》(社会科学版)2001年第1期。
② 李孝林:《费用要素比较观》,《四川会计》2000年第12期。

对利润的确认和计量,利润无需专门的确认、计量准则和方法。最后,美国把利得和损失单独列为会计对象要素,主要是为了强调营业收入和费用与利得和损失发生的不同原因,"尽可能有用地列出综合收益的来源"①,以便使信息使用者尽可能公正地对企业经营者作出评价。而 IASC 把利得和损失分别包括在"收益"和"费用"要素中,中国把利得和损失包括在"利润"要素中,更着重于利得和损失的实质和结果。由于利得和损失与收入的费用的实质相同,所以就不单纯确认利得和损失为会计对象要素。

(二)确立会计对象要素的原则

合理确立会计对象要素,必须明确确立会计对象要素应遵循的原则。笔者认为,应坚持如下原则:

(1)对象性。会计对象要素是会计对象——价值运动的具体化,是对会计对象进行分割所形成的相对独立的基本项目。因此,规范会计对象要素必须以会计对象为依据,会计对象要素范围的界定必须在会计对象之内,不能有超出会计对象之外的会计对象要素。

(2)全面性。所确立的要素应能全面地反映和概括资金运动的内容和财务报表的项目,不能有所遗漏,只有这样,才符合会计对象要素是会计对象的具体化。

(3)清晰性。各会计对象要素虽然彼此之间有密切联系,但它们必须相互独立,不应该存在重叠、交叉,甚至一个要素包括另一个要素的混乱现象。因此,各会计对象要素之间应当界限清晰,范围明确。

(4)概括性。研究会计对象要素的宗旨在于将会计对象作最基本的具体化,以揭示同类会计对象要素最基本的共性。根据这一宗旨,会计对象要素应具有高度的概括性,否则,会计对象要素就会成为价值运动具体内容的简单罗列或集合,成为财务报表项目,给研究会计对象要素确认、计量、记录和报告带来不便。"如果过细,那么就隶属于账户或会计科目的范畴了,会计要素也就失去其作为会计基本概念的地位了;如果过粗,则不能够把具有不同质的部分完全进行分离"②。

(5)目标性。会计目标之一在于为企业内外有关的团体或个人提供有用信息,会计对象要素的确立也应以此为出发点,以满足某种需要、提供某种有用的信息为目标,这样确立的会计对象要素才有意义和价值,才能保证会计目标的实现。

(6)简单性。会计对象要素是联系会计对象与财务报表的桥梁,无论是理论

---

① 美国财务会计准则委员会,娄尔行译:《论财务会计概念》,中国财政经济出版社 1992 年版,第 150 页。

② 葛家澍、余绪缨:《会计学》,高等教育出版社 2000 年版,第 26 页。

研究还是会计实践,均应符合简单性原则。已有会计对象要素能够满足提供信息需求时,无需增设新的会计对象要素。

根据上述原则,讨论以下几个问题:

(1) 我国有无必要设置"利润"会计对象要素。IASB 没有设置该会计对象要素,理由是利润是收入与费用配比的结果,收入和费用的确认和计量实际上就是对利润的确认和计量,利润无需专门的确认、计量准则和方法。有学者据此也认为无需设置该要素。笔者认为,从我国长期会计实践的历史传统来看,有必要设置"利润"会计对象要素,至少设置的效应优于不设置。原因是:① 利润是企业生产经营活动的综合成果,是投资者、企业管理层甚至债权人都非常关注的信息。确立利润为会计对象要素,既承认了利润的重要性,又能为信息使用者提供有用的信息,有助于实现会计目标。② 利润是利润表中的一个最基本的项目。不管是在哪个国家,也不管其利润表的结构和内容如何,利润都作为一个独立的基本项目存在于利润表中。③ 尽管利润是收入与费用配比后的结果,但却恰恰说明,收入和费用是一种手段、一个中介,利润才是目的和归属。为什么要核算收入和费用? 因为要核算利润。如何建立收入、费用确认的原则和方法? 以利润为出发点来考虑。可见,确认和计量收入、费用是为确认和计量利润服务的。如果只确立收入、费用为会计对象要素,不确认利润为会计对象要素,无异于舍本求末。

(2) 是否确认利得和损失为会计对象要素。FASB 将利得和损失确认为会计对象要素,我们是否将利得和损失也确认为会计对象要素呢? 至少目前答案是否定的。理由是:① 利得和损失都因非正常的、偶然的原因而发生,但它们分别与收入、费用的实质是一致的,利得和收入都导致利润(或权益)的增加,损失和费用都导致利润(或权益)的减少,因此它们完全可以分别包括在收入、费用、权益项目之中。② 利得和损失在利润表、资产负债表中不是重要的项目。③ 利得和损失的确认和计量都较简单,没有专门或特殊的确认和计量的原则和方法。④ 我国要求编制的"所有者权益变动表"及利润表的附表能够较为全面地披露利得与损失信息。但随着我国产权制度改革的深入,该问题也许将被重新思考。

(3) 是否建立现金流量表的会计对象要素。目前没有建立现金流量表的会计对象要素,原因可能是:① 现金流量表的历史很短,从美国将其作为会计准则要求编制的法定报表(1987 年)算起,迄今也只有 10 余年的历史,而它的第 3 号概念公告《企业财务报表的要素》早在 1980 年就发布了。在我国,现金流量表的历史更短。② 现在尚无一套专门针对现金流量的确认和计量方法体系,在会计核算中,也没有专门反映现金流入、现金流出和现金净流量的账户体系。国际会计准则理事会在《编报财务报表的框架》第 47 段明确指出,"财务状况变动表通常反映收益表要素以及资产负债表要素的变动,所以,该框架不确认财务状况变动表特有的要素"。

是否建立现金流量表会计要素,在会计学界争论较大。认为应建立的理由是:① 现金流量表是公认的三大报表之一,它也应当有自己的要素。② 现金流量信息是决策者关注的重要信息。早在 1973 年,美国注册会计师协会"财务报表目标研究小组"提交的特鲁布罗德报告中就提出:"应把向投资者、债权人提供有助于他们预测、比较和评价未来现金流动金额、时机及不确定性的信息作为财务报表的目标之一。"财务会计准则委员会在其第 1 号概念公告《企业财务报表的目标》中也指出:"把财务报告的目标集中到投资者、债权人的需要,即应该提供有助于他们评估来自企业的现金流入和净流入前景的信息。"现金流量表能取代财务状况变动表成为三大报表之一,是现金流量信息重要性最有力的证明。③ 价值运动的动态表现,从权责发生制会计的角度确认的收入、费用和利润是会计对象要素,没有理由不把从现金流动制会计确认的现金流入量、现金流出量和现金净流量作为会计对象要素①。"为编制现金流量表,对其基本构成要素现金流入量、现金流出量、现金流量净额在基本会计准则中作出界定是必要的,以现金流量表是损益表要素和资产负债表要素的变动为理由否认现金流量表要素的存在是武断的。"②理由没论及。反对者的理由是:① 现金流量表反映的经济内容与资产负债表、利润表反映的经济内容是一致的。现金的流入、流出不外乎会计六大要素的增减变动所导致的,此外再也找不出现金流入流出的其他原因。② 设置现金流量表要素,难以找到相应所辖的会计科目,即使找出来也会产生会计科目重叠问题,不能行使会计职能的会计要素不能成立。③ 增设现金流量表要素不符合国际惯例③。

# 第二节 会 计 确 认

## 一、会计确认概述

"确认"(recognition)一词在会计理论中被广泛使用,在财务会计框架结构中,确认对实现财务会计报告目标以及具体会计处理程序、会计政策选择等具有制约作用。因此,FASB 在概念结构研究中安排了对确认问题的专门研究,于 1984 年

---

① 李孝林:《会计基本理论比较研究》,科学技术文献出版社 1997 年版,第 63 - 64 页。
② 曹伟:《如何构建我国会计要素》,《会计研究》1996 年第 1 期。
③ 傅朝选:《不需要增设现金流量表会计要素》,《会计研究》1996 年第 7 期。

12月正式发表了第5号《论财务会计概念》:《企业财务报表的确认与计量》,第一次对确认概念和确认的基本标准作了明确概括①。IASB在《编报财务报表的框架》中对财务报表要素的确认也进行了专门研究,国内外著名会计学家对会计确认也进行了深入研究。我国虽制定颁布了38项具体会计准则,但尚未对会计确认概念进行严格定义。我们拟在比较已有研究成果的基础上,结合知识经济、网络时代的特征,对会计确认概念进行诠释,以期推动会计确认研究在我国的发展。

IASB在《编报财务报表的框架》"财务报表要素的确认"(第82段至第84段)中对有关财务报表要素确认问题进行了如下规范:

82. 确认是指将符合要素定义和第83段规定的确认标准的项目纳入资产负债表或收益表的过程。它涉及以文字和金额表述一个项目并将该金额包括在资产负债表或收益表的总额中。符合确认标准的项目,应当在资产负债表或收益表内得到确认。对于这类项目未被确认,是不能通过披露所采用的会计政策或者通过附注或说明性材料来加以纠正的。

83. 如果符合下列标准,就应当确认一个符合要素定义的项目:

(1)与该项目有关的未来经济利益将很可能流入或流出企业。

(2)对该项目的成本或价值能够可靠地加以计量。

84. 评价一个项目是否符合这些标准和是否有资格在财务报表内得到确认,应当注意第29段至第30段所论述的重要性原则。要素之间的相互关系意味着,一个项目符合某个要素的定义和确认标准,比如说符合资产的定义和标准,就会自动要求确认另一个要素,比如说收益或负债②。

美国财务会计准则委员会(FASB)在《论财务会计概念》第5辑《企业财务报表项目的确认和计量》中,对确认和计量进行了较为全面的研究,对确认的定义如下:

确认是将某一项目作为一项资产、负债、营业收入、费用等之类正式地列入某一个财务报表的过程。一个已被确认的项目,要同时以文字和数字来加以描述,其金额包括在报表总计之中③。

葛家澍、余绪缨认为,所谓会计确认是把某个项目作为企业的资产、负债、所有者权益、收入、费用或者其他会计要素加以正式的记录或列入最终财务报表之中的过程。会计确认包括两个步骤:第一个步骤体现为将经济业务传递的数据利用文字表述和金额归集于账户之中;第二个步骤体现为最终在财务报表中进行表述的

① 葛家澍、林志军:《现代西方财务会计理论》,厦门大学出版社1990年版,第107页。

② 财政部会计司译:《国际财务报告准则》(2004),中国财政经济出版社2005年版,第49页。

③ 美国财务会计准则委员会,娄尔行译:《论财务会计概念》,中国财政经济出版社1992年版,第221页。

过程。前者可以认为是初次确认,而后者则是一种再确认①。

马曙光、吴联生认为,会计确认是为达到会计目标而对会计对象按照一定标准进行辨认的过程。会计确认的真正目的在于为实现会计目标服务,它是由会计系统围绕会计目标发生作用的特性所决定的②。

通过上述对会计确认概念定义的简单罗列,可以看出,会计确认是会计计量、记录和报告的前提条件,是会计循环的初始环节;会计确认的对象是会计对象要素,会计确认的归宿是财务会计报表。会计确认研究主要解决的问题是经济业务和经济事项是否进入会计系统的基本问题,其关键点是会计确认标准的选择。会计确认的后续问题是,如果经济业务和经济事项要进入会计系统,应在何时(确认基础)、多少(计量问题)、以什么方式(记录问题)输出会计系统(报告问题)。在此会计循环过程中,计算贯穿始终。

卢永华认为,"在会计实务中,会计确认历来有初始确认和再确认之区分。初始确认是对经济活动产生的信息进行具体的判断、选择、归类,以便信息能被复式簿记系统正式接收和记录。……而再确认则是指在初始确认的基础上将记录在会计系统的信息进行筛选、提炼、浓缩,或通过归类、组合、汇总等一系列步骤,最终将其列示在财务报表上"③。笔者认为,这种观点混淆了会计确认、计量、记录和报告之间的界限,虽然四者有着密切联系,但不应否认四者是不同的会计程序,存有较大差异。

## 二、会计确认基本标准

美国财务会计准则委员会(FASB)在1984年发表的《论财务会计概念》第5辑《企业财务报表项目的确认和计量》中第63段指出,确认一个项目和有关的信息,应符合四个基本的确认标准。凡符合四个标准的,均应在效益大于成本,以及重要性这两个前提下予以确认。标准是:

定义——项目要符合财务报表某一要素的定义。

可计量性——具有一个相关的计量属性,足以充分可靠地予以计量。

相关性——有关信息在用户决策中有举足轻重的作用。

可靠性——信息是反映真实的、可核实的、无偏向的。

所有这四个标准都受无往不在的成本与效益对比的约束,即确认特定项目的

---

① 葛家澍、余绪缨:《会计学》,高等教育出版社2000年版,第27页。
② 马曙光、吴联生:《会计确认若干基本问题探讨》,《财会通讯》2002年第8期。
③ 卢永华:《广义会计理论》,中国金融出版社2000年版,第165页。

所得,与提供和使用该信息意料中的代价对比,得失相当。确认还以重要性为前提,即在一套财务报表中,某一项目的大小,如果达不到重要的程度,以及个别不重要的项目,即便汇总起来,其大小仍旧在财务报表中达不到重要的程度,就不需确认这些项目和有关信息。《论财务会计概论》第2辑第132段指出,要由个人判断来估量重要性。……重要性概念的实质是明白无误的,在财务报告的编制中遗漏了的或错报了的项目,如果明白了周围环境,它的大小达到了这样的程度,即这个项目的编列或纠正,对依赖这一报告的合理人士,大概会改变或影响他的判断,那末这个项目就是具有重要性的项目了[1]。

比较前文 IASB 的确认标准,美国比 IASB 的研究成果更具有学术性。有观点认为,"无论是美国财务会计准则委员会,还是国际会计准则委员会,其所提出的确认标准都给人们留下了过多的选择余地"[2]。的确如此,工业经济时代,会计学将会计对象具体化为资产、负债、所有者权益;收入、费用、利润等会计对象要素,最终将它们分别纳入资产负债表和损益表,并围绕此建立了一系列严格的会计政策和会计程序以及与之相适应的会计理论和方法体系。但在知识经济、网络经济条件下,我们毫无疑问地发现,所有这一切都在发生深刻的变化。仅以资产为例,资产在会计对象要素中处于中心地位,其他对象要素都与之相联系,负债是债权人对资产的要求权;所有者权益是所有者(投资者)对净资产的要求权等。企业持有资产的根本目的是获得未来经济利益的流入。现行会计侧重"土地资本、厂房、设备"等有形物质资产,不注重"知识、技术、信息、人力资本"等无形资产。而"知识、技术、信息和人力资本"等无形资产是网络化经济环境中企业生存和发展的动力源泉。"就一些公司而言,最重要的资产根本不出现在资产负债表上。这些公司的价值在于将来的盈利能力,而这种能力基于顾客的忠诚、品牌的名称、训练有素的员工、娴熟的管理等等方面"[3]。可见,现行会计没有(即使有,也很不全面)把这些无形资产纳入视野,没有作出相应的程序和方法安排,从而导致会计信息不完整、不真实,必然影响投资者和财务报告使用者的决策和分析。如微软公司账面价值和市场价值的巨大背离就是最明显的例证。所以,适应工业经济时代的现行会计确认标准将很大一部分经济学中的经济资源(企业未来经济利益的流入)排斥在会计系统之外。吴水澎教授还指出,"目前,资产、负债、所有者权益、收入、费用和利润作为会计的六大要素,它涵盖的仅仅是与资产负债表和损益表相关的会计对象,它无法包

---

① 美国财务会计准则委员会,娄尔行,译:《论财务会计概论》,中国财政经济出版社1992年版,第245页。

② 汤云为、钱逢胜:《会计理论》,上海财经大学出版社1997年版,第129页。

③ 克里斯托弗·诺布斯,王塑源、张蓓,译:《会计》,外文出版社、上海远东出版社1997年版,第47页。

括与现金流量表相关的会计对象"①。现行会计确认标准的选择余地,也为会计确认模式创新提供了可能。

现行会计确认概念、确认标准和确认基础的选择均以财务会计报告为目标,对会计理论及会计实务的发展作出了巨大的贡献。随着时间的推移,其固有的局限性受到了质疑。美国证券交易会(SEC)委员 Steven M. H. Wallman 认为,传统的会计确认标准存在如下局限性:① 那些潜在的相关项目由于不符合确认标准而被忽略(通常是由于可靠性原因)。② 由于计价或其他方面的原因越来越无用的项目却依然包含在报表中。③ 人们并不总是清楚为什么一些信息包含在财务报表中,而其他信息则被排除在报表之外②。Wallman 针对传统会计确认的弊端,提出了"彩色模式"会计确认标准③。

## 三、会计确认基础及选择

会计确认基础主要回答符合会计确认标准的经济业务和经济事项应在何时确认、确认什么为会计对象要素的问题。现行会计理论体系提供了两种会计确认基础——权责发生制和收付实现制。

### (一)权责发生制

IASB 在《编报财务报表的框架》第 22 段中指出,"为了达到其目标,财务报表根据会计上的权责发生制编制。按照权责发生制,要在交易和其他事项发生时(而不是收到或支付现金或其等价物时)确认其影响,而且要将它们列入与其相联系的期间的会计记录并在该期间的财务报表中予以报告"。我国《企业会计准则——基本准则》第 9 条规定:"企业应当以配比原则等权责发生制为基础进行会计确认、计量和报告。"

权责发生制是配比原则等会计政策的基础,离开权责发生制,这些政策将不存在。

配比原则是权责发生制原则的具体应用。它是指"费用应以发生的成本与特定收益项目的收入之间的直接联系为基础在收益表内予以确认"。配比原则包括三层含义:一是因果配比,将收入与对应的成本相配比;二是时间配比,将一定时期的收入和同时期的费用相配比;三是会计计量属性相互配比,如收入计量属性采用产出价值(现行市价、可变现净值或未来现金流入量现值),而与之配比的成本费

---

① 吴水澎:《中国会计理论研究》,中国财政经济出版社 2000 年版,第 235 页。
② 乔旭东:《试论会计确认标准的创新》,《四川会计》2000 年第 8 期。
③ 陈新国:《会计确认标准的创新探析》,《事业财会》2003 年第 4 期。

用若采用投入价值(原始成本或现行成本),就不符合配比原则,但现行会计理论却支持此种存在悖论的配比理论。

批评配比原则的会计学者认为,配比原则隐含的前提是收入与成本费用之间存在因果关系,配比原则的关键是在收入与成本费用找到一种恰当的关系,但两者之间并不一定存有必然的线形关系,甚至两者之间并不存在关系。"将费用与收入相联系是一个困难的过程。实际上,在有些情况下,两者之间可能没有任何联系"①。但我们应看到,配比原则在建立整个会计核算体系中功不可没。

(二) 收付实现制

收付实现制会计确认基础与权责发生制会计确认基础相对应,一般只用来确认收入与费用,所有收到的现金均为当期收入,所有支出的现金均为当期费用,无需对收入与费用进行配比。现金流量表的编制基础即为收付实现制。

在现实会计实务中,如果没有权责发生制会计确认基础,就不会存在债权债务等,与现实经济生活不符;如果没有收付实现制会计确认基础,商誉以及衍生金融工具也无法得到确认。可见,两种确认基础并存于会计实务中,不可偏废。问题的关键是如何寻找到两者的结合点。吴水澎教授认为,会计确认基础的选择也是受会计目标约束的。不同会计信息使用者对会计信息的不同需求,意味着不同确认基础提供的会计信息资源②。

权责发生制和收付实现制会计确认基础主要是针对那些能够在财务会计报表中反映的会计事项,而会计实务的现实存有大量无法在财务会计报表中进行反映的事项,如本书第二章中讨论到的企业人力资源、承担的社会责任等。对于此类事项的确认基础,目前尚无研究。

## 四、我国会计确认问题

在我国《企业会计准则——基本准则》中,虽然没有提出确认的标准,但对有关会计要素确认的标准及确认去处进行了规范。如该准则第 21 条规定,符合该准则第 20 条规定的资产定义的资源,在同时满足以下条件时,确认为资产:① 与该资源有关的经济利益很可能流入企业。② 该资源的成本或者价值能够可靠地计量。该准则第 22 条规定,符合资产定义和资产确认条件的项目,应当列入资产负债表;符合资产定义但不符合资产确认条件的项目,不应当列入资产负债表。

确认应当包括"初始确认"和"中止确认"。我国《企业会计准则——基本准则》中

---

① 汤云为、钱逢胜:《会计理论》,上海财经大学出版社 1999 年版,第 203 页。
② 吴水澎:《中国会计理论研究》,中国财政经济出版社 2000 年版,第 239 页。

仅仅关注初始确认,没有提出中止确认的有关概念和标准,导致了我国会计实务的混沌。我国会计理论应在强化会计初始确认标准的基础上,也需要关注中止确认问题。

# 第三节 会计计量

## 一、会计计量的基本要素

会计计量是会计循环最重要的一环,具有十分重要的地位。有观点认为,"计量问题是财务会计的核心问题"[①]。但对会计计量的概念及包括的基本要素认识并不相同。

(一)两要素观

美国会计学家莫斯特认为,会计计量主要有两个构成要素: ① 必须有定量的财产或属性。② 为定量该财产或属性所采用的尺度[②]。IASB 将其定义为"计量是指为了在资产负债表和利润表内确认和列示财务报表的要素而确定其金额的过程。这一过程涉及选择具体的计量基础"。FASB 认为,计量基本包括计量属性与货币单位或计量尺度两方面。

(二)三要素观

卢永华认为,一个完整的计量模式包括计量对象、计量属性和计量单位三个要素[③]。

(三)四要素观

赵德武认为,"会计计量是由计量尺度、计量单位、计量属性和计量对象所组成的一个系统"。"会计计量是指在一定计量尺度下,运用一定的计量单位,选择合理的计量属性,对符合会计要素定义的事项进行货币量化的过程,其目的是确保会计信息的可靠性和相关性"[④]。

(四)五要素论

李孝林认为,会计计量要素由"计量尺度、计量单位、计量属性、计量空间和计量时间"五个要素构成[⑤]。

笔者认为,两要素观作为会计计量的基本要素是恰当的。因为三要素观的计

---

① 汤云为、钱逢胜:《会计理论》,上海财经大学出版社 1997 年版,第 129 页。
② 引自 K. S. Most:Accounting theory,1977。
③ 卢永华:《广义会计理论》,中国金融出版社 2000 年版,第 170 页。
④ 赵德武:《会计计量理论研究》,西南财经大学出版社 1997 年版,第 13 - 14 页。
⑤ 李孝林等:《会计基本理论比较研究》,科学技术文献出版社 1997 年版,第 213 页。

量对象在会计基本框架中,自成体系,不能包含在会计计量理论中;四要素观中的计量单位和计量尺度,虽存有差异,但两者在具体计量时,不可分开使用。无法想象在对会计对象进行计量时只有计量尺度或只有计量单位的情形,其关系犹如"秤和砣";五要素观中的空间和时间要素属于基本会计假设范畴,对会计计量会产生影响,作为会计计量要素有点勉强。

## 二、会计计量单位

IASB 在《编报财务报表的框架》"资本保全概念和利润确定"第 104 段中指出,"财务资本保全的计量,可以用名义货币单位或固定购买力单位"[①]。所谓名义货币单位(或面值货币单位),是指以各国法定流通货币的名义货币单位作为会计计量单位。所谓固定购买力单位(一般购买力单位或不变货币单位),是指对名义货币按一定时日的一般购买力(物价指数)调整换算后作为会计计量单位。其目的是使会计系统提供的信息建立在同一计量单位基础上,提高会计信息有用性。

FASB 在《论财务会计概念》第 5 辑《企业财务报表项目的确认和计量》第 71 段中指出,"在现行会计实务,财务报表以名义的货币单位为计量尺度,即货币购买力随着时间的推移而发生的变动不予调整。理想的计量尺度是随时间流逝而稳定不变。一般购买力的变动(通货膨胀或收缩)率低时,名义的货币单位是相对稳定的。而且计量尺度为名义的货币单位时,比之用其他单位计量,如一般购买力不变单位(例如,在补充资料里交代物价变动的影响)虚拟的货币单位(例如,欧洲货币单位,简称 ECU)或商品单位(例如,黄金的两数),编制和使用财务报表,均较简单。然而,一般购买力变动率越是增大,用名义货币单位表述的财务报表,其可比性和有用性就愈趋减弱"。第 72 段指出,"本委员会预期,在财务报表中确认的各种项目,将会继续用名义的货币单位计量。然而,现存环境的变化(例如,通货膨胀率增大到偏差程度无可容忍时),可能会促使本委员会另选较为稳定的计量尺度"[②]。如果会计计量的目标是编制财务会计报告,则名义货币单位和固定购买力单位会计计量单位能够满足会计实务之需要。

传统会计最常用的计量单位是单一的价值形式。会计定量最常用的是单一数值作为计量,即采用时点决定值或确定性决定值来进行计量。笔者认为,会计计量单位应该以系统的形式,即采用一组或若干计量单位来处理各种不同的计量指标。

---

① 财政部会计司译:《国际财务报告准则》(2004),中国财政经济出版社 2005 年版,第 53 页。

② 美国财务会计准则委员会,娄尔行,译:《论财务会计概念》,中国财政经济出版社 1992 年版,第 248-249 页。

在会计处理的经济业务或事项以一个以上的价值形式进行计量时,可采用"范围"或"区间"估计数进行计量。运用统计方法严格地计算出"区间"范围和幅度,也应属于会计人员的职能范围。会计的发展,不应该落后于经济学和管理技术发展的步伐,这就需要广泛地运用定量方法。

会计领域逐渐向社会非经济领域渗透,拓宽了会计的研究空间,如人力资源会计、环境会计等,会计计量单位也相应要求进行拓宽。我们认为,可以采用以行为产生的经济效益和社会效益为定量基础的抽象虚拟货币作为计量单位,如"观念货币"或"概念货币"①。

## 三、会计计量属性比较

计量属性是指被计量客体的特性或外在表现形式。会计计量属性是指用货币符号对各会计对象要素进行量化表述的信息。国际上对会计计量属性研究取得的代表性成果如下。

(一)国际会计准则委员会

国际会计准则委员会在《编报财务报表的框架》第 100 段中指出,财务报表在不同程度上并且以不同的结合方式采用若干不同的计量基础。它们是:

(1)历史成本。资产的记录,按照其购置时支付的现金或现金等价物的金额,或者是按照为了购置资产而付出的对价的公允价值。负债的记录,按照承担义务而收到的实得款项的金额,或是在某些情况下(如所得税),按照在正常经营中为偿还负债预期支付的现金或现金等价物的金额。

(2)现行成本。资产的列报,按照现在购买同一或类似资产所需支付的现金或现金等价物的金额。负债的列报,按照现在偿付该项债务所需支付的现金或现金等价物的不予折现的金额。

(3)可变现价值(结算价值)。资产的列报,按照现在正常变卖资产所能得到的现金或现金等价物的金额。负债的列报,按照其结算价值,即在正常经营中为偿还负债将会支付的现金和现金等价物的不予折现的金额。

(4)现值。资产的列报,按照其在正常经营中所能产生的、未来现金流入净额的折现价值。负债的列报,按照其在正常经营中予以偿还所需的、未来现金流出净额的折现价值。

该框架第 101 段中还指出,主体编制财务报表最为常用的计量基础是历史成本。应用历史成本时常常结合其他计量基础。例如,存货的列报,常常按照成本与

---

① 孔庆林、汪启龙:《试论会计信息质量特征标准》,《财务与会计》1994 年第 3 期。

可变现净值孰低,有价证券的列报可以按照市价,而养老金负债的列报则按其现值。此外,有些企业为了处理非货币性资产价格变动的影响,还采用现行成本基础来弥补历史成本会计模式的不足①。

(二)美国财务会计准则委员会

美国财务会计准则委员会在《论财务会计概念》第 5 辑"企业财务报表项目的确认和计量"第 67 段中指出,在现行实务中用于资产(和负债)的,有五种不同的计量属性:

(1)原始成本(原始收入)。固定资产和大部分存货按其原始成本列报。原始成本为取得一宗资产所付出的现金或现金等同物,通常按取得后的摊销或其他分配额加以调整。涉及向顾客提供货品或劳务的责任的负债,一般按原始收入列报。原始收入为责任发生时所收到的现金或现金等同物,可于取得收入后按摊销额或其他分配额予以调整。

(2)现行成本。某些存货按其现行(重置)成本列报。现行成本是如果现时取得相同的资产或与其相当的资产将会支付的现金或现金等同物。

(3)现行市价。某些有价证券上的投资,按其现行市价陈报。现行市价是在按部就班的清理过程中,出售一宗资产所能获得的现金或现金等同物。现行市价一般也用于那些将以低于前记账面值的价格出售的资产。某些涉及有市价的商品和证券的负债也按现行市价陈报。例如,经纪期权商品或出售普通股票而经纪人或售户自己并不拥有有关的商品或证券时的债务。

(4)可实现(结清净值)。短期应收项目和某些存货按其可实现净值陈报。可实现净值是在正规的业务中,一宗资产可望换得的、未经贴现的现金或现金等同物,扣除转换时倘若发生的直接成本。货币金额已知或可以测定,而应付日期未定的各种负债,如应付购货款或担保债务,一般按其可结清净值陈报。可结清净值是在正规的业务中,为清偿一笔债务可望付出的、未经贴现的现金或现金等同物,包括偿付时倘需发生的直接成本。

(5)未来的现金流转现(或贴现)值。长期应收款项按其现值(按内含或原始利率贴现)陈报,此时的现值是在正规的业务中,一宗资产可望换得的未来现金流入量现值或贴现值,减除为取得流入量所需的现金流出量现值;长期应付款项同样地按其现值(按内含或原始利率贴现)陈报,此时的现值是在正规的业务中,为清偿一笔负债可望需要发生的未来现金流出量的现值或贴现值②。

---

① 财政部会计司译:《国际财务报告准则》(2004),中国财政经济出版社 2000 年版,第 52 页。

② 美国财务会计准则委员会,娄尔行译:《论财务会计概念》,中国财政经济出版社 1992 年版,第 246－247 页。

（三）我国企业会计准则

我国《企业会计准则——基本准则》第 42 条指出,会计计量属性主要包括:

(1)历史成本。在历史成本计量下,资产按照购置时支付的现金或者现金等价物的金额,或者按照购置资产时所付出的对价的公允价值计量。负债按照因承担现时义务而实际收到的款项或者资产的金额,或者承担现时义务的合同金额,或者按照日常活动中为偿还负债预期需要支付的现金或者现金等价物的金额计量。

(2)重置成本。在重置成本计量下,资产按照现在购买相同或者相似资产所需支付的现金或者现金等价物的金额计量。负债按照现在偿付该项债务所需支付的现金或者现金等价物的金额计量。

(3)可变现净值。在可变现净值计量下,资产按照其正常对外销售所能收到现金或者现金等价物的金额扣减该资产至完工时估计将要发生的成本、估计的销售费用以及相关税费后的金额计量。

(4)现值。在现值计量下,资产按照预计从其持续使用和最终处置中所产生的未来净现金流入量的折现金额计量。负债按照预计期限内需要偿还的未来净现金流出量的折现金额计量。

(5)公允价值。在公允价值计量下,资产和负债按照在公平交易中,熟悉情况的交易双方自愿进行资产交换或者债务清偿的金额计量。

我国《企业会计准则——基本准则》第 43 条还指出,企业在对会计要素进行计量时,一般应当采用历史成本,采用重置成本、可变现净值、现值、公允价值计量的,应当保证所确定的会计要素金额能够取得并可靠计量。

我国学者卢永华认为,常用的会计计量属性一般有以下七种:历史成本、现行重置成本、标准成本、成本与市价孰低、现行市价、可变现净值和未来现金流量的现值。并指出不同计量属性对财务报告的收入和收益的影响是不同的,具有各自不同的适用情况①。卢永华在五种计量属性基础上增加了"标准成本和成本与市价孰低"两种计量属性。笔者认为,标准成本属于管理会计范畴,不属于财务会计计量属性问题;成本与市价孰低与其说是计量属性,不如说是一种会计计量程序选择,因为它无法单独使用,必须借助于成本与市价计量属性。

（四）会计计量属性比较分析

比较 IASB、FASB 和我国的观点,相同点是均采用历史成本、现行成本、可变现价值(结算价值)和现值四种计量属性;不同之处在于我国明确将"公允价值"界定为一种计量属性。

---

① 卢永华:《广义会计理论》,中国金融出版社 2000 年版,第 170－173 页。

从上述比较可知,人们普遍认可"历史成本、现行成本、现行市价、可变现净值(结清净值)和未来现金流入量(或贴现)现值"五种计量属性。不同会计计量属性是为满足信息使用者不同的需求而存在和发展的,具有各自的特点和局限性。简述如下:

(1)历史成本。历史成本的优点是:由于历史成本是在市场交易中由买卖双方客观确定的,因而具有客观、可靠、可验证和操作性强的特征。同时,它与传统的配比观念一致,收益决定相对简单,其计量的实践经验和理论也很丰富。因此,在会计实务中,历史成本是最基本的会计计量属性。历史成本的缺点是:首先,非货币性资产是按历史成本入账,货币性资产则按现行市价或现值入账,使资产负债表中的计量属性缺乏逻辑一致性;其次,资产负债表中的资产计价是各个不同时期取得成本的杂合,也不具备理论上的可比性;最后,在物价变动明显时,其可比性、相关性下降,收入与费用的配比缺乏统一性,经营业绩和持有收益不能分清,不能有效地保全资本,财务报告也难以真实地揭示企业的财务状况。

(2)现行成本。现行成本的优点是:能在实物资本保全前提下,避免价格变动的虚计收益,反映真实财务状况,客观评价企业的管理业绩。现行成本的缺点是:主观性较强,方法繁琐,并难以适应某些专用设备的计量要求等问题。同时,现行成本也不能消除货币购买力变动的影响,无法以持有资本的形式解决资本保持问题,使以后的生产能力难以得到补偿。尽管如此,按现行成本计量,能保证会计收益与经济收益趋于一致的这一特点,决定了它仍被认为是最合理的通货膨胀会计模式。

(3)现行市价。现行市价的优点是:由于现行市价计量属性是根据现行市价立即确认收益以清除费用分配上的随意性,它较之历史成本和未来价格,更能实现可靠性与相关性的配合。同时,它作为资产的现实价值与决策的相关性较强,能更好地评价企业的财务应变能力。现行市价的缺点是:它无法反映企业预期使用资产的价值,因为并非所有资产、负债都有变现价值。同时,它也违背了持续经营假设,而主观假定企业随时处于清算状态,故只能适用于短期证券投资等特殊项目的计量。

(4)可变现净值。可变现净值的优点是:能反映预期变现能力,体现稳健原则,并与决策更为相关。其缺点是:认为利润是期末资产与期初资产的差额,从而否定了传统意义上的收入确认原则和配比原则。因此,它不适用于所有资产,其使用范围也被限定在为出售而持有的某些资产项目上。

(5)未来现金流入量现值。现值计量的优点是:由于考虑了货币时间价值,因而与决策的相关性最强。其缺点是:未来现金流入量现值是不确定的,使其与决策的可靠性最差,故只可用于某些金额已确定但需在未来履行的特殊项目的计量,如应收票据、长期应付款等。

针对历史成本与公允价值等非历史成本计量属性的发展趋势问题,曲晓辉指出,"财务会计计量,不可避免地与历史成本计量属性渐行渐远。尽管公允价值等非历史成本计量属性存在诸多缺陷,但任何倒退到历史成本计量属性的企图都是脱离现实的"。"企业会计准则体系的计量观,已经从收入费用观过渡到资产负债观,显示了资产负债表导向的立场"①。

以上(1)、(2)属投入价值,(3)、(4)、(5)属产出价值。

(五) IASB/FASB 联合框架:会计计量发展动态②

当前美国金融危机引发的全球经济危机,促使人们开始反思会计计量问题,尤其是公允价值计量问题。在此背景下,IASB 和 FASB 进行的联合框架中,提出了九种备选的计量基础:① 过去的入账价值(past entry price)。② 过去的脱手价格(past exit price)。③ 修正后的过去金额(modified past amount)。④ 现行入账价格(current entry price)。⑤ 现行脱手价格(current exit price)。⑥ 现行平均价格(current equilibrium price)。⑦ 在用的价值(value in use)。⑧ 未来的入账价值(future entry price)。⑨ 未来的脱手价格(future exit price)。葛家澍如此评价,"IASB 和 FASB 撇开当前流行的计量基础而标新立异必另有其他原因的考虑";"IASB 和 FASB 成员均是由具有丰富经验的准则制定专家所组成。他们因为对当前金融危机下公允价值受到冲击,为汲取这一教训,不得不郑重研究计量属性的性质、特点及其选用标准。计量始终是概念框架中重要的概念,财务会计与报告离不开量化信息,人们总想找到既能体现财务会计的本质特征,提供若干既能如实反映过去和当前的经济真实,又可在必要时对企业的未来的经济发展作合理而必要的估计与预测的属性"。会计计量属性的改变是为财务报表的新分类模式所必需的条件之一,我国会计理论界应尽快对此问题进行研究,并在此基础上,筹划我国的应对之策。

(六) 会计计量属性的选择问题

由于各种计量属性各有利弊,并有特定的适用范围和前提条件,因而要对会计计量属性进行最优选择,不仅在理论上存在很大的分歧,在具体操作上也存在许多问题。在各国会计实务中,多种会计计量属性并存的状况本身,也从一定意义上说明了这一点。选择是一个权衡利弊、趋利避害的过程。针对一项具体经济交易,究

---

① 中国会计学会:《中国会计改革三十年》,中国财政经济出版社 2009 年版,第 83 页。
② 葛家澍:《试评 IASB/FASB 联合概念框架的某些改进——截至 2008 年 10 月 16 日的进展》,《会计研究》2009 年第 4 期。

竟采取何种属性予以计量？为什么选择该种属性予以计量？首先应考虑的是会计计量属性的质量特性。目前，会计计量属性的质量特性主要有相关性、可靠性、一贯性、可比性、可理解性、经济性等，这些质量特性既相互联系，又有冲突。其中，可靠性和相关性是会计计量属性选择中的一对主要矛盾，并贯穿选择过程的始终。在五种计量属性中，历史成本反映过去，现行成本、现行市价反映现在，可变现净值和未来现金流入量现值则反映将来，从过去到将来，五种计量属性可靠性依次减弱，相关性依次增强。基于各种计量属性都有着客观存在的合理现实依据，会计计量属性在可靠性与相关性之间权衡，并非选择某种计量属性作为单一计量属性，而是要解决谁主谁次的问题。

从前面对不同计量属性的比较分析中，我们不难发现，现行市价，通常是指某些特殊资产项目，并不具有广泛的适用性；而可变现净值仅仅强调资产的可变现价值，在正常经营条件下，企业并不会常常发生资产变卖，因而其现实意义也受到一定限制；至于未来现金流入量现值，它也只大多用于计算投资收回和进行基建项目的可行性研究。因此，以上三种计量属性与实际经济生活相去甚远，只能在特定的环境、特别的条件下使用在个别的资产或负债上，目前仅可作为一种计量属性，而非计量基础。

很显然，理论上的争论和现实中的选择便主要集中在历史成本与现行成本两种计量属性上。从两种计量属性的利弊来分析，争论的焦点又主要表现为是提供事实性信息，还是提供目的性、相关性信息。同时，它又与经营责任学派、决策有用学派两种不同的财务目标有关。因为会计目标是会计信息系统的运行方向，不同的目标要求选择不同的计量属性作为计量基础。但是，在现实经济发展中，又很难将会计目标和会计计量进行直线联系，并进行　一对应的选择。因此，对于会计计量属性的选择，一方面，应坚持以历史成本作为会计计量的基础；另一方面，应以现实经济生活中对会计信息的需求及会计目标为前提来构建计量模式。只有使多种计量属性共存并相互配合，才能够实现会计多元化目标，满足各方面会计信息使用者对多元化会计信息的需求。

公允价值计量问题自金融危机以来饱受批评和指责，"坚持派"和"修正派"一直争论不下，难以说服对方，尤其是涉及估值技术中的各种参数输入，很难找到为各方接受的系数。也许 IASB 和 FASB 标新立异提出的前述九种计量属性是正确的方向。

## 四、会计计量模式及选择

特定会计计量单位与计量属性相组合构成特定的计量模式。从理论上讲，由于会计计量客观存在两种计量单位和五种计量属性,因而它们之间不同的可能性组合,可以形成以下十种不同的会计计量模式,即: ① 历史成本/名义货币单位模式。② 现行成本/名义货币单位模式。③ 现行市价/名义货币单位模式。④ 可变现净值/名义货币单位模式。⑤ 未来现金流入量现值/名义货币单位模式。⑥ 历史成本/一般购买力单位模式。⑦ 现行成本/一般购买力单位模式。⑧ 现行价格/一般购买力单位模式。⑨ 可实现净值/一般购买力单位模式。⑩ 未来现金流入量现值/一般购买力单位模式。

由于不同的会计计量模式在计量方法与技术及有关会计原则上也有所不同,因而在会计实务中,如何选择合理的会计计量模式,应考虑以下几个因素: ① 外部经济环境,主要指物价、币值是否相对稳定。② 会计目标的确定,如是提供决策有用信息,还是提供受托责任信息。③ 会计计量在经济管理中的需要程度。④ 会计计量技术手段的发展水平。

由于传统财务会计是以向外界提供客观、公正的描述所依存主体的经济活动为目标,同时也正是由于受上述因素的影响和制约,所以历史成本/名义货币单位模式才长期流传,并广泛使用,至今仍是财务会计最基本、也是最主要的会计计量模式。与此相对应的则是在通货膨胀条件下,逐步形成历史成本/一般购买力单位模式、现行成本/一般购买力单位模式等会计计量模式,促使了会计计量模式向更加系统完善的方向发展。

# 第四单元

## 会计规范与核算方法理论

# 第十一章

# 会计规范理论

## 第一节　会计法律规范

一些论著将欧美发达国家的会计规范一律称作会计准则,甚至说:目前世界各国都选择了以统一准则来规范企业财务信息揭示的方式。有的专著也如此说。笔者认为,这一说法不够准确。会计工作规范形式主要有:经济立法、会计制度、会计准则、职业道德等。由于社会环境和历史传统的差异,许多国家做法不一。经济立法与职业道德规范普遍流行,虽然有粗细之别;会计制度与会计准则因国家而异,有的两者兼用,有的只用其一。

许多国家都通过有关经济法律对会计准则、会计制度以及会计工作进行规范,以确保其会计规范体系的法律地位和权威性。法律在其会计规范体系中所占的比重各不相同,导致其会计模式的差异。

有的国家通过经济法规直接规范会计工作,会计规则主要为政府贯彻经济政策服务。德国就是一个典型的例子。

### 一、德国会计模式形成的背景

德国实行社会市场经济,宪法规定社会原则(政府干预经济)和自由原则(市场经济是立法前提),既摈弃老式的自由竞争,又反对国家统制经济,导出了国家为保证经济的健康协调发展和实现社会公平而干预经济的法律依据,由此形成政治法律制度影响社会和市场经济的显著特征:经济政策法制化。体现到会计方面,便形成了通过法律形式制定会计规则的会计模式:商法或公司法对企业经营活动和财务报告进行详细规范,而税法和税则则是各纳税主体所必须遵循的。

会计原则(在德国通常称为有规则的簿记原则)和程序散见于商法、公司法和税法之中。既没有英美系统的、众多的会计准则,也不像法国那样采用统一会计方案(制度),而是直接以法律规范会计工作,权威性最高。但是,法律规范再细,也不可能像会计准则、会计制度那样细,这必然要求会计人员具有很高的业务水平。

与美国相比,德国的会计职业团体势单力薄,因此没有职业团体制定的会计准则。会计职业界的主要任务是解释法律对会计的规定。

## 二、德国会计的法律规范

德国是典型的成文法系国家,在会计记账的基本原则、财务报表的编制和审计等方面均由法律明文规定。德国的会计规范具有高度的政治化倾向。早在 19 世纪,会计规范已经法典化,法律试图规定企业所有经济业务的会计处理。1965 年的《股份有限公司法》、1985 年的《商法》包含了严格的会计规定,如会计计价规则、收益计量以及财务报表的格式与内容。

概括起来,德国的会计立法主要来自三个方面,即税法、商法和公司法①。

(一)税法

在德国,税法对会计有着举足轻重的影响,尤其是《所得税法》和《所得税指令》对会计实务很有影响。税法对企业的会计记录提出十分具体的要求,规定了公司会计期间收入、费用的计算方法、分配方法,账簿记录必须同税收目标保持一致,财务报表上的收益必须同应税收益保持一致,税务上所要求的任何特殊会计处理应在公开的财务报表中予以披露,否则税务当局就可能拒绝把它作为课税的依据,并取消其所得税抵免。这样,纳税人在编制报表时总是主动服从税法要求的会计原则和方法,会计记录和报表应服从税务目的,被称为"决定原则"。但近年来,德国已对税法,特别是有关建立"准备"的问题作出修订,这将导致报告收益与应税收益之间出现一定的差异。

(二)商法

《商法》适用于所有组织形式的企业(公司、合伙、独资),要求所有企业都必须保持会计记录,按照税法的有关规定编制年度财务报表,还规定了记账的一般规则、计价原则、会计资料的保管、财务报表的格式和内容等。但《商法》并没有提及应向政府报送财务报告。

德国《商法》(《会计指令法》)对大、中、小型股份公司的财务报告规定了不同的编报和披露要求。例如,在资产负债表和利润表的编制上,不同规模的企业可采用不同分类级别的报表形式,中小企业不需编制资金表或现金流量表;在报表附注中,对小型股份公司允许简化披露或不披露,非股份公司(一般在规模上均属小型)则可以不编报表附注。

---

① 本节主要参考常勋,《国际会计研究》,中国金融出版社 2005 年版,第 329 - 332 页。

（三）公司法

德国的公司法包括适用于有限责任公司的《有限责任公司法》和适用于股份公司和股份两合公司的《股份公司法》。颁布于1965年《股份公司法》因其适用面广而更为重要。其基本目的在于防止企业虚报净资产和净收益。它指出了规范的会计应遵循的原则和计价规则，还详细描述了财务报表的结构和内容。股份有限公司的资产负债表和利润表必须符合法定的格式要求，对股份公司会计具有较大的约束效力。具体包括以下各方面的规定：

（1）固定资产应按原始成本减去相应的折旧表述。

（2）流动资产应按成本、可变现净值或重置价格中最低的价格计价。

（3）无形资产只是在从第三方面取得时才资本化。

（4）所有的负债，包括未实现的损失在内，必须全面计提。

（5）未实现的利润可不予确认。

综上所述，德国会计法律体系如图11-1所示。

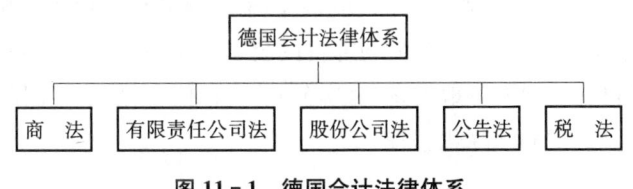

**图11-1　德国会计法律体系**

资料来源：常勋，《国际会计研究》，中国金融出版社2005年版，第332页。

## 三、德国会计的国际化进程

（一）欧盟法令与德国会计法规的改革

20世纪70年代初，欧盟协调其成员国的公司法，形成由12项准则组成的欧洲公司法，并要求成员国将其植入本国法律。其中与会计相关的指令有第4号"会计计量原则及会计报表的格式"、第7号"有关企业合并和合并报表"、第8号"审计和审计人员资格"。但是由于德国会计改革受制于税法，且德国满足现状、不愿变革，因此一直对指令持冷淡态度，直到1985年年底才接受。

1985年12月19日，德国颁布了《会计指令法》①，把欧盟准则植入商法，1994年10月5日植入欧盟破产法，对商法典、股份法和有限责任公司法等所作的相应

---

① 该指令详细规定了簿记、财产清单、会计核算的一般原则、计价规定、会计资料的保管与提交等，并对公司的会计义务、资产负债表的格式与项目、利润表的格式与项目、会计报表附注、合并报表等作了补充规定。

变动于 1999 年 1 月 1 日生效。

（二）国际化背景下的德国会计制度改革①

为了适应国际国内的新形势,德国政府组织翻译了国际会计准则(IAS),并于 1998 年建立会计准则委员会(GASC),研究国际会计准则和美国会计准则与本国的法律、法规的协调问题,并制定有关准则与指南。德国还对《商法》进行了修订,明确规定德国的上市公司可以选择按照德国的会计准则、国际会计准则或美国的会计准则编制财务报告;对德国法兰克福证券交易所二板市场的上市公司,进一步规定只能按国际会计准则或美国会计准则编制财务报告。

为 2005 年全面接受 IAS②,德国会计制度进行了广泛的改革。德意志证券交易所要求在德国中小企业版块上市的中小企业从 2002 年 1 月 1 日开始必须按照国际会计准则或美国一般公认会计原则来编报财务报告,而且这些报告必须用德语和英语同时公布。2002 年 2 月,德国《商法》和《股份公司法》再次进行了修订,为了使其会计规定与国际会计准则 IAS 或美国 GAAP 相一致,修改了《商法》中原有关于合并账户编制的规定,并且取消了《商法》中允许税务影响合并财务报表的规定,而且要求凡是在资本市场筹资的公司,都必须编制合并财务报表。

德国会计目标转向充分地披露"真实公允"会计信息,加快了国际趋同的步伐,进而加速了本国经济的国际化进程。

# 第二节　会计制度规范

会计制度与会计准则都是世界上流行的会计规范方式。

会计制度有广义、狭义之分。广义的会计制度是指我国《会计法》第 8 条规定的"国家统一的会计制度",包括国务院财政部门依据《会计法》制定的关于会计核算、会计监督、会计机构和会计人员以及会计工作管理的准则、制度、办法等。会计准则是其组成部分。人们常说的会计制度属狭义,仅指会计核算制度,包括会计科目表及使用说明、财务报表格式及编制说明、凭证、账簿设置及分录举例等,都是基层会计人员急需的会计基础工作规范和会计事务处理指南,而且集中成册,便于使用。会计准则分为基本准则和具体准则。基本准则类似财务会计理论框架(或译为概念结构),属于会计基本理论。具体准则一般按会计对象要素、经济业务特点、

---

① 薛清梅:《德国会计国际化改革对我国的启示》,《德国研究》2004 年第 1 期。

② 2000 年 6 月,欧洲议会通过了一项新的法案,要求所有成员国的上市公司最迟在 2005 年开始采用国际会计准则委员会制定的会计准则作为编制财务报告的单一会计标准,并允许非上市公司按照国际会计准则编制财务报告。

财务报表的种类分别制定，就其内容看，与财务会计学的某一章和节有些近似。在会计准则中，一般不涉及会计科目表和会计分录编制。对第一线会计人员来说，似有不便于掌握的缺点。会计制度和会计准则，作为会计规范形式，并无产品经济与市场经济之分，关键在于确认、计量、报告的标准、方式和内容，是否适应本国的社会环境，是否接近国际惯例，是否便于国际交流。

本书所说的会计制度，除特别说明的以外，均指狭义会计制度。其典型当属法国的由政府制定颁布的全国统一的《会计法案》。

## 一、法国会计模式形成的背景

与美国依赖高度发达的资本市场不同，在法国经济结构中，家族型的私人工商企业在法国经济结构中占有相当的比重，且投资者更倾向于持有政府债券和银行存款，这在一定程度上限制了其资本市场的发展，致使银行贷款在经济中发挥着很大作用，并由此影响了法国会计的发展[①]。

法国实行有计划的资本主义市场经济，市场调节与国家计划指导相结合。法国强调会计为宏观经济服务，尽可能地提高会计信息的可比性以及高效率地统计全国经济数据资料。法国政府在会计管理中发挥着重要作用，对会计信息系统的运行过程和方法进行了严格的规范，实行会计标准化制度，即由政府制定颁布全国统一的《会计总方案》。

## 二、法国统一的会计方案

早在1911年，德国著名会计学家谢尔首先提出全面的会计科目表，逐步在德国实行，以后又引入法国。

1946年，法国成立会计标准化委员会，颁布第一部《会计方案》，并于1947年执行。法国《会计方案》于1979年修订后，长达400页。负责修订和执行会计方案的是隶属于经济事务部的全国会计委员会（CNC），因而会计方案具有行政法规性质。统一会计方案的主要内容包括：

（1）全国统一的会计账户名称、分类、编号。

（2）对术语的定义和解释。

（3）分录格式和账户内容。

（4）会计计量原则。

（5）财务报表的格式。

---

① 王松年：《国际会计前沿》，上海财经大学出版社2005年版，第68页。

（6）成本会计方法。

（7）财务报表注释。

这个方案的基本部分是一张十进制编号的账户名称表。结合上述会计方案的主要内容,可见该方案与我们常说的会计制度近似,可以纳入会计制度类而不能纳入会计准则类。"这个方案……节略的制度用于小型企业,基本制度用于大中型企业,高级制度则是为了促进管理会计的发展。会计教科书均以该方案为基础;年度纳税申报的要求亦然。这个方案还用于中央和地方的政府会计,并用于编制详细的全国统计数字。每个行业都有各自的会计方案（专业方案）"①。

制定上述会计制度,根据宣布的目标,它可以提供较为精确的会计资料,以便:

（1）促进更合理的国家经济政策和财政政策的制定。

（2）协助消灭财政收支不平衡。

（3）向公众报告国民财富的真实分配,尽量减少社会的误解。

（4）提供研究市场动向的资料。

（5）促进健康的竞争。

（6）对发展公平的税制有所帮助。

（7）向股票持有者、货物供应者和银行家提供一个更满意的检验他们的判断的机会。

（8）有助于政府当局进行控制（管理）方面的检查。

（9）对财务成果提供一个清晰而果断的看法。

（10）允许分析和比较制造成本②。

法国没有采用会计准则形式。从规范作用看,法国的会计方案类似于美国的会计准则,但更具有统一性、系统性、强制性和权威性,不像美国会计准则那样,众多、分散,不便掌握。

## 三、法国会计改革与《会计方案》修订③

跨国公司的发展推动了法国经济国际化进程,从而对会计的国际协调产生迫切要求,要求对执行和扩展《会计方案》所需的会计准则作出反应,在此形式下,法国的会计改革启动。

1996 年 8 月,法国政府发布了《关于会计规范化工作监管改革法律草案》,据此

---

① C·W·诺比斯,R·H·帕克:《比较国际会计》,中国商业出版社 1991 年版,第 96 页。

② 常勋:《国际会计》,上海人民出版社 1990 年版,第 49－50 页。

③ 常勋:《国际会计研究》,中国金融出版社 2005 年版,第 327－328 页。

对全国会计委员会的工作机构作出调整;同时,于 1998 年另行组建权力机构——会计法规委员会(CRC);主要职责是根据全国会计委员会提出的建议或意见,制定具有法律效力的条例或法令;由经济与财政部、司法部和预算部批准后发布实施。

1999 年 6 月 22 日,据法国经济与财政部的决定,法国的《会计方案》被一分为二:适用于单一公司的《会计方案》和适用于公司集团的《合并会计的原则和方法》。《会计方案》被压缩到 200 页以内,内容包括:

(1) 会计的目标和原则。

(2) 资产、负债、收入和费用的定义。

(3) 记录和计量原则。

(4) 会计账户的设立、结构和运行。

(5) 会计报表体系。

《合并会计的原则与方法》旨在《会计方案》的基础上规范企业合并和合并报表编制(共 60 页),内容包括:

(1) 合并的范围和方法。

(2) 合并的原则。

(3) 计量和报告的方法。

(4) 合并报表体系。

(5) 关于第一年编制合并报表的说明。

历经几次修订,目前的《会计总方案》是由受法国经济与财政部领导的相关会计管理组织机构提出、制定和审核,由经济与财政部会同相关各部来批准颁布的。标准化会计制度的实施,可以充分服务于国家的宏观决策,为评比企业业绩和为评选国家优秀企业提供依据,高效率地沟通宏观和微观信息系统,进而促进社会会计的完善和发展。可以说,《会计总方案》是一个关于法国财务会计的十分详细的实务手册,许多会计教材的编写以它为基础,它"实际上创造了一种全国性的会计语言"。相应地,制定《会计总方案》的"国家会计委员会起了类似会计学术界的作用"①。

# 第三节　会计准则规范

20 世纪是"会计规范的世纪"(E·S·亨德里克森语)。自 20 世纪 30 年代美国率先制定会计准则以来,英国、加拿大、澳大利亚、新西兰等英语国家相继制定了

---

① 克里斯托弗·诺比斯、罗伯特·帕克,薛清梅译:《比较国际会计》,东北财经大学出版社 2007 年 8 版,第 177 页。

会计准则。1973年,国际会计准则委员会(IASC,现已改为IASB)成立,共发布了41项国际会计准则。许多发展中国家(包括中国)也陆续加入了制定会计准则的行列。近年来,一些大陆法系国家(如德国、法国等)也相继成立了会计准则制定机构,开始制定本国的会计准则。会计准则的影响风靡整个世界,已成为适应市场经济和资本市场发展、促进国际资本流动的一种最有效的会计规范形式①。

本节将以美国为例,较为详细地介绍会计准则规范演进的若干基本问题。

## 一、会计准则规范的基本理论

### (一)会计准则的制定

一般而言,会计准则的制定可以有两种方式:一是由政府或立法机构制定;二是由民间职业团体制定。

1. 政府或立法机构制定

该模式下的准则制定机构一般为政府机构或者被政府控制的立法机构,其在准则的制定和执行上具有很大的权力。该类模式下的准则制定机构不但具有机构设置上的相对稳定性,而且其在制定和修订会计准则的过程中,一般也不会"陷入过量、短见、无效及失败的泥沼",效率较高。

制定机构本身的政府属性赋予了其法定的强制力。该类模式下的会计准则就如政府机构的指令一样,即使是建设性的规范或制度,也因为带有政府的色彩而具有高度的权威性,这是其最主要的特点。

权威性直接降低了该类准则的推行成本。在该类模式下,会计准则一旦被发布,就获得了类似于法律的效力,从而获得广大企业的"自动执行",推行效率很高;同时避免了民间机构模式下的制定机构因利益分配上的争论而导致的制定效率偏低。

2. 民间职业团体制定

理论上,民间机构模式下的会计准则制定机构很少或几乎不受政府的干预。实际上,单纯民间团体制定和运作的模式在当代各国会计准则制定机构模式中是比较少见的,一般存在于会计准则制定机构发展的早期。典型代表是20世纪中期的美国会计程序委员会(Committee on Accounting Procedure,简称CAP),以及由其改组而来的会计原则委员会(Accounting Principle Board,简称APB)。

民间制定机构成员来自公司成员,具有很强的实践工作经验,精通实务。准则制定者的专业背景能够加强对会计准则的实际应用性,增强其可操作性。但是,非

---

① 汪祥耀:《英国会计准则的演进与最新发展》,《财经论丛》2002年第3期。

官方组织天然缺乏法律强制力支持,权威性不足,使得准则推行困难,因此制定者必须设法赢得使用者对准则的普遍认同,这在很大程度上提升了准则的质量,但同时也加大了执行成本,带来效率低下的弊端。

(二)会计准则制定导向

这个问题涉及会计准则制定本身,而且关乎对会计的基本问题的认识,是一个实践与理论相结合的问题,包括实务界、理论界和会计准则制定机构在内的各个层面都回避不了①。更由于"安然事件"激发了对准则制定"导向"问题的广泛争论,世界会计发展的走向也由此改变。

1. 以规则为导向的会计准则制定方式

规则导向的会计准则,通常含有大量的例外和界限检验、详尽的解释和操作指南,更多地偏向于细致的会计规定。大量的例外容易造成准则内部的前后矛盾,相互抵触,不注重交易的实质;大量的界限检验使别有用心的公司和个人容易通过"交易策划"和"组织安排"进行规避。经济实质相似的交易和事项可以完全采用不同的会计处理方法;过于详尽的解释和指南,使准则对新出现的情况缺乏灵活性,同时也延误准则指南发布的及时性。

在美国的规则导向下,准则的制定应用了概念框架,但概念框架并未提供解决会计和报告问题的所有必要工具,因为概念框架在某些方面是不完善、内在不一致以及模糊的。以规则为导向,久而久之就会形成机械套用的氛围,弱化专业判断,可能使公司和注册会计师过分关注细节而忽略对财务报表整体公允性的判断。由于考虑到准则运用的方方面面,操作性强,不需要太多的专业判断,因此将更多的判断空间留给了准则制定机构和组织。

2. 以原则为导向的会计准则制定方式

21 世纪初的"安然事件",强化了会计准则制定的原则导向②。

原则导向的会计准则,几乎没有例外和界限检验,解释和指南也大大减少,它将更多的判断空间留给了产生会计信息的企业和组织,同时也给了会计信息的供给方更大的风险和责任。

FASB 在《征求意见稿》③中明确提出了原则导向会计准则不同于规则导向会计准则的几点:原则导向会计准则比规则导向会计准则应用范围更广;即

---

① 陈毓圭:《原则导向还是规则导向——关于会计准则制定方法的思考》,《中国注册会计师》2005 年第 6 期。

② 卢兴杰:《国际财务报告准则变革及中国对策——2010 年中国会计学会资深会员论坛综述会》,《会计研究》2010 年第 4 期。

③ 引自 FASB:Principles-based approach to US standards setting,2002。

使有例外情况也只是极少数,准则的解释和指南也会减少,按准则的精神和意图运用专业判断的机会将会增加。在成本效益分析中,FASB认为,以原则为基础的会计准则具有以下优点:① 其适用范围更广,更容易理解。② 可以更清晰地传递交易和事项的经济实质。③ 极少数的例外情况,有利于增强会计信息的可比性。④ 对不断变化的金融和经济环境的反应更快。⑤ 能促进 FASB 和 IASB 之间的合作,共同致力于高质量、高透明度的会计准则。

SEC 在《体系研究报告》①中对原则导向的内涵进行了重新界定。它们认为,原则导向的会计准则应具备以下特征:① 以改善了的概念框架为基础并与概念框架保持一致。② 清楚地阐明会计准则的目标。③ 提供足够的细节和结构,保证会计准则的可操作性以及在应用过程中的一致性。④ 将准则中的例外减至最少。⑤ 避免使用明线测试(bright-lines test),以防止财务操纵者只在技术上遵循会计准则,而实际上却背离了准则本来的意图。

## 二、美国会计准则规范

美国的会计准则又称公认会计原则(Generally Accepted Accounting Principes,简称 GAAP),在世界上形成最早,最有代表性。它经历了相当长的发展过程。

### (一) 美国 GAAP 的发展历程

在美国,有不少职业团体或有关政府机构都积极地参与或推动了 GAAP 的形成与发展,其中最主要的几个组织有:美国证券交易委员会(SEC)、美国注册会计师协会(AICPA)、美国会计学会(AAA)、全美会计师联合会(NAA),以及成本会计准则委员会(CASB)和会计准则委员会(GASB)等。

1909 年,美国公共会计师协会(AAPA)任命会计术语特别委员会,试图进行会计名词规范化的尝试。1915 年,美国联邦政府贸易委员会(FTC)副主席提出,必须为全国主要企业建立一套统一会计制度的建议②。以后一些组织相继发表文件,旨在统一会计实务,但当时的会计处理程序仍然相当混乱。

在 1930 年的美国会计师年会上,纽约证券交易所(NYSE)的股票注册委员会执行助理霍克西(J. B. Hoxsey)大力抨击了当时的会计实务,并列举了一系列弊端,如缺乏折旧政策的信息、非经营收益和经营收益未作明确划分等,引起了会计

---

① 引自 SEC：Study report study pursuant to section108(d) of the Sarbanes Oxley Act of 2002 on the Adoption by the United States Financial Reporting System of a Principles Based Accounting System，2003。

② 葛家澍，林志军：《现代西方财务会计理论》，厦门大学出版社 1990 年版，第 39-47 页。

职业界的很大反响,迫使美国会计师协会很快成立特别的"与证券交易所协调委员会",并任命当时的著名会计师乔治·O·梅(Geoge O. May)为主席。该委员会经过充分调查,并由乔治·O·梅于1932年9月22日写信给纽约证券交易所和美国会计师协会理事会,建议制定一些普遍接受的"会计原则",并提出六条拟议的会计原则,得到纽约证券交易所以及美国九家大会计师事务所的认可。这六条原则是:

(1)收益账户不应包括未实现利润,实现是指销售后的结果。

(2)资本溢余(准备)不可用于记录收入借项。

(3)在兼并前的子公司盈利溢余(收入准备)不能作为母公司的综合盈利溢余。

(4)公司因持有库存股而支付股利不能贷记收益。

(5)来自公司官员、职员和附属公司的应收款必须单独列示。

(6)捐赠股本不能作为经营收益。

1936年,在美国会计师协会一个下属委员会报告中又加入了"一般的"一词,从而正式形成"公认会计原则"(GAAP)的概念。

美国GAAP的制定大致经历了三个主要阶段:

第一阶段:会计程序委员会(1938—1958年)。

1938年,美国会计师协会正式成立,由21位任期1年的委员组成会计程序委员会,乔治·O·梅任首届主席。从次年开始陆续发表《会计研究公报》(Accounting Research Bulletin,简称ARBs),宣告其所认可的一些会计原则、程序、名词,但是更侧重于对具体实务处理的指南。1939—1959年,会计程序委员会共发表51份《会计研究公报》,前8份专门阐述一些基本名词和概念,其余都是针对具体实务问题的。

会计程序委员会发表的ARBs,主要是对现行处理惯例加以选择和认可,缺乏对会计原则的系统研究。大部分ARBs都是就事论事,缺乏前后一贯的理论依据,对同一事项的会计处理指南往往前后矛盾,并允许会计方法程序的过分多样化,其强制性和权威性也不够,招致实务界和会计职业界的普遍抨击,使其不得不在1959年停止工作。

第二阶段:会计原则委员会(1959—1972年)。

1958年,美国注册会计师协会(简称AICPA)主席阿尔文·詹宁斯认为,会计原则制定应采取新的方法,由他提议成立特别委员会,对会计程序委员会的工作进行认真回顾。特别委员会在向AICPA理事会提交的报告中指出,会计程序委员会的ARBs缺乏理论研究,未能说明会计的必要假设和基本原则,无法解决外强烈批评的问题,并建议成立新的会计原则制定机构。于是,AICPA在1959年成立了会计原则委员会（Accounting Principlce Board，简称 APB）取代会计程序委员会。
1959—1972 年共发表 31 份意见书。此外，还发表一些报告。这些报告代表 APB
对会计与报表的一些基本问题的观点，但并不作为"公认会计原则"的内容。

会计原则委员会与其前任会计程序委员会的重大区别是：其发表文告的权威
性和强制力得到认可和提高。1964 年，AICPA 发表一份特别公告，指出：

（1）公认会计原则是指那些具有相当权威支持的原则。

（2）会计原则委员会的意见书构成相当权威性支持。

（3）"相当权威性支持"也适用于"意见书"之外的其他阐述会计原则的文件。

（4）在有"相当权威性支持"上，会计程序委员会的 ARBs 和 APB 意见书并无
区别。

因此，该公告明确要求所有会员，从 1965 年 12 月 31 日起，对任何偏离
APBs Opinion 和 CAP 的 ARBs 规定的事项，且影响重大的，都要在财务报表附注
和审计报告中加以揭示。与此同时，AICPA 还在其《注册会计师职业道德守则》
第 203 条中明确认可 APB 的权威性。从此，美国的《公认会计原则》文告转入具有
较大权威性和强制性的新阶段。

在成立 APB 的同时，AICPA 还设立了一个"会计研究部"（Accounting
Research Division，简称 ARD），由一些专职研究人员组成。ARD 主要进行重大会
计问题的理论研究，以便为 APB 制定"意见书"提供依据。它主要是以研究人员的
个人名义发表"会计研究论文集"（ARSs）。在 1961—1973 年，ARD 共发表了 15
份 ARSs。

根据研究项目特别委员会的建议，APB 和 ARD 之间的关系如图 11 - 2 所示。

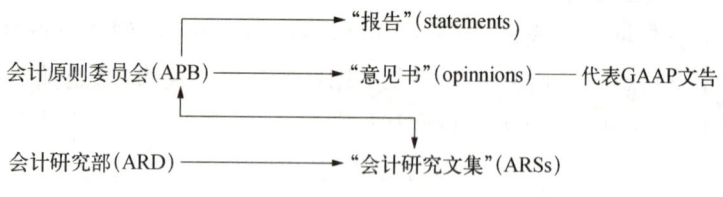

**图 11 - 2　APB 和 ARD 的关系**

但是，APB 的工作仍然不能令会计职业界和工商界满意。外界批评 APB 只
是对实务问题采取"救火机"的工作方式，忽视基本会计理论的研究，从而使它的
"意见书"缺乏概念框架而出现前后不一致，无法对经济环境变化作出正确反应，并
无力抵制某些外界集团的压力。例如，关于所得税会计处理的第 11 号意见书，由
于受到外界利益集团的抵制而宣告放弃。此外，还有些人批评 APB 成员主要来自

几家大会计师事务所的合伙人,他们是兼职的,在制定会计原则时必然考虑其事务所客户的压力,难以真正代表社会公共利益。

第三阶段:财务会计准则委员会(1973年至今)。

由于外界批评的加剧,证券交易委员会公开指责 APB 的"意见书"导致误解,迫使 AICPA 于 1971 年 4 月宣布成立由前证券交易委员会成员费兰西斯·惠特(Francis M. Wheat)为首的"会计原则制定研究委员会"(又称惠特委员会),对 APB 的工作程序加以分析。惠特委员会于 1972 年 3 月提出一份题为《财务会计准则的制定》的研究报告。报告认为,"'会计原则'研究被证明是一个难以理解的术语。对非会计人员和许多会计人员来说,它只意味着用几句话来表达的一些基础性和原理性的东西。在本质上,它不会随着企业模式的变化而变化或者随着投资群体的需要而演进(尽管会计原则委员会在其名称中使用了'原则'一词)。但在其整个历史过程中所发布的意见书却丝毫没有涉及一般意义上的会计原则",从而建议用"准则"(standards)代替"原则"(principles),因为准则可定义为"财务会计问题的解决办法"。报告建议,应重建会计准则的制定机构。于是,财务会计准则委员会在 1973 年 6 月 30 日宣告成立。它取代 APB 作为新的独立性的会计准则制定机构,一直工作到现在。

在组织形式上,FASB 脱离 AICPA 的直接领导,而归属于由 6 个职业团体(包括执业会计师、工商界财务经理、金融部门、政府机构和会计教育界)的代表组成的财务会计基金(FAF)。FASB 设 7 位专职委员,任期 5 年,并且有较为广泛的代表性。它的组织机构如图 11-3 所示。

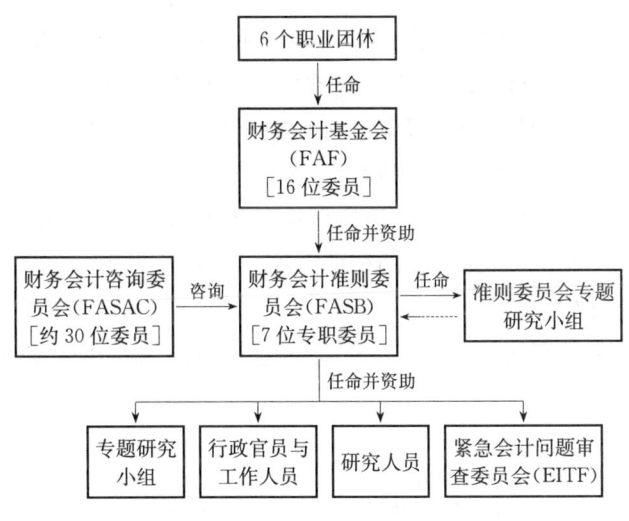

**图 11-3 FASB 的组织机构**

FASB 的主要任务是：针对重大会计问题，回顾前任机构制定的准则文告，并制定相应的财务会计准则及其解释文件。在准则文告的制定程序上，FASB 比起 APB 和 CAP 都有重大的改进，它建立了一套较严密的工作程序。

FASB 制定的"准则公告"对实务处理的规范性要求比之 APB 制定的"意见书"更为严格，它已尽量缩小不同备选方法的并存状况，而且这些准则公告的权威性进一步加强了。

（二）美国 GAAP 制定的经验与反思

1. 美国 GAAP 制定取得的成就

综观美国 GAAP 演进历程，表现出"产生早、发展快、数量多、质量高、影响远、权威性强"等特点，以至于有观点认为"20 世纪世界会计理论与实务发展史，几乎就是美国会计理论和实务发展史，尤其是美国的会计准则制定机制是最先进的，美国在准则上花的钱最多，制定的准则也最先进、最详尽"①。

事实上，美国 GAAP 已经成为近几十年来美国会计理论和实务的中心；它在发布方式上，采用社会公认的做法，可以广泛征求和融合各界意见，因而更具合理性和适用性。美国建立 GAAP 的文献非常丰富，从理论到实务，从概念术语到原则方法，应有尽有，为各国所不及，而其所发布的准则的数量几乎比世界其他国家的数量总和还要多②。

2. 美国 GAAP 制定的问题与反思

美国公认会计原则制定导向经历了一个由原则导向到规则导向的过程。最初美国的会计准则也是原则导向的，如 1934 年美国注册会计师协会所通过的第一批 6 条会计原则，符合今天所说的原则导向；但随着社会压力的不断增加，会计准则也逐渐变得更加细致、具体③。然而，仔细分析这些准则及其指南，则发现它们数量繁多，内容过细，且政出多门（除了权威的 FASB 外，还有 AICPA 的立场公告 SOP、行业的审计与会计指南以及紧急工作组 EITF 的一致意见），均使美国的会计准则不是以原则为导向而是以规则为导向。其主要特点是：

（1）有太多的界限检验。它们最终会被财务工作者作为依据，会计人员仅仅遵循这些百分比，而不去注重准则的精神实质。例如，合并财务报表的标准是控股权益比例在 50％以上。

（2）有众多的原则例外。主要包括范围例外、应用例外和过渡例外，导致会计

① 魏明海、龚凯颂：《会计理论》，东北财经大学出版社 2009 年版，第 42 页。
② 魏明海、龚凯颂：《会计理论》，东北财经大学出版社 2009 年版，第 42 页。
③ 平来禄、刘峰、雷科罗：《后安然时代的会计准则：原则导向还是规则导向》，《会计研究》2003 年第 5 期。

处理不注重交易的实质。

（3）要求庞大详细的应用、操作指南。最为典型的是 FAS No. 133，它除了在第 9 段至第 11 段列出 9 项范围例外，1998 年设立的衍生金融工具实施小组有 15 个，有关衍生金融工具的全部指南竟达 800 多页。这不仅为会计人员进行操作制造了困难，而且为一些会计造假提供了平台①。

究其原因，一方面是来自相关利益集团的压力；另一方面，经济活动的复杂性对会计准则也提出相应的要求——从操作层面来看，并非如此。经济活动日趋复杂，使得会计准则不仅数量越来越多，准则本身也变得越来越复杂②。

美国 FASB 发表题为《美国会计准则制定中的原则导向法》（征求意见稿）指出，详细、具体且繁杂的美国会计准则（即规则导向）是需求推动的（demand-driven）。其产生的主要原因为：对现行准则应用的例外和大量的实施细则与指南性意见③。IASB 的主席 Tweedie 在美国国会作证时也认为，美国准则的规则导向是由于那些受准则约束和影响的对象（constituents）要求的结果，公司需要具体的准则以减少交易安排（structure）的不确定性，审计师需要具体的准则，可减少与客户之间的分歧并在诉讼中进行自我保护，证券管制者需要具体的准则，因为通常具体的准则更容易监督执行。

因安然事件和 Sarbanes-Oxley Act of 2002 的推动，法案责成美国证券交易委员会（SEC）研究美国采用原则导向制定会计准则的可行性、实施的途径以及对经济社会的影响④。SEC 的工作人员研究后提出应以"目标导向"制定会计准则。准则制定者的主要任务是在会计信息质量特征中取舍，以确保财务报表中提供的信息是忠实地反映交易或事项的实质，并使投资者可以理解这些信息。更为重要的是，在考虑建立以目标为导向的会计准则之前，会计准则建立的基石，应当运用资产/负债观而不是收入/费用观来说明会计的基本要求，形式上只涉及收益决定的一个要素，实质上涉及全部要素，首先是资产与负债要素⑤。

## 三、会计准则国际趋同

经济的国际化，决定了会计的国际化。为了适应经济业务国际化和全球资本

---

① 葛家澍、林志军：《现代西方会计理论》，厦门大学出版社，2006 年 2 版，第 76 页。

② 平来禄、刘峰、雷科罗：《后安然时代的会计准则：原则导向还是规则导向》，《会计研究》2003 年第 5 期。

③ 引自 FASB：Principles-based approach to US standards setting，proposal，2002。

④ 陈毓圭：《原则导向还是规则导向——关于会计准则制定方法的思考》，《中国注册会计师》2005 年第 6 期。

⑤ 葛家澍、林志军：《现代西方会计理论》，厦门大学出版社 2006 年 2 版，第 76 页。

市场发展的需要，必须提高财务报表信息在国际间的可比性以协调各国会计实务。

（一）国际会计准则委员会的推动

1973 年 6 月，澳大利亚、加拿大、法国、联邦德国、日本、墨西哥、荷兰、英国、美国等 9 个国家的 16 个主要会计职业团体在伦敦发起成立了国际会计准则委员会（IASC），其目标是制定和发布国际会计准则（IAS），促进各国会计实务在国际上协调一致。此后，又有许多国家和地区的会计职业团体陆续加入。目前，已发展到拥有 80 多个国家和地区专业会计组织的 100 多个会员。

国际会计准则委员会的工作语言为英语，其秘书处设在伦敦，历任主席和所有秘书均来自应用英、美或者荷兰会计的国家，而且大多数准则都紧跟英、美两国的准则或者为其折衷，这些情况当然是不足为奇的[①]。

IASC 于 1983 年 1 月在《国际会计准则公告前言》中指出，国际会计准则委员会的目标之一，是尽可能地协调不同国家之间相互分歧的会计准则和会计政策。根据公众利益，制定和公布编报财务报表时应当遵循的会计准则，并推动这些准则在世界范围内被接受和遵守。国际会计准则委员会全体成员相信，在他们国家采用国际会计准则并公布遵守准则的情况，在今后年代中会发生重大影响。财务报表的质量将会改进，可比程度将会增加。财务报表在全世界范围内的可信程度以及由其带来的有用程度都将得到提高。

IASC"也许是最重要和最成功的"[②]民间协调组织。IASC 发表的《关于编制和提供财务报表的框架》，其地位和作用与美国的《财务会计概念结构》相似，但不像美国那样采用几个很长的公告，而是只用一个条文式的文件，简明扼要，便于掌握，已为我国会计基本准则所借鉴。IASC 已发布准则 40 号。与证券委员会国际组织协议，在 IAS 基础上制定核心国际会计准则，将成为跨国上市的证券公司应当遵循的会计准则。所以 IAS 的发展，值得重视，其权威性越来越强。

IASC 经过近 30 年的工作，取得了很大成就，推动了国际会计协调。随着国际资本市场的深化和国际经济一体化的推进，大家普遍感到，由会计职业组织组成的 IASC，在国际社会广泛参与、资金筹措、专家资源充分投入及权威性等方面都存在一定缺陷，与国际经济环境对国际会计准则的需求存在很大差距，因而在证券委员会国际组织等机构的推动下，IASC 于 1998 年开始酝酿重大改组，改组工作于 2000 年年底完成。IASC 改组方案的实质是，将由会计职业主导的国际会计准则制定机制改造为由专家主导的新机制，其构架是，成立国际会计准则理事会

---

① C·W·诺比斯、R·H·帕克：《比较国际会计》，中国商业出版社 1991 年版，第 422 页。

② C·W·诺比斯、R·H·帕克：《比较国际会计》，中国商业出版社 1991 年版，第 419 页。

(International Accounting Standards Board,简称 IASB)、国际财务报告问题员会 (International Financial Reporting Issues Committee,简称 IFRIC)和咨询委员会 (Standards Advisory Council)①。IASB 从 2001 年 4 月开始运作,标志着 1973 年 成立的 IASC 已经完成其历史使命。

（二）建立全球统一的高质量会计准则已是大势所趋

2008 年,金融危机在全球泛滥,使会计得到前所未有的重视,建立全球统一的 高质量会计准则已是大势所趋。按照二十国集团(G20)峰会的要求,制定和实施 全球统一的高质量会计准则,推动独立审计公共监管,提高金融市场透明度,强化 金融监管,促进金融稳定和发展,已经成为包括各国领导人在内的广泛共识②。

2008 年,德勤会计公司对全球 157 个国家采纳 IAS/IFRS 的情况进行了统计: 已经要求国内所有上市公司采用 IAS/IFRS 的国家有 75 个,占统计国家的 48%; 要求国内部分上市公司采用 IAS/IFRS 的国家有 6 个,占统计国家的 4%;允许国 内上市公司采用 IAS/IFRS 的国家有 27 个,占统计国家的 17%;禁止国内上市公 司采用 IAS/IFRS 的国家有 35 个,占统计国家的 22%③。

（三）美国 GAAP 的国际协调

国际会计准则和美国公认会计原则是目前国际上两套最具影响力的会计准 则。两者能否彼此协调,整合为一套共同遵守的全球会计准则,关系到会计国际化 的进一步发展以及全球资本市场的效率。如果美国准则与国际准则存在着重大差 异,而其他国家开始向国际准则趋同,美国准则在世界范围内的影响力将被削弱。

美国会计准则国际趋同的进程从早期的明确抵制,到消极合作再到后期的积 极协调并争取主导地位,美国对国际会计准则委员会和国际准则的态度经历了一 个复杂多变的过程,并取得了很多成果。

1. 美国 GAAP 国际趋同的进程

第一阶段,从抵制到消极合作。

1973 年 6 月,国际会计准则委员会(IASC)在英国成立。虽然美国是 IASC 的 发起国之一,但是 IASC 的秘书长长期由英国人担任,因此,实际上是英国主导了 IASC。此时美国并不认可国际会计准则,认为美国财务会计准则委员会制定的 GAAP 是世界上最好的会计标准,因为美国拥有世界上最大最重要的资本市场,其

---

① 冯淑萍:《积极参与 推动协调 为我所用——国际会计准则理事会咨询委员会第一次会议有关情况 及体会》,《会计研究》2001 年第 10 期。

② 陆建桥、林启云:《国际会计审计及其监管的最新发展与中国对策——欧盟国际会计审计发展大会 综述》,《会计研究》2010 年第 3 期。

③ 引自 Ken Wild:IFRSs in your pocket 2008. Deloitte Touche Tohmatsu,2008。

GAAP 拥有巨大的影响力。美国证监会(SEC)要求所有到美国证券市场上市融资的外国公司,都必须按照 GAAP 编制财务报告。

随着国际资本市场的一体化,为了保持在世界资本市场的领先地位,美国开始重视会计准则的国际协调问题。20 世纪 70 年代末,美国注册会计师协会(AICPA)在比较国际会计准则(IAS)和美国会计准则(GAAP)的文件中指出,如果两者之间不存在重大差异,则表明美国的 GAAP 遵守了 IAS;如果有重大差异,AICPA 将敦促 FASB 尽快考虑与 IASC 协调。但是,AICPA 并不允许在美国应用与 GAAP 相背离的准则。1988 年,FASB 以观察员身份加入了当时的 IASC。1991 年,FASB 发表了一份《开展国际活动的战略计划》,首次正式提出在美国会计准则与其他国家会计准则以及国际会计准则之间取得更大可比性的目标,并明确表示支持国际会计准则的制定。但美国 SEC 主席 Arthur Levitt 于 1997 年在泛美发展银行发表讲演时强调:国际会计准则要获得普遍认可必须满足三个条件:第一,准则必须包括一套核心的会计文告,可以构成全面和公认的会计基础;第二,准则必须是高质量的,能够产生可比性和透明性以及提供充分的信息披露;第三,准则必须严格地加以解释和应用。这实际上是为国际会计准则在美国的推行设置障碍和寻求不采用国际会计准则的借口。

作为证券委员会国际组织的重要组成部分的 SEC,担心在 IASC 与国际证监会组织(International Organization of Securities Commissions, 简称 IOSCO)达成制定"核心准则"的协议后,一旦核心准则得到 IOSCO 的批准,SEC 就没有充足的"理由"来限定"核心准则"在美国的应用,特别是那些在美国上市的外国公司和去欧洲及其他地区上市的美国公司对国际会计准则的应用,从而对 SEC 在会计准则制定方面的权威性产生巨大的"冲击"。因此,SEC 总是反复强调,"核心准则"能否在美国应用,取决于这些准则的质量。即使 IOSCO 在 1994 年度报告中已明确指出,对"核心准则"的评价应等到所有准则完成之后才进行,而 SEC 仍然坚持,IOSCO 的认可和批准不等于 SEC 的认可。以此为借口,SEC 以国际会计准则质量不够高为理由,将其拒之于美国资本市场的大门之外。

第二阶段,积极协调,争取主导权。

美国一方面寻找种种借口以阻挠国际会计准则在美国的实行,另一方面又通过加大对国际会计准则制定的影响,使国际会计准则的内容更多地体现美国会计标准的精神,从而使其在会计标准国际化的过程中尽可能地多受益。

1998 年 12 月,IASC 发布了《重塑国际会计准则委员会》这一公告,广泛征求意见,旨在重组 IASC,以平衡各个国家的利益,更好地推广国际会计准则。重组计划最后于 1999 年 11 月获得通过,在美国的主导下,新的改组方案"充分"体现了美国的利益。IOSCO 在 2000 年 5 月 17 日，正式宣布 IASC 的 39 个核心准则项目已通过了评估，并要求其各成员允许跨国发行证券者使用 IASC 的核心准则，作为证券跨国发行和上市的依据。面对 IASC 核心准则的完成，美国认为 FASB 不可能取代 IASC，SEC 也不可能绝对控制 IOSCO，但可以凭借其在经济上和技术上的优势，控制新改组的 IASC，使其今后制定的国际财务报告准则（IFRS）向美国 GAAP 靠拢。

2001 年 4 月，IASC 成功改组为国际会计准则理事会（IASB），SEC 主席 Arthur Levitt 担任了提名委员会主席，美联储前主席 Paul Volker 担任了第一届受托人委员会主席。在 14 位 IASB 新理事会成员中，美国的代表占据了 5 位，这表明美国在改组后的 IASB 中已占据主导地位。

2002 年 9 月 18 日，FASB 和 IASB 在美国康涅狄格州诺沃克市的联席会议中承诺尽最大努力：第一，使现有的财务报告准则在可行范围内尽快实现一致可比。第二，协调今后的工作方案，使实现的可比性能够保持。通过会谈，双方决定实施短期趋同项目，消除 GAAP 和 IFRS 准则中的个别差异。

2002 年 10 月 29 日，FASB 和 IASB 发布了一份谅解备忘录《诺沃克协议》，承诺共同制定适用于国内公司和跨国公司财务报告的高质量、可比的会计准则。这标志着它们朝会计准则趋同的正式承诺迈出了重要一步。2004 年 10 月，FASB 和 IASB 增加了在原有财务概念框架的基础上发展通用的财务概念框架的合作计划。2006 年 2 月 27 日，FASB 和 IASB 再次发布了一个新的谅解备忘录（MOU），新协议包含了双方重点合作计划的"路线图"的主要内容和时间表，预期在 2008 年完成。2007 年，SEC 取消了按照国际会计准则编制财务报表、在美国发行证券的外国公司应按照美国公认会计原则编制财务报表的规定。2008 年 4 月的联席会议上，双方再次重申了制定高质量通用准则的目标，一致同意合作项目以制定通用的、以原则为导向的会计准则为目标，预计在 2011 年完成合作项目。

2008 年 8 月 27 日，SEC 通过投票表决，发布一份采用国际财务报告准则路线图的征求意见稿。其主要内容有：其一，允许合乎一定标准的美国上市公司在 2009 年 12 月 15 日之后开始的会计年度报表中使用国际财务报告准则。其二，美国证券交易委员会将于 2011 年正式决定是否强制采用国际财务报告准则。其三，如果 2011 年美国证券交易委员会决定强制采用国际财务报告准则，这一决定将分三阶段推进，即：美国上市的"大型加速报告公司"自 2014 年开始强制采用国际财务报告准则；其他"加速报告公司"自 2015 年开始强制采用；非"加速报告公司"自 2016 年开始强制采用。"大型加速报告公司"和"加速报告公司"，分别指会计年度中第二季度最后一个营业日的流通市值超过 7 亿美元和 7 500 万美元的美国上市公司①。

2. 美国 GAAP 国际趋同的阶段成果

2004 年 10 月，国际会计准则理事会与美国财务会计准则委员会联合召开会议，将改进并建立共同的财务会计概念框架列入双方联合趋同计划，以有效地改进、完成并趋同现有概念框架。项目被划分为八个不同的阶段，即财务报告目标和会计信息质量特征、会计要素及其确认、会计计量、报告主体、列报和披露、概念框架的目标、应用于非营利组织、其他议题。其中具有新意的是："报告主体"、"财务报告的列报和披露包括财务报告的边界以及框架的目标"及其"在 GAAP 中的层次和地位"②。

3. 对美国 GAAP 国际趋同的质疑③

尽管 SEC 曾经于 2006 年就推出了会计准则国际趋同的项目计划，并于 2008 年 11 月发布了趋同路线图征求意见稿。该征求意见稿发布后实际行动缓慢，并且没有明确美国何时正式发布会计准则国际趋同的路线图，也没有提出美国实现其会计准则与国际财务报告准则趋同或者采用国际财务报告准则的具体时间表。

2010 年 2 月 24 日，美国 SEC 又发布了一份《关于支持趋同和全球会计准则的委员会声明》，重申了其对建立一套全球统一的高质量会计准则的支持，并为美国推动采用国际财务报告准则制定了一套具体的工作计划。但是委员会声明，对美国上市公司采用国际财务报告准则仍然没有明确具体的时间表，仍然需要在 2011 年根据美国 FASB 与 IASB 趋同项目完成情况再作决定。同时，原来设想的允许一部分美国上市公司在 2009 年 12 月 15 日之后的会计年度采用国际财务报告准则编制财务报告的设想也取消了。因此，有关方面评论说，美国的这份委员会声明表明，美国对采用国际财务报告准则的态度实质上并没有进步，而是退步。

在二十国峰会一再呼吁建立和实施全球统一的高质量会计准则的背景下，美国推进本国会计准则与国际财务报告准则趋同的态度不明和行动迟缓，无疑对二十国峰会的呼吁和承诺提出了严峻挑战，也引起了质疑。欧盟内部市场与服务总司副总司长大卫·怀特在"欧盟国际会计审计发展大会"总结时特别呼吁：我们作为欧方，殷切希望美国能够尽快加入到与国际财务报告准则趋同的行列中。

---

① 冷冰：《会计国际趋同及国外相关组织近期动态》，《会计研究》2008 年第 5 期。

② 葛家澍：《试评 IASB/FASB 联合概念框架的某些改进——截至 2008 年 10 月 16 日的进展》，《会计研究》2009 年第 4 期。

③ 陆建桥、林启云：《国际会计审计及其监管的最新发展与中国对策——欧盟国际会计审计发展大会综述》，《会计研究》2010 年第 3 期。

# 第四节　会计职业道德规范

职业道德是对职业品德、职业纪律、专业胜任能力及职业责任等的总称。职业道德规范则是会计工作者在长期的会计实践中,根据会计职业特点形成并自觉维护和普遍遵守的职业道德标准。与法规、制度和准则不同,职业道德规范不一定成文,但它确实存在于人们的观念意识当中①。

当今世界,经济全球化、金融国际化加速发展。建立在高质量的准则和完善的监管体系之上的财务信息,是经济发展的关键因素。制定一套高质量的财务报告准则、审计准则和职业道德守则,是投资者信赖财务信息的基础,在推动经济发展和保持金融稳定方面发挥着重要作用。如何从制度建设层面规范会计职业道德,成为各国会计监管部门面临的重大问题。

近年来,国内外各会计专业协会组织纷纷修订其职业道德规范和标准,可见职业道德规范在会计相关工作领域中发挥着愈加重要的作用,尤其强调会计工作人员的客观性、独立性、专业胜任能力和应有的谨慎,以及在工作中的保密义务。修订后的职业道德规范,内涵更加丰富,更加具有针对性和现实性,顺应了准则国际趋同的新趋势。

本节撷取其中较为典型的例子加以介绍。

## 一、美国职业道德规范

美国注册会计师协会专门建立"职业道德委员会",1992 年颁布《职业行为规则》。美国管理会计师协会(IMA)1983 年公布《道德行为标准》。美国财务经理协会(ICF)公布《财务经理道德规则》。

美国职业道德规范的主要内容如表 11-1 所示。

表 11-1

**美国职业道德规范的主要内容**

| 名称 | 注册会计师职业行为规则 | 管理注册会计师道德行为标准 | 财务经理道德规则 |
|------|------------------------|----------------------------|------------------|
| 颁布机构 | 注册会计师协会（AICPA） | 管理会计师协会（IMA） | 财务经理协会（ICF） |

---

① 于玉林、李瑞生:《会计基础理论比较研究》,经济科学出版社 2005 年版,第 200 页。

（续表）

| 原则 | 1. 责任<br>2. 公众利益<br>3. 正直<br>4. 客观和独立<br>5. 应有的谨慎<br>6. 服务的范围与性质 | 1. 专业胜任能力<br>2. 保密<br>3. 诚实<br>4. 可靠性<br>5. 道德冲突的解决 | 1. 真诚与正直<br>2. 客观提供充分并相关的信息<br>3. 遵守各项法规<br>4. 尽力履行责任<br>5. 资料保密<br>6. 不断提高专业技能<br>7. 避免失信行为 |
|---|---|---|---|
| 行为<br>规则 | 1. 规则 101：独立<br>2. 规则 102：公正与客观<br>3. 规则 201：一般标准　专业能力和应有职业注意　计划与督导　充分的相关资料<br>4. 规则 202：服务标准<br>5. 规则 203：会计准则<br>6. 规则 301：客户的机密信息<br>7. 规则 302：或有费用<br>8. 规则 501：有损信誉的行为<br>9. 规则 502：广告与业务招揽<br>10. 规则 503：佣金与介绍费<br>11. 规则 505：开业方式与名称 | | |

## 二、国际职业道德规范

国际内部审计师协会（IIA）在 2009 年 1 月修订了《国际内部审计专业实务框架》，主要原则是独立性和客观性、专业能力与应有的职业审慎、质量保证与改进程序。

国际会计师联合会（IFAC）职业道德委员会制定的《职业道德准则》，经国际会计师总理事会批准，于 1980 年 7 月公布。主要内容包括：廉政、客观、独立、保密、技术标准、业务能力、道德自律等七项原则。

2009 年 7 月 10 日，国际会计师联合会（IFAC）下设的会计师国际道德准则理事会（IESBA）发布了修订后的《职业会计师道德守则》。修订后的守则明确了对所有职业会计师的要求，并重点强化了对审计师独立性的要求。

IESBA 主席 Richard George 指出，清晰而有力的独立性准则对于增强投资者对财务报告的信心非常关键。投资者熟悉守则后（包括对提供鉴证服务的独立性的一般了解），将增强信心和确定性，这将有助于降低国际资本流动的障碍。

修订后的守则自 2011 年 1 月 1 日起实施。新守则在加强独立性要求方面有以下主要变化：① 将独立性要求从上市公司审计师扩展到所有涉及公众利益实体的审计师。② 对事务所特定员工跳槽至涉及公众利益的审计客户并担任特定职位作出冷却期的要求。③ 将合伙人轮换要求扩展至所有关键审计合伙人。④ 强化对审计客户提供非鉴证服务的部分规定。⑤ 如果对某一涉及公众利益的审计客户的全部收费连续 2 年超过事务所全部收费的 15％，要求在发表审计意见之前或之后进行复核。⑥ 禁止将关键审计合伙人的薪酬或业绩评价与其向审计客户推销的非鉴证服务直接挂钩。

修订后的守则以原则为导向，同时以必要的详细要求为补充，要求清晰，具有足够的灵活度，可以指导职业会计师解决遇到的广泛问题。Richard George 认为，这种准则起草方式也有助于促进准则的全球趋同。

IFAC 会员义务公告（SMO）将一国道德准则与《职业会计师道德守则》保持趋同作为一项中心目标，并且明确要求会员组织的准则要求不得低于守则的要求。

Richard George 还指出，会员组织集中力量尽早开展守则实施的准备工作非常关键。IESBA 计划在今后几个月内提供守则指引和一些实施支持，帮助会员组织开展这项工作①。

### 三、我国会计职业道德规范

《中国注册会计师职业道德守则》自 2010 年 7 月 1 日起施行。注册会计师应当遵循诚信、客观和公正原则，在执行审计和审阅业务以及其他鉴证业务时保持独立性；应当获取和保持专业胜任能力，保持应有的关注，勤勉尽责；应当履行保密义务，对职业活动中获知的涉密信息保密；应当维护职业声誉，树立良好的职业形象。

关于诚信。会计师应当在所有的职业活动中保持正直、诚实、守信。如果认为业务报告、申报资料或其他信息存在含有严重虚假或误导性的陈述，含有缺少充分依据的陈述或信息，存在遗漏或含糊其词的信息，则不得与这些有问题的信息发生牵连；如果注意到已与有问题的信息发生牵连，应当采取措施，消除牵连。

关于独立性。会计师应当从实质上和形式上保持独立性，不得因任何利害关系影响其客观性。

关于客观和公正。会计师应当公正处事、实事求是，不得由于偏见、利益冲突或他人的不当影响而损害自己的职业判断。

关于专业胜任能力和应有的关注。会计师应当通过教育、培训和执业实践获取和保持专业胜任能力。会计师应当持续了解并掌握当前法律、技术和实务的发展变化，将专业知识和技能始终保持在应有的水平，确保提供具有专业水准

---

① 陈龙伟，译：《IFAC 发布修订后的〈职业会计师道德守则〉》，《中国注册会计师》2009 年第 8 期。

的服务。在应用专业知识和技能时应当合理运用职业判断。会计师应当保持应有的关注,遵守职业道德规范,勤勉尽责,认真、全面、及时地完成工作任务。会计师应当采取适当的措施,确保在其领导下工作的人员得到应有的培训和督导。

关于保密。会计师应当对职业活动中获知的涉密信息保密,不得有下列行为:未经授权或法律允许向第三方披露其所获知的涉密信息;利用所获知的涉密信息为自己或第三方谋取利益。会计师应当对拟受雇的工作单位向其披露的涉密信息保密。会计师应当在社会交往中履行保密义务,警惕无意中涉密的可能性,特别是警惕无意中向近亲属或关系密切的人员泄密的可能性。

关于良好的职业行为。会计师应当遵守相关法律、法规,避免发生任何损害职业声誉的行为。会计师在向公众传递信息以及推介自己和工作时,应当客观、真实、得体,不得损害职业形象。

对于上述会计职业道德的一般原则进行列表对比,如表 11-2 所示。

表 11-2

### 会计职业道德一般原则比较

| 组织机构 | 职 业 道 德 规 范 |
|---|---|
| AICPA | 责任 公众利益 正直 客观和独立 应有的谨慎 服务的范围与性质 |
| IMA | 专业胜任能力 保密 诚实 可靠性 道德冲突的解决 |
| ICF | 责任 正直 客观性 能力 机密性 守法 守信 |
| IIA | 独立性 客观性 专业能力与应有的职业审慎 质量保证与改进程序 |
| IFAC | 廉政 客观 独立 保密 技术标准 业务能力 道德自律 |
| CICPA | 诚信 客观和公正 独立性 专业胜任能力和应有的关注 保密 职业形象 |

## 第五节 构建我国会计规范体系

我国法律属于大陆法系,实行社会主义市场经济体制,市场调节与国家计划指导相结合。在资源配置中,市场调节与国家宏观调控均居于重要地位。政府合理地干预经济,是历史传统。资金筹集渠道多元化,尽管资本市场已经有所发展,但非上市公司仍占绝大多数,其资金来源主要靠银行。会计信息既要为国家宏观管理服务,又要为投资者和债权人服务,还要为企业管理服务。

### 一、我国会计规范体系的发展进程

不同的会计规范有其产生的社会环境、历史背景和适用范围。诚如《比较国际会计》一书所说：制定会计准则的背景是宽松的公司法、大型的证券交易所、分散的所有权以及规模巨大的训练有素的审计师团体①。

早在我国战国晚期的秦国，就以法律规定了"计毋相谬"的正确性原则和"以其年计之"的会计年度原则。汉代还制定了"上计律"（会计、统计报告的法律）。20世纪三四十年代，大、中型企业流行会计制度。

《中华人民共和国会计法》是我国会计工作的根本大法。我国实施会计工作的规范模式，可分为两个阶段。新中国建立后至1993年6月，实行会计制度规范，以适应社会主义计划经济的需要；1993年7月以来，实行会计准则与会计制度并存②的"双轨制"规范方式，形成了以资产负债表、损益表和财务状况变动表为核心的财务报告体系，改变了若干年来国务院部门间各自为政的状况，"为实现我国会计核算从计划经济模式向社会主义市场经济模式的转换，促进市场经济的发展特别是国有企业公司制改革和建立现代企业制度奠定了重要基础"③。

2005年，财政部在全面总结多年来会计改革经验的基础上，发布了与中国市场经济发展进程相适应，并与国际财务报告准则相趋同的企业会计准则体系。

目前，我国的会计规范体系涵盖了会计法律规范、会计准则规范、会计制度规范、会计道德规范等四个方面，如图11-4所示。

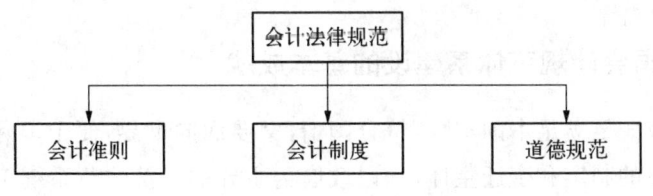

**图11-4 我国会计规范体系**

---

① C·W·诺比斯、R·H·帕克：《比较国际会计》，中国商业出版社1991年版，第428页。

② 1992年11月，经国务院批准，财政部分别以第四号、第五号部长令发布了《企业财务通则》和《企业会计准则》，于1993年7月1日起在全国各类企业施行。根据企业会计准则的要求，结合各行业生产经营活动的不同特点及不同的管理要求，财政部此后分别制定了工业企业、交通运输、商品流通、金融、施工、农业企业等13个全国性、分行业的会计制度及相关财务制度，简称"两则"、"两制"。

③ 刘玉廷：《中国会计改革开放三十年回顾与展望（上）——我的经历、体会与认识》，《会计研究》2008年第12期。

## 二、企业会计准则已实现与国际财务报告准则趋同

2005 年 11 月 8 日,中国会计准则委员会(CASC)与 IASB 签署联合声明指出:中国制定的企业会计准则体系,实现了与国际财务报告准则的趋同[①]。

新企业会计准则体系自 2007 年 1 月 1 日起在所有上市公司、部分非上市金融企业和中央大型国有企业实施,这对于规范企业会计行为、提升会计信息质量、促进资本市场完善,发挥了十分重要的作用。2008 年 5 月,IASB 派专家对中国上市公司执行企业会计准则情况进行了实地考察,进一步确认了中国企业会计准则体系平稳有效实施的结论。2009 年 10 月,世界银行就中国会计准则国际趋同和有效实施情况发布评估报告,明确指出:中国改进会计准则和实务质量的战略已成为良好典范,并可供其他国家仿效。

中国会计准则与国际财务报告准则实现趋同后,立即全面启动了与其他国家或地区会计准则等效的相关工作:一是中国内地与中国香港的会计等效。2007 年 12 月 6 日,中国内地与中国香港签署了会计准则等效联合声明,确认两地会计准则等效互认。二是中国与欧盟的会计等效。欧盟委员会于 2008 年 12 月 12 日就第三国会计准则等效问题发布规则,确认中国企业会计准则与欧盟所采用的国际财务报告准则等效,决定在 2009 年起至 2011 年年底的过渡期内,允许中国企业进入欧盟资本市场时直接采用按中国企业会计准则编制的财务报告[②]。

以上情况表明,中国企业会计准则与国际财务报告准则已经实现了趋同,并在上市公司和非上市大中型企业范围内获得平稳有效的实施,得到了国内外广泛认可。

## 三、我国会计规范体系建设的基本成就

会计规范既要立足本国实际,符合国情,又要面向世界,便于国际交流。我国会计规范体系的制定和变迁主体,是以政府为主导的经济改革系统工程的一个子系统,是一个政府主导的改革历程。中国会计改革和国际化在短短的 30 年里就走在了世界前列,得到许多国际组织的肯定,说明这种机制的有效性,也是中国会计改革经验的重要组成部分。

其基本成就可以概括为:初步形成以企业会计准则、企业会计制度、金融企业会计制度和小企业会计制度为主体的企业会计核算制度体系,以及行政单位会计

---

① 财政部:《中国企业会计准则与国际财务报告准则持续趋同路线图》,《会计研究》2010 年第 4 期。
② 刘玉廷:《中国企业会计准则体系:架构、趋同与等效》,《会计研究》2007 年第 3 期。

制度、事业单位会计准则、事业单位会计制度和民间非营利组织会计制度为主体的政府及民间非营利组织会计核算制度体系,规范了我国企业、政府及非营利组织的会计核算。成功实现了会计标准从计划经济模式向市场经济模式的转换,实现了会计、审计准则的国际趋同①。

### 四、我国会计规范体系改革的展望

在新一轮国际财务报告准则的修改和制定中,美国会计的国际话语权正逐步降低,目前主导相关国际财务报告准则修订的力量已经呈现"三足鼎立"的局面,因此中国的意见对于国际财务准则报告的修订工作具有非常重要的影响。中国能否在本次国际金融危机爆发以来的新一轮国际财务报告准则改革中抓住机遇、占据主动权和增强话语权,对维护中国国家经济利益具有重要意义。

(一)持续推进新准则体系建设

会计准则是促进企业稳健经营和可持续发展的重要管理制度,也是完善资本市场的重要市场规则,同时又是会计监管的重要标准和尺度。一方面,要继续跟踪分析上市公司实施会计准则的情况,充分发挥会计准则的整体功效,并为非上市企业(含企业集团)实施会计准则积累经验;另一方面,要积极扩大会计准则的实施范围,逐步统一全国范围内各类企业(小企业除外)的会计标准,届时对全社会企业的稳健经营和可持续发展必将产生巨大的推动作用②。

(二)认真做好国际趋同和持续趋同

会计国际趋同已成为历史潮流。为进一步做好与国际会计准则的持续趋同,我国财政部确立了"密切关注、积极参与、把握先机、争取主动,在国际会计准则制定中赢得更大的影响力和话语权"的战略选择③。在已实现国际趋同的基础上,财政部于2010年4月2日发布了《中国企业会计准则与国际财务报告准则持续趋同路线图》(下称"持续趋同路线图")。

中国企业会计准则将保持与国际财务报告准则的持续趋同,持续趋同的时间安排与IASB的进度保持同步,争取在2011年年底前完成对中国企业会计准则相关项目的修订工作,同时开展必要的宣传培训,确保所有上市公司和非上市大中型企业掌握相关会计准则的变化,并得到有效应用。持续趋同路线图明确了我国会计准则与国际财务报告准则趋同的具体任务和进程,也是中国向世界作出的庄严

---

① 杨丹等:《中国会计改革30年——经济和会计互动的中国路径》,《会计研究》2009年第1期。

②、③ 刘玉廷:《中国会计改革开放三十年回顾与展望(下)——我的经历、体会与认识》,《会计研究》2009年第1期。

承诺。

在趋同的基础上推进中欧、中美的会计等效，同样意义重大。当今世界，欧美是最大的经济体，中国也正以第四大经济体向前推进。中国会计准则如果得到欧美等效认可，对全球其他国家和地区将产生很大的示范效应和辐射效应。总之，我国会计发展的奋斗目标是"力争跨入会计国际舞台的制高点"。

# 第十二章
# 复式记账理论

## 第一节　历史上的借贷学说

复式记账法是会计核算最基本、最重要的方法之一。数百年来,会计学界提出了种种学说,试图圆满地、深刻地解释复式记账法。

历史上的借贷学说基本上可分为拟人说和拟物学说两类,现按照历史顺序,对主要学说简单介绍如下。

### 一、拟人说

其特征是用借主(债务人)、贷主(债权人)说明复式记账。由人名账户推及物名账户,把物名账户人格化。他们认为任何交易都是"人"与"人"之间的价值授受,把各个账户比作"人",授者为"贷",受者为"借",把各个账户的记账方向虚拟为债权、债务的借贷关系。这种理论主要有以下几种:

直接说:认为借贷关系是直接的,没有第三者参加。奥地利人伍利曼(Ulimann)认为拿钱买货,不是由于现金付出和商品收入,而是由于金库代商品账户付款的结果。金库是债权人,商品账户是债务人。

间接说:认为借贷关系是间接的,以资本主(第三者)为中介。英国人狄克西(Dicksee,19世纪末至20世纪初)认为拿钱买货,现金账户代资本主支付,而成为资本主之债权人,故记贷方;商品账户代资本主收受,而成为资本主之债务人,故记借方。

法权理论:法国德格兰治(18世纪末至19世纪初)、意大利人且尔勃尼(D. Gerponi,19世纪中叶)等认为一切经济业务都会使当事人的权利和义务发生变化。为了记录经济业务而建立的会计账户应当反映"当事人"(拟人)的相互关系——一方是权利,另一方是义务,如购进是物资账户欠债权人账户。所以,各账户分别代表一定的"人"(人格化),各种物资账户就是代表物资保管人的账户。法权理论把账户分为三类:① 占有者账户如资本账户、损益账户。② 中间人账户如现金、商品、设备等账户。③ 对方账户如债权人、债务人等结算资金账户。经济业务发生后有利于资本主的记借方，不利于资本主的记贷方。

最早的拟人理论可以上溯至 1494 年出版的卢卡·帕乔利的名著《计算与记录要论》。他提出，"借者，表示一个或数个之借主；贷者，表示一个或数个之贷主"。这种理论一直沿用了数百年之久。随着资本主义的发展，到了 19 世纪中叶，商品经济高度发展，股份公司盛行，公司之间、人与人之间的经济关系被物掩盖着。这时只有掌握了股票的人才成为股东，社会上出现了"认物不认人"的现象，拟人理论失去了存在的客观条件，各种"物"的理论相继出现。

## 二、拟物说

拟物说把账户的设置看作是会计对象——物的反映。根据会计对象分类的不同（一类、二类、三类），账户体系也相应分为一账户体系说、二账户体系说、三账户体系说，或称一科目说、二科目说、三科目说。

（一）物的一账户体系说

1893 年，德国人伯利纳（M. Berliner）发表《簿记及资产负债表论》一文，认为企业的全过程无非财产的增减变化，簿记的对象应统一于一个"财产"概念之中。一切账户都是为了记录营业财产变化而设置。营业财产，对于企业或有积极的价值，或有消极的价值，因而分为积极、消极两类。从营业的角度看，各项资产都是积极的财产，负债是"营业"对于外部所负的债务，资本是"营业"对于其主人所负的债务，都属于消极的财产。积极的财产为正，消极的财产为负。积极财产的减少视同负，消极财产的减少视同正。记账原则是借方记正，贷方记负，如图 12-1 所示。

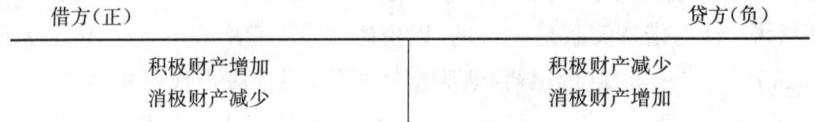

| 借方（正） | 贷方（负） |
| --- | --- |
| 积极财产增加<br>消极财产减少 | 积极财产减少<br>消极财产增加 |

图 12-1　伯利纳提出的账户结构

此说把资本、负债与资产统一于唯一的营业财产之中，故称物的一账户体系说，亦称营业学说。其特征是着重物（营业财产）的增减，从资产负债表出发，应用数学上的正、负概念说明记账原则，属于静态学说。有人认为此说的缺点是：① 对债权、债务亦视为财产变化，抹杀人的权责关系。② 置会计对象的动态于不顾。③ 记账原则不易说明损益账户。④ 以资产负债表为出发点，资产负债表分为对立的两方，此说又将资产、负债、资本列于同一系统，不符合资产负债表的结构，立论本身未免矛盾。

（二）物的二账户体系说

1887年,瑞士人许格利(F. Hugli)发表《簿记体系及簿记形态》一文。1890年,德国人薛尔(J. F. Schar)发表《簿记的数学基础》一文,进一步发展了许格利的学说。

许格利首先提出簿记应当用两类互相对立的账户体系以适应复式记账的特点:一类是财产账系(包括资产、负债),另一类是纯财产账系(资本)。薛尔认为,"簿记为资本循环上计算之把握",注重特定时间的经营财产,树立财产与资本二账户系统说。他提出的方程式,一般被称为资本方程式,即:

$$资产-负债=资本$$

等式的左边以借为原则,增加记借,减少记贷;等式的右边以贷为原则,增加记贷,减少记借。负债是消极的财产,其借贷方向与积极的财产相反,利益和损失的发生视同资本的增减。

（三）物的三账户体系说

德国人尼克里司(Nicklisch)将资本分为自己的资本(或称原始资本)和他人资本(负债),即将负债包括于资本之内,提出新的恒等式,即:

$$总财产=总资本$$

他将损益账户视为资本系统的补助账户。在此基础上,李特纳(H. Leitner)将账户分为资产、资本、负债三类。一般称为三账户体系说。

以上诸说都是从资产负债表或等式出发解释借贷规则,一般称为等式学说。由于等式反映了会计对象的相对静止状态,又称静态学说。

（四）动态学说

1920年,德国学者巴沛(Pape)发表《复式簿记原理》一文,认为簿记所记录的内容乃是资本运动的全过程,凡可供营利使用,并可用货币测定其价值的一切财产,都是营利资本。资产、负债、利益、损失四者都包括在"资本"这一概念之中,凡资产都被看成资本的变态,负债是向别人借来的资本,利益视同资本的增加,损失(包括费用)视同资本的减少。资本形态和价值的变化都是运动的表现。资本依企业为中心而不断运动,其运动方式有四种:① 流入企业内部的向心运动,如资本投入企业,资本、资产同时增加。② 由企业内部流出的离心运动,如减资、还债、发生损失等,资产、资本同时减少。③ 在企业内部流动的中心循环运动,如资产间的变动,一种资产减少,另一种资产增加。④ 在企业限界上流动的圆周循环运动,如利润之转入资本。账户是资本运动的测量器,任何账户都有入口、出口两个口子,借方是入口,贷方是出口。比如中心循环运动,只涉及资产账户系统,必为该系统一账户之出与另一账户之入。用现金购商品,该学说认为是"现金由金库而出,而同价之商品遂入于仓库"。该学说还认为"从来簿记通说所以陷于误谬者,实因其不因动态的资本循环过程为问题,而采用静态的方法"。

在李觉鸣撰写的《理论簿记学》一文中,将巴沛提出的"资本运动学说"引入我国①。

动态学说从会计对象——资本运动出发,说明借贷原理,把握了会计对象的重点,注意了资本个体的矛盾运动。缺点是:① 偏重个别方法的说明,"未注意企业之整个形态,系由无数之资本循环过程互相结合而成"。② 认为"复式簿记的任务,在将资本运动由其具体的形态与抽象的源泉两方面以把握之"。未认识"两方面"的运动转化关系,未能完全突破静态学说的旧框。③ 账户分类不科学,未能把资本运动说贯彻始终。④ 账户结构为什么分为两方,账户性质为什么分别以贷方或借方为主,为什么出口为贷、入口为借,未能从会计对象出发,运用价值运动理论把它们说清楚,有时甚至不得不归结为"习惯"。⑤ 未能充分肯定静态学说的合理方面,融为一体,形成全面的科学理论。

## 第二节　当代的平衡理论

物的二账户体系说、三账户体系说传至美国、日本,得到进一步的发展,从而形成流行全世界的等式学说,或称平衡理论。

美国学者佩顿(Parton)将资本与负债合称为支配权,提出"资产＝支配权"的等式。他认为两者是一物的两面,一面是资产的总值,一面是资本家对财产的关系,两者必然相等,如图 12 - 2 所示。

**图 12 - 2　佩顿提出的"资产＝支配权"平衡理论**

这里的支配权相当于现代的广义的权益。

美国凯斯特(Kester)依据"资产＝负债＋资本"的等式,提出六要素说。现将其借贷方向列示如图 12 - 3 所示。

① 李觉鸣:《理论簿记学》,立信会计图书用品社 1944 年版。

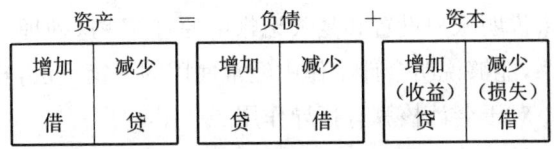

图 12－3　凯斯特提出的六要素说

日本学者岛中福一、吉田良三根据等式学说将交易分为三类,提出借贷规则的八要素说,如图 12－4 所示。

| 交易分类 | 有体交易 | 债权债务交易 | | 损益交易 |
|---|---|---|---|---|
| 贷　方 | 授有价物 | 减债权 | 生债务 | 生利益 |
| 借　方 | 受有价物 | 生债权 | 减债务 | 生损失 |

图 12－4　岛中福一、吉田良三提出的八要素说

当代国际上流行的是"十要素说",即把账户分为资产、负债、权益、收入、费用五大类,然后分别规定借方、贷方所记录的"每一类账户的增加和减少的关系",如图 12－5 所示。

| 资产 | 负债 | 权益 | 收入 | 费用 |
|---|---|---|---|---|
| ＋ － | － ＋ | － ＋ | － ＋ | ＋ － |
| 余额 | 余额 | 余额 | 余额 | 余额 |

图 12－5　当代十要素说

资产、费用账户结构一样,都是借方记增加,余额在借方,称借方账户;其他三类账户与之相反,贷方记增加,余额在贷方,称贷方账户。

结构,左借右贷,是因为平衡公式的左边是资产,右边是负债。实账户的借方余额是资产,贷方余额是负债或资本。

资产负债表是根据平衡公式制定的,左边是资产,右边是负债,因为平衡公式左边是资产,右边是负债。由于"资产负债表是会计核算的发端和结果",就把资产负债表看成是"在会计核算中所采用的首要的、基本的和中心的方法"。

总之,平衡理论认为按照平衡公式,从等式两边的平衡关系出发,可以发现复式簿记的本质,可以说明会计的全部组织,因为平衡理论是借贷原理、复式记账、账户结构和资产负债表的"理论基础"。这一理论认为任何经济业务都不会破坏平衡关系。

诚如葛家澍所说:"平衡理论的实质是在于,从资金平衡关系出发即资金运动

的相对静止状态来说明帐户设置和复式记帐的原理。"①这种理论能够体现会计对象的相对平衡关系,能够说明会计工作中经常使用的平衡方法,较好地概括了会计核算的丰富经验。对于会计核算有指导作用。

平衡理论的不足之处在于:

(1) 关于复式记账原理。平衡理论的要点是:① 列出平衡公式。② 通过经济业务的四种类型说明任何经济业务的发生都不会破坏平衡公式所表现的平衡关系。③ 概括四例说明每一例都是双重记录(复式记账),都不破坏平衡公式。令人不解的是:为什么每笔账都必然是双重记录? 属于同类账户的价值周转、价值来源调整等经济业务只涉及平衡公式的一边,为什么也必然是双重记录? 也必须记录对应双方? 为什么"有借必有贷"? 为什么资本和负债增加、资产减少记贷方? 为什么资本和负债减少、资产增加记借方? 采用归纳法只能说明是这样,不能说明为什么,有时甚至不得不归结为"习惯"。"预提费用"属于成本费用账户,"折旧"账户属于资产账户,其增加额记贷方,减少额记借方,直接违反上述规则,如何解释也颇费口舌。平衡理论对借贷规则的机械规定正是导致借贷记账法比较难学的重要原因之一。

(2) 对账户结构和资产负债表的原理,论证不够深刻,不够全面。平衡公式产生于账户结构之后,以之作为账户结构的理论依据,似属历史的颠倒,因而不能深刻地、全面地说明其所以然,此其一;其二,收付法现在仍流行于许多国家的农村和小单位。国内外均有两种不同用法:有的收方相当于借方,有的付方相当于借方。我国还有"同收、同付"的财产收付法,显然难以根据平衡公式解释其账户结构。

(3) 平衡理论不便于说明资本的投入和退出,不便于说明资本循环,不便于说明利润的来源——劳动创造价值的过程,容易得出利润来自贱买贵卖的错误观点。

(4) 平衡公式反映会计对象的静态。如果会计对象静止了,是不需要记账的。因而平衡公式不能直接说明会计对象的运动,它既不能直接说明复式记账所反映的动态,也不能直接说明账户发生额为什么设立双方。

(5) 平衡理论只反映会计对象的静态而抹杀其动态,只能说明矛盾双方的互相依存,不易说明矛盾双方的运动转化,不能全面地反映会计对象的矛盾运动,甚至说"表现平衡的会计核算"②,把平衡作为会计核算的特征。像这样只从价值运动的相对静止状态观察问题,如同平衡公式所显示的那样把会计对象视为均衡的、静止的。形而上学正是这样"看到它们的存在,忘了它们的产生和消失;看到

---

① 葛家澍:《试论会计的阶级性》,《中国经济问题》1964 年第 1 期。

② 马卡洛夫:《会计核算的对象和方法》,上海财经出版社 1959 年版,第 64 页。

它们的静止,忘了它们的运动"①。依据辩证唯物论,任何事物的运动都采取两种状态,相对静止的状态和显著变动的状态,正如毛泽东在《矛盾论》中所指出:事情不是矛盾双方互相依存就完了,更重要的还在于矛盾着的事物的互相转化。平衡理论产生上述诸缺点的根源正在于思想方法的片面性。

平衡理论与动态学说都只突出了会计对象矛盾运动的一种状态,各有优缺点。我们应当兼容并蓄,吸收其精华,按照会计对象的本来面貌,从会计对象出发,研究新的更完善、更全面的理论。

## 第三节  价值运动理论

来龙去脉是我们民族的生动语言,"来账、去账"是传统的中式簿记的惯用语。清末,蔡锡勇(1850—1897 年)在其所著之《连环帐谱》(我国第一部复式记账著作,由其子蔡璋于 1906 年刊印于武昌)"凡例"中,用"来历、去处"解释贷借,深入浅出,言简意赅。其时间较德国的巴比早 20 年左右,是运动理论萌芽的创始人。

苏联学者阿法那西也夫于 20 世纪 40 年代在其名著《资产负债表结构原理》中指出:复式记账"本质在于对经济业务有系统的归类。……保证在账户记录中反映出资金运动的实际过程"。"首先证明资金在其移动中是从哪儿来的(记入各该账户的贷方,即贷记);其次记明有关某项经济业务的资金是用往哪里去的,或者这些资金体现为何种形态(记入各该账户的借方,即借记)"。

为了综合吸取平衡理论和动态学说的精华,30 多年来,我国会计界许多学者相继发表了创建运动理论的一系列文章,最早的是易庭源的《复式记账原理研究》一文。其共同点是以辩证唯物主义为指导,从会计对象出发,根据会计对象矛盾运动的客观规律,综合吸取平衡理论和动态学说的科学方面而发展之,探讨会计学的基本理论,颇具特色。虽然,在有的方面,他们的观点尖锐对立。

会计理论的发展及其与会计对象的关系,如图 12-6 所示。

从会计对象的静态出发形成平衡理论,从会计对象的动态出发形成动态学说。把

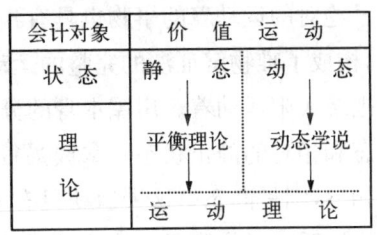

图 12-6  会计对象状态与价值运动理论

---

① 马克思、恩格斯:《马克思恩格斯选集》第 3 卷,人民出版社 1972 年版,第 61 页。

两种学说综合起来,形成运动理论。

## 一、会计对象的矛盾运动

### (一)会计对象是运动的

资本"它是一种运动,是一个经过各个不同阶段的循环过程,这个过程本身又包含循环过程的三种不同的形式。因此,它只能理解为运动,而不能理解为静止物质"①。企业的财产变化、经营收支等各项经济业务,虽然千变万化、错综复杂,都不外乎资本运动。资本是经常运动、川流不息的客观存在。没有运动就没有资本,就不成其为资本,就不能进行再生产。

### (二)运动总是有来有去的

恩格斯说:"一切运动都是和某种位置移动相联系的……""位置移动绝不能把有关的运动的性质包括无遗,但也不能和运动分开。"②价值运动也是这样和位置移动联系着。它总是有来有去的,总是由一种价值运动到另一种价值运动,一种价值表现为来历,另一种价值表现为去处。这是作为会计对象的价值运动的客观规律之一。

价值运动有两类:一类是矛盾双方互相排斥,此消彼长,其结果是所记对象的有增、有减,一种资产或费用转化为另一种资产或费用,如以银行存款购买商品;一种负债转化为另一种负债,如以银行借款偿还应付货款。另一类是矛盾双方互相依存,同存同消,其结果是所记对象的同增、同减,如以银行借款购买商品,以现金开支医药费等。

### (三)运动的两种状态

恩格斯说:"平衡和运动是分不开的。""运动表现于它的反面,即表现在静止中。"绝对的运动着的事物也具有相对静止的一面。绝对的运动和相对的静止相结合,构成了唯物辩证法的完整的运动观。房屋对地面而言是静止的,它也随地球一起围绕太阳运动着。房屋本身的分子也在运动着。价值运动同样具有绝对的运动状态和相对的静止状态。拿钱买货,甲钱到乙处,乙货到甲处是动态;钱与货的价格相等,则是静态。这种运动只有通过静态才能得以计量和表现。所以会计分录全面地反映了价值运动的动、静两种状态。

上面说的是价值个体的矛盾运动。价值总体也只能理解为包括动、静两种状态的矛盾运动而不能理解为单纯的静止物。一方面,价值个体无数次矛盾运动综

---

① 马克思:《资本论》第 2 卷,人民出版社 1975 年版,第 122 页。
② 马克思、恩格斯:《马克思恩格斯选集》第 3 卷,人民出版社 1972 年版,第 491 页。

合成为价值总体的矛盾运动。某一类价值是这样，企业的全部价值也是这样。比如，企业全月银行存款减少发生额 10 万元，用到哪些地方？购买商品、开支费用……运动状态，跃然纸上。另一方面，价值总体的存在也具有运动和静止两种状态。单看某一类价值某一时点的余额显然是静态，如果把两个以上的时点联系起来，例如，库存商品年初余额 100 万元，年末余额 90 万元，即可表现库存商品的动态。统计学讲的动态数列也反映这种状态。再如，某企业年末资金总额 150 万元，从哪里来的？由哪些渠道取得的？到哪里去了？摆在哪些地方？对应关系（来历、去处）表现企业资金总体的动态，平衡关系表现为静态。因而，认为发生额只反映动态，余额只反映静态的观点不够全面。既然会计对象是运动的，价值运动总是有来有去的。来和去的运动转化，对应平衡是会计对象里最普遍、最基本、最简单、最常见、最平凡的关系。作为对"过程的控制和观念总结"的会计，必须核算和控制会计对象的矛盾运动。许多会计方法都是适应这一要求而建立的，都是从这种最基本的来历和去处的矛盾运动进行核算和控制的。我们应当从会计对象出发，运用价值运动理论解释会计方法。

## 二、用运动理论说明复式记账法

### （一）复式记账原理和借贷记账法

复式记账为什么必须记录对应双方？为什么"有借必有贷、借贷必相等"？为什么不能"同借"或"同贷"？现行理论都是通过四个典型的例子用归纳法说明"有借必有贷"，不能说明其所以然。复式记账法是用以反映和控制会计对象——价值运动的，按照控制论模型与原型同态，应当从对象出发探索复式记账原理。根据耗散结构理论和协同论，会计对象总是处于动态之中，并且具有运动和稳定平衡两种状态。

既然会计对象是运动的，其运动总是有来有去的，来历和去处是矛盾的统一。对每一经济业务的来历、去处，在对应账户中等额登记就是复式记账法。

借方、贷方是反映价值运动去处、来历的记账符号。由于价值的每次运动都有去处、来历，对应相等，所以反映和控制价值运动的借贷记账法以借方代表去处，贷方表示来历，"有借必有贷，借贷必相等"。价值运动无"同来"或"同去"，所以借贷记账法无"同贷"或"同借"①。收付记账法和增减记账法的道理相同。至于"同收、同付"或"同增、同减"都是"有去处必有来历"的不同的表现形式。

借贷记账法以借贷为记账符号，它在 13 世纪初创始于意大利，当时乙向甲借

---

① 会计工作中的"同贷"或"同借"，乃是为简化手续而做的"有借必有贷"的变形。

钱,银钱业居中担保并记账,记入乙账户的借方(债务人)、甲账户的贷方(债权人),如图 12-7 所示。

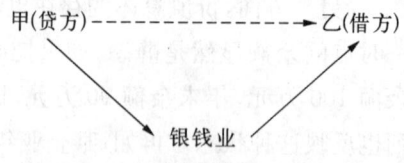

**图 12-7　借贷记账法**

注:箭头表示价值运动方向。

甲的钱通过银钱业运动到乙处。银钱业就记入甲账户的贷方,乙账户的借方。以后随着经济业务的发展,为了能够概括更为复杂的经济业务,借贷逐渐演变为抽象的记账符号。借方反映价值运动到何处去,记录资产或费用的增加,负债、权益或收入的减少;贷方反映从哪里来,记录负债、权益或收入的增加,资产或费用的减少,为什么? 如图 12-8 所示。

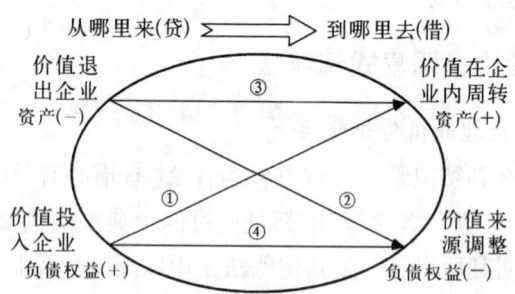

**图 12-8　借贷记录原理**

图 12-8 中圆圈表示企业:① 发行债券,筹集资金存入银行,资金从外部投入企业,使负债和资产同时等额增加。② 以银行存款偿还应付货款,资金退出企业,使负债和资产同时等额减少。③ 以银行存款购买商品,货币资产转化为商品资产,使两种资产等额减少或增加。④ 在存贷合一的情况下,向银行借款偿还应付账款,一种负债代替另一种负债,使两种负债等额增加或减少。前两例属于对应账户是不同类的价值同增同减的类型,后两例则属于对应账户是同类价值有增有减的类型。从记录方向看,资产与费用相同,负债、权益与收入相同。

图 12-8 中左面说明价值运动从哪里来,使资产、费用减少,负债、权益、收入增加,记贷方;右面说明价值运动到哪里去,使资产、费用增加,负债、权益、收入减少,记借方。总之,价值运动有来历必有去处,来历去处必相等。每一笔账是这样,千万笔账也是这样,从而推导出借贷记账法的分录规则(有借必有贷,借贷必相等)

和试算平衡原理。

综上所述,企业的经济业务、财产变化,都反映为一种价值变化为另一种价值。价值的运动变化是有来有去的。一种价值形态表现为来账(贷方),另一种价值形态表现为去账(借方)。会计要清晰全面地反映价值运动,要把经济业务的来龙去脉记清楚,对每笔经济业务都要把来账、去账一齐等量记下,从而既反映对应账户价值运动转化的动态,又反映两者相互平衡的静态。复式记账是会计对象的反映。

复式记账法既反映价值运动来历向去处转化的动态,又反映来历与去处相等的稳态(或称静态、平衡),从而全面地反映会计对象矛盾运动的两种状态。这正是复式记账法科学性的真谛。

总之,每一笔账都体现价值运动或其变形。“来贷去借”,就是通俗的概括。

复式记账原理是会计对象——价值运动的同态象。按照运动理论解释借贷记账法,具有深入浅出、比较易懂的优点,已为实践所证明,还可以使处理分录的思维过程从四步(用何科目、属于何类、是增是减、是借是贷)简化为三步(用何科目、何来何去、来贷去借)。借贷记账法的优点是账户对应关系清楚,试算平衡方便,便于设计记账凭证,便于设置共同性账户。产生这些优点的根源是使用了“有借必有贷”的分录公式。只要使用一种分录公式,无论换成什么记账符号,如出、入、收、付都会具有这些优点。

借、贷是日本在明治维新时自英文翻译的。日本下野直太郎说:“日本最初直译原文为甲乃借于乙,后亦将‘乃’、‘于’两字删除不用。”[1]“日本人初译,苦无适当之译文,意译‘借’、‘贷’而加以‘ハ 二’之片假,盖犹西文之‘is Dr. to’与‘is Cr. by’,习用已久,去其‘ハ 二’。”[2]两说相同,值得深思。他们“苦无适当之译文”,在借、贷后加个“尾巴”,用心良苦。

查《辞源》,“借,贷也”。“贷,借也,借贷”。查《辞海》,“借:借贷”,“贷:借入,借出”。借、贷原是同义词,日文汉字也是这样。用同义词借、贷表示相反含义,以致词不达意,甚至词与意违,乃是借贷记账法比较难懂难学的根源。有的学者认为,借、贷两个字都分别具有借出、借入(进)的双重含义。”该学者举例说明,加上反义词尾,“借出、借入(进)”才成为明确的反义词。因此,不能否认在中文、日文中都是同义词的借、贷作为记账符号却是反义词。

为了使借贷记账法更上一层楼,国人纷纷探索前进之道。一种是改用反义记

---

① 下野直太郎:《论收支记账法》,《会计杂志》1934 年第 5 期。
② 潘士洁:《论借贷簿记法与收付簿记法》,《会计杂志》1939 年第 1 期。

号,如收、付、出、入,一种是另行设计一对纯粹的记账符号,笔者主张后者①。即用国际通用的加、减符号,组建新的记账符号,借方为"+",表示资产、费用"+",负债、收入"−";贷方为"+",表示资产、费用"−",负债、收入"+"。亦即根据资产负债表结构,符号的左面反映资产的增减,符号的右面表示负债和所有者权益的增减。贷方以"−"开始,借方以"+"开始,两者结合,反映价值运动方向:"→",左边贷方为起点,右边借方为终点。

(二)价值运动理论答疑

1. 关于价值投入或退出企业

大家都承认资金周转是价值运动。对于价值投入和退出企业,有的论文认为:"从企业的角度看,前者资金只有来而没有去,后者资金只有去而没有来。"或者说:"在企业内部没有变换停留地点,如何认为是'从某处来'和'到某处去'的前后两个位置的运动方式呢?"运动理论认为:第一,企业以应付账款购买材料,同以银行存款购买材料一样,都是价值运动。信用资金投入企业,转化为企业的商品资金,是有来有去的位置变换。第二,企业会计为企业记账,并不等于只反映企业内部的价值运动,还要反映企业同其他单位之间的经济活动。从企业的角度看,信用资金用以购买商品,来去分明。第三,物质运动形式千变万化,错综复杂。有增有减虽是矛盾运动常见的形式,但并不是唯一的形式。生产力与生产关系的矛盾也不是有增有减。因而赊购商品,以银行存款开支医药费,都是价值运动。以银行借款偿还应付货款也是价值运动。银行存、借款的变动,商品的增加,正是价值运动的结果。恩格斯指出:运动是物质的存在形式,物质的固有属性,它包括宇宙中所发生的一切变化和过程,从简单的位置变动起,直到思维止。没有运动就没有存在。会计分录所反映的价值变化双方是对立的,是有着内在联系的差异。根据唯物辩证法,矛盾是指统一物中对立双方的联系。价值是统一物,其组成部分相互间有着本质的内在联系。这种有内在联系的"差异就是矛盾","矛盾即是运动"。事物的矛盾运动是无所不在的,运动形式是无限多样的。价值变化就是运动,不能把它局限于机械运动的框框中。

2. 关于价值来源调整

在银行会计核算中往来户之间的转账结算是主要业务且大量发生,显然是价值运动。存款户甲工厂向存款户乙工厂、丙商店购货,通过银行转账。从银行的角度看,是乙工厂、丙商店的销货款存入银行,返还给甲工厂。调整分录如图

---

① 李孝林、陈宋深:《对借贷记账法的辩证分析》,《安徽会计研究资料》1986年第2期;李孝林:《试创统一通用的记账符号》,《四川会计》1990年第4期。

12－9(a)所示。

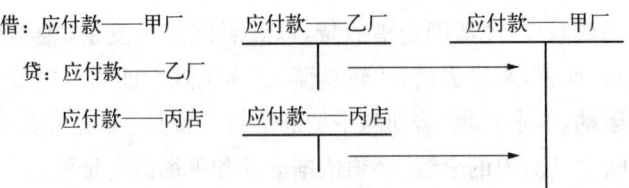

借：应付款——甲厂
贷：应付款——乙厂
　　应付款——丙店

**图 12－9(a)　价值来源调整分录**

由于经营管理的需要，会计往往设置一些中间账户以对某些业务进行专门的监督和核算。在商业企业，如：农副产品盘点长余 100 元，原作待处理收益处理，经查明其中 70 元是价格误计，由会计室开支票补付某农场，另 30 元是自然升溢，批准收账。调整分录如图 12－9(b)所示。

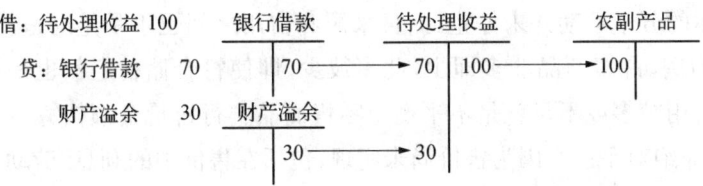

借：待处理收益 100
贷：银行借款　　70
　　财产溢余　　30

**图 12－9(b)　价值来源调整分录**

前者由银行借来 70 元，用到哪里？付给农场了，来、去分明。后者，表面上看，好像财产溢余来自待处理收益，这是从账务结转关系看，不是从价值运动方向看。实际的价值运动是农副产品盘点长余 100 元，其中 70 元来自银行借款，30 元来自财产溢余。即使从字面看，来账银行借款及财产溢余，去账待处理收益，也是容易理解的。如果硬说待处理收益借方 30 元是来账，该账户借方 70 元难道也是来账吗？既然该账户贷方 100 元是来账，难道该账户借贷双方都是来账吗？还要说明的是，结账分录凡与借方账户发生对应关系的，结构方向和价值运动方向一致；凡贷方账户之间的结账分录，而又不与银行借款发生对应关系的，结转方向与价值运动方向相反。后者并不多。它是由一种价值来源代替原来的价值来源。代替者仍然表现价值运动的由来。实际工作中更容易处理。它总是处于原有贷方账户的贷方余额，需要作一套结账分录，借记原贷方账户，贷记新账户。

3. 关于运动平衡的辩证关系

有的论文批评价值运动理论：在教材中，时而出现运动，时而出现平衡，不仅令人费解，而且也掌握不了其要领。似乎按照平衡理论就容易理解、容易掌握要领了。事实恰巧相反，试以平衡理论所讲的复式记账为例。借贷记账法比较难懂，众所公认。这是因为按照平衡理论的"八大要素"或"四大要素"说,必须死记硬背分录规则,记其然而不明其所以然。处理分录时必须先区分账户类别,分析价值运动的结果——增加或减少,才能确定借或贷,以致思维过程复杂,难学难懂。按照价值运动理论,何来何去,来贷去借,比较易懂,已为实践所证明。更重要的还在于会计对象的矛盾运动,本来就是"运动与平衡的交替",就是"又动又不动"。复式记账法必须如实反映会计对象的全貌,必须依据运动和平衡的辩证法,时时注意价值运动的运动转化和对应平衡关系,才能更好地进行会计核算、分析和检查。

有的主张平衡理论的论著认为,资金运用和资金来源的平衡(即相等)是绝对的而不是相对的。显然违背恩格斯在《反杜林论》中关于"绝对的静止、无条件的平衡是不存在的"论断,也不符合前述系统理论和价值运动的实际。平衡是某一时点的短暂的现象,另一时点的新平衡打破了前一时点的旧平衡,并将被未来的新平衡所打破。即使就这一时点来说,它的平衡也是有条件的。不仅价值本身的运动包括价值实体的分子运动并未停止,而且来源和占用之间也不是绝对适应的。试以商业企业为例,许多商品非多即少,此多彼少,即使符合储备定额也是有条件的。每项资产占用较多或不足就是不平衡。零售商品实行售价金额核算,进货时按售价列账,故非绝对平衡。因为售价尚未实现,包括在售价中的利息、劳动力耗费、损耗等尚未发生。实行进价核算也不是绝对平衡。进货过程中发生的由储运劳动创造的价值尚未在商品核算中及时反映。

价值运动理论把平衡理论和动态学说作为自己的组成部分而发展之,能够更全面、更科学地反映会计对象,解释并改善会计方法,适用性更强。

（三）复式记账法的定义

复式记账法的定义,流行的提法是:"对于任何一笔经济业务都必须以相等的金额在两个或两个以上有关账户中相互联系地进行登记。"①设购进材料一批,价款 10 000 元,当即支付银行存款 5 000 元,余款暂欠。银行存款与应付账款 5 000元,两账户是"有关"的、"相互联系"的,也是"相等的",但并不是复式记账,因为两账户并不"对应",两账户一齐与"材料"或"材料采购"账户相对应。因此,上述定义似可改为"对于任何一笔经济业务都必须以相等的金额在对应账户中进行登记"。或者改为"对每一笔经济业务的来历、去处以相等的金额在对应账户中进行登记"。

## 三、价值运动理论的新依据

系统理论为价值运动理论提供了新依据。

---

① 全国高等教育自学考试指导委员会经济专业委员会:《〈会计学原理〉课程自学考试大纲》。

任何经济系统都是开放系统,开放系统每时每刻都处于物质、能量、信息的交换流动之中。动态是开放系统的必然表现。同时任何经济系统都是复杂的非平衡系统。稳定有序的平衡结构形成后不再发生变化,不耗散物质和能量。耗散结构是组成人类社会的基本结构,是对应于平衡结构而提出的。耗散结构的特征是"动态的变化着的有序",并且通过这种有序状态去耗散物质和能量。会计工作及其对象都是耗散结构。

耗散结构论的创始人普里高津曾指出"非平衡是有序之源"。这正是作为耗散结构的会计工作及其对象的根本特征。会计工作及其对象都是经常处在运动变化之中的。从会计对象看,价值运动是"动态的变化着的有序",每一次经济流动,每笔账都标志着价值的运动变化——结构序或功能序的变化。例如,拿钱购买材料,使一定数额的货币资金变成储备资金,企业资金的结构发生变化,货币资金比重因而缩小、储备资金的比重因而增大。为了需要而购置材料,使得储备合理、功能增强。

耗散结构论认为,运动的平衡与非平衡是"互补"关系,而不是绝对对立的关系,这对矛盾在一定条件下可以相互转化。可以把一个非平衡态的问题化为局域平衡的问题来加以研究。价值运动,从宏观上、整体上看是非平衡的,从每一笔账看,从某一时点看,都可以达到平衡,会计分录、试算平衡和资产负债表等所反映的都包括价值运动局域平衡的方面。

在耗散结构论的基础上,协同学研究各种不同的系统从混沌无序状态向稳定有序结构转化的机理和条件。协同学认为,不仅非平衡态,而且平衡态在一定的条件下,也可以从无序到有序,系统的发展先是从稳定平衡位置到非稳定平衡位置,再从非稳定平衡位置到新的稳定平衡位置。协同学指出,有序结构的特点是处在动态平衡中。系统内部各子系统的协同,不断调整内部组织,以协调系统与环境的关系,所以系统总是处于动态之中。系统的稳定平衡是相对的,而动态是绝对的。协同学理论可用于指导会计科学研究。会计工作正是由于各子系统的协同而使自身不断发展。会计对象的矛盾运动也是这样,各种价值都是沿着"稳定平衡 →非稳定平衡 →新稳定平衡"的道路发展着,而每一种价值在每一时点上所建立的稳定平衡总是相对的。比如,某企业期末产品资金若干万元,次日随着产品的完工入库或销售,都会打破旧的稳定平衡,建立新的稳定平衡。稳态也是含有动态的一种状态。这与唯物辩证法所说的事物的矛盾运动具有动、静两种状态,实际相同。

控制论讲的同构象指两个系统在格局上(组织结构上)有一一对应关系(见图12-10)。

模型————（等价）————原型

**图 12 - 10  模型与原型的关系**

同态象对等价性的要求比同构象要明显得多。同态模型乃是一种简化模型。"如果能找到一个系统的同构象，问题当然更精确，但这个目标不一定能实现，即使实现了也不一定最好。实际上，更重要和更常用的是同态象概念"①。信息和反映都是物质的普遍性。模型反映原型，与原型具有相似性。模型与原型之间存在着一定的对应关系——同构关系或同态关系。会计工作既是控制过程，也是反映过程、信息过程。会计理论、会计方法与其对象存在着同态关系或称相似关系。所以我们研究会计理论和方法，都必须从其原型——会计对象出发，把会计理论建筑在会计对象的基础上。这也是辩证唯物主义认识论的基本观点。

一般认为，会计对象是扩大再生产过程中的价值运动，表述虽未统一，但无论是经济活动论、再生产过程及社会主义财产论、资金运动论等，都不否认会计对象是客观存在的矛盾运动，是非平衡态的耗散结构。价值运动的稳态平衡是相对的，而动态是绝对的。

---

① 王雨田等：《控制论·信息论·系统科学与哲学》，中国人民大学出版社 1986 年版，第 97 页。

# 第十三章
# 会计账户理论

## 第一节　会计科目与会计账户

目前,会计界对于会计科目与会计账户的理解很不一致。作为会计核算的方法之一,有的叫设置会计科目,有的叫设置账户。有的认为"会计科目与会计账户不必区分",有的认为两者"有严格区别"。这种分歧,由来已久。商务印书馆 1935 年出版的陈稼轩编的《实用商业辞典》一书中,一方面说:"账户(account)一名会计科目";另一方面又说:"账项名称之决定,谓之会计科目"。前一解释两者是同义词,后一解释两者又不相同。

日本出版的《新版会计学大辞典》认为:"账户是复式簿记所特有的计算的方法或形式。"[①]

距今 500 多年的西方第一部会计学著作卢卡·帕乔利的《算术、几何、比及比例概要》的第 3 篇《计算与记录要论》中指出:"盖所谓账户者,不过商人将其应行记忆之事实,作为整齐排列之记录而已。"[②]同页还有"酌设账户"、"开立其他账户"等提法。该书还说,"账首"写会计科目,"盖因总账中之一个会计科目常须连用数日"。"依其首字字母而编,则总账中之各会计科目,均可容易检寻"[③]。看来,在那时已经形成了两个有联系的概念:账户是记录方式,会计科目是写在"账首"的账户名称,反映账户所记的内容。

20 世纪 20 年代,我国会计界大都将账户与会计科目区别使用。后来流行甚广的由潘序伦编著的《高级商业簿记教科书》第三章第一节"账户之设置"中明确指出:"凡各类性质不同之资产负债损失收益,均应为之分别设立账户,以资记载,而免混淆;此等资产负债损失收益之分类名称即名会计科目,故会计科目者,简言之,

---

①　番场嘉一郎,司徒淳选译:《新版会计学大辞典》,中国展望出版社 1986 年版,第 87 页。

②、③　卢卡·帕乔利,陆善帜译:《计算与记录要论》,《会计杂志》1935 年第 5 期。

即分类账中各账户之名称也。"①在译文中，即使同一用词也根据我国习惯分别译出，如会计科目表（chart of accounts）、T 字形账户（T account）、对方账户（contra accounts）②。

　　1949 年 11 月，华北企业部经理会议通过并颁布的《统一会计科目》，大概是新中国成立后最早出现的。1950 年，中央各主管部分别制定并经财政部审查、中财委核准颁发的《统一会计制度》，对会计科目均设专章。20 世纪 50 年代，苏联译著中一般用账户，如"账户一览表"。1956 年，我国财政部颁发的《国营企业标准账户计划》以及有关制度都使用账户或账户名称的提法。1961 年，国务院颁发的《国营企业会计核算工作规程（草案）》中将账户改称会计科目。中央各主管部 20 世纪 50 年代的会计制度，有的一直使用会计科目（如商业部），有的一度改称账户（如全国供销合作总社）。

　　我国会计界所使用的会计科目和会计账户是有不同概念的，就其词源看，并非无据。"科"，学科，是指"学术或业务的类别"；"目"，目录或名目，如图书目录、财产目录，就是名称。会计科目是账项分类的名称。户，门户、住户、一家一户，账户是会计账项分类记录的"门户"，是积累资料的方式。顾名思义，账户有名称并不等同于名称。从现代会计学的角度看，两者既有严格的区别，又有科学的联系。

　　会计对象复杂繁多，人们要认识会计对象，反映和控制会计对象，就把会计对象按照它的经济内容分成许多类别，并在每一类别中根据经济管理的要求设置各种内容不同、含义明确、概念清楚、简明扼要、通俗易懂的标准名称即会计科目。如果说会计对象要素是会计对象的具体化，会计科目则是会计对象要素的进一步分类，每一要素再分设若干科目。

　　为了连续地、系统地、全面地分类核算和控制会计对象的变化过程及其结果，必须开设账户。会计科目决定了账户所核算和控制的经济内容；账户是根据会计科目开设的，并以其作为自己的名称。名称是对经济内容的高度概括。账户包括名称、结构、格式等部分，账户结构和格式受记账方法的影响。由于会计对象的矛盾运动有来有去，运动结果使会计对象的具体内容发生增加或减少的变化，所以账户的基本结构必须包括两方即"T"形，左面是借方，右面是贷方，分别表示会计对象矛盾运动的去处或来历，会计对象变化结果的增加或减少③。基本格式包括记账日期、凭证编号、摘要、金额（发生额和余额）等栏次。作为名称的会计科目没有

---

　　① 潘序伦：《高级商业簿记教科书》，立信会计图书用品社 1950 年版，第 8 页。

　　② 何士芳：《会计制度之设计》，会计图书帐表社 1942 年版；林那士：《现代大学会计学》，地质出版社 1981 年版。

　　③ 两种表示方式的特征和联系详见本章有关"账户设置理论"的内容。

结构和格式。

在我国,上收下付的账户结构,由来已久。公元前 100 多年的江陵 10 号汉墓出土的丙组竹简和 5 号木牍已现端倪①。当时是规则的叙述式而没有形成表格式。传统的中式簿记已经形成了上收下付的固定格式,虽分户设账,但没有科学的、系统的分类,没有统一的标准名称。1211 年,意大利佛罗伦萨银行账也是上借下贷的"叙述式记账法",与我国汉代简牍略同。1340 年,热那亚市政厅账簿"对于一切交易均按照一定账户分别记载。而每一账户又分借方及贷方之左右两页"。说明左右并列的账户基本结构,在那时已经形成,虽经不同的社会而基本不变,账户名称则随着社会经济的发展而发展,早就有了人名账户和物名账户。但作为会计对象经济内容的分类,形成系统的、科学的会计科目体系,显然是近代会计科学发展的成果。因而会计科目是作为会计核算方法之一的账户的进一步发展和完善。

会计科目按经济内容分类,账户在按经济内容分类的基础上按用途和结构分类。可见,会计科目和账户是既有联系又有区别的,明确认识两者的区别是必要的。

账户结构和格式有鲜明的技术性,会计科目的命名和分类则有一定的社会属性,包括一般社会属性和特殊社会属性。

要核算和控制会计对象必须对其进行科学的分类,并对会计对象的运动进行系统的记录。因而会计科目和账户共同构成会计核算的一种方法,缺一不可。没有会计科目就无以名之,无法将会计对象进行科学的分类;没有账户,就无法记录和积累会计核算的资料。

## 第二节　账户设置和分录理论

### 一、账户设置理论

账户设置在什么地方? 为什么账户发生额都设置对立双方? 为什么借方记录资产、费用增加,权益、收入减少? 为什么贷方记录则反之? 传统的借贷原理说这是"习惯","习惯"说怎能称之为"理论"?

为了全面地核算和控制价值运动,账户设置在两类互相联系、方向相反的价值运动的联结处。试依马克思所制定的资本运动公式以图 13-1 说明之。

以银行存款购买材料,材料用于生产。材料账户设置在这两类互相联系的、方向相反的价值运动的联结处。

---

① 李孝林:《中外会计史比较研究》,科学技术文献出版社 1996 年版,第 95 页、第 160 页。

　　账户是根据会计科目开的,用以反映价值运动、计算价值变化的。每一种价值都存在着由别种形态运动到这一形态和由这一形态运动到另一形态的两种互相矛盾的运动过程。从对应关系看,价值运动有来有去;从每种价值看,价值变化有增有减,所以反映会计对象的账户结构也必须设置互相对立的两个方面。一方反映来历(贷方),一方反映去处(借方);一方记录增加,一方记录减少。两方是辩证的统一。参见图 13 - 1 箭头所示的价值运动方向。

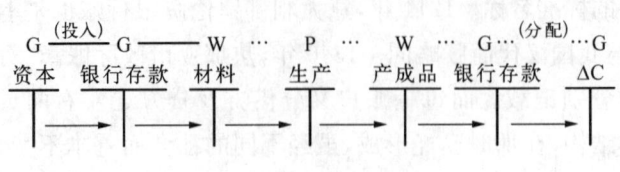

图 13 - 1　账户设置原理

## 二、账户结构理论

### (一)两类账户的结构

　　为了反映会计对象的矛盾运动,账户的发生额必须设置对立双方。从对应关系看,发生额反映会计对象矛盾运动依次继起的状况。从每一账户看,发生额双方的差额是余额。各账户的余额反映会计对象同时并存的状况:各种资产同时并存,各项权益同时并存,资产与权益同时并存。总之,应当从会计对象矛盾运动的特征出发,研究账户结构原理。

　　借方、贷方,既反映价值运动的去处和来历,又反映价值运动结果的增加或减少。两种反映方式的必然联系按两类不同性质账户以图 13 - 1 说明之。

| 借方 | 资 产 类 账 户 | 贷方 |
| --- | --- | --- |
| 记录价值运动的去处,到哪里去? 进入本单位,使资产增加 | | 记录价值运动的来历,从哪里来? 来自本单位,使资产减少 |
| 余额在借方,表明资产增加多于减少,故该账户属于资产账户,反映价值总体矛盾运动的去处 | | |

| 借方 | 负 债 类 账 户 | 贷方 |
| --- | --- | --- |
| 记录价值运动的去处,到哪里去? 用以还账,使负债减少 | | 记录价值运动的来历,从哪里来? 从外单位来,使负债增加 |
| | | 余额在贷方,表明负债增加多于减少,故该账户属负债账户,反映价值总体矛盾运动的来历 |

图 13 - 2　账户结构原理

资产类账户和费用成本账户,余额在借方,所以发生额借方记增加、贷方记减少,习称借方账户。负债类账户、所有者权益和收入、利润账户,余额在贷方,所以发生额贷方记增加,借方记减少,习称贷方账户。

总之,借方、贷方是对立的记账符号,各有三种科学的含义:① 表示价值运动方向,借方反映价值运动到哪里去,贷方反映从哪里来。② 表示价值的量变,借方记录资产和费用增加,负债、所有者权益、利润和收入减少;贷方记录资产和费用减少,负债、所有者权益、利润和收入增加。上述①、②均指发生额。③ 余额方向反映账户性质,余额在借方是资产或费用账户,余额在贷方是负债、所有者权益、利润或收入账户。从价值总体来看,各账户的贷方余额和借方余额分别表示价值总体矛盾运动的来历和去处。

(二)调整账户

调整账户的记录应与被调整账户联系起来。备抵调整账户与被调整账户的记录相反,反方向才能抵减,如"累计折旧"账户与"固定资产"账户,"商品进销差价"账户与"库存商品"账户。"累计折旧"和"商品进销差价"账户的余额虽然在贷方,但就其经济内容看,都是资产类账户的调整账户。附加调整账户与被调整账户方向相同,同方向才能相加,如超支时的"材料成本差异"账户与"原材料"账户。由于还有节约的情况,所以超支时"材料成本差异"账户余额在借方,与"原材料"账户方向相同,节约则反之。

(三)答疑

用运动理论解释借贷分录,有的论著认为有两类业务不好解释,其实不尽然。

一类是对应账户都是贷方账户。过去存、贷合一,与"银行借款"直接发生对应关系,如以银行借款偿还应付账款,借款还账,来龙去脉清楚。问题在于不与银行借款发生对应关系的贷方账户之间的转账分录,不应从转账方向出发,认为与借贷方向相反,不应把转账方向混为价值运动方向而产生错觉。假设销货款 1 000 元存入银行,其成本为 900 元,没有费用和税金,利润 100 元,结转"去年利润"账户,如图 13 - 3 所示。

图 13 - 3 说明"银行存款"增加1 000元,其中 900 元来自"产成品",另 100 元是赚来的(来自"利润")。贷借方向正表现了价值运动方向,不

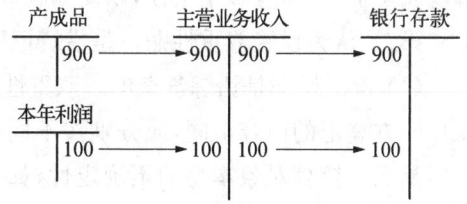

**图 13 - 3　贷方账户间结转"利润"反映价值运动**

要被转账方向所迷惑。必须指出:这种情况是有条件的,只限于对应账户都是贷方账户,而且不与银行借款发生对应关系的转账分录。它是以新的价值来源代替原来

的价值来源,代替者反映价值从哪里来,此其一;其二,从转账方向看,这是从一个账户转到另一个账户,原账户的方向已经固定,根据"有借必有贷"的规则,对应账户的方向不难确定,而且这种结转分录都是发生在期末,所以实际工作并无困难。

另一类可以概括为负债性准备业务,如坏账准备、商品削价准备、长期待摊费用等,其特点是先提取,后使用,先计入费用成本账户,形成准备。如图13-4所示。

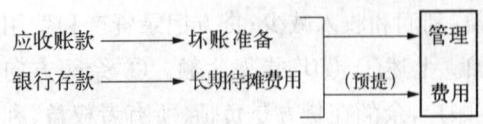

**图 13-4　负债性准备业务反映价值运动**

图13-4表明价值运动方向是正常的、清楚的。

负债性准备业务的特点是两类账户同时增加。到哪里去,借记费用成本账户,容易理解,借方账户定了以后,其对应账户贷记有关准备账户就迎刃而解了。

用运动理论解释借贷原理,深入浅出,不仅使借贷记账法较前易学易懂,而且克服了"习惯论",给借贷原理和账户结构以深刻的理论说明,把它建筑在会计对象的基础上,体现辩证唯物论。

### 三、双重性账户

双重性账户或称共同性账户,如往来、损益类账户,其余额可以在借方,又可以在贷方。在借方时其性质是资产账户,在贷方时其性质是负债账户。编制会计分录,可以按照价值运动原理,贷方记录价值运动的来历,借方记价值运动的去处。

设置双重性(共同性)账户是否科学,理论界有分歧。

第一,认为双重性账户的设置是欠科学的。主要理由是:

(1)双重性账户缺乏理论依据,不能客观真实地反映价值运动。如借"银行存款",贷"其他往来",对应关系不明。究竟是收回应收款项还是收到暂收款?

(2)增加核算工作量,月底要编制双重性账户分析表,分析判断本月发生额中哪些属于资产,哪些属于负债,以便编制资产负债表。

第二,认为设置双重性账户是借贷记账法科学性的体现。主要理由是:

(1)价值运动是错综复杂的。双重性账户存在的情况多种多样。有些是由于账户两方登记的内容不同,或分别按不同计价标准核算,或分别汇集收益与损失;有些是账户核算对象本身的不确定性,如结算单位往大于来或来大于往。凡此种种,其结果必然会使其账户的性质相互转化。

(2)"借"、"贷"的双重含义是设置共同性或双(两)重性账户的理论基础。双重性账户的对应关系,可从明细账中了解。

(3)设置双重性账户有很多好处。如有利于账务处理,灵活方便,减少总账数量;简化核算工作;有利于会计工作的分工。现在,多数人认为设置双重性账户以优点为主,期末应按借、贷方余额分别揭示。

## 四、会计分录理论

对于会计分录,一般辞书都是从形式上说明,如"对每项经济业务按照复式记账要求,列示应借、应贷的账户及其金额的一种记录"。这种提法未能说明会计分录的实质。

前已说明:复式记账和账户都是用以核算和控制价值运动的,运用复式记账法记录价值运动来、去两处的经济现象。来、去两处有着互相联系、依次继起、此消彼长或同消、同长的关系,这种关系称为账户对应关系。存在着对应关系的账户称为对应账户,如以存款购材料、材料投入生产等。通过账户对应关系可以了解经济业务的来龙去脉,它对于核算的正确性、清晰性,了解经济业务的合理性、合法性,有着重要作用。早在汉朝,已经能够运用账户对应关系进行会计检查。如:"效谷移建昭二年十月传马簿,出悬泉马五匹,病死,卖骨肉,直钱二千七百卌,校钱簿不入,解(何)?"(《敦煌悬泉汉简释粹》0116②:69)"校候三月尽六月折伤兵簿:出六石弩弓廿四付库。库受啬夫久廿三,而空出一弓。解何?"(《居延汉简释文合校》179·6) 建昭二年是公元前 37 年。郡府审核效谷县报来的悬泉置传马簿和钱出入簿,发现:死马五匹,在传马簿已下账(出),卖骨肉钱 2 740 却未记入钱簿,是何原因? 这是2000 年前运用账户对应关系进行经济分析的生动典型。下例同理,审校某候折伤兵簿,付出六石弩弓廿四给仓库,仓库主任久只收到廿三,短少一弓,是何原因?

马卡洛夫和别洛乌索夫在其所著的《会计核算原理》一书中说:"在实际工作中会计分录还可以叫做记账公式或会计科目。"①这显然把三者混淆了。近年的辞书也有把会计分录等同于记账公式。

会计分录是运用复式记账法把经济业务所涉及的会计科目、借贷方向,以相等的金额按一定的格式所作的记录。它反映经济业务的来龙去脉。会计分录要使用会计科目,并不等同于会计科目。

记账公式应指运用复式记账法处理会计分录必须遵循的分录公式。借贷记账法是"有借必有贷,借贷必相等"。这种公式是处理会计分录的准则,不应认为就是会计分录。由于"记账"的范围太广,称为分录公式似乎更确切些,把它叫做记账规则,人云亦云,甚为普遍。记账规则的传统含义是编制凭证、登记账簿所应遵守的规则,包括账簿使用、如何记账、更换账簿等,它已经有了确切的、丰富的含义,不应

---

① 马卡洛夫、别洛乌索夫:《会计核算原理》,财政出版社 1958年版,第 87 页。

当和分录公式相混淆。

会计分录分为简单分录和复合分录。20 世纪 50 年代会计界大都将复合分录称为复杂分录,近年仍这样叫的已经是个别著作了。美国佛朗·富·林那士所著《现代大学会计学》一书中说,"一个复杂或复合分录(combined entry or compound entry)是指分录中,有一个以上账户列为借项的分录(译注:即多借一贷),或者有一个以上账户列为贷项的分录(译注:即多贷一借),或者有一个以上账户列为借项的分录,同时,又有一个以上账户列为贷项的分录(译注:即多借多贷)"①。他们把借项土地 4 000 元、贷项现金 2 000 元、应付款 2 000 元,叫做"复杂或复合分录",因为他们允许编制多借多贷的分录。我国强调会计分录的对应关系必须清楚,复合分录和复杂分录似以区分为宜。

复合分录是同类简单分录的联合,即一借多贷或一贷多借的分录。编制复合分录既能保证账户对应关系清楚,又能简化核算手续,是会计技术合理化的表现。

复杂分录即多借多贷。目前在会计教学中,对于多借多贷的经济业务,教师一般避而不谈,或拆开分别讲述,在作业中也不提倡多借多贷;学术界有两种截然不同的观点,兹介绍如下:

第一种观点认为,复杂分录是把不同类的简单分录或复合分录硬性地糅合在一起,账户对应关系不清楚,影响了会计核算的清晰性,应当禁止编制。例如:

| 借:原材料 | 590 |
|---|---|
|     燃料 | 420 |
| 贷:银行存款 | 1 000 |
|     库存现金 | 10 |

现金 10 元购买了原材料还是燃料?银行存款中有多少用于购买原材料,多少用于购买燃料?账户之间对应关系不清楚,不能编制矩阵式对照表。

第二种观点认为,编制会计分录应根据经济业务的本来面目予以反映,经济业务复杂多变,实际经济生活中存在着多借多贷业务,应允许编制。他们进一步认为,在实际工作中,会计分录编制在记账凭证上,而记账凭证是根据原始凭证编制的,每一张记账凭证都附有相应的原始凭证,因此多借多贷账户之间的对应关系以及经济业务的内容可以通过所附的原始凭证来说明。

这种观点还认为,如果按照"一借多贷"或"一贷多借"把多借多贷的会计分录拆成多笔会计分录,会使本来就复杂的经济业务更加复杂化。如果拆成多笔会计

---

① 佛朗·富·林那士:《现代大学会计学》,地质出版社 1981 年版,第 87 页。

分录的目的只是做到"反映某一项资金来源落到哪一(几)处占用上,以及某项资金占用来源于哪一(几)处资金来源",那么对于计算费用,核算产品实际成本,进行会计管理,又有什么益处呢? 如果硬性拆成多笔分录,就会人为地割裂完整的经济事项,并把它搞得支离破碎,改变了簿记所记事物之间的实际联系,使它变成不伦不类的东西,违背了会计核算的基本原则,即如实地反映所发生的经济业务。他们认为,根据客观存在的经济业务编制多借多贷分录,既可简化工作量,又能完整反映价值运动全貌。

笔者认为,笼统禁止编制多借多贷的复杂分录,的确不妥,但是人为地搞多借多贷,即把不同的经济业务硬性地糅合成一套分录,也不妥当。我们曾经看到一家基层企业一句记一次账,一套分录用 20 多个会计科目,连他们上级单位的会计科长都说"看不懂"。这样的繁杂分录显然必须禁止。

两种观点的根本分歧在于多借多贷分录的账户对应关系是否清楚,能否据以了解经济业务的内容,能否真实地反映价值运动的实际情况。

关于"同借同贷"分录。在结账以后,如发现原编会计分录的对应关系有错或金额有误(大于正确金额),应采用红字更正法进行更正。问题是,如果一个科目有误,另一个科目无误,则没有错的科目是否保留? 对此问题的回答,有两种意见:

第一,主张保留没有错的科目。理由是:如果正确的科目也用红字进行冲销,则必然形成空收空付,即正确的科目其账户借方或贷方将有一笔不必要的红字和蓝字发生额列示,影响账簿的简洁,增加了核算工作量,据此观点,则必然形成"同借同贷,金额红蓝"。

赞同这种观点的学者认为,同借同贷不仅不违反复式记账原理,而且恰恰说明复式记账原理在特殊情况下仍然是应借应贷的记录。如果将红字换成蓝字,仍为"有借必有贷"的分录。

第二,主张没有错的科目也应用红字冲销。这是传统的做法。这样必然要多作一套分录,还使得正确科目空收空付,影响了该账户的简洁性。

但是,第二种意见坚持认为,同借同贷的做法与"有借必有贷,借贷必相等"的记账规则不相符,因而难以接受;另外,由于不能真实地反映错误更正的全过程,可能为以后账目的查询、核对工作带来一些困难。

## 第三节 账户分类理论

账户是对经济业务分类记录的"门户"或方式,它是用来分类核算和监督会计对象的。每一账户都有其个性,账户与账户之间又有其共性。不同的账户群有不同的共性,构成不同的账户类别。没有分类就无法认识会计对象,必然影响账户的作用以及对账户的深入认识和运用。要正确地使用账户、进行会计管理,必须弄清各个账户的性质和作用以及同其他账户的关系。研究账户分类,弄清不同账户群的共性和个性,有助于更好地掌握和运用会计账户,加强经济管理。此外,研究账户分类,弄清如何设置账户体系,确定各账户的核算范围和用法,对于会计制度设计显然是十分重要的。总之,掌握账户分类的规律性,用以指导实践,是研究账户分类的目的。

关于账户分类,从不同的角度,可以有不同的分类标志。常见的账户分类有四种:① 按照账户记录经济业务的详细程度分为总分类账户和明细分类账户。② 按照账户与财务报表的关系分为表内账户和表外账户。③ 按照会计科目的经济内容分类。④ 按照账户的用途和结构分类。前两种分类,实际工作中广泛流行,容易使用,姑且不论。这里只研究后两种。

## 一、账户分类的原则

(1)账户是用来核算和控制会计对象的。账户是对会计对象的分类,账户分类必须适应会计对象的特点。所谓账户按经济内容分类,也就是账户按会计对象的经济特征分类。

(2)分类的标志应该含义清晰确切,足以表明某些账户的共同点。在使用几个分类标志进行账户分类时,一个标志和另一个标志之间应该界限分明,不容许重叠含混。分类目的本来就是对纷纭复杂的事物加以整理,做到眉目清楚。如果分类标志界限模糊,含义交叉重叠,显然就失去了账户分类的意义。

(3)账户是为加强经济管理服务的。账户分类应当做到适用性强,便于应用,为此账户分类应当简明扼要。

## 二、传统账户分类的成就和缺陷

20世纪五六十年代以来,会计界对账户分类进行了众多的研究,一致认为账户按其所核算的经济内容分类(简称按经济内容分类)是基本的分类,在此基础上的进一步分类,则是按用途结构分类,但也存在着提法有矛盾、实践有困难的缺陷。

(一)按经济内容分类的矛盾

传统的账户按经济内容分类尽管提法略有差异,但一般都是分为资金占用类、资金来源类、收入成果类、成本费用类。这种分类标志与当时的平衡公式"资金占用=资金来源"相矛盾。平衡公式里的资金占用相当于账户按经济内容分类标志的"资金占用+成本费用"。资金来源则相当于"资金来源+收入成果"。这显然造成概念上的混乱。

传统的借贷规则是"资金占用增加、资金来源减少记借方，资金来源增加、资金占用减少记贷方"。这种分类和提法与当时的平衡公式一致。与上述账户按经济内容分类的标志相矛盾。如果提为"资金占用和成本费用增加、资金来源和收入成果减少记借方；资金来源和收入成果增加、资金占用和成本费用减少记贷方"，虽可与上述账户按经济内容分类的标志相一致，但与平衡公式的提法相矛盾，并将使借贷规则复杂化，不便于记忆和运用。

按经济内容分类，一般认为"长期待摊费用"属于成本费用类，"折旧"属于资金占用类，其增加额按照借贷规则理应记借方，实际上却要记贷方，既不易解释，也不便使用。

账户按经济内容分类，不仅"折旧"账户有属于资金占用类（借方账户）或资金来源（贷方账户）类之争，"预提费用"账户也归类不便。娄尔行主编的《基础会计》①、湖北财经学院编的《会计学原理》②将"预提费用"归入资金来源类，赵玉珉、黄代民编的《会计学基础》将其划入成本费用类，葛家澍主编的《会计基础知识》③将其划入生产过程类。所以，分类不科学，界限不清，不能不说是重要原因之一。

（二）按用途和结构分类的矛盾

20 世纪 80 年代的会计原理教材在讲账户结构时，都是通过把账户分为资金占用和资金来源两大类，分别介绍其结构和记录规则，但在后面正式讲账户按用途和结构分类时，又按九类或十类进行介绍。这两种不同的结构分类，是什么关系？为何不连贯起来？

账户按用途结构分类一般分为九类：盘存账户、基金账户、结算账户、集合分配账户、跨期摊配账户、成本计算账户、计价对比账户、财务成果账户、调整账户，复杂繁多，难学难用。实际工作人员，即使对处理会计分录能够运用自如的老会计，也很少能够熟悉这九种分类的。为什么这种分类不容易被广大会计工作人员接受？为什么实际工作人员不熟悉九种分类仍能正确地、熟练地处理分录？这是值得深入思考的！

按九种分类，似乎比较细致、比较周密，即使行家里手也有为难之处。例如，"待处理收益"和"待处理损失"归入何类？早在 20 世纪 80 年代，中南财大的会计原理教材将其划入调整账户，上海财大的会计基础教材单独设暂记账户，厦门大学的会计原理教材单独设"待处理账户"，有些会计原理教材则避而不提。又如"利润分配"账户，一般划入调整账户，中南财大的会计原理教材将其划入结算账户，上

---

① 娄尔行：《基础会计》，上海人民出版社 1984 年版。
② 《会计学原理》编写组：《会计学原理》，吉林人民出版社 1983 年版。
③ 葛家澍：《会计基础知识》，上海人民出版社 1984 年版。

海财大的会计原理教材单独设"利润计算分配"账户。专家们如此莫衷一是,实际工作人员怎能不更加为难? 从分类的命名来看,"集合分配账户"与"成本计算账户"也显得词不达意、容易混淆。就词论义,"利润分配"又何尝不能划入"集合分配账户"? 虽然我们并不这样认为。

(三) 按经济内容分类与按用途结构分类的矛盾

流行观点认为,账户按经济内容分类是账户按用途结构分类的基础,的确如此,但作为两种截然不同的分类标志,似有矛盾。事实上,账户按结构分类和按用途分类都体现其经济内容。

20 世纪 80 年代,会计原理教材都认为资金占用、资金来源是账户按经济内容分类的标志,但在讲到账户的基本结构时,又说账户可分为资金来源和资金占用两类。既然按经济内容和按结构是不同的分类,那么同样的概念作为不同分类的标志,似有不当。

账户的用途是指账户提供什么指标,完成什么任务。账户按用途分类的标志,但盘存账户、基金账户、结算账户、成本计算账户、财务成果账户等仍然是按经济内容进行分类,未能充分说明账户的用途。实际工作中,一般把账户分为资金账户和损益账户(或称收支账户),与西方国家把账户分为资产负债表账户(实账户)和损益表账户(虚账户)略同。这种分类不仅体现账户的经济内容,更体现账户的用途、用法。如资金账户通常有余额,据以编制资产负债表;损益账户期末通常无余额,据以编制利润表。这是账户按经济内容(资金、经营过程)与按用途(期末是否有余额、是否结平、编入何表)分类相结合的证明。

账户的经济内容决定账户的用途和结构,分别渗透在账户用途和账户结构之中。按用途分类和按结构分类是不同的分类,又都包括着按经济内容分类的因素。每一个账户都可以按用途并按结构进行分类,两种分类都分别体现其经济内容。不应将按经济内容分类和按用途、结构分类割裂开来,更不应当分别绘成两张各自独立的分类表。

## 三、从会计对象出发,研究账户分类

会计对象的矛盾运动有两种状态:动态和静态。动态表现为价值的循环和周转,耗费和收回,投入和退出,供应、生产和销售。静态表现为价值在一定时点的存在形态,表现为资产和权益(含负债)的平衡关系,表现为每一笔分录的平衡关系。

恩格斯说:"运动表现于它的反面,即表现在静止中。"会计对象具体化为六大要素主要反映价值存在的静态,也反映价值的动态,应是账户按经济内容分类的标志,也是账户按用途分类和按结构分类的基础。

西方讲借贷规则时一般把账户分为资产、负债、权益(所有者)、收入、费用等五类。笔者认为利润应当单独成类。在我国,利润是独立的会计对象要素,用以核算和控制利润的形成和分配。在用途方面,利润还有专门的特点,详见下文。

传统的账户分类理论把按用途和结构分类混为一谈,把它分成九类或十类,不仅划分者众说纷纭,莫衷一是,使用者更感头绪纷繁,运用不便,根源就在于用途、结构是两种不同的分类。按用途分类,指账户提供什么指标,用以编制什么报表,在用法上有何特征。西方分为资产负债表账户(实账户)、损益表账户(虚账户)两大类。笔者认为,应当分为资产负债表类、经营过程类、财务成果类三类。实账户期末有余额,并用余额编制资产负债表。经营过程类包括损益类、成本类账户,分别以发生额编制损益表、生产成本表,期末一般无余额,如有余额,则兼具实账户的特点(如"生产成本")。损益表账户只是其中的一类,显然不能用以概括整体。经营过程类账户反映企业各种实在价值的变化过程或增减原因,它的对应账户一般是实账户。财务成果账户反映会计主体经营成果的形成和分配,分别以余额或发业额并与其他类账户配合起来,编制资产负债表、损益表、财务状况变动表或现金流量表。资产负债表类、经营过程类都无法概括,故应单独成类。

账户按结构分类,是指账户的借方、贷方怎样登记(与增加、减少的关系)以及账户余额的性质。我国传统的资金占用类、资金来源类可以作为账户按结构分类的标志,与西方的借方账户、贷方账户的提法一样。借方账户借方记增加、贷方记减少,余额在借方,即资金占用类账户;贷方账户,贷方记增加、借方记减少,余额在贷方,即资金来源类账户;双重性账户余额既可在借方,也可在贷方,它们都以贷方反映从哪里来,借方反映到哪里去。

会计对象要素与账户分类的关系,如表 13-1 所示。

表 13-1

### 会计对象要素与账户分类的关系

| 项　目 | 账户类别 | 账户按用途分类 | | | |
|---|---|---|---|---|---|
| | | 资产负债类 | 经营过程类 | | 财务成果类 |
| | | | 利润表 | 成本表 | |
| 按结构分类 | 借方账户 | 资产 | 费用 | 成本 | 利润分配 |
| | 贷方账户 | 负债 所有者权益 | 收入 | | 利润 |

成本类账户反映生产过程,"生产成本"账户兼具生产费用和资产(其有余额时)的二重性。新的账户分类表,如表 13-2 所示。

表13-2

## 账户分类表

| 账户按结构分类 \ 账户按用途分类 | 资产负债表类 | 经营过程类 | 财务成果类 |
|---|---|---|---|
| 借方账户 | 库存现金<br>银行存款<br>其他货币资金<br>周转材料<br>委托加工物资<br>材料采购<br>原材料<br>应收票据<br>在建工程<br>无形资产<br>抵债资产<br>产成品<br>发出商品<br>固定资产清理<br>预付账款<br>长期待摊费用<br>其他应收款<br>库存商品<br>固定资产<br>交易性金融资产<br>可供出售金融资产<br>持有至到期投资<br>长期股权投资<br>长期应收款<br>损余物资<br>应收账款 | 成本类：<br>生产成本<br>制造费用<br>劳务成本<br>研发支出<br><br>利润表类：<br>销售成本<br>销售费用<br>销售税金<br>管理费用<br>财务费用<br>其他业务支出<br>营业外支出<br>资产减值损失<br>所得税<br>销售折扣与折让（注） | 利润分配 |
| 双重性 | 材料成本差异<br>累计折旧<br>固定资产减值准备<br>商品进销差价<br>存货跌价准备<br>递延所得税资产<br>未实现融资收益<br>待处理财产损溢<br>持有至到期投资减值准备<br>长期股权投资减值准备 | 投资收益<br>汇兑损益 | 以前年度损益调整 |
| 贷方账户 | 实收资本<br>资本公积<br>盈余公积<br>库存股<br>坏账准备<br>应付职工薪酬<br>应付账款<br>应付票据<br>预收账款<br>应付债券<br>其他应付款<br>短期借款<br>长期借款<br>应交税费<br>其他应交款 | 销售<br>主营业务收入<br>其他业务收入<br>营业外收入 | 本年利润 |

注：→表示调整关系，箭头所指为被调整账户

### 四、新账户分类的优点

1. 适用

新分类表适用于各个账户和各种复式记账法，所有账户都可以比较容易地划入有关类别，没有自相矛盾的地方。按借方账户和贷方账户分类是体现账户结构本质区别的标志，了解它即可比较容易地运用借贷记账法，按价值运动过程把账户分类与期末结账和编制财务报表联系起来，从而提高账户分类对实际工作的指导作用。这样分类完全能够满足实际工作的需要。

2. 容易

新账户分类表标志简单，易学易用，一般初学者都可以比较容易地掌握。把传统的账户按经济内容分类与按用途和结构分类等两种分类表合二为一，一目了然，从而使账户分类容易掌握。

3. 深刻

会计科目是对会计对象要素的科学分类。账户是根据会计科目开设的，因而账户分类必须适应会计对象的特点，满足会计核算和管理的需要。新账户分类表从这种特点出发，对账户进行科学的分类。把账户分类的几种标志（按经济内容分类与按用途分类、按结构分类）统一起来，这正是公认的账户按经济内容分类决定账户按用途和结构分类的进一步发展，如图 13-5 所示。

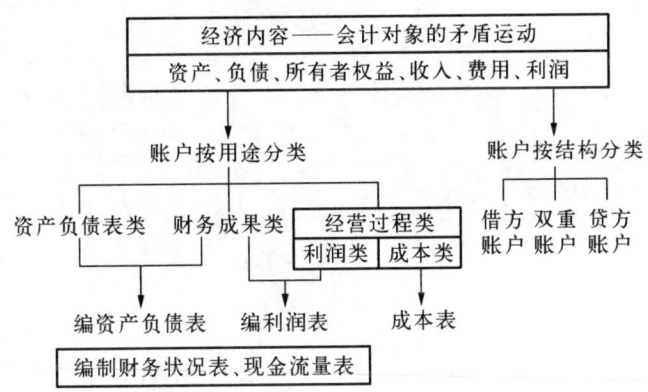

**图 13-5　账户按经济内容分类决定账户按用途和结构分类**

账户按用途分类和按结构分类受会计对象经济内容的制约，并分别反映会计对象的矛盾运动。资产负债表类账户和财务成果类账户以其余额编制资产负债表，着重反映价值运动的相对静止状态；经营过程账户和财务成果账户以其发生额编制利润表和成本表，并与实账户结合起来编制财务状况变动表或现金流量表，着重反映价值运动的动态。从账户结构的角度看,账户发生额和账户对应关系主要反映价值运动的动态,账户余额和平衡关系反映价值运动的静态。新的账户分类使账户更深刻而又科学地反映会计对象的客观实际。

# 第十四章
## 财务会计报告理论

### 第一节　财务会计报告基本理论

　　财务会计报告是指企业对外提供的反映企业某一特定日期的财务状况和某一会计期间的经营、现金流量等会计信息的文件。我国《会计法》第20条指出,财务会计报告"由会计报表、会计报表附注和财务情况说明书组成"。我国《企业会计准则——基本准则》第44条规定:"财务会计报告包括会计报表及其附注和其他应当在财务会计报告中披露的相关信息和资料。"会计报表是财务会计报告的核心和基本手段,美国FASB《论财务会计概念》和我国《企业会计准则》(1992)均使用财务报告概念,而国际会计准则理事会则使用财务报表概念,我国1999年的《会计法》及其以后的会计法规、会计准则体系等均使用财务会计报告概念。命名的差异在于:西方认为从财务报告的内容看,它所提供的信息是财务信息。我国认为,资产负债表、利润表、现金流量表都是会计报表,或称财务会计报告,数十年来,会计制度一直这样称呼。把"会计报表、会计报表附注和财务情况说明书"合称财务会计报告,既说明这些报告属于财务会计范畴,又说明所提供的信息属于财务信息。

　　会计报告产生很早。在古代埃及,"每月,作为地方官的州长,都必须向宰相作一次财务报告"①。我国早在西周时对会计报告期限就有严格的规定。据《周礼·天官·冢宰》记载:"岁终,则令群吏正岁会,月终,则令正月要,旬终,则令正日成,而以考其治。"岁会、月要、日成相当于今天的年报、月报、旬报。会计报告的作用是"考其治"。《周礼·天官·宫正》记载"月终则会其稍事(月俸),岁终则会其行事(业绩)",说明考核的内容。西周还规定了3年"大计"制度。《周礼·地官·小司徒》中记载:"及三年则大比。大比,则受邦国之比要。"比要,就是送请校计的户口财物报告。三年大比,小司徒接受天下邦国报送的比要,对会计报告要审核,不仅司会要参互考核,外部审计系统的宰夫、内史也要"以逆会计"。西周对会计报告期

---

　　① 文硕:《西方会计史》(上),中国商业出版社1987年版,第13页。

的严格规定,在一定程度上反映了王朝中央对国家的严格控制,同时说明会计报告制度已经发展到一定高度。

古希腊时期(公元前 5 世纪至公元前 3 世纪),雅典的官厅会计也要求按严格的期限呈送报表①。当时雅典的会计报告主要是年报,还没有月报和旬报。直到公元前 3 世纪中叶,古希腊的庄园会计报告的分期上才有了新的发展。当时的会计报告包括:月份汇总表、年度汇总表和 3 年汇总表②。这在很大程度上反映了希腊庄园经济对会计的新要求。在古罗马时期,官厅会计也要求财务官定期编制并上报会计报告。

早期的会计报告,一种是口头汇报,另一种是将账簿"上计"。大量出土的汉朝简牍证明,直到东汉,会计账簿依然要上报。那时,财务会计报告可能还没有产生。

为了确保会计报告的质量和及时性,我国早在汉朝,就制定了"上计律"——规范会计、统计报告的法律。

## 一、财务会计报告与会计对象——价值运动

在市场经济条件下,价值运动构成了现代会计对象的基本内容。作为财务会计报告主体的会计报表是对价值运动信息进行加工、提炼和组合的产物,其种类、结构也是以价值运动的规律为基础构造的。由于财务会计报告是反映价值运动的不同状态和形式的统一体,决定了会计报表具有丰富的内容和多样化的形式。同时,财务信息的综合性和总括性,尤其是它的有用性的特点,在编制财务会计报告阶段得到充分体现。

一方面,价值运动表现为企业价值的流入和流出,并在某一时点上形成价值存量;另一方面,价值运动也表现为企业资产的耗费和收入的取得过程。为了全面、系统、连续地反映和揭示企业的价值运动状况,就必须设置相应的会计报表,提供相关的信息。因此,由价值运动发出并反映价值运动的信息,其经济内容最终表现为会计报表的经济内容。价值运动同任何事物的运动一样,都有两种形态,即相对静止状态和显著变化状态。这决定了会计报表在内容上也具有两种基本类型,即提供静态信息的静态报表和提供动态信息的动态报表,但不能绝对化。

会计科目、会计报表项目、会计报表要素(会计对象要素)是依次概括和综合的关系。前者是对后者的细化,后者是对前者的概括。西方称财务会计报告要素,我国称会计对象要素,两概念一致,虽然要素的具体提法有所不同。财务信息就是关

---

① 索科洛夫,陈亚民,译:《会计发展史》,中国商业出版社 1990 年版,第 11 页。
② 杨树枝:《会计大辞库》第 1 卷,黑龙江朝鲜民族出版社 1991 年版,第 52 页。

于会计对象要素变动的信息,财务会计报告必须对财务信息即企业的各种经济活动及其结果加以归纳分类,分别列示、报告。会计报表所反映的内容,我国概括为六个要素,即资产、负债、所有者权益、收入、费用和利润。这六个要素又可分为两大类,前三者属于存量要素类,反映企业某一时点的财务状况,以"资产=负债+所有者权益"等式构成资产负债表,为静态报表。后三者属于流量要素类,反映一定期间经营活动及其变动的成果,以"利润总额=(营业收入-营业费用)+(利得-损失)"等式构成利润表,为动态报表。当价值运动处于相对静止状态时,经营资金通常表现为资产、负债和所有者权益,它们之间存在相互联系、相互制约和相互对应的关系。静态报表所提供的是关于企业在特定时点的资产、负债和所有者权益三个要素综合形成的财务信息,即从价值运动的存量角度揭示企业在特定时点上的财务状况,其载体是资产负债表。而当价值处于显著变动状态时,形成了会计的收入、费用、利润等要素,它们着重揭示企业在一定期间的资金耗费、收回及其结果,从价值运动的流量角度反映企业的效益。利润表就是以上述要素为基础,反映企业在一定期间内的经营成果的动态报表,而现金流量表则是动态地揭示企业一定期间资金流入、流出状况的动态报表。由此可见,企业通过资产负债表、利润表和现金流量表,能够全面、系统、连续地揭示企业的价值运动状况。

价值运动是一个复杂的经济过程,因而提供价值运动信息的财务会计报告的内容也十分复杂,其揭示角度和方式也有一定差异。但是,价值运动的两种状态之间又有着密切的联系,静态报表与动态报表之间可以通过财务成果项目而相互沟通,连成一体。因此,会计报表所揭示的各种信息又是相互依存、相互制约的,从而有机地组成一个信息系统。静态报表与动态报表指标之间的相互联系,具体表现在以下几个方面:首先,就资产负债表而言,它是从某一时点来反映价值运动的静态,但如果把不同时期的资产负债表联系起来,又能以动态数列反映价值运动的动态,编制比较资产负债表便能达到这一目的;其次,在同一报表中,动态信息和静态信息也可以并列,以便彼此对照,必要时,还可以互相对比,以获得新的信息;最后,不同报表或同一报表的指标之间相互联系的数量表现,形成了报表的勾稽关系,如利润表或利润分配表中的未分配利润与资产负债表中的未分配利润就存在数量上的等量关系。

"模型———等价———原型"是控制论的著名原理。作为模型的财务会计报告以会计对象价值运动为原型,对价值运动进行丰富而又全面地反映,既有静态报表,又有动态报表,动静两种报表相互配合、相互补充、相互勾稽,从而为会计信息使用者提供了一整套动静结合、全方位的与决策相关的信息,供使用者选择使用。

### 二、财务会计报告的分类

财务会计报告为决策者提供有用的财务信息。根据其所提供的信息进行分类，可以分为定量化的报告和定性化的报告。

（一）定量化的财务会计报告

财务会计报告主要以定量形式来描述企业的财务状况和经营成果，向信息使用者提供有助于决策的定量化数据。财务会计报告提供的信息是以货币作为计量单位的数据，提供有关企业的经济资源、债务、经营成果、财务状况变动等方面的相关信息，资产负债表、利润表、现金流量表等提供的信息就是定量化的信息。

以资产负债表、收益表、现金流量表（或所有者权益变动表）为主体的一系列财务会计报告，给投资者和债权人提供决策所需要的数据。西方国家传统和常规的正式财务会计报告大致有以下几个特点①：① 西方许多国家要求企业编制留存收益表，以反映留存收益变动情况和当年净收益分配情况。在美国，由于股东权益的复杂性及会计上对投资者的重视，许多企业要编制股东收益表。② 以美国、澳大利亚为代表的一批国家编制现金流量表，欧洲国家大多数编制财务状况表，也有些国家允许企业在两者中选择。还有一些国家并没有明确要求，而由企业自己决定是否编制。但从趋势上看，现金流量表正在越来越多的国家和企业里取代所有者权益变动表。③ 自 1975 年以来，在英国许多大公司的年度财务报告中出现了增值表，用以反映企业实际的增值额和增值在社会各方面之间的分配情况。目前，欧洲许多国家的公司，如法国、意大利、丹麦等也纷纷效仿，亚洲的新加坡也明确要求企业编制增值表，但美国、日本等国，尚未要求编制该表。

此外，在西方财务报告体系中，还有一些已经开始付诸实施的报告，如预测财务报告、社会责任报告、非历史成本基础的财务报告、人力资源财务报告等，从而在会计理论和实务上促进了财务报告的不断进步与发展。

我国《企业会计准则第 30 号——财务报表列报》第 2 条规定，财务报表至上应当包括"资产负债表、利润表、现金流量表、所有者权益（或股东权益）变动表和附注"。国际会计理事会在《国际会计准则第 1 号——财务报表的列报》"财务报表的组成"第 8 条中指出，"一套完整的财务报表包括下列组成部分：

（1）资产负债表；

（2）收益表；

（3）一份反映如下内容的报表：

---

① 刘兴云等：《中西企业会计比较研究》，《会计研究》1996 年第 6 期。

① 权益的所有变动;或者

② 不是由与权益持有者之间的交易所引起的权益变动;

(4) 现金流量表;以及

(5) 附注,包括重大会计政策概述和其他情况说明性注释。"

与国外相比,我国现行的财务会计报告体系是借鉴国外先进经验、与国际会计惯例协调的产物,因而与西方企业无重大差别,同时,在报表内容方面也反映了中国的实际。

### (二)定性化的财务会计报告

财务会计报告主要提供定量化的财务信息,同时,又提供某些定性化的信息(非数量性信息)。定性化信息对投资者和债权人的重要性和相关性主要取决于决策对它们需要的程度。因此,定性化的信息对决策有用也是相关的,需要在财务会计报告中揭示。

国际会计准则理事会在《编报财务报表的框架》中指出:"财务报表还包括附注、附表和其他信息。"①美国财务会计准则委员会在《论财务会计概念》第 5 辑《企业财务报表项目的确认和计量》中也明确指出:"虽然财务报表的目的与财务报告大体相同,有些有用的信息,以通过财务报表提供为好,而有些则以通过财务报表的注释,或通过辅助信息形式,或通过财务报告的其他办法提供为好,或只能由它们提供。"②

## 三、近代财务会计报告的发展

早期的财务会计报告把重点放在资产负债表上。20 世纪四五十年代,由于人们关注收入和费用的确认,关注利润的增减,关注每股收益的最大化,重点转向利润表,认为利润表是第一报表。从 20 世纪 70 年代起,世界性的通货膨胀和经济萧条带来的"信用危机",击垮了许多曾经飞速发展的公司,对资产负债表的重视,重新抬头。20 世纪 80 年代开始,提出了两表并重观。近期又提出现金流量表核心说。

美国财务会计准则委员会在 1976 年公布一份讨论备忘录《会计报表的观念性结构》,对财务会计报告结构的基本概念作了详细的阐述。认为由于存在三种不同的企业收益计量理论,因而产生了如下三种不同的财务会计报告结构观念。

---

① 财政部会计司,译:《国际财务报告准则》(2004),中国财政经济出版社 2005 年版,第 40 页。

② 美国财务会计准则委员会,娄尔行,译:《论财务会计概念》,中国财政经济出版社 1992 年版,第 228 页。

（一）以资产负债表为中心的观念

这种财务会计报告概念被称作资产/负债观，或资本维护观。即以资产负债表中企业资本净值增加额作为企业收益，收入视为资产的增加和负债的减少，费用视为资产的减少和负债的增加，并不以收入和费用作为直接计量企业收益的对象，而是将资产和负债作为计量收益的对象。因而，以资产负债表为中心的财务会计报告结构观念，重视每项资产和负债项目的真实经济属性，强调它们应是企业的经济资源和经济债务。

（二）以利润表为中心的观念

这种财务会计报告结构观念被称作收入/费用观，或收入和费用配比观，这种观念重视收入和费用计量，并主张以收入和费用的合理配比计量企业收益。它不是从企业资本净值的增减，而是从收入与费用的合理配比来计量企业收益，因而，它并不重视资产负债表项目的经济属性。

由于传统会计特别强调收入和费用的配比，而将利润表作为最主要的财务会计报告，资产负债表则降至第二位，使资产负债表中所计列的资产和负债，只不过是确定本期收益后各个账户的余额。但是，这种将利润表视为主要财务会计报告的观念，已受到现代会计学家越来越多的批评。在当代，人们又开始将财务状况置于更重要的地位，即更重视资产负债表。

（三）非衔接观念

前述两种观念均认为资产负债表和利润表应当做到相互衔接，即资产负债表和利润表属于同一个计量过程所反映的两个方面，收入和费用之间的差额应是企业资本净值的增加额。而非衔接观念则认为利润表和资产负债表是各自具有独立性和不同意义的报表，没有彼此相互衔接的必要，并且认为强迫报表之间的相互平衡和衔接，会使报表受到限制或约束，从而不能反映相关的会计信息。

近年来，非衔接观念虽然已逐渐受到重视，美国会计学会（AAA）也曾支持过这种观念，但目前仍未被大多数会计学家所接受。

目前世界各国通用的三种会计报表是互相关联或勾稽的。它们只是对相同的交易或影响企业的其他事项的不同方面的反映，所以没有任何一种报表可能仅仅服务于某个单一目的，或者可以为特定类型的评估和决策提供全部财务信息。因此，对财务会计报告的分析或财务信息的使用，应考虑不同种类会计报表之间的相互关系。此外，就每一种会计报表而言，它们都是按照一定形式设计的，它决定各会计报表的项目分类和排序形式，从而形成财务会计报告的形式结构。同时，会计报表内各要素或项目间又有一定的有机关系，从而形成会计报表各项目在内容上的联系。会计报表的内容分类和排列方法涉及能否提供足够的会计信息和显示重要的会计信息,还涉及会计信息表达层次的清晰性和使用者使用会计信息的难易程度。因此,有必要对主要财务会计报告结构从理论上进行分析比较。

# 第二节 会计报表理论

会计报表是财务会计报告的核心部分,它通常以少量高度浓缩数据的图表,表达报告主体的财务状况和经营成果的各种信息。

## 一、资产负债表理论

财务会计报告使用者一般十分重视企业的财务状况,而要了解一个企业的财务状况,并为评估企业的经营状况提供依据,需要将涉及企业资产、负债、所有者权益的有关项目以表格的形式反映出来,这就是资产负债表。作为以静态形式反映企业在某一时点全部资产、负债和所有者权益的存量状况的报表,资产负债表反映和揭示了评价判断企业的资源分布、权益结构、偿债能力等方面的信息。从性质上讲,它主要揭示和反映企业一定时点的财务状况;从结构上讲,它揭示和反映了企业一定时点的财务结构。因此,对于信息使用者而言,资产负债表无疑是一张不可缺少的重要报表。

资产负债表反映了以企业为主体的观念,即主体论。同时,资产负债表中有关资产、负债和所有者权益各类项目的排列结构也应当体现这种关系。

(一)资产负债表的项目分类

由于企业的资产、负债是各种各样的,它们在经营过程中的作用、使用时间的长短和消耗方式及归还期限各不相同;同时,会计信息使用者对不同资产、负债中所反映的会计信息在其决策中也有轻重之分。因此,在资产负债表中,需把所有的项目按信息在使用者中的重要与否,会计信息反映的层次清晰与否以及资产、负债和所有者权益三者之间的内在逻辑关系等标准进行分类,并以适当的顺序加以编报。一般来说,资产负债表的项目分类有以下两种基本方法。

1. 典型性分类法

这种方法按报表项目的流动性程度来决定它们的排列顺序。资产按变现及耗用的周期可分为流动资产、长期投资、固定资产、无形资产等类;负债按其偿还期可分为流动负债、长期负债等类;所有者权益(或股东权益)按其来源或经济用途分为投入资本(股本)、资本公积、留存收益、利得等类。

在典型性分类法下,对于资产和负债的编排顺序又可分为"流动列前"和"固定列前"两种方式。目前,中国、美国、日本等资产负债表是根据流动性原则按照"流动列前"的方式排列资产、负债各项目的。欧共体第4号指令及欧洲各国所采用的资产负债表格式则是根据流动性原则按照"固定列前"方式排列的。我国《企业会计准则第30号——财务报表列报》采用"流动列前"的排列方式。

2. 货币性与非货币性分类法

这种方法是按照报表项目的变现能力强弱程度来决定排列顺序的。它首先分为货币性项目和非货币性项目两类。在货币性项目下,它又分为货币性资产和货币性负债,其下再进一步分为货币性流动资产、货币性非流动资产、货币性流动负债和货币性非流动负债四种。对于非货币性项目,也按非货币性资产和非货币性负债进行分类,并进一步分为非货币性流动资产、货币性非流动资产、非货币性流动负债和货币性非流动负债四种。

一般来说,大多数企业较多采用第一种分类的结构来编制资产负债表。但是,第二种分类的结构也有其独到之处。例如,它有利于认清货币性项目和非货币性项目不同的计价原则,有利于进一步确定企业的偿债能力,特别是在物价不稳定、货币面值剧烈波动的情况下,它有利于真实地反映企业资产、负债购买力情况,从而方便物价变动会计模式的实施。

(二)资产负债表结构的缺陷与展望

资产负债表能够给报表使用者提供财务状况的信息,是评价企业经营成果的基础,其重要性是不言而喻的。但是,由于资产负债表在计价方法及表达的内容等方面受到传统会计惯例的影响,致使其作用受到一定限制。因此,在运用资产负债表进行分析时,不可盲目地、孤立地看待问题,而应该综合其他的财务信息进行具体的和全面的分析。

具体来讲,资产负债表的局限性主要体现在以下几个方面:① 资产负债表双方恒等的结构和固定不变的排列方法,易造成某些报表使用者只注重报表形式上的平衡,而忽视内容的变化。② 资产负债表所列的金额大部分均非现值,从而使得在资产负债表上的价值与当前市价不一致,甚至相差较大,从而削弱了信息的可靠性和有用性。③ 资产计价方法不统一,造成数据缺乏可比性,如不同企业可能采用不同的存货计价方法,即使同一企业在不同时期或对不同的存货也可能采用不同的计价方法,从而导致资产负债表列示的数据缺乏可比性。④ 各类型的资产负债表的排列结构和术语的使用是标准化的,这样也许可以提高各个企业间会计信息的可比性,但却不能较好地反映企业的独特事项或适应独特的企业类型。⑤ 资产负债表所反映的经济资源均以货币为计量单位,而对于不能以货币计量但确有价值的经济资源都未能反映在资产负债表上。例如,管理人员的良好素质、优越的市场地位、良好的公共关系、团结协作的职工群体等,它们对企业的财务状况和获利能力的影响是客观存在的,有时甚至是很大的,仅因其难以数量化,在报表上未能反映出来。

资产负债表存在的上述问题,已经引起会计理论界和实务界的重视,并进行了许多有益的研究或改进,取得了一些成果。例如,由于对决策有用性的重视,在条件成熟时,市场价值或现行价值将逐渐形成一套独立的会计报告模式,从而形成历史成本模式与现行价值模式并存的局面,以克服现行的单一历史成本模式,以及注释所存在的弊端。因此,随着企业财务会计报告体系的理论与方法的进一步研究,资产负债表乃至整个财务会计报告体系将在内容日益复杂化的基础上,寻求更先进、更有效的方法去解决会计确认、计量和报告之间的关系,达到不断提高财务会计报告的相关性和可靠性的目的。

根据 IASB/FASB 概念框架的讨论稿,资产负债表更名为"财务状况表",并按经营活动、投资活动、筹资活动、中止经营、所得税、权益加以分类,如表 14-1 所示。

表 14-1

### 财 务 状 况 表

| 经营活动 | |
|---|---|
| 　　经营资产 | 经营负债 |
| 筹资活动 | |
| 　　筹资资产 | 筹资负债 |
| 中止经营 | |
| 　　中止经营资产 | 中止经营负债 |
| 所得税 | |
| | 权益 |

## 二、利润表理论

财务会计报告使用者不仅关心企业的财务状况,而且对企业的经营成果和财务成果也十分重视。为了反映企业资产的耗费和收益的取得,全面揭示企业一定时期内的收益和成本、费用,以及相比较后的企业净收益或亏损,就必须设置利润表。

利润表、收益表、损益表,各国称呼不一。美国和国际会计准则称收益表(income statement),全面收益(或译综合收益)是美国的财务会计报告要素之一;收益,也是国际会计准则的会计报表要素。欧盟第 4 号指令、德国商法典均称损益表(profit-and-loss statement)，法国、英国、荷兰等也这样称呼，可能是因为损益表既能反映收益，也能反映亏损。我国 1949 年前称损益表，20 世纪 50 年代初期仍然这样称呼，后来改称利润计算表，长期称利润表。1993 年会计改革，各行业会计制度改称损益表，1998 年《股份有限公司会计制度——会计科目和会计报表》中又改称利润表，直至现在。这是因为利润是我国会计对象要素之一。命名不同，并不影响其内容或表式。

编制利润表的基本目的是反映企业一定期间的收支状况和盈利水平，并最终体现为利润（或亏损）。利润表反映的内容在很大程度上依赖于收入、费用和利润等会计对象要素的确认与计量，尤其是利润的不同计量方法。目前，利润的计量方法主要有资本保全法和交易法两种。在资本保全法下，认为原有的资本必须保持完整，超过原投入资本的部分才是利润。因此，计算一定期间的利润，是用期末净资产减去期初净资产，其实质是根据资产负债表决定利润。根据 IASB《编报财务报表的框架》第 104 段，资本保全包括财务资本保全和实物资本保全。

财务资本保全。根据这一概念，在扣除本期内对业主的分配和业主的出资以后，期末净资产的财务（或货币）金额必须大于期初净资产的财务（或货币）金额，才算赚得利润。财务资本保全的计量，可以用名义货币单位或固定购买力单位。

实物资本保全。根据这一概念，在扣除本期内对业主的分配和业主的出资以后，主体的期末实物生产能力（或营运能力），或主体期末达到上述生产能力所需的资源或资金，必须大于期初实物生产能力，才算赚得利润。

在交易法下，则是以一定期间所发生的交易或其他事项所产生的收入、利得与费用、损失之间的差额作为当期的利润，其实质是根据收入、费用来决定利润，又称收入费用法。交易法能详细说明利润的来源情况，有助于预测未来的损益；资本保全法能够更好地反映总括收益。

（一）收益概念比较

对利润表的分析评价，可以从内容和财务成果的层次划分两个方面进行，而评价依据则与收益概念密切相关，因为影响企业损益的因素相当多，而一个总的利润数额是难以提供更多的有用信息的，这就要求详细描述损益变化的原因。目前，会计界对于收益概念存在两种不同的观点，即当期营业收益概念和总括收益概念。

1. 当期营业收益概念

当期营业收益概念也称作当期营业观点，它是指利润表中只应计入当期营业有关的项目，着眼于企业经营效率的计量。在当期营业收益概念中，重点放在"当期"和"营业"上。因为持这种观点的人认为，只有那些可由管理层控制的价值变动和那些由本期决策引起的活动才应包括在利润表中，而在前期所发生的损益以及不是由营业所产生的损益(如非常损益)均不应列入利润表中。

当期营业收益概念首先要解决的问题是区分本期和非本期收益,从而使不同会计期间的收益能更好地比较,并使经营管理上的相对效率反映得最为明显。但是,由于企业的经营活动是持续不断的,本期的经营管理成果必然包括前期的因素。例如,上期的经营决策以及前期购置的设备、签订的合同等都必然会对本期的经营活动及成果产生影响。又如,本期报废的设备或盘点货物所出现的损失,则冲减了本期净收益。因此,在本期经营成果中必然会包括上期的这些因素。

当期营业收益概念的另一个问题是区分营业收益和营业外收益。其目的是:基于只有正常的财务活动才是管理层可控制的,因此,企业的经营管理水平只能通过这些正常的业务活动的效果才能比较出来。但是,营业外收益的发生与企业管理水平也有一定关联的,因而要对营业和非营业项目进行准确的划分也是有一定困难的。

2. 总括收益概念

总括收益概念也称作损益满计观点,它是指一切收入、费用以及特殊的损益,前期的损益调整等项目,不论是否在本期发生,都应该在计算净收益时予以计列。该概念与当期营业收益概念的主要区别在于净收益列报上所预计的目的不同:当期营业收益概念强调企业当期营业业绩以及可能对企业未来业绩和获利能力的预测有利;而总括收益概念则认为,如以企业在一连数年的全部历史为依据,营业效率和未来业绩的预测两者都是可以得到改善的。

总括收益概念的合理之处主要表现在以下几个方面:① 假设把特殊的或主观认为与本期无关的损失直接冲减留存收益,而不作为当期的损失,那么如果这些损失一再发生,在若干年后会使得当期收益概念之下的净收益被多报。② 从长期来看,所谓特殊损益,依然与企业经营活动有关,仍然是正常的营业收入或营业费用的一部分。③ 营业和非营业之间的区别并非总是很明显的,对同一项目,某些企业归为营业的,另一些企业可能归为非营业的,即使在同一企业中,今年归类为非营业项目的,明年也许会归类为营业项目,其结果必然导致不同企业或同一企业不同期间的相关项目或数据的不可比。④ 在净收益计算中省略某些项目,可能会产生年度损益数字弄虚作假或人为权衡的情况。⑤ 将年度内收益变动的性质充分揭示出来,报表使用者就可以比那些不能预见使用者特定需要的会计师和管理层更能作出独立的分类,以求得损益的正确计量。就利润表的有用性而言,这一条尤为重要。

由于总括收益概念具有以上优点,目前世界各国的利润表普遍采纳了总括收益概念,即把非常损益项目作为计算本期损益的项目之一,在利润表中单独予以列示。但是,也有一些国家所采纳的不是完全的总括收益概念,如美国、英国等对于前期损益调整项目仍是作为调整留存收益处理,而将其排斥在利润表之外。我国在全面趋同路线图的指导下,以《企业会计准则解释第 3 号》方式,对利润表进行了调整,企业应当在利润表"每股收益"项下增列"其他综合收益"项目和"综合收益总额"项目。"其他综合收益"项目,反映企业根据《企业会计准则》规定未在损益中确认的各项利得和损失扣除所得税影响后的净额。"综合收益总额"项目,反映企业净利润与其他综合收益的合计金额。"其他综合收益"和"综合收益总额"项目的序号在原有基础上顺延。企业合并利润表也应按照上述规定进行调整。在"综合收益总额"项目下单独列示"归属于母公司所有者的综合收益总额"项目和"归属于少数股东的综合收益总额"项目。

（二）利润表的项目分类及揭示

世界流行的利润表基本格式有两种:一种是流行于我国、美国和日本的费用功能法利润表或称销售成本法利润表;另一种是流行于欧洲国家的费用性质法利润表(或称支出性质法利润表、总成本法利润表)。根据欧洲联盟第 4 号指令,欧洲国家的企业可以选择采用费用性质法利润表或费用功能法利润表。这两种利润表都是国际会计准则委员会于 2005 年生效的《国际会计准则第 1 号——财务报表列报》(以下简称为 新 $IAS_1$ )所推荐的。2000 年 6 月,国务院第 287 号令颁布的《企业财务会计报告条例》第 10 条指出:"在利润表上,费用应当按照其性质列示。"

"长期以来,在德国和其他欧洲大陆国家一直采用总成本法编制损益表"[①]。所谓"总成本",指销售成本和生产成本。

1. 费用性质法利润表的结构

新 $IAS_1$ 第 81 段规定了收益表(新 $IAS_1$ 如此用,下文均按照我国习惯称利润表)至少应包括的金额项目,第 91 段规定了费用性质法利润表营业利润部分的项目。现将两者合并,如表 14 - 2 所示。

表 14 - 2

### 费用性质法利润表部分项目

单位:万元

| 1. 收入 | 120 | 10. 融资成本 | 5 |
| 2. 其他经营收益 | 10 | 11. 用权益法核算的联营 | |
| 3. 产成品和在产品的变动 | 5 | 企业和合营企业投资 | |

---

① 陈信元:《德国会计简介》,《会计研究》1995 年第 12 期。

（续表）

| | | | |
|---|---|---|---|
| 4. 耗用的原材料和易耗品 | 40 | 的利润或亏损份额 | 20 |
| 5. 雇员成本 | 30 | 12. 所得税费用 | 10 |
| 6. 折旧和摊销费用 | 18 | 13. 正常活动损益 | 35 |
| 7. 其他经营费用 | 17 | 14. 非常项目 | —3 |
| 8. 经营费用总额 | 105 | 15. 少数股东权益 | |
| 9. 经营活动形成的利润 | 30 | 16. 当期净损益 | 32 |

为了便于理解，故假设一组整数。3~8 项是费用性质法利润表特有的，其他各项与费用功能法利润表相同。和功能法利润表比较，其重要特点是反映含生产费用在内的总费用而不揭示销售成本，因而又名总成本法利润表。不少论文称1~3 项为"总收入"或"总产出"，既包括已经实现的收入，还包括产成品和在产品的变动，对于第 3 项之应否列收入或产出，笔者提出否定意见①。根据配比原则，总费用（4~7＝8）包括制造成本和期间费用②。第 13 项"正常活动损益"，有的论文在介绍德国费用性质法利润表时，译为营业净益，欠妥。因为正常活动损益包括营业损益和财务活动损益。

2. 两种利润表的联系

新 IAS₁ 第 92 段称："第二种分析方法是费用的功能分类法或'销售成本'法"，按该段格式及项目接上例假设数字，经营利润部分列示如表 14-3 所示，以便对比。

表 14-3

**经营利润部分项目**                                   单位：万元

| | | | |
|---|---|---|---|
| 1. 收入 | 120 | 5. 销售费用 | 15 |
| 2. 销售成本 | 60 | 6. 管理费用 | 10 |
| 3. 毛利润 | 60 | 7. 其他经营费用 | 15 |
| 4. 其他经营收益 | 10 | 8. 经营利润 | 30 |

表 14-3 中的 1、4、8 项数额是从费用性质法收益表抄过来的，其他数额是按照必然性假设的。对于经营利润，新 IAS₁ 利润表还有经营活动形成的利润、经营活动的成果（第 75 段）等提法，含义相同，译文应当统一。

---

① 李孝林：《费用性质法利润表探析》，《会计研究》2001 年第 5 期。

② 总费用还应包括第 3 项"产成品和在产品的变动"，详见下文。

两种利润表都遵循历史成本原则、实现原则、配比原则和稳健原则,从而构成了两者一致的损益计算模式。

性质法和功能法两种利润表的正常活动与非常活动完全一样,仅营业活动部分有所不同。两者营业活动的收入、其他经营收益、经营利润及其以后的项目可以完全相同,只是经营利润项目中的费用项目揭示不同。在是否披露销售成本和费用分类的项目两方面不同,而费用总金额相等。据新 $IAS_1$,将两种利润表的费用项目对比,如表 14-4 所示。

表 14-4

### 两种利润表比较

| 利润表 | 费　用　项　目 |
|---|---|
| 费用功能法 | 销售成本、销售费用、管理费用、其他费用 |
| 费用性质法 | 产成品和在产品存货的变动、耗用的原材料和易耗品、雇员福利费用、折旧费和摊销费用、其他费用 |

两种利润表的"其他费用",名同而实有差异。它们都是上列其前面项目以外的费用。如广告样品费,功能法列入销售费用,性质法则列入其他费用。

"当期产成品和在产品存货的变动表示对生产费用的调整,以反映生产使存货增加或超过生产量的销售使存货减少的情况"。对其原理,列式证明如下:

由于　本期制造成本＋(或－)在产品的变动＝本期完工产品生产成本

本期完工产品生产成本＋(或－)产成品的变动＝本期销售成本

所以　本期制造成本＋(或－)产成品和在产品存货的变动＝

本期销售成本

即　期间费用＋制造成本＋(或－)产成品和在产品存货的变动＝

销售成本＋期间费用

或　经营费用总额＋(或－)产成品和在产品存货的变动＝

销售成本＋销售费用＋管理费用＋其他经营费用

等式左侧是费用性质法利润表总费用的结构,右侧是费用功能法利润表总费用的结构。这是两种分类法总费用项目方面的重要区别和联系。

再看经营利润的计算:

经营利润＝收入＋其他经营收益－(销售成本＋销售费用＋

管理费用＋其他经营费用)＝

收入＋其他经营收益－［经营费用总额＋（或－）

产成品和在产品的变动］＝

收入＋其他经营收益＋（或－）产成品和在产品的变动－

经营费用总额

上式第 1 行为费用功能法经营利润计算，第 2、第 3 行为费用性质法经营利润计算。这样，与费用功能法利润表（或称销售成本法）对比，费用性质法之所以设"产成品和在产品存货的变动"，就容易理解了。如上例，本期经营费用总额 105 万元，减去产成品和在产品的变动增加额 5 万元，就是与已实现的收入配比的费用总额（销售成本＋期间费用）。换句话说，制造成本与期间费用之和 105 万元，扣除（用于）期末产成品和在产品的增加额 5 万元，就是本期的销售成本和期间费用总额。

费用功能法通过销售成本、期间费用直接与收入配比，不包括制造费用（制造费用已转化为销售成本）；费用性质法用"产成品和在产品存货的变动"把制造成本调整为销售成本，加上期间费用与收入配比。两者所揭示的费用项目不同，而金额相等。

（三）两种利润表的功能比较

1. 费用功能法利润表的功能

新 $IAS_1$ 推荐的费用功能法利润表和费用性质法利润表，其收入、经营利润及其以下的项目完全相同，只是由于费用分类项目不同，以致命名和作用不同。

我国长期采用的费用功能法利润表，大家比较熟悉，其作用可从五个方面说明：① 主营业务利润分析，包括主营业务净收入、主营业务成本、营业税金及附加。既可分析主营业务净收入的变化，又可分析主营业务毛利润的变化。② 其他业务利润，根据重要性原则，其他业务收入与其他业务支出配比后，以净额反映其他业务的营利能力。③ 营业利润，由主营业务利润加其他业务利润减去期间费用组成。为了考核销售过程（环节）的经营业绩，需设专门的账户"经营费用"来反映。为了考核管理当局的工作绩效，亦应单独设置会计科目（即"管理费用"科目）来核算。④ 投资收益，反映部分资金脱离了企业自身的循环与周转的对外投资的获利能力。⑤ 营业外收支净额。

关于费用功能法利润表的争论，主要有二：① 销售成本应否反映？德国、法国曾经明确规定，在收益表中"避免揭示销售成本"[1]。该规定虽已撤销，但是大多数

---

① 西德尼·戴维森：《现代会计手册》（第 2 分册），中国财政经济出版社 1985 年版，第 142 页。

企业仍然不愿揭示销售成本。② 期间费用和销售成本,有人强调其分析作用,有人否定。会计名家亨德里克森认为:"把费用归类为'营业费用'、'管理费用'和'销售成本',对企业内部分析,诸如确定各职能部门责任之类,也许是有用的,但就对外呈报的目的来说,却不起什么特殊的作用。财务会计报告的阅读者不能利用这种归类来更好地进行预测,也不能以之评价不同职能部门的贡献额。"①

两种利润表在其他业务利润分析、财务费用分析、投资收益分析、营业外收支分析等方面完全相同,不同的地方在于主营业务利润和费用的分项目反映。

对于主营业务净收入的揭示,两种利润表相同,都可以反映主营业务收入的变化。由于"营业利润-其他业务收益=主营业务利润",所以,费用性质法也可以对主营业务利润进行分析。这里需要指出:性质法的主营业务利润是净利润,功能法的主营业务利润,既反映净利润,又反映毛利润。

2. 费用性质法利润表的功能

两种利润表营业利润额及其以后的项目和数额完全一样。从营业利润的揭示看,收入项目一样,只是费用项目揭示不同。因而这里着重探索费用性质法利润表经营费用项目的分析功能,这正是两种利润表差异的关键所在。

早在三十多年前,美国夏威夷大学教授唐纳德·A·科尔平就指出:"许多报表的读者赞成对按费用性质(有时称为支出的目的)进行分类的项目作出附加说明,而不要按费用作用进行分类,虽然公认会计原则并未提出这样的要求。其中,主要的是折耗、材料及人工成本(包括捐税和全体附加福利)。"②在市场经济条件下,商品销售成本是企业的商业秘密。费用性质法利润表采用包括制造成本在内的广义费用,可以"避免揭示销售成本"③。

(1) 各费用项目的预测作用。新 $IAS_1$ 第 93 段指出:"将费用按功能划分的主体应披露关于费用性质的附加信息,包括折旧费、摊销费和雇员福利费用。"《德国商法典》第 285 条第 8 款规定,在采用销售成本法即费用功能法时应在收益表附录中注明材料支出和人员支出。这些规定显然着眼于折旧摊销费、雇员费用、材料费用的分析作用。

(a) 根据净利润及非付现成本预测现金净流量。由于"现金净流量=净利润+折旧",此处的折旧,是指非付现成本包括折旧和摊销费用。所以,依据该式,可以预测现金净流量。美国会计学会 1966 年就建议在其费用功能法收益表中增

① E·S·亨德里克森:《会计理论》,立信会计图书用品社 1987 年版,第 133 页。
② 西德尼·戴维森:《现代会计手册》(第 2 分册),中国财政经济出版社 1985 年版,第 28 页。
③ 西德尼·戴维森:《现代会计手册》(第 2 分册),中国财政经济出版社 1985 年版,第 142 页。

设折旧项目①。其目的就是为了增加功能法利润表预测现金流量的功能。

(b) 产成品和在产品变动的预测作用。通过"产成品和在产品存货的变动"及报告期各项经营费用的比较,对未来经营活动进行预测。产成品和在产品存货的变动,可以说明存货变动的大体情况,反映供不应求或供大于求的状况。产成品和在产品变动还有调整生产费用使其结合期间费用,以便与收入配比的作用。

(c) 雇员成本的预测作用。雇员成本在企业费用中占的比重大,根据企业的工资制度和雇员费用,既可分析企业的工资支出情况和工资水平,又可联系收入和收益,分析企业的劳动效率。如通过对"雇员成本"的分析,既可分析企业的工资支出情况和工资水平,又可联系收入和收益,分析企业的劳动效率(每1万元工资创造的收入或收益)。

(d) 耗用的原材料和易耗品的预测作用。材料费用是企业的重要费用,通过该项目,可以分析企业的材料和易耗品的耗费水平,预测未来的支出。如果成本中材料所占比例高于社会平均水平太大,通常,这样的企业难以保持长久的发展能力,投资者可据此对投资行为进行调整。

(e) 财务费用的预测作用。在国外,一般将财务费用作为融资费用,在利润表上列于营业利润之后。根据我国的实际和传统,建议将财务费用作为费用性质法利润表的经营费用项目。财务费用是企业的重要费用项目,通过它,可以了解企业的融资情况,对投资者和管理层,尤其是债权人,具有重要意义。

(2) 经营费用率和费用比重的分析作用。费用性质法利润表的费用项目包括:材料、工资、折旧、其他费用(在我国,还应揭示财务费用),已经把主要费用项目披露出来;还可以进行比率分析,如各该费用项目与经营费用总额比较、与利润比较、与收入比较,显然有利于使用者进行经济分析。

(a) 经营费用率分析。经营费用率或称费用水平,又称销售费用率,国外称营业比率(operating ratio),它以经营费用占收入的百分比揭示。费用率降低为好。由于经营收入是从企业经营活动中得到的成果,经营费用是企业为获取收入而发生的成本。德国会计学界把这个比率或其倒数称为经济性系数②。经济性系数意味着每百元经营费用获得了多少经营收入。对其命名建议选用经营费用率,因为它比较清楚、易解,不易产生歧义。

经营费用率涉及经营费用额和收入额,这两个数额的选用需要讨论。

经营费用总额＋(或－)产成品和在产品的变动＝

---

① 美国会计学会:《基本会计理论》,中国商业出版社1991年版,第94页。

② 番场嘉一郎:《新版会计学大辞典》,中国展望出版社1986年版,第196页。

销售成本＋销售费用＋管理费用＋其他经营费用

等式左侧是费用性质法利润表总费用的结构,右侧是费用功能法利润表总费用的结构。这是两种分类法总费用项目的重要区别和联系。

通过上式可见,费用性质法利润表上的经营费用总额不能与收入直接配比,需要"调整"。根据上面的证明,其调整式为:

与收入配比的费用＝经营费用总额＋(或－)产成品和在产品的变动

即　与收入配比的费用＝经营费用总额＋产成品和在产品余额减少

或　与收入配比的费用＝经营费用总额－产成品和在产品余额增加

计算经营费用率时应采用与收入配比的费用额。德国采用经营费用总额,因为他们把当期产成品和在产品的变动看成收入而不是看成对费用的调整,欠妥。

另一个需要讨论的问题是收入。过去,费用率的计算,采用"纯销售额",现在,利润表上没有这个指标。解决的办法,可能有二:一种是在附注中继续揭示纯销售额。其实,用纯销售额也有不准确之处,因为现行经营费用总额不包括纳入其他业务支出的费用,因而,并不能完全配比。另一种是可考虑采用主营业务收入直接和"与收入配比的费用"比较。虽然,这里的费用,包括某些应由其他业务收入负担的间接费用,但是,作为经济分析,指标设计和数据选用,只要能大体说明问题,并且具有可比性,就不一定绝对精确。

运用经营费用率还须作进一步的分析:

经营费用率升降程度:以本期经营费用率与同期、上期或预算经营费用率进行比较,以便揭示降低经营费用率的成绩和存在问题。其计算公式为:

经营费用率升降程度＝本期经营费用率－同期、上期或预算经营费用率

如为负数,则为降低,如为正数,则为升高。经营费用率升降程度在一定程度上能够反映企业为改进企业管理、降低费用率的业绩,能够揭示企业经营管理中存在的问题和潜力。但也有其局限性,因为费用率越低,降低越难。对于同一企业不同期间的比较,对于不同企业的比较,要具体分析。

经营费用率升降速度:以本期经营费用率升降程度与同期、上期或预算经营费用率进行比较,反映企业降低经营费用率的成果。其计算公式为:

$$经营费用率升降速度＝\frac{本期经营费用率－同期、上期或预算经营费用率}{同期、上期或预算经营费用率}×100\%$$

经营费用比重:经营费用各项目占经营费用总额的比率。其计算公式为:

$$经营费用各项目占经营费用总额的比率＝\frac{每种费用}{经营费用总额}×100\%$$

经营费用总额本应用"产成品和在产品的变动"进行调整,但因其组成部分不易还原成各费用项目,从分析的角度看,以不调整为宜。

经营费用比重可以反映每种费用在经营费用总额中的比例和地位,通过历史资料、计划资料或同行业资料的对比,有助于发现问题,揭露矛盾。

(b) 经营费用节约额分析。以报告期经营费用支出与预算、上期或同期实绩比较,计算出经营费用节约或超支额。

经营费用节约(超支)绝对额:以报告期经营费用实绩减去预算费用额,负数为节约,正数为超支。这种数额还要联系收入进行分析,变动费用应当同步,固定费用的离差,也应从实际出发,注意分析。

经营费用节约(超支)相对额:运用经营费用率资料,或直接运用费用和收入额进行计算。其计算公式为:

$$\begin{array}{l}经营费用节约\\(超支)相对额\end{array}＝\begin{array}{l}报告期\\收入额\end{array}×\left(\begin{array}{l}报告期经\\营费用率\end{array}－\begin{array}{l}预算经营\\费用率\end{array}\right)$$

$$或＝\begin{array}{l}报告期\\费用额\end{array}－\frac{预算(或上期)费用额×报告期收入额}{预算(或上期)收入额}$$

上述两种计算式都包括报告期收入量的变动因素,所以能够比较客观地对经营费用的节约或超支进行评价。

(c) 经营费用利润率分析。经营费用利润率揭示每百元费用所实现的利润。其计算公式为:

$$经营费用率＝\frac{利润额}{经营费用额}×100\%$$

经营费用额可以用"与收入配比的费用"。利润额使用什么?经营利润?利润总额?鉴于经营费用与经营利润的关系更为直接和紧密,利润总额的影响因素更多,似以经营利润为宜。

鉴于采用费用功能法还须在附注中披露关于费用性质的附加信息,鉴于费用性质法利润表的分析预测作用,采用费用性质法利润表显然具有费省效宏的作用。国务院《企业财务会计报告条例》第 10 条指出:"在利润表上,费用应当按照其性质列示"乃是正确决策。

(四) 利润表的缺陷与展望

利润表存在的缺陷或局限主要是以下几方面:① 利润表一般是按照经营期收

入及其抵减部分自上而下排列的,突出反映的是净收益信息。不少报表使用者由于认为短期利润最优化是企业的唯一目标,因此容易从形式上而不是从实质上理解会计信息,从而根据短期经营成果信息来评估企业经营的优劣。② 利润表的收入和费用项目大多是按配比原则和权责发生制原则来确认的,分摊、预提,致使利润数字易受许多不确定因素的影响,甚至人为的操纵。③ 利润表过分受制于实现原则,只反映已经实现的收益,不反映未实现的价值增值,使得当期财务成果报告不够全面,未能提供使用者需要的全部信息。

从利润表的发展趋势来看,主要有以下几方面的发展与变化:① 由于全面收益表作为会计报表的要素之一,在西方一些国家得到承认和扩展,传统的利润表将逐渐成为全面收益表。例如,加拿大会计准则行政当局(ASAC)在 1987 年颁布的《财务报告概念结构》就把利润表改为全面收益表。② 利润表划分为两个报表。例如,英格兰和威尔士特许会计师协会等在 1991 年发表的《财务报告未来模式》,把利得表作为一个单独的报表加以推荐,以便用以反映报告主体财务财富的变化。③ 增值表将与利润表同时成为备选的收益披露方式,或两个报表同时并存。由于增值表所提供的信息对宏观经济管理很有帮助,因而越来越多的国家可能把传统的收益表扩大为增值表,或把增值表单独作为对外提供的一种报表。

根据 IASB/FASB 概念框架的讨论稿,将全面收益表按营业活动、筹资活动、关于持续经营的所得税、中止经营、其他全面收益和纳税净额加以分类,如表 14-5 所示。

表 14-5

### 全 面 收 益 表

| |
| --- |
| 营业活动: |
|     经营收益与费用 |
|     投资收益费用 |
| 筹资活动: |
|     筹资资产收益 |
|     筹资负债费用 |
| 关于持续经营的所得税: |
|     营业活动所得税 |
|     筹资活动所得税 |
| 中止经营 |
| 纳税净额 |
| 其他全面收益 |
| 纳税净额 |

### 三、现金流量表理论

#### （一）从财务状况变动表到现金流量表

资产负债表只能提供企业在一定时点所拥有的资产、负债和所有者权益的存量状况，不能说明其变动的原因；利润表也只能揭示企业一定时期内的经营成果，不能提供企业从经营中取得的现金或流动资金，不能说明销售收入、投资、出售设备或偿还负债时收回或支付了多少现金或流动资金。因此，两张报表都不能动态地揭示企业一定时期内各种资产和各种负债以及所有者权益项目的增减变化，也不能反映企业流动资金的取得来源和流出用途。从对资金运动的揭示和反映来看，利润表和资产负债表揭示了资金运动的总量和结果，但未反映这种总量和结果的成因，于是财务状况变动表应运而生。

财务状况变动表的前身称为资金表或资金来源与运用表。在早期，它并不是一张对外报表，而是作为财务报告的补充资料，由企业自己决定是否编报。美国会计学界极力赞成编制该表，认为有关企业理财活动和投资活动及其财务状况变动的信息，对于财务会计报告使用者尤其是投资者和债权人是至关重要的。美国证券监督委员会(SEC)1971年在其《S-X规则》的11A条规定，上市公司应填报财务状况变动表，美国会计原则委员会(APB)于1971年3月公布第19号意见书，要求编制该表（或称"基金表"），作为第三张对外报送的报表。以后，该表逐步在世界流行。

财务状况变动表在澳大利亚称作"资金来源与运用表"，是分析价值运动的会计报表，是沟通资产负债表和利润表的桥梁。它能完整地揭示企业在一定会计期间内财务状况变动的原因，反映企业在一定会计期间内从营业中取得的资金来源和运用情况，并概括地反映企业在一定会计期间内的筹资和投资活动，因而能为报表使用者评价企业经营业绩提供更详细的资料。由于人们对资金的理解不同，因而会形成不同资金概念的财务状况变动表，常用的资金概念有营运资金、现金和全部资金三种。我国用营运资金，即流动资产减去流动负债后的净额，以此为基础编制的报表称为财务状况变动表。一般认为，资金营运概念具有的优点是：① 根据营运资金概念所建立的财务状况变动表，容易与利润表和资产负债表相连接。② 它密切遵守会计报表上所使用的传统定义，所以更为熟悉传统会计程序的财务会计报告使用者所理解。③ 它趋向于集中展示企业间营业上天天发生的业务信息。但是，营运资金通常只是一种简单的展示，许多重大的业务未予揭示。其不足之处：一是资金概念不容易统一；二是以营运资金为基础编制，不能准确反映企业的变现能力。

财务状况变动表由于编制的基础——资金概念不一致,使得报表的形式和内容也不同。而且,只能提供资产、负债变化的净额,不能提供其流入、流出额,不能提供现金流量资料。报表使用者关心资产的流动性,如果应收款呆滞,存货积压,它们依然是流动资产,但却无法转换为现实的支付能力。尤其是20世纪70年代,世界性的通货膨胀和利率提高,公司缺乏支付能力的事件增多,人们对企业资产流动性的关注增强,要求从营运资本转向现金流动分析。早在1981年,美国财务经理协会(FEI)提醒其会员在年报中寻求可采用的现金流量表表式,逐渐引起会计界的重视。澳大利亚于1983年最先决定改用现金流量表。1987年美国财务会计准则委员会颁布的第95号财务会计准则公告《现金流量表》,要求全美企业于1988年7月15日起编制现金流量表。国际会计准则理事会修订后的《国际会计准则第7号——现金流量表》于1994年生效,取代《国际会计准则第7号——财务状况变动表》。我国财政部于1988年3月发布《企业会计准则——现金流量表》,取代原来采用的财务状况变动表。

现金流量表的主要作用为:① 提供完整的现金流量资料,以便更好地评价企业的财务状况。② 以收付实现制为基础,取代以权责发生制为基础的财务状况变动表。IAS7第4段指出,现金流量信息有助于评价主体产生现金和现金等价物的能力,有助于财务会计报告使用者设计决策模型,以评价和比较不同主体未来现金流量的现值。

(二)现金流量表的现金概念及分类比较

编制现金流量表的基础是现金,而现金概念包括广义和狭义两种。广义的现金是指现金和现金等价物(或约当现金);而狭义的现金则不包括现金等价物。目前,各国基本上采用广义现金概念。同时,为了避免再出现财务状况变动表编制基础不一致的问题,各国会计准则制定机构均对现金和现金等价物作了严格的定义。例如,美国财务会计准则委员会将现金规定为库存现金、银行活期存款和具有活期性质的其他项目;约当现金则是指短期的、具有高度流动性的投资。我国具体会计准则——《现金流量表》将现金定义为企业的库存现金以及存入银行或其他金融企业并可以随时用于支付的款项;现金等价物则是指企业持有的、原定期限等于或短于3个月的债券投资。以这一定义编制现金流量表,所揭示的信息更能反映企业的偿债能力和变现能力,这也是实质重于形式的具体运用。

编制现金流量表必须对现金流量进行合理的分类。目前,把现金流量分为经营活动、投资活动、筹资活动三类是一种流行做法。国际会计准则理事会和我国、美国、澳大利亚等都是这样分类的。英国将其分为八类:① 经营活动。② 投资报酬和融资成本。③ 税项。④ 资本性支出和金融投资。⑤ 购买和处置。⑥ 支付的权益性股利。⑦ 流动资源管理。⑧ 筹资活动。中国香港借鉴英国的做法,将其合并为五类,即:① 经营活动。② 投资报酬及融资成本。③税项。④ 投资活动。⑤ 筹资活动。

除了对现金流量的基本分类外,国际上大都对外币业务的现金流量作出规定。各国对外币交易引起的现金流量的规定基本相同,但也存在一些差异。国际会计准则规定的全面,包括交易发生时的现金流量、母公司合并报表时的外币折算、汇兑损益的反映、折算汇率应如何确定等。英国则只对国外营业实体的报表折算进行了规定。美国规定具有外币交易或国外经营的企业的现金流量表,必须采用发生现金流动时的实际汇率来报告相当于报告货币表示的外币现金流量。同时,现金流量表必须报告汇率变动对所持外币现金余额的影响,并作为调节当期现金及现金等价物的变动的一个单独部分。其规定较为现实。我国具体会计准则规定,企业外币现金流量以及境外子公司的现金流量,应以现金流量发生日的汇率或平均汇率折算。汇率变动对现金的影响,应作为调节项目,在现金流量表中单独列示。

(三)现金流量表的局限性与展望

现金流量表提供的信息与使用者的决策需要更为直接、相关。同时,现金流量表中的现金概念具有一致性,含义明晰,不易产生歧义。现金流量信息在预测企业未来现金流量趋势和流动性状况等方面,对财务会计报告使用者尤为重要。但是,现金流量表所提供的现金流量信息也存在一些问题,其主要表现是:① 现金流量表反映的是过去的现金流量,使用者关注的是未来的现金流量。要评估未来的现金流量,须以现金流量与存量为基础,兼用资产负债表中的应收、应付项目和资产流动性、负债偿还期等进行预测。② 有些重大的业务偶尔并无现金支出,如资产置换、股权置换设备或新的企业等,而现金流量表只能在注释中说明,不能充分揭示。③ 当一个企业在经营过程中因现金短缺而面临偿债危机时,其现金流量表将这种情况显示出来,并不能因此断定该企业一定面临偿债危机。这些说明,用现金流量表所提供的现金流量信息来对企业未来的现金流量趋势及流动性状况进行预测时可能出现偏差。

按权责发生制计算出来的会计收益和现金流量都能更好地计量企业的经营业绩。何者更重要,国内外会计同行,意见不一。笔者认为,盈利是现金流入的重要来源,现金净流入是企业的经营业绩的最终经营成果,两者各有作用,关系密切,不能相互取代。

为了克服上述局限,国外已经出现了现金流量预测报告、专项现金流量预测报告等。

根据 IASB/FASB 概念框架的讨论稿,按营业活动、筹资活动、所得税、中止经营和权益加以分类,如表 14 - 6 所示。

表 14 - 6

### 现 金 流 量 表

| |
|---|
| 营业活动: |
|     经营现金流量 |
|     投资现金流量 |
| 筹资活动: |
|     筹资资产现金流量 |
|     筹资负债现金流量 |
| 所得税 |
| 中止经营 |
| 权益 |

## 第三节　财务会计报告展望

### 一、高质量财务报告[①]

企业只有提供资本市场需要的信息,才能够获得经济效益。相反,如果企业提供的是投资者和债权人不需要的信息,那么他们就无法获得经济效率。米勒和班森认为,资本市场存在以下四个公理:

(1) 不完全的信息导致不确定性。

(2) 不确定性给投资者和债权人带来风险。

(3) 风险使得投资者和债权人要求更高的回报率。

(4) 给投资者和债权人更高的回报会增加公司的资本成本,使股价下降。

米勒和班森认为,传统财务报告存在以下七宗罪:

(1) 低估证券市场。

(2) 模糊的表述。

(3) 假设和虚构。

(4) 利润平滑。

---

① 保罗·B·W·米勒、保罗·R·班森:《高质量财务报告》,阎达五、李勇译. 机械工业出版社 2004 年版。

（5）最小限度的报告。

（6）最小限度的审计。

（7）编制报告成本上的缺乏远见。

米勒和班森教授在对美国传统 GAAP 批评的基础上，提出高质量财务报告（quality financial reporting，简称 QFR）。作为一种增加公司证券市场价值的财务报告策略，QFR 是选择一个更好的策略，报告公司信息，提出了"对 GAAP 的补充、报告市场价值及如何编制 QFR 的建议"，并在金融危机前夕，对安然事件进行了分析。

发轫于美国的这场 QFR 运动，对世界各国均产生了较为深远的影响。后金融危机的今天，人们对 QFR 的热情有增无减，直接的证据来自 CAS 与 IFRS 的持续全面趋同，欧盟对 IFRS 的直接采纳，也来自 IASB 与 FASB 的深度合作研究。

## 二、《萨班斯法案》与财务会计报告

以"安然事件"为代表的系列财务虚假案暴露了美国财务会计报告监管法律的诸多不足，促使其对财务会计报告信息披露制度进行变革，人们寄希望于通过提高财务会计报告信息披露的真实性和可靠性来保护投资者的利益。2002 年 7 月 30 日，美国总统布什签署的《2002 年萨班斯-奥克斯利法案》（简称《萨班斯法案》），就是这场变革的产物。该法案因由美国参议院议员萨班斯和众议院议员奥克斯利联合提出而得名。《萨班斯法案》在会计师行业监管、外部审计的独立性、公众公司管理层责任以及防止证券分析师利益冲突等方面提出了许多新的严格要求，对世界各国的会计制度、证券市场监管和公司治理产生了深远影响。在我国，财政部、审计署、国资委和证监会等政府部门，以及中国注册会计师协会、中国内部审计师协会等自律组织一直对此密切关注并有所借鉴，以加强我国的监管措施。诸多已在海外上市的公司，尤其是在美国上市的公司，为能建立符合《萨班斯法案》要求的内部控制体系，进行了大量的改良工作。

《萨班斯法案》的核心内容包括以下四项：① 严格规定公司首席执行官和首席财务官对财务会计报告的责任。CEO 和 CFO 必须签字对财务会计报告的准确性负责。公司主管必须进行诚信宣誓，如果出现财务欺诈等违法行为，CEO 和 CFO 个人面临 5～20 年的刑期和 100 万～500 万美元的罚款。② 设立美国公众公司会计监督委员会（The Public Company Accounting Oversight Board，简称 PCAOB），并赋予其对注册会计师和会计师事务所进行严格监管的权力。③ 加强审计独立性，对注册会计师提供非审计服务进行限制，规定审计合伙人轮换制度等。④ 追究公司欺诈刑事责任，明确规定编制违法违规财务会计报告、篡改财务数据、证券欺诈等的刑事责任,以及确实保护举报者利益等。

### 三、财务会计报告展望

近百年来,财务会计报告取得了重大成就,但也存在进一步满足使用者需求的问题。提供真实、全面的高质量财务报告,满足使用者经济决策和强化经济管理的需要,应当是财务会计报告未来的长期目标。

(一)从面向过去到兼顾未来

财务会计信息系统所确认的必须是已经完成或者业已发生的经济业务或会计事项,因此财务会计报告所揭示的也必然是已经完成或业已发生的经济业务或会计事项信息。这些虽然是必要的,却不能充分满足使用者预测未来的需要。

预测信息应当从企业的实际出发,重视预测价值。比如,企业面临的危机和风险,都应附加披露;要克服夸大其词、报喜不报忧等现象。为此,要建立相应的社会监督机制。

(二)从重视成本到兼顾价值

现在的财务会计重视历史成本,忽视现值。历史成本与现值,常常差异甚大,严重影响会计信息的相关性。对于使用者来说,现值信息具有相关性。的确,历史成本更具有可靠性。

这种发展趋势体现在高质量财务报告中,为"向市场价值的转变"。具有现实价值的做法包括:① 编制补充的资产负债表,用市场价值来表示我们拥有的资产,报告负债的市场价值。② 损益表的收益类项目反映其市场价值而不是账面价值,如递延收入项目、利息收入等。③ 损益表的费用类项目,需要报告售出商品的价值而不是成本。或者提供补充报表:基于市场价值的财务会计报告。这类探索正在进一步发展和实践中,即具有影响价值的 IASB 在本次金融危机发生以来修订的有关会计准则。这种发展趋势的另一个表现在于会计计量属性的反思层面,如IASB/FASB联合概念框架提出的新的九种计量属性。

(三)从货币计量到兼顾其他度量

现行财务会计以货币为基本前提,因为货币计量具有综合性,能将会计对象——价值运动全部概括。但是,在价值运动过程中,还同时产生很多重要的非货币性信息,如企业的人力资源、技术、客户、声誉、市场占有率、研发能力与研发团队等,对企业未来发展具有重要意义的"资产",应当纳入财务会计报告体系,予以揭示。这些都需要兼用非货币度量,如劳动度量、实物度量等,需要财务会计报告披露的范围。

（四）网络技术为财务会计报告发展提供了技术平台

随着网络技术日新月异的飞速发展，财务会计报告期间可以缩短，财务会计报告的频率可以加快，可以在网络技术提供的技术平台上发布大量的实时信息，以满足信息使用者的需要，可以采用多种计量尺度、多种报告方式进行披露。

# 参 考 文 献

［1］ E·S·亨德里克森. 会计理论［M］. 上海：立信会计图书用品社，1987.

［2］ 汤云为，钱逢胜. 会计理论［M］. 上海：上海财经大学出版社，1999.

［3］ 斯蒂芬·A·泽弗，贝拉·G·德兰. 现代财务会计理论［M］. 夏冬林，等，译. 北京：经济出版社，2000.

［4］ 杰恩·戈弗雷，阿伦·霍奇森，斯科特·霍姆斯. 会计理论［M］. 孙蔓莉，等，译. 5 版. 北京：中国人民大学出版社，2007.

［5］ 艾哈迈德·里亚希-贝克奥伊. 会计理论［M］. 钱逢胜，等，译. 上海：上海财经大学出版社，2004.

［6］ 葛家澍，林志军. 现代西方会计理论［M］. 厦门：厦门大学出版社，2001.

［7］ 李孝林，孙芳城，等. 会计基本理论比较［M］. 上海：立信会计出版社，2002.

［8］ 李孝林，等. 比较会计史学［M］. 北京：中国财政经济出版社，2007.

［9］ 迈克尔·查特菲尔德. 会计思想史［M］. 北京：中国商业出版社，1989.

［10］ 项怀诚. 新中国会计 50 年［M］. 北京：中国财政经济出版社，1999.

［11］ A·C·利特尔顿. 会计理论结构［M］. 林志军，黄世忠，等，译. 北京：中国商业出版社，1989.

［12］ 孙芳城. 基于反倾销应对的企业内部控制研究［M］. 大连：东北财经大学出版社，2009.

［13］ 罗斯·L·瓦茨，杰罗尔德·L·齐默尔曼. 实证会计理论［M］. 陈少华，黄世忠，等，译. 大连：东北财经大学出版社，1999.

［14］ 陈国辉. 会计理论体系研究［M］. 大连：东北财经大学出版社，1997.

［15］ 魏明海，龚凯颂. 会计理论［M］. 大连：东北财经大学出版社，2009.

［16］ 孙芳城，等. 现代企业制度下会计理论体系研究［M］. 北京：中国财政经济出版社，2001.

［17］ 中国会计学会. 中国会计改革三十年［M］. 北京：中国财政经济出版社，2009.

［18］ 中华人民共和国财政部. 企业会计准则［M］. 北京：经济科学出版社，2006.

［19］ 财政部会计司编写组. 企业会计准则讲解 2008［M］. 北京：人民出版社，2008.

［20］ 李孝林，等. 费用性质法利润表比较观［M］. 上海：立信会计出版社，2006.

# 后　记

在辩证唯物主义和系统科学指导下,以广泛的会计实践为基础,进行深入、全面的研究,必然得出会计具有两种基本职能、"两论"(会计本质的经济信息系统论和管理活动论)应当结合的结论,从而建立前后一贯的会计理论与方法体系,这样的理论体系必然具有中国特色。

只注意对各个范畴的纵深研究,而忽视其横向联系,是会计理论研究中的一大弊病。进行纵深研究的同时,运用联系的观点、系统的观点,深入研究各个范畴的横向联系,会获得重要启发。

本书前身是校内试用的讲义。1997 年,命名为《会计基本理论比较研究》(李孝林、孙芳城、丁时勇等),经毛伯林主审,纳入"会计理论探索丛书",由科学技术文献出版社出版。1999 年,本书获得重庆市政府社会科学成果三等奖。经过 3 年的使用、研究,修改成《会计基本理论比较》(李孝林、孙芳城、孔庆林),由立信会计出版社于 2002 年出版,2004 年再版。2005 年,以"比较会计研究"(两种书)的名义,本书获重庆市政府社会科学成果三等奖;2005 年 11 月,以"创建比较财会学科体系的理论与实践"的名义,本书获重庆市政府教学成果一等奖;2005 年 5 月,以"比较会计系列教材"的名义,本书获兵工高校教材工作研究会一等奖。2014 年,《会计理论比较研究》荣获重庆市第八次社会科学优秀成果一等奖。

长期以来,会计理论研究百花齐放,论争迭起,常常各有其独到之处。我们运用比较研究方法,从实际出发,力求客观地论述不同观点,取长补短,认识真理,精益求精,必要时推出新说。2002 年,吴水澎教授在本书《序言》中说:"作者在各个部分的研究中,经常提出一些新颖的见解。如在会计环境理论、会计职能理论、会计动因理论、会计基础理论体系起点理论、会计属性理论、会计目标理论等部分的论述中,作者运用辩证唯物论及系统论等方法,提出了许许多多新论,从而引起了人们的兴趣与思考。"这次,在进一步研究的基础上,又修改深化,或者提出新论,如会计目标理论,对流行的决策有用观和受托责任观提出质疑,根据基本职能具体化为基本目标的系统科学原理,参考美国管理会计实务公告颁布委员会 1982 年颁布的《管理会计公告:管理会计的目标》和韩国《企业会计基准》第 2 条"财务会计目标"。我们认为,中国《会计法》第1条综合两者优点于一身,发展成新的会计基本目标。

　　"会计理论探索丛书"编委会对本书出版给予了热情关怀。丛书主编、中国会计教授会名誉会长、厦门大学副校长、博士生导师吴水澎教授,丛书常务副主编、四川省会计学会副会长毛伯林教授,丛书副主编杨宗昌教授等亲自审阅提纲,提供宝贵意见。吴水澎教授惠赐序言。对于他们的指导和支持,我们表示衷心感谢。丛书常务副主编、原立信会计出版社总编辑孙时平,丛书常务副主编立信会计出版社总编辑陆盛强,本书责任编辑方士华、孙勇,都对本书给予了大力支持和帮助,在此我们表示衷心感谢。

　　本书由 李孝林 与孙芳城两位教授提出总体构想,并由孙芳城、孔庆林、李孝林 、杨兴龙共同研究并合作完成。各章分工如下:孙芳城负责第一、第十一、第十四章,孔庆林负责第二(除第九节)、第三、第四、第九、第十章, 李孝林 负责导论、第五、第六、第七、第八、第十二、第十三章,杨兴龙负责第二章第九节。

　　建立前后一贯的有中国特色的会计理论与方法体系,任重道远。我们的尝试,十分菲薄。由于受水平和资料的限制,我们在书中的理论阐述不深不透,甚至可能存在谬误之处,希望会计界同仁给予宝贵的指正。让我们携手前进,共同为建立前后一贯的有中国特色的会计理论与方法体系,竭尽绵薄之力。

作者

2017 年 1 月